Die Reise des Philipp von Merode
nach Italien und Malta
1586–1588

Das Tagebuch

Studien und Texte zum Mittelalter und zur frühen Neuzeit

herausgegeben von Volker Honemann
und Jürgen Macha

Band 12

Beiträge zur Geschichte des Dürener Landes

herausgegeben vom Dürener Geschichtsverein

Band 28

Die Reise des Philipp von Merode nach Italien und Malta 1586–1588

Das Tagebuch

herausgegeben von
Hans J. Domsta

Waxmann 2007
Münster / New York / München / Berlin

Bibliografische Informationen der Deutschen Nationalbibliothek
Die Deutsche Nationalbibliothek verzeichnet diese Publikation
in der Deutschen Nationalbibliografie; detaillierte bibliografische Daten
sind im Internet über http://dnb.d-nb.de abrufbar.

ISBN 978-3-8309-1927-8

Studien und Texte
zum Mittelalter
und zur frühen Neuzeit, Bd. 12
ISSN 1617-3953

© Waxmann Verlag GmbH, 2007
Postfach 8603, D-48046 Münster
www.waxmann.com
info@waxmann.com

Beiträge zur Geschichte
des Dürener Landes, Bd. 28
ISSN 0343-2971

© Hans J. Domsta, 2007
Verlag: Dürener Geschichtsverein e.V.,
Postfach 1133, D-52368 Kreuzau
www.duerener-geschichtsverein.de
info@duerener-geschichtsverein.de

Umschlaggestaltung: Matthias Grunert, Münster
Titelbild: Ausschnitt der Titelseite des Tagebuches
(Brüssel, Fürstlich Merode-Westerloo'sches Archiv, La 1264; s. Seite 20/21)
Zeichnung des Wappens Merode: Lothar Müller-Westphal, Kreuzau
Satz, Layout und Karten: Helmut Müllejans, Düren
Druck: Buschmann GmbH & Co. KG, Münster
Gedruckt auf alterungsbeständigem Papier, säurefrei gemäß ISO 9706
Alle Rechte vorbehalten
Printed in Germany

Für Ninchen

Inhalt

Das Tagebuch

Erläuterungen zum Tagebuch

9

Einführung

Unter der Signatur La 1264 befindet sich im Fürstlich Merode-Westerloo'schen Archiv in Brüssel eine Handschrift aus dem späten 16. Jahrhundert. Sie beschreibt detailliert eine Reise, die Philipp I. von Merode, Freiherr von Petersheim und Herr von Diepenbeek, von Oktober 1586 bis Februar 1588 nach Italien und Malta unternommen hat.

Am 9. Oktober 1586 bricht der damals 18 Jahre alte Philipp von Lüttich aus zu der Reise auf. Zwei Tage später trifft er sich im Ardennenstädtchen Marche-en-Famenne mit seinem Hofmeister. Zusammen mit diesem und einem Diener geht die Reise zu Pferd durch Luxemburg, das Elsaß, Schwaben, Tirol nach Venedig, von dort weiter durch die Po-Ebene und entlang der Adria bis Ancona, dann quer durch die Halbinsel nach Rom, wo die Reisenden am 16. Dezember 1586 ankommen. Sie bleiben dort über Weihnachten und ziehen am 27. Dezember weiter nach Neapel, das für 14 Tage, vom 1. bis zum 14. Januar 1587, Warteplatz ist, weil für die Weiterfahrt zu Schiff nach Sizilien und Malta günstiger Wind abgewartet werden muß. Die Zeit wird für ausgedehnte Besichtigungen in der Stadt und in der Nachbarschaft genutzt. Weil viel Zeit zur Verfügung steht, geraten die Aufzeichnungen unversehens zu einer großen Beschreibung von Neapel sowie der Altertümer und der Naturphänomene der Phlegräischen Felder. Die Reisenden haben dort noch antike Bauwerke gesehen, die inzwi-

11

schen durch Erdbewegungen, den Bradyseismos, verschüttet oder zerstört sind. Naiv beschreibend sind im Tagebuch Erscheinungen erklärt, die die nachforschende archäologische Wissenschaft infolge tektonischer Veränderungen nicht mehr zu fassen vermag, so die Thermalquellen mit zugehörigen Bauten an der sogenannten Grotta della Sibilla am Averner See. Ja, die Reisenden haben wahrscheinlich noch die berühmte Orakelhöhle der Sibylle von Cumae gesehen, die erst 1932 von Amedeo Maiuri wiederentdeckt wurde[1].

Die Furcht vor den Gefahren des Golfs von Neapel veranlaßt Philipp von Merode, zu Land von Neapel nach Salerno zu reisen und erst dort ein Schiff nach Messina und Syrakus zu nehmen. Von Syrakus aus wird die Überfahrt nach Malta unternommen, das nach zwei Tagen, am 3. Februar 1587 erreicht wird. Hier bleiben die Reisenden 14 oder 15 Tage. Die Rückfahrt führt, wie die Hinfahrt, über Syrakus, Messina, Salerno nach Neapel und weiter nach Rom, wo sie am 25. März 1587 wieder ankommen.

In Rom, im *caput mundi*, der Hauptstadt der Welt, halten sie sich danach vier Monate auf, während derer Philipp in diversen Künsten Unterricht nimmt, Ausflüge in die Umgebung macht und sich an allerlei Vergnügungen delektiert. Die nächste Station ist Siena. Hier nehmen die Reisenden von Ende Juli 1587 bis zum 20. November 1587 ihren Aufenthalt, unterbrochen durch eine Reise nach Bologna und Florenz. Schon kurz nach der Ankunft in Siena wird Philipp am 1. August 1587 von der Deutschen Nation zum Vorsteher (*consiliarius*) gewählt, eine besondere Ehre, die aber auch mit reichlichen Ausgaben für Repräsentation verbunden ist.

Über Lucca, Pisa, Genua, Pavia, Mailand, Mantua, Verona geht es Ende November und Anfang Dezember 1587 nach Venedig. Hier bleibt man die ganze zweite Dezemberhälfte. Am 30. Dezember 1587 wird die Rückreise nach Deutschland angetreten, durch Tirol und Bayern nach Augsburg, von dort nach München und weiter über Neuburg an der Donau und Ulm durch Schwaben an den Bodensee und nach Schaffhausen und Basel. Vom 30. Januar bis zum 17. Februar 1588 dauert die Reise von Basel bis Köln, die teilweise zu Schiff auf dem Rhein erfolgt. Ein paar letzte Tage verbringen Philipp und seine Be-

---

[1] Maiuri, Altertümer, S. 136 ff., 171. Die italienische Form des Ortsnamens ist Cuma.

gleiter noch in Köln, bevor sie endlich am 29. Februar 1588 nach fast siebzehnmonatiger Abwesenheit wieder zu Hause auf dem Schloß Merode bei Düren eintreffen.

Über den Zweck der Reise äußert sich das Tagebuch unmittelbar mit keinem einzigen Wort, man kann ihn nur aus den Unternehmungen während der Reise erschließen. Philipp von Merode machte die Reise zum Vergnügen, um sich zu bilden, um ferne Regionen, Städte, Menschen zu sehen, um Fertigkeiten zu lernen, auf die sich ein junger Herr von Stand verstehen mußte: Lautespielen, Kunstreiten, Fechten, Tanzen, Pferde abrichten, fremde Sprachen. Das Tagebuch selbst ist in der Absicht angelegt und geführt worden, eine detaillierte Aufstellung über die Kosten zu haben, über die zu Ende der Reise Rechenschaft abgelegt werden sollte. *Anfengklich dieser meiner rechnungh ...* lautet der erste Satz im Tagebuch, und so sind tagein, tagaus auch kleinste Beträge mit Angaben darüber notiert, wofür sie ausgegeben wurden. Gelegentlich sind Auslagen gemacht worden, *davon ich keine rechnungh thun kan*, aber das wird jeweils umständlich begründet. Schließlich ist aber dann doch nicht ausgerechnet worden, was die ganze Reise gekostet hat. Die vorgesehene Addition der auf einer Seite stehenden Ausgaben, angezeigt durch das auf fast jeder Seite der ersten Hälfte der Handschrift stehende *summa lateris* (Summe dieser Seite), ist in keinem einzigen Fall erfolgt. Wahrscheinlich sollte das Tagebuch nach der Reise auch als ein Erinnerungsbuch über das Gesehene und Erlebte dienen, sonst hätte sich der Schreiber wohl kaum der Mühe unterzogen, seine Tagesnotizen mit späteren Ergänzungen zu der uns vorliegenden Reinschrift zu verarbeiten.

Das Tagebuch ist nicht von Philipp von Merode selbst geführt worden, sondern von einem seiner beiden Begleiter. Dieser bezeichnet Philipp als *meinen jungen gnadigen herren, meinen jungen herren*, im Unterschied zu *meinem alten gnadigen herren*, Johann IX. von Merode, dem Vater Philipps. Meist heißt Philipp nur *mein her*. Der andere Begleiter heißt im Tagebuch einfach *der lacquay*, der Philipps und des Tagebuchschreibers Wünsche und Befehle ausführt, aber nirgends mit Namen genannt wird. Aber auch der Name des Tagebuchschreibers ist nicht bekannt, die Aufzeichnungen enthalten keinen einzigen Hinweis auf seine Identität. Einen wohl in ähnlicher Stellung

13

wie er selbst tätigen Reisebegleiter der im Tagebuch häufig genannten Herren von Frenz bezeichnet er als deren *hoffmeister*. Mit dieser Benennung sei hier nun auch als Notname der unbekannte Verfasser des Reisetagebuches bedacht. Aus verschiedenen Indizien läßt sich schließen, daß der Verfasser des Tagebuches Rheinländer war und vermutlich aus der Dürener Gegend stammte.

Vergleicht man den Text des Tagebuches mit älteren Reisebeschreibungen, wie sie zum Beispiel Gerd Tellenbach[2] untersucht hat, dann fällt sofort auf, wie präzise, nüchtern und unliterarisch der Hofmeister schreibt. Das hängt zuerst mit der Bestimmung zusammen, die das Tagebuch erfüllen sollte, nämlich Rechenschaft über die Ausgaben zu geben. Es ist aber auch Ausdruck einer Gesinnung, die zwar an Wunderdinge und fromme Legenden glaubt, diese aber bei den täglich wechselnden Eindrücken unberücksichtigt läßt. Während 90 Jahre zuvor der rheinische Adelige Arnold von Harff in Rom bemüht war, möglichst viele Ablässe zu gewinnen, wird eine solche Absicht im Tagebuch bezeichnenderweise an keiner einzigen Stelle erwähnt.

Das Tagebuch habe ich entdeckt, als ich von Oktober 1961 an, während meines Studiums an der Katholischen Universität Löwen in Belgien, erstmals längere Zeit im Fürstlich Merode-Westerloo'schen Archiv in Brüssel arbeitete. Danach habe ich die Handschrift im Laufe der Jahre abgeschrieben und 1974 auch einmal ausgestellt[3]. Auf Reisen nach Süddeutschland, Frankreich, Österreich, der Schweiz, Italien, Sizilien und Malta habe ich den Text immer mitgenommen und auf diese Weise vieles wahrgenommen und bewußt gesehen, was mir sonst vielleicht entgangen wäre.

Viele Bauten, die im Tagebuch genannt werden, sind allgemein bekannt und stehen heute noch. Darauf in den Anmerkungen hinzuweisen wäre überflüssig. Andererseits sind längst nicht alle Angaben

---

[2] Gerd Tellenbach, Zur Frühgeschichte abendländischer Reisebeschreibungen, in: Historia integra. Festschrift für Erich Hassinger zum 70. Geburtstag, hrgg. von Hans Fenske, Wolfgang Reinhard und Ernst Schulin, Berlin 1977, S. 51–80.
Tellenbachs Beispiele reichen von Liudprand von Cremona, 968, bis zur Chronik des Musikers Cerbonio Besozzi aus Bergamo von 1548–1563.
Tellenbach, Romerlebnis, S. 883–912.
[3] Domsta, Ausstellungskatalog Merode, S. 23 Nr. 20.

rasch und einfach zu verifizieren, teils weil Sehenswürdigkeiten nicht mehr vorhanden sind oder verändert wurden, teils weil es eines großen Aufwandes bedarf, um topographische und architektonische Details in all den vielen Orten wiederzufinden, die das Tagebuch nennt. Hinweise habe ich dann in Anmerkungen und in identifizierende Lemmata ins Register aufgenommen, wenn mir dies aus eigener Ortskenntnis, z.B. für Innsbruck, Venedig, Padua, Siena, Rom, Neapel, die Phlegräischen Felder, Messina, Syrakus, Malta, und mit Hilfe von leicht erreichbarer einschlägiger Literatur möglich war. Zum Beispiel werden im Tagebuch die Villa d'Este in Tivoli bei Rom mit den Wasserspielen und die Boboli-Gärten beim Palazzo Pitti in Florenz beschrieben, sie sind aber vom Verfasser des Tagebuches nicht mit ihren heute bekannten Bezeichnungen benannt, unter der ich sie jedoch ins Register aufgenommen habe. Genealogische Angaben habe ich, wenn nichts anderes angegeben ist, entnommen aus Wilhelm Karl Prinz von Isenburg und Frank Baron Freytag von Loringhoven, Stammtafeln zur Geschichte der europäischen Staaten, Bd. 1 und 2, Marburg 1960.

Die den Text des Tagebuches gliedernden Überschriften „Von ... nach ..." stammen von mir. Die Karten zeigen die Reiseroute in schwarzer Farbe. Die Reisenden haben den Hinweg und den Rückweg teilweise auf verschiedenen Strecken zurückgelegt. Auf den Karten, die den Rückweg angeben, ist der Hinweg grau gekennzeichnet.

Für germanistische Hilfe danke ich Herrn Dr. Elmar Neuß, Münster in Westfalen. Den Herausgebern der beiden Reihen, in denen das Reisetagebuch nun erscheint, Herrn Prof. Dr. Volker Honemann, Münster in Westfalen, und dem Dürener Geschichtsverein, gilt mein besonderer Dank.

Bilstein, am 9. Oktober 2007

Hans J. Domsta

Abgekürzt zitierte Schriften

Domsta, Ausstellungskatalog Merode:
Hans J. Domsta, 800 Jahre Schloß und Herrschaft Merode (Ausstellungskatalog), Düren 1974.

Domsta, Merode I, II:
Hans J. Domsta, Geschichte der Fürsten von Merode im Mittelalter, I. Band: Genealogie der Familie, Düren 1974 (= Beiträge zur Geschichte des Dürener Landes Band 15).
II. Band: Die Besitzungen · Politische Tätigkeit · Geistliche Ämter und fromme Stiftungen · Verschiedenes, Düren 1981 (= Beiträge zur Geschichte des Dürener Landes Band 16).

Hahnloser, Tesoro di San Marco I, II:
Hans Robert Hahnloser (Hrg.), Il Tesoro di San Marco,
Bd. I: La Pala d'Oro, Florenz 1965.
Bd. II: Il Tesoro e il Museo, Florenz 1971.

Hellenkemper, Schatz von San Marco:
Hansgerd Hellenkemper (Hrg.), Der Schatz von San Marco in Venedig, Mailand 1984 (Katalog der Ausstellung im Römisch-Germanischen Museum der Stadt Köln).

Hubala, Venedig:
Erich Hubala, Venedig. Brenta-Villen, Chioggia, Murano, Torcello,
2. A. Stuttgart; o. J. (etwa 1974).

Kuyl, Gheel:
P. Kuyl, Gheel vermaerd door den eeredienst der H. Dimphna,
Antwerpen 1863.

Lefèvre, Correspondance:
J. Lefèvre, Correspondance de Philipp II sur les affaires des Pays-Bas,
IIme partie, t. II, Brüssel 1940-1956.

Maiuri, Altertümer:
Amedeo Maiuri, Die Altertümer der Phlegräischen Felder. Vom Grab
des Vergil bis zur Höhle von Cumae, 3. A., Rom 1958.

Richardson, Merode I, II:
E. Richardson, Geschichte der Familie Merode, I. Band, Prag 1877,
II. Band Prag 1881.

Tellenbach, Romerlebnis:
Gerd Tellenbach, Glauben und Sehen im Romerlebnis dreier Deut-
scher des fünfzehnten Jahrhunderts, in: Römische Kurie. Kirchliche
Finanzen. Vatikanisches Archiv. Studien zu Ehren von Hermann Ho-
berg, 2. Teil, hrsg. von Erwin Gatz, Rom 1979 (= Miscellanea Historiae
Pontificiae 46), S.883–912.

Thoenes, Neapel:
Christof Thoenes unter Mitarbeit von Thuri Lorenz, Neapel und Umgebung, Stuttgart 1971.

Weigle, Matrikel I, II:
Fritz Weigle, Die Matrikel der Deutschen Nation in Siena (1573–1738),
2 Bde., Tübingen 1962 (= Bibliothek des Deutschen Historischen In-
stituts in Rom Band 22/23).

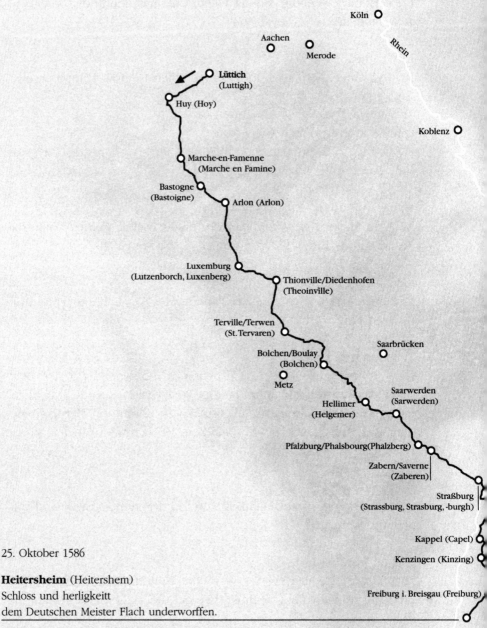

O Antwerpen

Köln O

Aachen
O
O Merode

Rhein

O Lüttich
(Luttigh)
Huy (Hoy)

Koblenz O

Marche-en-Famenne
(Marche en Famine)

Bastogne
(Bastoigne)
Arlon (Arlon)

Luxemburg
(Lutzenborch, Luxenberg)
Thionville/Diedenhofen
(Theoinville)

Terville/Terwen
(St. Tervaren)

Saarbrücken
O

Bolchen/Boulay
(Bolchen)
O
Metz

Saarwerden
(Sarwerden)
Hellimer
(Helgemer)

Pfalzburg/Phalsbourg(Phalzberg)
Zabern/Saverne
(Zaberen)

Straßburg
(Strassburg, Strasburg, -burgh)

Kappel (Capel) O
Kenzingen (Kinzing) O

25. Oktober 1586

Heitersheim (Heitershem)
Schloss und herligkeitt
dem Deutschen Meister Flach underworffen.

Freiburg i. Breisgau (Freiburg)

Alhie den 25. bei dem fursten oder Deutschen Meister
Philipssen Flach von Schwartzenbergh ankhomen
und cum praeclari honore empfangen und tractiert worden
und biss uff den 29. desselben monats still gelegen.

Mainz

Rhein

6. November 1586

Isny (Isne)
Ein statt und seindt martinisch.
Alhie gilt dass gelt wie jetz vorschrieben.

Alhie den 6. ankhomen.
Fur 2 par winterhenschen 3 batzen.
Des lacquayen hosen zulappen 5 stuiver.
Noch extraordinarie an wein 2 stuiver.
Verzertt 2 thaller 4 batzen. Dranckgelt 1 stuiver.
Facit 4 gulden 2 stuiver.

Donau

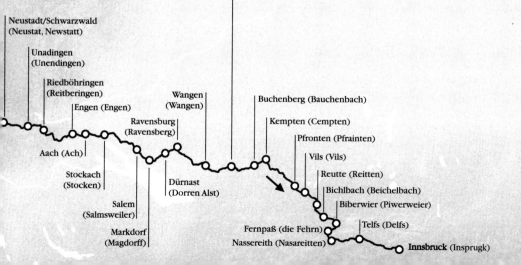

Neustadt/Schwarzwald
(Neustat, Newstatt)

Unadingen
(Unendingen)

Riedböhringen
(Reitberingen)

Engen (Engen)

Wangen
(Wangen)

Buchenberg (Bauchenbach)

Ravensburg
(Ravensberg)

Kempten (Cempten)

Aach (Ach)

Pfronten (Pfrainten)

Vils (Vils)

Stockach
(Stocken)

Dürnast
(Dorren Alst)

Reutte (Reitten)

Bichlbach (Beichelbach)

Salem
(Salmsweiler)

Biberwier (Piwerweier)

Telfs (Delfs)

Markdorf
(Magdorff)

Fernpaß (die Fehrn)

Nassereith (Nasareitten)

Innsbruck (Insprugk)

Anno 1586. den 9 Octobris
hab mein junger Gnadiger
Herr Philips von Winneberg
Freyher zu Hartenphen
und Herr zu Beylstein
sein Italianische und Mal-
tiser Reiß angefangen und
ist dz gemeltn tag auß
Cöllen geschieden. Und bin
ich er Allein verthraut
aein herrschen durchschein

Von Lüttich nach Innsbruck

Anno 1586 den 9ten octobris hatt mein junger gnadiger herr Philips von Merode, freiher zu Pieterschem und herr zu Diepenbeck, seine italienische und maltische reiss angefangen und uff jetzgemelten tagh auss Luttigh gezogen und in Gotts nhamen vort gereist wie hernach zuersehen

5 ...[4] lieue   **Hoy**

Ein statt

Anfengklich dieser meiner rechnungh ist zu annotieren notigh, das ich vor dieser reisen funff tag mit meinem altem gnadigen herren[5] von Luttigh uff Merode verreissen muste und einen tag zulang uffgehalten worden, welchs verursagt, das mein junger gnadiger herr mit dem commandeur von Breda und Thurnhault, Godefridt Ceuturion gnant, albereitt vor meiner ankumpst von Luttigh uff Hoy verreist gewest. Und in herren Ellerns hauss hatt mein junger Herr zur letzen den halben theill an wein bezahlt 3 gulden brabendisch 1 stuiver[6], auch in der kuchen 3 gulden brabendisch, facit 6 gulden brabendisch 1 stuiver.

---

[4] Ein kurzes Wort oder eine Abkürzung unleserlich, vielleicht *petites*. Gemeint sind jedenfalls die 5 Meilen von Lüttich nach Huy.

[5] Johann IX. von Merode, der Vater Philipps.

[6] Die Bezeichnung für den Stüber ist hier und sonst im Text mit *st* abgekürzt.

6 grand lieue   **Marche en Famine**

Ein statt und fruntierung des landts Lutzenborch.
Alhie gilt ein kron 56 stuiver brabendisch.

Dweill nhu her Ellern mich uff Marche en Famine folgens tags nachzuziehen bevolhen, so hatt mein junger her viell weniger mich alss ich ire gnaden anzutreffen gewist und derwegen mein her zu Hoy und ich zu Marche einer nach dem andern durch unverstand erwartende, still gelegen, jedoch unss den 11. vorschrieben monats octobris zu Marche angetroffen, und sowoll zu Hoy als zu Marche drei personen und drei pfertt, alss auch mein her zu mich und ich zu meinem herrn botten geschickt, an zerungh, bottenlohn, sadeln zufullen, pferdtsbeschlagh etc. bezalt ad $28^{1}/_{2}$ gulden brabendisch.

6 p. l.[7]   **Bastoigne**

Ein stetlein.
Alhie gelten die kronen wie vorschrieben.

Alhie mit Gott den 12. octobris den abent ankomen und sunder absitzen geritten. Den abent und folgents tags zop fur 3 personen und 3 pfertt bezalt $4^{1}/_{2}$ gulden, $4^{1}/_{2}$ stuiver.

4 g. l.[8]   **Arlon**

Ein statt.
Alhie gilt dass gelt wie vorschrieben.

Alhie den 13. dieses ankhomen, benachtigt und verzertt in all 5 gulden brabendisch 6 stuiver.

---

[7] *petit(es) lieue(s)*, kleine Meilen.
[8] *grand(es) lieue(s)*, große Meilen.

4 g. l.   **Luxenberg**

Ein haubtstatt.

Alhie gilt ein kron 56 stuiver.

Alhie des[9] 14. octobris ankhomen und ess ist mein her durch den gouverneur hieselbst graff Pitter Ernst von Mantzfeldt[9a] folgents tags zu mittag ehrlich und gar freundtlich empfangen worden. Den nachmittag haben ire gnaden meinen herren mit einem kautschen zu dem lusthauss allernegst jetz gemelter statt gelegen fhuren lassen, welchs uberauss schon gebawett wierdt, und schöner gartten dermassen mit viellen und herlichen fonteinen und vischereien gezieret, wenigh gleich gesehen. Auch findt man alhie uff den langen sahll sehr schone historien abgemalhett und sonst viller kaysern, kunningen, hertzogen und vhornhemer herren lebenhafftige abcontrafeittungen.

Den steinmetzeren hatt mein her geben 3 stuiver, dem cautschier 5 stuiver. Meines herren anpartt ahn vor und nach wegweisern lohn 1 gulden. Zwei pferdtsiseren zuersetzen 3 stuiver. Einen sadell gar zuerfullen 5 stuiver. Mein hohr abzuschneitten 2¹/₂ stuiver. Ein metzer fur meinen herren 2¹/₂ stuiver. Des vorschrieben graffen hoffmeister mit in der herberg gessen, ist meines herren antheill 11 stuiver. Und weill wir biss uff den 3ten tag still gelegen in der herberg verzertt 12¹/₂ gulden ¹/₂ stuiver.

4 gme[10]   **Theoinville**

Ein starcke vestungh und fruntierstat vonn Lotringen.

Das gelt gilt alhie wie vorschrieben.

Alhie den 16. dieses ankhomen und an wegweisernlohn meines herren anpartt 14 stuiver. Meinem herren gethan in die ehr Gotts aussuztheilen 3 stuiver. In der herberg verzertt 6¹/₂ gulden 4 stuiver. Den megden fur die gantze geselschafft 2 stuiver. Facit 7¹/₂ gulden 3 stuiver.

---

[9] Sic.

[9a] Über ihn vgl. Joseph Massarette, Der Luxemburger Gouverneur Graf und Fürst Peter Ernst von Mansfeld (1517–1604), in: Publications de la section historique de l'institut g.-d. de Luxembourg 61, 1926, S. 1–305.

[10] *grosse meilen*.

4 gme   **Bolchen**
                                Ein fleck.

Alhie begint man mit batzen zu rechnen
und ein kron ist 27 batzen, 1 franck 9 batzen.

Alhie den 17. dieses ankhomen, benachtigt und verzertt 7½ gulden 8½ stuiver. Noch fur die gantze geselschafft dem gesinde geben 2 stuiver. Halbwegh Theoinville und diesem fleck ein statt durchzogen, St. Tervaren gnant. Facit wass ausgeben alhie ad 8 gulden ½ stuiver.

4 gme   **Helgemer**
                                Ein dorff.
Alhie gilt dass gelt wie jetz geschrieben.

In diesem dorff den 18. gerurts monats ankhomen, verzertt 4½ gulden 7½ stuiver. Den megden 1 stuiver. noch ½ quart wein nachgedruncken 3 stuiver. Meines herren anpartt wegen des wegweisers zerungh ½ gulden. [Facit] 5½ Gulden 1½ stuiver.

2 gme   **Sarwerden**
                                Ein stetlein.
Dass gelt gilt alhie wie jetz vorschrieben.

Alhie den 19. ankhomen und ess ist ein schloss alhie beinach so gross als die statt, beide dem graffen Philips von Nassaw zugehorigh. Beinach diesem ligt noch ein ander stettlein, Bockenem gnant, dem vorschrieben graffen auch zustendig. Dern inwhoner seindt insgemein martinisch[11]. Alhie verzertt 6½ Gulden 8 stuiver.

---

[11] Lutherisch, die Konfession Martin Luthers.

3 g[12]   **Phalzberg**

Ein new angefangne grosse stat.
Dass gelt gilt alhie wie jetz vorschrieben.

Den 20. alhie mittag gehalten. Und diese stat ist dem Hanss Jurjen
von Lutgenstein zugehorigh, jedoch dem hertzogen von Lottringen fur
pfantschafft einer summen ad 40000 gulden neben noch andere stett
und dorffer ingethan. Hieselbst findt man nhur aussgewichene bra-
banschen calvinischen. Verzertt 1 gulden 4½ stuiver.

3 g.   **Zaberen**

Ein hupsche statt. Alhie begint die Elsass.
Einen goltgulden gilt alhie 21 batzen.

In dieser statt den abenth ankhomen, ist dem bischiffthumb Strassburg underworffen. Es helt auch der jetziger bischoff, her Johan von
Manderscheitt, die gewontliche hoffhaltungh alhie. Ein halb meill von
hinnen durch einen casteienbusch geritten und im aussreitten uber
einen hohen steinbergh, hatt der Wilhelmus tertius anno 1500 den 20.
maij einen gemeinen wegh durch diesen vilssen hawen zu lassen
begunnen, wie uff diesem bergh in einen stein graviertt zufinden. Fur
ein isern 4 stuiver. Verzertt 5½ gulden 8 stuiver.

4 gme.   **Strasburg**

Ein unuberwintliche stat, halb lutersch, halb calvinisch, aber 2 closter.
Ein kron gilt alhie 27 batzen. Einen alten rosennobell gilt 4 gulden
Strassburger gelts. Einen gulden alhie ist bei unss 1 daller oder 15
batzen. Einen batzen ist ungfer 2 stuiver brabandisch. Uff einen batzen gehen ungfer 3 dollingen. Noch uff einen batzen 10 pfenningh.

Alhie den 21. ankhomen und in St. Johans closter, welchs schon
und reich ist, logiertt. Nach dieser statt bein[13] ich vorgeritten und irst-

---

[12] Die Abkürzung für Meilen fehlt.
[13] Sic.

lich in einer herberg abgestanden, verzertt 3 batzen. Von Bolchen biss alhie einen botten mitgenhomen, ist meines herren anpartt 28 stuiver. Fur die abcontrafeittungh dess grossen thorns zu Strassburgh und des thumurwercks 10 pfenningh. An pfertsbeschlag 2 stuiver. Dem sadeler fur reparierungh und meines herren sporletter 7½ stuiver. In der kuchen 2 francken. Dem pfortzner 3 stuiver. Weschlohn 5 batzen. Uber die reinsche brugk zureitten, welche lang ist ungfer 1500 pass, jeder pfertt 1 dolling, facit 3 dolling. Umb gottswill 1 dollingh.

In dieser statt im thumb ist ein unerhortt schon uhrwerck zu sehen, under andern dass daselbst einen isern han vorhanden, der des morgents umb 4 und nachmittags umb 3 uhren krähett. Auch ist hier ein new rhathauss schon gebawtt. Beleufft sich diss in all ad[14].

4 ggme[15]	**Capel**

Ein dorff.
Dass gelt gilt alhie wie zu Strassburgh.

In diesem dorff seindt wir den 23. dieses monats octobris ankomen und ist uff einen fliessendt wasser gelegen, die Elss gnant. Verzertt 4 gulden ½ stuiver.

4 gg.[16]	**Freiburg**

Ein schon statt.
Etliche calvinische, aber kein exercitium,
und ist dem ertzhertzogen Ferdinant underworffen.
Dass gelt gilt alhie wie vorschrieben.

Alhie den 24. ermeltes monats ankomen und in St. Johans ordens closter logiertt. Zuvor aber ist zu wissen, das wir 2 grosse meillen von hinnen durch ein statt passiertt, Kintzing gnant. In dieser statt Freiburg ist eine schone kirch und universitiett, davon rector universitatis Jurgh Mayer, doctor medicine, gnant wierdt. Hieselbst hats auch eine scho-

---

[14] Der Betrag ist nicht angegeben.
[15] und [16] Unbekannte Abkürzung.

ne christalemull, dern mullen man nhur 2 in Deutschlandt finden soll, eine hie und die ander in einem stetllein[17] ein meill von hinnen, Walkirch gnant, auch dem ertzhertzogen zustendigh.

Einen botten von Strassburg mitgenhomen, meines herren anpartt 20 stuiver. Fur meinen herren ein metzer 2 stuiver. In der kuchen 1 gulden. Facit 2 gulden 2 stuiver.

2 g.   **Heitershem**

Schloss und herligkeitt dem Deutschen Meister Flach underworffen.

Alhie den 25. bei dem fursten oder Deutschen Meister Philipssen Flach von Schwartzenbergh[18] ankhomen und cum praeclari honore empfangen und tractiertt worden und biss uff den 29. desselben monats still gelegen. Ein stundt reittens von diesem schloss hatt wolgemelter furst ein lusthauss uff dem Rein ligen, Crissen gnant. Daher haben ire furstliche gnaden meinen herrn mit 6 reissigen pferden und einen kautschen vergleiden lassen. Allernegst dem vorschrieben schloss Heitterschem hatt ess einen sehr fruchtbarlichen schonen krautgartten, im mitten ein lusthauss new gebawett.

Unsere 3 pfertt beschlagen lassen 18 stuiver. In der kuchen 4 francken. Einem jungen, so uff dem himmelken gekurtzwilligt, 9 stuiver. Den megden 6 stuiver. Facit 3½ gulden 5 stuiver.

---

[17] Vorlage: *stellein.*

[18] Wie später Philipp von Merode (siehe unten zum 27. August 1587) wurde der Deutschmeister 1577 in die Fürsten- und Herrenmatrikel der Deutschen Nation in Siena eingetragen: „Philippus Flach von Swartzenburg Sant Johans Ordens Meister in deutschen Landen und der römischen kaiserlichen Majestät Abgesandter" (Weigle, Matrikel I).

2 gme.   **Freiburg**
Ein statt wie jetzgemelt.

In dieser statt den 29. octobris wider ankomen und weill wir wegen der dhomals zu Basell und Mailan[19] schwebender pest dahin zuziehen verhindert worden, unsern wegh durch die graffschafft Tyroll
zu nhemen verursagt gewest. Alss wir unsere vorgenhomene reiss
continuiertt und auss dieser statt geritten, haben wir allernegst der stat
einen hohen bergh vorbei passiertt und uf die lincke handt ligen lassen, darauff woll hiebevorn ein stattlich schloss gestanden, dweill ess
aber die statt hatt kuennen zwingen durch die inwhoner daselbst zu
Freiburgh geschligt worden und also die platz davon als zum wachtthorn pro memoria gebraucht wierdt.

Fur ein schlossgen uff unsere mall, fur 1 schwam, kratzborschtell
und metzer zusamen 5½ batzen. In der kuchen 1 franck. Facit 1 gulden 8½ stuiver.

3gme   **Neustat**
Ein fleck. Alhie begint Schwaben.
Alhie gilt ein kron nhur 24 batzen und einen francken 81/2 batzen.

Alhie den 30. dieses ankhomen und einen wundern rhawen wegh
passiertt zwischen zwei gewaltige steinbergh und busch, davon die
bewm den mheren theill dennen sein, die man zu massbewmen
braucht. Diss auch wierdt das Himmelreich oder Schwartzwalt gnant.
Alhie verzertt 4 gulden 3 stuiver.

2 gme.   **Unendingen**
Ein dorff.

Den 31. oder letzsten alhie mittagh gehalten, verzertt 1 daller 10
stuiver. Item einen dranck fur den passganger, welcher kranck gewest, 3 stuiver. Facit 2 gulden 3 stuiver.

---

[19] Sic.

1 gme.   **Reitberingen**

Ein dorff.

Alhie desselben abent ankhomen, verzertt 2¹/₂ gulden 8 stuiver. Fur pfertsbeschlag 4 stuiver.

Jetzo seindt wir durch einen noch viell selsamer wegh als wie vorschrieben bei Newstatt gezogen und ist diss ortt die hell oder das Teuffelsloch gnant. Auch uffzuschreiben notigh, dass 2 grosse schwabische meill von hinnen, nemblich zu Schaffhausen, der Rein dermassen hohe von steinklepffen abfelt, dass man das braussen davon bei stillem wetter hieselbst woll horen kan.

3 gme.   **Ach**

Ein stetlein.
Alhie gilt ein kron mehe nit als 23 batzen.

Alhie den 1. novembris mittag gehalten und ist hohe uff einem bergh gelegen. Unden den berg leufft ein wasser, die Ach gnant, und ein meill von hinnen bei einem dorff, Dhoneschingen gnant, springt die Dön oder Danubius und leufft gegen Reinstrom oder sonnenuffgangk. Zwei meillen von hinnen ein stetgen uff einem berg uff die lincke handt ligen lassen, Furstenbergh gnant, graff Henrich von Furstenberg zugehorig. Anderthalb meill von Ach uff die rechte handt ein reichsstatt, Engen gnant, vorbei passiertt. Darumbher ligen 7 gewaltige hohe berg und uff jederm ein schloss gebawett.

Hieselbst verzertt 1 gulden 1 ortstuiver.

1 ggme.[20]   **Stocken**

Ein stetlin.

Diesen abent alhie verzertt 4¹/₂ gulden 9 stuiver 3 orth. Fur reparierungh einem sadler 6 kreutzer. Meines herren wambiss und hosen zurepariern 3 kreutzer. An dranckgelt 3 kreutzer. Meines herren an-

---

[20] Unbekannte Abkürzung.

29

partt fur einen wegweiser biss hieher 2 stuiver. Umb gottswill 1 kreutzer. Alss wir ungfer 3 stundt vortan gereist, seindt wir an die Bode oder Constantze sehe komen, dabei ein stetlein, Uberlingen gnant, uff die lincke handt ligen lassen. Der Rein leufft mitten durch diese sehe.

Facit an aussgab[21].

3 ggme.   **Salmsweiler**[22]

Ein closter.

Alhie den 2. novembris arriviertt. Diss closter ist einem stetgen begriff halber woll gleich und Sancti Bernardi ordens. Es werden taglichs, wie ich mit fleiss darnach gefragt und ich bericht bein, in diesem closter gespeist durcheinander ungfer 1300 personen, darzu alle wochen 3 feiste ochssen geschlachtet. Item man findt alhie solche provision an wein, das mir unmoglich davon zu schreiben ist, under andern ein vass anhaltendt ad 35 foder, jeder foder 8 ahmen, jeder ahm[23]. Mitten durch diesem closter leufft ein fliessendt wasser, 3 mullenrader umbtreibent. Weithers findt man in diesem closter schier alle ambachter. Item speist man alle wochen auss diesem closter ungfer 6000 armen. Deren angehorichen munchen seindt jetzo 50. Der abbas wierdt gnant Vitus Necker.

Weill mein her alhie biss uff den 3. tag still gelegen und herligh woll acceptiertt worden, in der kuchen geben 1 kron, facit 3½ gulden brabendisch.

---

[21] Die Beträge sind nicht addiert.
[22] Salmsweiler ist der alte Name des heutigen Ortes Salem.
[23] Die Maßangabe fehlt.

2 ggme.   **Dorren Alst**
                               Ein herberg.
                      Alhie gilt das gelt wie boben.

Alhie den 4. dieses mittag gehalten und ein stetgen passiertt, Magdorff gnant. Fur bottenlohn meines herren anpart 2 stuiver, verzert 1
gulden 7 stuiver, facit 1 gulden 9 stuiver.

1 gme.   **Ravensberg**
              Ein hupsche statt und seindt martinisch und catholisch.
                  Alhie gilt das gelt[24] imgleichen sovill.

Alhie den abent ankhomen. Boben dieser stat ligt ein schloss, dass
die statt zwingen kan, auch alles dem vorschrieben ertzhertzog zugehorigh. Alhie ist der geselschafft der wein verehrtt, dem statbott 1
kron geben, ist fur meinen herren 12 stuiver. Fur meinen herren ein
par stieffeln 26 batzen, fur mich ein par 18 batzen. Verzertt 5½ gulden. An dranckgelt 1 batz. Facit 10 gulden brabendisch.

2 ggme   **Wangen**
                               Ein statt.
           Alhie gilt ein fr.[25] kron 24 batzen, sunst andere kronen 23 batzen.
                 Einen goltgulden 12 batzen. Ein millenese 25 batzen.

Alhie den 5. novembris arriviertt und meinem herren in die Gotts
ehr ausszutheilen gethan 3 batzen. Alhie auch ein erbar rätt der gesel-
schaft den wein geschenckt, den presenthierenden geben 1 thaller, ist
meines herren anpart 7½ stuiver. An pfertsbeschlag 6½ stuiver. An
dranckgelt 1 stuiver 1 ortt. Verzertt 3 thaller 2 stuiver. Facit 5½ gulden
2 stuiver 1 ort.

---

[24] *gilt das gelt* fehlt in der Vorlage.
[25] Wohl *fransosche* = französische.

2 gme   **Isne**

Ein statt und seindt martinisch.
Alhie gilt dass gelt wie jetz vorschrieben.

Alhie den 6. ankhomen. Fur 2 par winterhenschen 3 batzen. Des
lacquayen hosen zulappen 5 stuiver. Noch extraordinarie an wein
2 stuiver. Verzertt 2 thaller 4 batzen. Dranckgelt 1 stuiver. Facit 4 gulden 2 stuiver.

3 g.   **Cempten**

Ein statt, den meheren theill martinisch.
Alhie gilt dass gelt[26] auch sovill.

Alhie den 7. ankhomen und einen wundern gast und sonst reichen wierdt angetroffen, der unss uberauss schon silber geschier gezeigt, auch weisse hasen und velthoner gesehen, davon die velthoner
lange feddern wie die tauben uff die fuss haben. Sunst findt man auch
velthoner und hasen wie bei uns und seindt besser als die andern.
   Diesen tag haben wir in einem dorffgen, Bauchenbach gnant, ge-
fodert, verthan 1 gulden. Negst dieser vorschrieben statt leufft ein
wasser, die Iler gnant. Auch ligt hiebei allernegst ein gewaltigh reich
munchencloster, davon der abbas princeps imperii ist. Alhie unsere
pfertt schirpffen lassen und 1 new iser 4 stuiver. Verzertt 2 thaller 2½
batzen. Facit 6½ gulden brabendisch.

3 g.   .   **Pfrainten**

Ein dorff.
Das gelt gehet alhie wie vorschrieben.

Alhie den 8. ankhomen. Allernegst diesem dorff seindt 2 hohe
berg und uf jederm bergh 1 schloss, das ein dem ertzhertzog, das
ander einem freiherren Henrich Voeller und diss dorff dem bischoffen von Dillingen zustendigh. Hiebei leufft ein wasser, die Vilss gnant.
Verzertt 4 gulden 8 stuiver 1 ort.

---

[26] *gilt dass gelt* fehlt in der Vorlage.

2 g. **Reitten**

Ein schon fleck. Alhie begint die graffschafft Tyroll,
dem vorschrieben ertzhertzog zustendigh.

Den 9. alhie mittag gehalten. Und weill wir zu Cempten eine certification sanitatis nhemen mussen meines herren anpart dafur 4 stuiver. Zwischen diesem fleck und Pfreinten ein stetlein passiert, Vils
gnant. Ungfer ein halb stundt von diesem dorff nach der seithen ghen
Insprugk kumpt man ahn ein claussell und uff die rechte handt hohe
uff einem bergh ein schloss, welchs gerurtte claussell commandiertt,
dadurch keiner ohn redt und antwurtt passieren mag und ist nhur dieser wegh nach Insprugk zu. Alhie verzertt 2 gulden. An pferttsbe-
schlag 12 stuiver. An wegweisernlohn meines herren anpart 6 stuiver
3 orth. Facit 3 gulden 2 stuiver 3 ort.

1 ggme. **Beichelbach**

Ein dorff.

Alhie benachtigt, verzertt 3 gulden 1 stuiver.

2 g. **Piwerweier**

Ein dorff.

Alhie den 10. mittagh gehalten, verzertt 1½ gulden brabendisch.

1 gg.[27] **Nasareitten**

Ein dorff.

Alhie benachtigt und einen bergh 2 meillen wegs lang so uff alss
ab, die Fehrn gnant, passiert und uff halber ban noch ein claussel wie
oben getroffen, dabei unden zwischen den zweien bergen ein schon
lusthauss, dem vorschrieben ertzhertzog zugehorigh, zusehen ist. Hie-

---

[27] Unbekannte Abkürzung.

33

bei seindt auch zwei bleiberg, demselben landtfursten zustendigh. Alhie an pfertsbeschlag 4 stuiver, verzertt 3 gulden ½ stuiver, facit 3 gulden 6½[28] stuiver.

3 gg.   **Delfs**
Ein fleck.
Alhie gilt ein kron 45 stuiver, ein philipsthaller 40 stuiver,
ein italianische ducatt 45 stuiver.

Alhie den 11. ankomen. Bei diesem dorff leufft ein schiffreich wasser nach Insprugk zu, die Drin[29] gnant. Hieselbst auch verzertt 5 1/2 gulden 5 stuiver.

2 gme.   **Insprugk**
Ein sehr schon statt.
Ein kron oder ein ducatt gilt alhie 22½ batzen,
einen philipsthaller 20 batzen.

In dieser statt seindt wir den 12. novembris ankhomen. Hieselbst hielt[30] der ertzhertzog Ferdinandus seine gemeinliche hoffhalltungh, alt ungefer 57 jar[31]. Notandum dass in dieser statt 2 schone closter, in dem einen jesuiter und in dem andern minderbröder, von den vorigen ertzhertzogen gestifft und vom jetzigen sonderlich vermehrtt worden. In dieser minderbröder kirchen findt man ein trefflich schon begrebnus, darinnen kayser Maximilian der irst begraben ligt[32], welchs mit 24 historien sehr kunstreich und rein in weissen marmorstein ausgehawen ist, und under jedere historia geschrieben wie folgt:

---

[28] Sic; richtig: 4½.
[29] *Drin* = Der Inn.
[30] *hielt* = hält.
[31] Erzherzog Ferdinand, *1529, †1595, Sohn Kaiser Ferdinands I.
[32] Gemeint ist die Hofkirche, deren Betreuung Franziskaner (Minderbrüder) übernahmen. Die Hofkirche wurde erbaut, um das Grab Maximilians I. aufzunehmen, dessen sterbliche Überreste jedoch von Wiener Neustadt nie dorthin gebracht wurden.

Imperatori Caesari Maximiliano Pio Foelici Augusto Principi tum pacis tum belli artibus omnium aetatis suae regum longe clarissimo sub cuius foelici imperio inclyta Germania dulcissima ipsius patria tam armis quam literarum studiis plus quam ante haec florere caputque super alias nationes extollere cepit cuius insignia facta tabellis inferioribus quamvis sub compendio expressa conspiciuntur Imperator Caesar Ferdinandus Pius Foelix Augustus avo paterno per colendo ac benemerito pietatis atque gratitudinis ergo P. Natus est 27 martii anno domini 1459 obiit anno domini 1500 die 19 januarii[33]

1 Matrimonio cum Maria potentissimi Burgundionum ducis Caroli filia contracto oppulentissimae Belgarum Sequanorumque ditiones Austriacae domui adiectae[34]

2 Fuso ad Guynegatum vicum Gallorum qui ex triginta millibus hominum constabat exercitu magna pars Hannoniae una cum imperiali urbe Camerca recepto[35]

3 Attrebatum Arthesiae metropolis quae antea Gallorum armis cesserat egregio strata gemate per nocturnas insidias deceptis hostium custodiis in potestatem reducta[36]

4 Vivente adhuc patre Friderico III Imperatore a sacris Romani imperii electoribus in regem Romanorum unanimiter electus ac paulo post Aquizgrani adhibitis rite ceremoniis coronatus[37]

Zum Kenotaph und zu den Standbildern vgl. Hubert Kittinger, Hofburg, Silberne Kapelle und Hofkirche zu Innsbruck, 5. A. Innsbruck o.J. Die nachfolgend aus dem Tagebuch zitierten lateinischen Texte sind nicht auf ihre Übereinstimmung mit den Aufschriften am Kenotaph überprüft.

David Schönherr, Geschichte des Grabmales Kaiser Maximilians I. und der Hofkirche zu Innsbruck, in: Jahrbuch der kunsthistorischen Sammlungen des Allerhöchsten Kaiserhauses XI, 1890, enthält in Anhang III die vom Reichskanzler Seld verfaßten Inschriften des Grabes.

Vinzenz Oberhammer, Die Bronzestandbilder des Maximiliangrabmales in der Hofkirche zu Innsbruck, Innsbruck-Wien-München 1935.

Karl Oettinger, Die Bildhauer Maximilians am Innsbrucker Kaisergrabmal, o.O., o.J. (Erlanger Beiträge zur Sprach- und Kunstwissenschaft 23).

[33] So die Vorlage. Maximilian I. wurde tatsächlich am 22. März 1459 geboren und starb am 12. Januar 1519.

[34] Vermählung Maximilians mit Maria von Burgund 1477.

[35] Sieg über die Franzosen bei Guinegate 1479.

[36] Erstürmung von Arras 1492.

[37] Krönung Maximilians zum Römischen König in Aachen 1486.

5 Iunctis cum patruele Sigismondo armis Roveretum oppidum expugnatum ac
   Venetorum copie una cum duce Roberto Sanseverino ad vicum Callianum
   deletae[38]

6 Universa inferioris Austriae provincia quae una cum metropoli Vienna in
   potestatem Matthiae Corvini inclyti Hungariae regis devenerat infra trium
   mensium spacium recuperata[39]

7 Alba regalis urbs nobilissima in qua reges Hungariae et inaugurati et sepeliri
   solent valido exercitu cincta et expugnata ingensque illi regno terror illatus[40]

8 Facta cum Carolo VIII rege Gallorum pace Margarita filia una cum oppulentis-
   simis Burgundiae et Arthesiae comitatibus ante tempus a Lodovico XI recepta[41]

9 Turcarum ingens multitudo quae in Croatia et Silavonia cuncta ferro et igni
   vastaverat solius ipsius auspiciis ac aliorum ope nequicquam implorata
   inde eiecta[42]

10 Foedus cum Alexandro VI pontifice maximo senatu Veneto ac Lodeveco Sfortia
   initum quo mediante Carolus VIII Gallorum rex regum Neapolitanum
   a se subiugatum deserere ac domum redire coactus[43]

11 Ducta in Matrimonium Blanca Maria principis Mediolani filia receptoque a
   Lodovico Sfortia fidei iuramento ducatus Mediolani ad imperii obedientiam
   sine sanguine reductus[44]

12 Consiliatis inter filium suum Philippum ac inclytorum regum Ferdinandi et
   Elisabethae filiam Joannam nuptiis ac amplissimorum Hispaniae regnorum
   successionem aditus posterio ipsius apertus[45]

---

[38] Sieg des Erzherzogs Sigmund von Tirol bei Calliano 1487.
[39] Einzug Maximilians in Wien 1490.
[40] Einnahme von Stuhlweißenburg 1490.
[41] Rückkehr von Maximilians Tochter Margareta aus Frankreich 1491.
[42] Rückzug der Türken aus Kroatien 1493.
[43] Bündnis gegen Frankreich 1495.
[44] Belehnung des Ludovico Sforza mit Mailand 1495.
[45] Vermählung Philipps des Schönen mit Johanna von Kastilien 1496.

13 Bohemi qui sororium ipsius Albertum Bavariae ducem mercede conducti oppugnatus advenerant memorabili praelio[46] prope urbem Ratisbonam plurimis illorum interfectis superati[47]

14 Kuestainio ac Geroltzecko munitissimis artibus expugnatus 7 insignes praefecturae dictioni Austriacae partim adiectae partim quasi post Liminio quodam restitutae[48]

15 Hernhemio quod primarium Geldriae oppidum est capto Carolo duce Geldriae qui Gallorum partes secutus rebus in inferiori Germania novandis semper studuerat pax supplici data[49]

16 Percusso cum Julio II[50] pontifice maximo ac Hispaniarum ac Galliae regibus foedere Veneti tota prope modum continenti quam in Italia possidebant depulsi et ad summam rerum desperationem aducti[51]

17 Insignes Venetorum urbes Patavium Verona Vicentia una cum magna fori Julii parte in potestate reductae Brixia vero auxiliaribus Gallorum armis expugnata[52]

18 Societate cum Julio pontifice et pagis Helvetiorum contracta Galli penitus Italia erecti Maximilianusque Sfortia tot iam annis exul paterno insubrie principatui restitutus[53]

19 Iunctis cum Henrico VIII Anglorum rege viribus iterum ad vicum Guynegatam locum antiqua Caesaris victoria fatalem insigni praelio[54] profligatus Gallorum exercitus[55]

20 Cerrevana Morivorum excissa Tornacum bellicosi ac fortissimi Nerviorum populi gloria insignis civitas post levem expugnationem in fidem accepta[56]

---

[46] Vorlage: *praetio*.
[47] Schlacht bei Regensburg 1504.
[48] Eroberung von Kufstein 1504.
[49] Unterwerfung des Herzogs von Geldern 1505.
[50] Vorlage: *XI*
[51] Liga von Cambrai 1508.
[52] Eroberung von Padua 1509
[53] Einzug Maximilian Sforzas in Mailand 1512.
[54] Vorlage: *praetio*.
[55] Zweiter Sieg bei Guinegate über Frankreich 1513.
[56] Vereinigung der Heere Maximilians und Heinrichs VIII. von Frankreich 1513.

21 Bartholomeus Linianus excelsi nominis dux cum ingenti Venetarum copiarum apparatu a parva Caesareanorum militum Germanorum ac Hispaniorum manu prope Vicentiam fusque et fugatus[57]

22 Maranum oppidum astu captum obsidentibus id paulo post Venetis eruptione inde facta cum Paulo Manfrono[58] et Balthasare Scipione acerrimis hostium ducibus foeliciter pugnatum[59]

23 Conventu cum Hungariae (Polonia) et Poloniae regibus Vienne habito contractis huic inde matrimoniis nepotibus ipsius via acquerendis amplissimis Hungariae ac Bohemiae regnis strata[60]

24 Urbes Verona opera M. Anthinii Columne submissique per Guilhelmum Rogendorffium comeatu et subsidiis adversus immensam vim oppugnantium Gallorum et Venetorum strenue defensa[61]

Alex. Colin[62]
Sculptor

Ungefer eine deutsche meill wegs von dieser statt ist eine sehr schone salssgrub, da mit man schier gantz Deutschlandt providiertt. Gemtzssen findt man in dem gebirgs herumbher grusam viell und ist eine lustige aber seher gefahrliche jagt. Auch findt man in der vorschriebenen minderbroder kirchen ungefer 26[63] gegossene metzige staturen von alten kaysern, kayserinnen, fursten und furstinnen.

In der herbergh alhie seindt etlichemaln wie breuchlich die statt spilleuth komen und gespillt, beleufft meines herrn anpartt sowoll fur spilleut alss musicis 32 stuiver. Meines herrn zwarsche alte zammette hosen uff ittalianische manher zu machen 1 gulden. Fur 2 ellen linen thuch darinnen und 3 vierthell schwartz wullen thuch, ein doutzet

---

[57] Schlacht bei Vicenza 1513.
[58] Sic.
[59] Ausfall bei Marano 1514.
[60] Die österreichisch-böhmische Wechselverlobung 1515.
[61] Verteidigung Veronas 1516.
[62] Vorlage: *Colins*.
[63] Tatsächlich sind es 28.

remen sampt die seith darzu kost zusamen 1$^{1}/_{2}$ daller 1 stuiver. An weschlon 16 stuiver. Auch haben wir alhie ein testimonium sanitatis nhemen mussen, dem schribentten, meines herren anpartt, 6 stuiver.

Alhie biss uff den 3. tagh den nachmittagh still gelegen, beleufft sich also, wass notwendigh aussgeben und sonst in der herbergh verzertt ad 23 gulden 6 stuiver brabendisch.

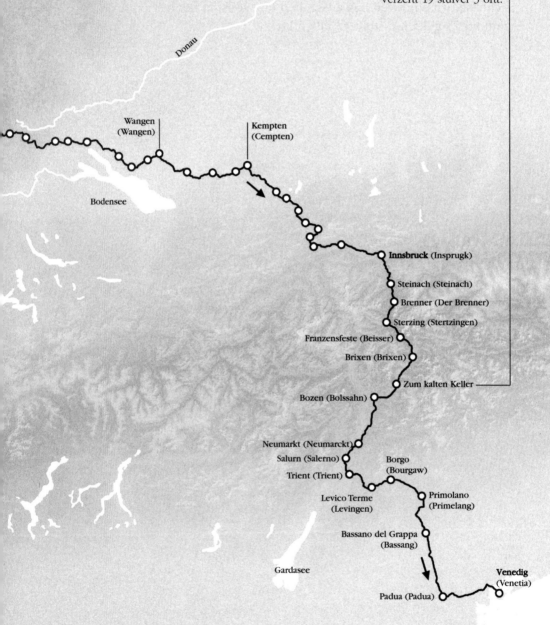

17. November 1586

Kaltenkeller
(Zum Kalten Keller)
Ein herbergh.

Alhie den 17. mittag gehalten,
verzertt 19 stuiver 3 ortt.

Donau

Wangen
(Wangen)

Kempten
(Cempten)

Bodensee

Innsbruck (Insprugk)

Steinach (Steinach)

Brenner (Der Brenner)

Sterzing (Stertzingen)

Franzensfeste (Beisser)

Brixen (Brixen)

Zum kalten Keller

Bozen (Bolssahn)

Neumarkt (Neumarckt)

Salurn (Salerno)

Trient (Trient)

Borgo
(Bourgaw)

Levico Terme
(Levingen)

Primolano
(Primelang)

Bassano del Grappa
(Bassang)

Gardasee

Venedig
(Venetia)

Padua (Padua)

Fiume Po

Von Innsbruck nach Venedig

$3^1/_2$[64]   **Steinach**

Ein sehr schone fleck.
Dass gelt gilt hie wie boben.

Alhie den 14. benachtigt und einen bergh uberzogen, so uff alss ab 2 meilen lang, verzertt 3 gulden 4 stuiver.

2   **Der Brenner**

Ein herberg.

Uff diesem bergh, $2^1/_2$ meil uff und ab geritten, den 15. mittagh gehalten, verzertt 1 gulden 8 stuiver 3 ort.

$2^1/_2$ **Stertzingen**

Ein stetlin.

Alhie benachtigt und verzertt $2^1/_2$ gulden 6 stuiver.

---

[64] Hier und im Folgenden ist das Maß der Entfernung häufig nicht angegeben.

3½ Steinach	Dass gelt gilt hie, wie loben
2. Der Brenner	
2½ Stertzingen	
3.	
1½ Brixen	
4. ... Kaltern	
2	
3½ Neumarckt	
j Salerno	
j St. Michel	
2. Trient	Dass gelt gilt ... hie wie ... ...

Alhie den 14 übernachtet vnd einen Zeug
über gezogen so weit als ob 2 meilen lang
vor Zeret ————————————— 3 gr 4 ß

Uff diesem Berg den 15 Mittag gehalten
vor Zeret —————————————— 1 gr 8 ß 3 or

Alhie übernachtet vnd vor Zeret 2½ gr 6 ß

Alhie den 16 dieses Mittag gehalten vor Zeret 19 gr 3 ß j ort
Jn dieser Statt den römet ankomen
vnd Er Jst alhie ein herrlich thumb
Collegium vnd der Bischoffs dhofer
Hoffhaltung, alhie vor Zeret ——— 3½ gr 5½ ß
Alhie den 17 Mittag gehalten vor Zeret — 19 ß 3 ort

Alhie übernachtet vor Zeret ———— 3½ gr 4 ß
Alhie den 18 Mittag gehalten vnd
vor Zeret —————————————— 10 ß j ort
Alhie übernachtet vor Zeret ———— 3 gr 4 ß

Alhie den 19 Früh gehalten vor Zeret —— 1½ gr 6 ß

Jn dieser Statt mit Bott, uff selben
tags den abend ankomen, vnd biß
uff den 3 tag still gelegen. Jn der Kirch
St Petro. findt man ein Monument
findt bruchs, welchs vor etlich Jaren
durch etlichen den Heut Jn dieser
Statt wonenden Juden, seiner blutts
halber umbbracht worden ist.

Sir lath

3 **Beisser**

Ein herberg.

Alhie den 16. dieses mittag gehalten, verzertt 1 gulden 3 stuiver 1 ort.

1½ **Brixen**

Ein statt.

In dieser statt den abent ankhomen. Und es ist alhie ein herligh thumb collegium und des bischoffs Spohr hoffhaltungh, alhie verzertt 3½ gulden 5½ stuiver.

4 **Zum Kalten Keller**

Ein herbergh.

Alhie den 17. mittag gehalten, verzertt 19 stuiver 3 ortt.

2 **Bolssahn**

Alhie benachtigt, verzertt 3½ gulden 4 stuiver.

3½ **Neumarckt**

Ein herliche fleck.

Alhie den 18. mittagh gehalten und verzertt 16 stuiver 1 ortt.

1 **Salerno**

Ein dorff.

Alhie den 19. zop gessen, verzertt 1½ gulden brabendisch.

2 **Trient**

Ein hohe bereumpte statt.
Dass gelt gilt alhie wie boben vermeldt.

In dieser statt mit Gott uff selben tagh den abenth ankhomen und biss uff den 3. tag still gelegen. In der kirch St. Petro findt man ein innocent kindtlein welchs 2 jar alt seinde vor etlichen 1000 jaren durch etlichen dero zeit in dieser statt wonenden juden seines blotts halber umbbracht worden ist[64a]. In St. Marien kirch, darinnen man dass concilium Trientinum gehalten, findt man ein uberauss kunstreich schon urgell uberauss ubergult, dass fundament aber von marmorstein herlich aussgehawen. Sovill des cardenals Madrusche[65] pallatium betrefft, ist dasselbigh so herlich schon gebawett und die camern mit golt abgestrichen, dass man dern herlicher wenig gleich findett.

Imgleichen ein lusthauss baussen der statt ungfer ein vierthel wegs. In diesem orth landts haben die frawen doch mehe als die menner gemeinlich krop under der kellen. Alhie auch dem lacquayen von einem schwartzen mantell einen mandilien und boxen machen lassen, linen thuch, sonst foderthuch, passementen seith, trill, ein dousein kneuff, zusamen 31½ batzen, fur machlon 13 batzen 1 kreutzer. Fur meinen hern 1 par henschen 4½ batzen und fur mich 1 par 2½ batzen. In die ehr Gotts geben 1 kreutzer, stieffelen zulappen ½ batzen und biss uff den dritten tagh still gelegen. In all verzertt 5 daler 4½ batzen facit in all[66].

2 ggme. **Levingen**

Ein dorff.

Alhie den 21. gerurts monats novembris ankomen und mittag gehalten, verzertt 1 gulden 3 stuiver. An wegweisern lohn meines herren anpart 2 stuiver 1 ort.

[64a] Als man 1445 beim Hause eines Trienter Juden die Leiche des etwa zweijährigen christlichen Knaben Simon fand, wurden die dortigen Juden des Ritualmords an dem Kind beschuldigt (Lexikon für Theologie und Kirche, 9. Bd., Freiburg/Br. 1964, Sp. 772).

[65] Kardinal Ludwig Madruzzo, Bischof von Trient.

[66] Der Betrag fehlt.

2 ggme. **Bourgaw**

Ein stettlein.

Alhie benachtigt. Verzertt 2 thaller 2 batzen und eine attestation sanitatis bekomen, meines herren antheil 1 batz, facit 3 gulden 6 stuiver.

15 **Primelang**

Ein fleck. Alhie begint Italia, auch italiansche meilen.

In diesem fleck den 22. dieses mittag gehalten, verzertt 1 gulden 3 stuiver. Ein stundt reithens kumpt man an[67] ein claussell, dem vorschrieben ertzhertzogh zustendigh, daselbst fur jeder pfertt 1 kreutzer verzollen mussen. Undt man findt dabei ein schloss wunderbarlich in einem vilssberg gar hohe gearbeitt, dainnen zu komen muss man sich mit corden uffziehen. Noch ½ stundt weithers uber ein brugk geritten und fur jeder pfertt 2 kreutzer, facit 6 kreutzer, verzollen mussen. Facit 1½ gulden 7 stuiver 1 ort.

15 **Bassang**

Ein hupsche statt und ist venedigsch.
Ein kron gilt alhie 100 quarantainee. Die 100 quarantainee machen
7 trongnes. Die 5 quarantainee 1[68] trongnes.
1 paolo 12 quarantainee.
Ein monssongo ist 16 quarantainee.

In dieser statt den abent ankhomen und ist alhie sonderlich nichtz als ein schon hultzere brugk zu sehen, welche uber ein wasser gehet, la Brente gant, allernegst der statt fliessendt, und die brugk ist langk ungfer 140 schritt. Verzertt 6½ gulden.

---

[67] *an* fehlt im Text.
[68] In der Vorlage undeutlich, könnte auch ½ sein.

17 Ein herberg an einer brugken
uff die vorschrieben Brente.

Alhie den 23. mittagh gehalten, verzertt 12 stuiver. Hieselbst uber
die Brente zu schiffen fur 3 pferdt 1 batzen. Facit 14 stuiver.

8 **Padua**
Ein treffliche bereumpte statt.

In dieser statt den abent ankomen. Alhie ist eine treffliche universitiett. In St. Anthonii kirch siegt man den hohen altar von marmor
und umb den hohen kohr viell schone historien in metzigh gegossen[69]. Weill wir folgents tags nach Venedig verruckt und mit dem
wierdt kein rechnungh gehalten, weil wir dahin zukomen vurhabens,
derwegen alhie nichtz.

18, zur sehe 2 **Venetia**
Ein weith bereumpte statt, la Ricca gnant,
allerdingh uff poel gebawet und ist die treffligste ressinglicq[70]
der christenheitt.
Dass gelt gilt alhie wie nachfolgt: Ein kron 7½ lb.,
jeder lb. 20 soldi oder 1 lb. teutsch gelts 6½ stuiver 3 hellr.
Ein schilling, ein marquet oder ein soldi 3 hellr.

Alhie den 24. ankhomen und von Lisuecina ehe wir in der herberg
khomen uber anderthalb stundt uber she gefaren. Der hertzogh alhie
oder wie man innen sonst nennett le douse a cause de l'election ist
ungfer 70 jarigh und jetzo widtman. Seiner furstlichen gnaden pallatium ist grousamb herlich ausswendigh mit lauther marmorstein gebawett, und ess gehen dieselbe alle sontag und feirtagh zu rath mit 1300
vom adell, welche alle 18 monatt verendertt werden. Die kirchen und
closter seindt insgemein mit marmorsteinen paviertt, auch sunst mar-

---

[69] Die 1447–1450 entstandenen Bronzestatuen und Reliefs von Donatello.
[70] Bedeutung?

morsteinen heuser gnugh. Gondeln, so man in der statt gebraucht, findt man alhie 8000, brugken in den strassen 400. Wass fur attelerei, provision und munition in die archenal oder uff deutsch in der statt rusthauss zuersehen ist, ist mir allein uffzuzeichnen unmoglich gewest, jedoch in der eill hab ich gezalt an stucken geschutz 1148, die in die principalste rustcamer zuzellen ist mir unmoglich gewest. Weithers kan man alle stundten auss dieser archenal armieren zu fuss mit allerlei kriegsgepurendem gewehr ad 60000 mahn. Galeren kan man auss diesem hauss mit mahn und auch darzugehorigen gewehr armieren und in zweien tagen fertigen ad 100, jeder galehr minder nit als 60 remen an jeder seith, an jeder rhem 4, 5 und 6 mhan. Andere galeren, so new uffbawett und gebessertt werden, siegt man ungfer 400 und druber, zu welchen alle tag und in zeitt des friedens arbeitten 2500 personen. Sowoll gantzen als halben strassen seindt alle mit ziegelstein paviertt.

Auch zunottiern notigh, dass vor viellen jaren alhie 4 juden mit etlichen schiffen ankomen und einen unausssprechlichen schatz bei sich gehabt. Alss nhu dern juden 2 zu landt und 2 zu wasser hantiertt und auch die 2 zu landt die andere zwei zu wasser und hinwider die 2 zu wasser die andere zu landt heimlich umbzubringen conspiriertt, so hatt sich zugetragen, dass sie alle vier uff eine zeitt beieinander zu gast gewest und jeder parthei mit ire schelmerei uff einer zeitt und stundten vortfahren willen, und haben sich dieser gestalt under einandern vergifftigt, dass sie alle 4 daran gestorben sein. Darnach haben die herren von der statt den vorschrieben schatz nach sich geschlagen. Daher haben sie auch ihr irst principall reichtumb erlangt. Dass warzeichen hievon ist noch zuersehen im intrett des pallatii uff der lincken handt. Dhaselbst findt man noch 4 juden in stein gehawen und siegt man, wie sich jeder parthei heimlich in die ohren beradtschlagt hatt. Uff diesem vorschrieben pallatium findt man ein unerhortte schone rustcamer, darauss kahn man in die 4000 edelleuth herlich rusten.

Volgt wass wir alhie biss uff den letzsten novembris still ligendt verzerttt haben: Irstlich fur meinen herren ein par schuch 20 stuiver und fur einen kleinen dictionarium $1\frac{1}{2}$ stuiver. Meinem herren in die Gotts ehr zugeben gethan $2\frac{1}{2}$ stuiver 1 ortt. Noch mit einer gondel uber strassen zufaren 3 stuiver 1 ort. In meines herren stambuch des hertzogen kirchengangk sampt noch 4 venedigsche donen zumalhen kost 6 gulden brabendisch 3 stuiver. Item wie gebreuchlich mein her in der herbergh sein wapffen uff dem hauss schlagen lassen kost 5 pfundt. Im carossa von Padua und wider zurugk zufaren fur 2 personen $9^1/_2$ pfunt 2 solidi. Uber und wider uber die venetianisch sehe biss voir Lisceuicina zufaren meines herren antheill 15 stuiver brabendisch. An holtz meines herren anpartt verbrantt 2 gulden brabendisch. Dweill alhie gebrauch, das alle malzeitten diverse spilleuth ankomen sein, beleufft in all meines herren partt 7 pfundt. Die vorschrieben archenal zubesichtigen meines herren anpartt $1^1/_2$ gulden brabendisch 3 stuiver. Die statt rhundtumb mit einer gondelen zubesichtigen 8 stuiver. Noch in ein closter 1 meill in mehr ligendt gefarn, St. Georg Maior, schiffgelt 1 stuiver. An weschlohn 3 stuiver 1 ortt. Verzertt $15^1/_2$ gulden kronen 16 stuiver. Facit in all[71].

---

[71] Der Betrag ist nicht ausgerechnet.

Padua (Padua)

Venedig (Venetia)

Mira (Mera)

Rovigo (Rowigo)

Ferrara (Ferrara)

San Nicolo Ferrarese (St. Nicola)

Argenta (Argentin)

San Biagio (Bastien)

Lugo (Lugo)

Faenza (Fayensa)

Forli (Forlij)

Cesena (Cesena)

Rimini (Riminij)

Savignano sul Rubicone (Savignano)

Cattolica (Catholica)

Pesaro (Pesaro)

Fano (Fanno)

Senigallia (Sinegalia)

Fiumesino (Fumesij)

Ancona (Ancona)

Loreto (Madame de Loretto)

Recanati (Rijcanati)

Macerata (Macerata)

Tolentino (Tolentin)

Polverina (Polverini)

Lago Trasimeno

Castello di Serravalle (Saracialla)

Foligno (Foligni)

Spoleto (Spoleti)

Lago di Bolzena

Narni (Narnij)

Borghetto (Bourgetta)

Lago di Bracciano

Castelnuovo (Castel Novo)

Rom (Roma)

14. Dezember 1586

Spoleto (Spoleti)

Ein statt.

Alhie benachtigt, und dweill man folgents
den 17. zu Romen acht new cardinallen
machen soll, derwegen vortzueillen verursagt.

Von Venedig nach Rom

13.   **Mera**

Ein herbergh.

Alhie mit den herren von Frentzen den letzsten oder 30. novembris ankomen und mittag gehalten, verzertt 13 stuiver.

16. Mit die sehe 20.   **Padua**

Ein statt wie vorschrieben.
Alhie gilt das gelt wie zu Venedigh.

Alhie den abent ankhomen. Notandum: Als wir die irste reiss in dieser statt inkhomen sein, an der pfortzen der guardia geben mussen $2^{1}/_{2}$ stuiver, und alss wir dhomals ankhomen, wie obstehet, verzertt 3 mallzeitten, folgents tags noch 3 malzeitten. Darnach, wie hiebevorn meldungh geschigt, mit einem carossa nach Venedigh gefaren. Nach widerkumpst von dannen hieselbst wider verzertt 3 mallzeitten, facit 9 malzeitten. Weill man auch derhalb die drei pferdt neben den lacquayen alhie biss uff den 9. tag still gelegen, ist alhie in all verzertt 14 gulden kronen und 16 solidi, facit[72].

---

[72] Der Betrag ist nicht ausgerechnet.

28 **Rowigo**

Ein hupsche stat.
Ein kron gilt alhie 11$^1/_2$ pauli. Ein paulus 44 quatrini.
Ein venedigsch pfundt 1$^1/_2$ pauli und 4 quatrini.
Ein paulus ist auch gnant julius.

Alhie den 1. decembris ankhomen und verzertt 11 pfundt. Von hinnen 7 meilen seindt wir uber ein wasser geschiffett, Languiraxa, gnant, an vehrgelt fur 3 ferdt 12 solidi und alhie einmall gedruncken 4 solidi, facit[73].

20 **Ferrara**

Ein weith berompte gewaltige starcke statt.
Alhie gilt ein kron 4 pfundt, aber jeder pfundt alhie ist
2 venedigsch pfundt.

Alhie mit Gott den 2. decembris ankhomen und 3 meill diss seith Rowigo einen stranckh wassers, die Pö gnant, uberzogen, an vergelt 15 solidi. Hieselbst gehet das hertzigthumb von Venedig auss und dass von Ferrara ahn. Von jetztgeruttem stranck 8 meill seindt wir principale Po uberzogen, ungfer so breit alhie als der Rein, an schiffgelt 15 solidi.

Dieser hertzog von Ferrara[74] ist ungfer 55 jarig und empfengt sein lehen von pabstlicher hailigkeitt. Wan auch ire furstliche gnaden ohne mahnserben absterben wurde, so solte gedacht hertzigthumb der romischer kirchen wider heimfallen. Seine furstliche gnaden ehegemalh ist eine dochter von Mantua[75], derselben hoffgesindt ist gemeinlich italienisch und fransosisch, aber in die guardia seindt 25 deutschen und 25 schweitzscher. Ire furstliche gnaden reissiger stall alhie ist von 224 strawen und man siegt darinnen viell herliche schone pferdt, under andern mit frisiertte höhr eben wie schäff.

---

[73] Der Betrag ist nicht ausgerechnet.
[74] Alfons II. *1533, †1597.
[75] Eleonore von Mantua, dritte Frau Alfons II.

Dem geben, der unss durch die statt geleith, $\frac{1}{2}$ pfundt. Meine stieffelen zureparieren 3 stuiver. Verzertt 3 gulden kronen 5 pauli 8 quatrini, facit in all[76].

10.	**St. Nicola**

Ein dorff.

Den 3. alhie benachtigt, verzertt 11 venedigsche pfundt, facit[77].

13.	**Bastien**

Ein dorff.

Alhie den 4. mittag gehalten und 2 stränck von die Po[78] uberschifft und 3 meill von hinnen ein stetlein, Argentin, passiertt. An zer- und vehrgelt 3 gulden 3 stuiver.

12	**Lugo**

Ein uberauss schon fleck.

Alhie benachtigt und ein uberauss gewaltig starck schloss, auch vorschrieben hertzogh von Ferrara zustendigh, gefunden. Diss ist auch das endt des hertzigthumbs Ferrara nach der seithen von Romania. Hieselbst verzertt $5\frac{1}{2}$ gulden 3 hellr.

---

[76] und [77] Der Betrag ist nicht ausgerechnet.
[78] Gemeint ist der Reno und einer seiner Nebenflüsse.

10   **Fayensa**

Ein hupsche statt und die irste dieses orts in Romania.
Empfangk: Notandum dass mein her alhie
das klein hinckendt pferdt, weill ess nit langer vortgehen kuennen,
fur 6 gulden kronen verkaufft.

In dieser statt mit Gott den 5. decembris mittag gehalten und 5 meill von hinnen einen stranck von die Po passiert. Fur 3 ferdt 2 stuiver 3 quatrini geben mussen und verzertt 11½ pauli, facit 3½ gulden 5 stuiver 3[79] hellr.

10   **Forlij**

Ein hupsche grosse statt.

In dieser statt benachtigt und an zweien pferden beschlagen lassen 3½ julii oder pauli. Die gezeuger zu reparieren 1 stuiver. Der anwesender geselschafft wie vorauss gesprochen wegen des ermelten verkaufften pferdts zum besten geben an moskatell und zuckerkuchen 3 julii, facit mit die zerung 5 gulden 1 stuiver 3 hellr.

10.gme   **Cesena**

Ein hupsche stat.

In dieser statt den 6. dieses mittag gehalten. Allernegst dieser statt ligt ein stattlich kloster, Nostra Dona gnant, hohe uff einem bergh. Verzertt 1½ gulden 3 stuiver 3 hellr.

10. p.[80]   **Savignano**

Ein statt.

Alhie benachtigt und verzertt 2 gulden 2½ stuiver 3 hellr.

---

[79] Der Betrag unleserlich, es könnte auch *23 hellr* zu lesen sein.
[80] Unbekannte Abkürzung.

10.

Riminij

Ein hupsche statt.

In dieser statt den 7. mittagh gehalten und ist uff die sehe gelegen, verzert 1½ gulden 3 stuiver 6 hellr.

15.

Catholica

Ein fleck uff die sehe.

Alhie benachtigt und verzertt 10 julii. Meines herren anpartt fur 3 reisen dranckgelt 1 julius. Facit 3½ gulden 3 stuiver 3 hellr.

10

Pesaro

Ein hupsche starcke statt
uff die sehe gelegen.

In dieser statt den 8. dieses mittagh gehalten und ist eine frontier-statt des hertzogs von Urbin. Diss hertzigthumb aber entpfengt sein lehen vom pabst wie das hertzigthumb Ferrara. Der hertzogh helt seiner furstlicher gnaden hoffhaltungh in dieser statt mehe alss anderss-who, alt ungefer 30 jar und mit des hertzogen von Ferrara schwester[81] vermalhett, aber sich durch unverdragh gescheiden, derwegen hohe gemelte hertzoginne ire furstlicher gnaden hoffhaltungh zu Ferrara halten thut. Notandum: Dieses hochgemelten hertzogen schwester ist mit dem marquiz dell Guasta vermalhett.

Zu des hertzogen guardia seindt 35 schweitzscher und 25 italiner. Schoner gebawtten reissigen stall hab ich nhe gesehen und darinnen 202 strawen und dhomals anwesende pfertt ad 25 treffliche schone, so neapolitanische als spanische und 25 auch seher schone deutsche pferdt, darzu noch 32 klepper. Auch findt man hierunden gefrisiertte pferdt wie zu Ferrara. Verzertt 7½ pauli, facit[82].

---

[81] Franz Maria II. della Rovere, Herzog von Urbino, *1549, †1631 ∞ 1570 Lukrezia d'Este *1535, †1598.

[82] Der Betrag ist nicht ausgerechnet.

7.p.   **Fanno**

Ein hupsche und starcke statt,
auch uff die sehe.

Alhie benachtigt und ist diese statt in Romania gelegen. Alhie verzert 9¹/₂ pauli, des lacquayen hosen zurepariern 1 paulus, facit[83].

15.   **Sinegalia**

Ein starcke statt, auch uff die sehe gelegen.
Alhie gilt das gelt wie vorschrieben.

Alhie mittag den 9. gehalten. An dieser statt siegt man uff der seithen nach dem feldt uberauss starcke bolwercken. Es ist auch diese
statt dem vohrschrieben hertzogen von Urbin zustendigh. Verzertt 7
pauli, facit[84].

10.   **Fumesij**

Ein herbergh.
Alhie gilt das gelt auch sovill[85].

In dieser herbergh gar ubell benachtigt und ist uff die sehe allernegst einem alten schloss, Fumesij gnant, abermals in Romania gelegen. Verzertt 12¹/₂ Pauli, facit[86].

10.   **Ancona**

Ein treffliche kauffstatt.
Alhie gilt das gelt wie hieboben zuersehen.

In dieser bereumpter statt den 10. gerurtes monats decembris ankomen. Diese statt ist gar zwischen bergen gebawett und hatt zu landt
nhur eine pfortz, dabei eine uberauss geschwinde vestungh mit scho-

---

[83] und [84] Der Betrag ist nicht ausgerechnet.
[85] *gilt das gelt* fehlt in der Vorlage.
[86] Der Betrag ist nicht ausgerechnet.

ne attelerei woll versehen gelegen, welchs die statt und das landt an einer seithen dominiertt. An der seithen nach dem mehr ligt noch ein ander vestungh, auch hohe uff einem bergh, welche auch die statt, den portum und das landt an der ander seithen verwartt. Dieser portus ist so schon, das man dern wenig gleich findett. Meinem erachten nach findt man alhie mehe turcken, morisquen und juden als christen. Verzertt 9 pauli 14 quatrini. Den pilcherinnen und spilleutten, so in die herbergen komen, meines herren anpart 1 julius oder paulus 14 quatrini. Facit[87].

15.   **Madame de Loretto**

Ein sehr alte statt.

Alhie mit Gotts gleidt den abent gar spadt ankomen. Diese statt ist hohe uff einem bergh gelegen, anderthalb meill ungfer von die sehe. Von den miraculis, die alhie taglich geschehen, darff ich nichtz setzen, weill solchs einem jedern bewust. Dass capelken von unser lieben frawen ist so voll von allerlei geopffert reichthumb, dass solchs nit zu estimieren ist, und newlich rundtumb mit einem wundern schonen lauther marmorsteinen chör gebawett, darauff uff die 4 seithen die hiebei gesetzste carmina zu finden sein:

Illotus timeat quicumque intrare sacellum
In terris nullum sanctius orbis habet
Sanctior haec aedes quod in sacra principe Petro
Verbum ubi conceptum[88] nataque virgo parens
Nullus in orbe locus prelucet sanctior isto
Quaque cadit Titan quaque resurgit aquis
Templum alibi posuere patres sed sanctius istud
Angelicae hic turbae virgo deosque locant

Diese kirch wierdt so reichlich schon gebawett, dass man nach endungh derselben wenigh gleich finden sall. Alhie verzert 5 gulden 6 stuiver.

---

[87] Der Betrag ist nicht ausgerechnet.
[88] Vorlage: *coceptum*.

3. **Rijcanati**

Ein hupsche kauffstatt hohe uff einem bergh.
Alhie gilt dass gelt wie oben gemelt.

Alhie den 11. dieses ankhomen, verzert 9$^1/_2$ pauli, an dranckgelt 14 quatrini, facit[89].

10. **Macerata**

Ein hupsche statt uff einem bergh gelegen.

In dieser statt den 12. mittagh gehalten. Man findt alhie eine universitiett. Verzertt 7$^1/_2$ pauli. Fur den lacquayen ein par schuch 4 julii oder pauli. An dranckgelt $^1/_2$ pauli. Facit[90].

10 **Tolentin**

Ein hupsche stattt.

Alhie benachtigt und verzert mit dranckgelt 11$^1/_2$ pauli. Noch fur spilleut, so in diesem landt gemeinlich die herbergen ersuchen, 1 paulus. Facit[91].

12. **Polverini**

Ein borch.

Alhie den 13. mittag gehalten, verzertt 6 pauli, facit[92].

9. **Saracialla**

Ein borch.

Alhie benachtigt, verzertt 11$^1/_2$ pauli, facit[93].

---

[89] bis [93] Der Betrag ist nicht ausgerechnet.

14. **Foligni**

Ein statt.

Alhie den 14. mittagh gehalten, verzertt 6½ pauli, facit[94].

12. **Spoleti**

Ein statt.

Alhie benachtigt, und dweill man folgents den 17. zu Romen acht new cardinallen machen soll, derwegen vortzueillen verursagt. Weill wir nu dass klein breungen nit vortbringen kuennen, hatt man den lacquayen mit demselben bei dem commandeur nachgelassen und in statt dessen ein heurpfertt genhomen, kost sonder foder ad 2 gulden kronen. Dem lacquay fur ime und dass pfertt zu zehren hindergelassen und verzert 1 kron 6 pauli. Alhie verzert 12 pauli. Facit[95].

18 **Narnij**

Ein vestung hohe uff einem berg.

Alhie den 15. mittag gehalten. Man sigt auch hieselbst ein wundere schone funtein uff dem marckt, einen stranck hoher als ein mahn mit der handt erreichen kan springendt und so dick als einen arm boben an der scholderen. Verzertt 2 person 1 pfert 5 pauli, facit[96].

12 **Bourgetta**

Ein vestungh.

Alhie benachtigt und uber die Tyber gefaren, fur 2 pfertt schiffgelt 2 pauli, verzert 7 pauli, facit[97].

---

[94] bis [97] Der Betrag ist nicht ausgerechnet.

15   **Castel Novo**

Ein borch.

Alhie den 16. mittag gehalten und uber zwei grosse berg gereist, der irst Montaigne della Tregia gnant und der zweitter allernegst gelegen de la Guardia gnant. Verzert 5 pauli, facit[98].

15   **Roma**

Caput mundi, la Santa.
Ein gewigtige gulde kron oder pistolet gilt alhie in golt oder dor,
in or wie man ess sagt, 11 julii oder pauli, 8 bajocken,
in muntz aber 12 julii, ungewigtige aber nach advenant des gewigts.
Ein julius oder paulus ist 10 bajocken.
Ein bajock 4 quatrini. Ein gemein silbere kron ist 10 julii.

Den abenth in dieser statt Romen mit Gottes gleidt ankhomen, und wass wir in dieser geringer zeit, das wir alhie still gelegen, gesehen will ich kurtzlich vermelden. Irstlich den stein, so vor st. Peter uffgericht ist und etliche 1000[99] uffzurichten gekost, ohne das der meister vom pabsten[100] geadelt worden und uber 20000 kronen zur verehrungh empfangen haben soll, wie er jetzo dan mit einer gulden ketten taglich in einem kautzschen spaciern thut, vorhin aber nit mehe alss ein schlegter steinmetzer gewest[101]. Auch findt man in St. Peter an des pabst capell ein marmorsteingen ungfer eines philipsthallers rundt, daruff siegt man des pabst Pii 4 kopff und gesigt nach dem leben, welchs so gefunden und mit keinen menschenhenden gemacht worden sein soll und uber 1000 kronen gekostet. Auch sollen in die-

---

[98] Der Betrag ist nicht ausgerechnet.
[99] Eine Währungsangabe fehlt.
[100] Sixtus V.
[101] Gemeint ist Domenico Fontana, geboren 1543 in Melide bei Lugano, gestorben 1607 in Neapel, den die Wiederaufstellung der Obelisken in Rom berühmt machte. Der *stein vor St. Peter* ist der Obelisk des Caligula aus Heliopolis auf dem Petersplatz. Fontanas marmornes Grabbildnis befindet sich in der Vorhalle von Santa Anna dei Lombardi in Neapel.

ser kirchen St. Petri die stein oder pfeiller Salimonis[102], darauff alss Gott geprediget gelhenet, zuersehen sein. Der kirchhoff Campi Sancti[103] allernegst Sancti Petri, dho der pilcher hospital ist, verschwindt ein thot corpus in 24 stunden.

Die theur der eltister kirchen alhie, vorzeitten templum omnium deorum und jetzo la Rotunda gnant wierdt[104], ist mehe alss der zehente theill golt und die leist rundtumb auss einem vilssen gehawen. Auch haben wir in St. Johan da Lateran gesehen die pfortz dadurch Gott nach verweisungh am creutz gangen, den stein darauff der han dreimall gekrähett hatt, die trapffen die Gott nach kronungh und geisselungh ist abgestiegen, die finster dadurch der engell Gotts die mutter Maria gegrutzst hatt, dern pfeillern einen der sich zerspalten als Gott den geist in henden seines vatters ergeben, ein stuck von der krippen darinnen Gott gelegen.

Weill mir alles uffzuschreiben, wass wir in dieser statt gesehen und taglichs vorgefallen, unmoglich ist, alss will ichs bei den buchern und sonst diesen jetzo gemelten puncten verpleiben lassen und die aussgab vorbringen: Anfenglich an papir 4 bajocken. Fur meinen herren ein par einfachtige schuch 3 julii, fur mull und schuch 9 julii. Fur mich ein par dobbell schuch 6 julii. Meines herren hoher abzuschneitten 1½ julius. An spelten 2½ bajocken. Dem viterino, so das vorschrieben heurpfertt hinwegh gefurtt, 1 julius. Fur remen 2½ bajocken. Noch fur meinen herren ein doutzet seithen remen 1 julius 3½ bajocken. Meines herren zammette boxen zurepariern 1 julius. An weschlohn 3 julii. Fur meinen herren ein par parfumiertte henschen 4 julii. Meines herren alten reissmantell, weill er nit mehe geducht, denselben notwendig vertauschen mussen und zugeben 2 gulden kronen. Alss mein herr mit den herren von Frentzen etliche antiquitates mit einem kautschen besichtigt, meines herren anpart vom kautzschen 3[105]. Im Campitolio[106] einem soldaten gubernatore Romae, welche alhie jeder zeitt ire hoffhaltungh haben, ½ julii. Alss mein her den

102 So die Vorlage.
103 Der Campo Santo Teutonico.
104 Das Pantheon.
105 Die Währung ist nicht angegeben.
106 Kapitol.

61

passganger verkaufft, zum besten geben wie in der geselschafft vorauss gesprochen an mosquatello 1$\frac{1}{2}$ julii.

Empfangk: Den passganger haben wir alhie verkaufft und dafur bekhomen 40 gulden kronen 8 julii.

Empfangk: Die ketten alhie uff selber zeitt veraliniertt und hatt gewiegen 264 kronen, aber weil das golt nit besser alss goltguldengolt estimiertt worden, alss hab ich mit des herren Hammersteins diener viell fleiss angewendt, aber fur jedere kron mehe nit alss 10$\frac{1}{2}$ julii haben kuennen, facit 230 gulden kronen 2 julii.

Alss Hammersteins diener mit mich bei etlichen goltschmitten der ketten halber gelauffen in einem cabaret an wein gedruncken 1 julius. In des herrn von Frentz stambuch meines herren wapffen machen lassen 3 julii. Dem Johanni, des herrn Hammersteins diener, seiner gehabter muehe und arbeith halber 3 julii. Fur ein italianisch buchssken 1 julius. Fur meinen herrn ein par reidthosen boben mit schwartzer seithen gestickt 5$\frac{1}{2}$ julii. Meines herrn und meine stieffelen zulappen 4 julii. Uff christag[107] meinem herren gethan in die ehr Gotts ausszutheilen 3$\frac{1}{2}$ julii. In all alhie verzertt 23 silberne kronen, dranckgelt 1 julius. Fur mich von Romen biss Neapolis, seindt ungfer 130 meillen, ein pfertt geheurtt und meine person allerdingh frei gehalten, kost 4$\frac{1}{2}$ silberne kron. Macht also, wass alhie zu Romen in al ausssgeben ad[108].

---

[107] Weihnachten 1586.
[108] Der Betrag ist nicht ausgerechnet.

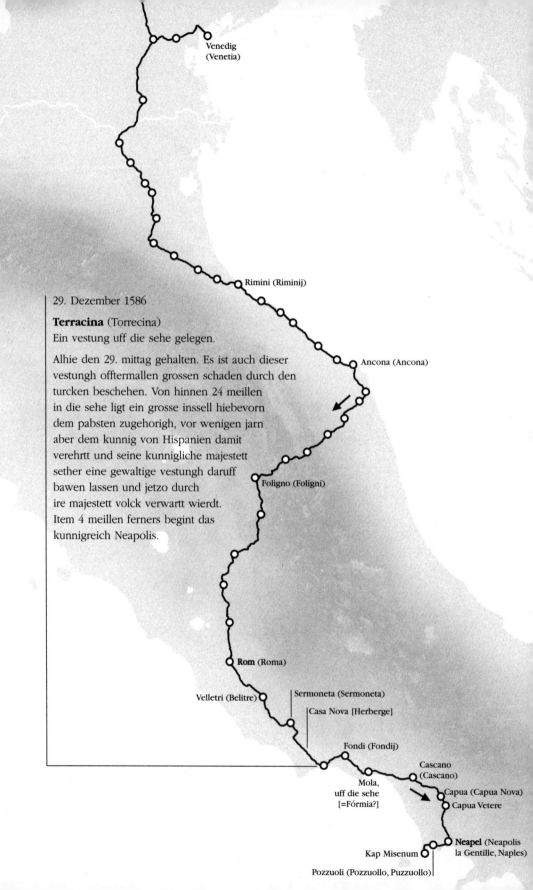

Venedig
(Venetia)

Rimini (Riminij)

29. Dezember 1586

Terracina (Torrecina)
Ein vestung uff die sehe gelegen.

Alhie den 29. mittag gehalten. Es ist auch dieser
vestungh offtermallen grossen schaden durch den
turcken beschehen. Von hinnen 24 meillen
in die sehe ligt ein grosse inssell hiebevorn
dem pabsten zugehorigh, vor wenigen jarn
aber dem kunnig von Hispanien damit
verehrtt und seine kunnigliche majestett
sether eine gewaltige vestungh daruff
bawen lassen und jetzo durch
ire majestett volck verwartt wierdt.
Item 4 meillen ferners begint das
kunnigreich Neapolis.

Ancona (Ancona)

Foligno (Foligni)

Rom (Roma)

Velletri (Belitre)

Sermoneta (Sermoneta)

Casa Nova [Herberge]

Fondi (Fondij)

Cascano
(Cascano)

Mola,
uff die sehe
[=Fórmia?]

Capua (Capua Nova)
Capua Vetere

Kap Misenum

Neapel (Neapolis
la Gentille, Naples)

Pozzuoli (Pozzuollo, Puzzuollo)

Von Rom nach Neapel

22. **Belitre**

Ein statt uff einem berg.

Alhie den 27. decembris ankomen und fur meinen herren, den lac-quaijen und ein pfertt verzertt 6$^1/_2$ julii, facit[109].

16. **Sermoneta**

Ein stat hohe uff einem bergh gelegen.

Alhie unden diesem bergh den 28. in einer blossen herberg mittag gehalten verzertt 3$^1/_2$ julii. Zwei meill vortan einen hohen bergh uber-zogen und unsere valissen verzollen mussen 1 julius. Facit[110].

8. **Casa Nova**

Ein herberg.

Alhie benachtigt und verzertt 6 julii.

---

[109] und [110] Der Betrag ist nicht ausgerechnet.

17. **Torrecina**

Ein vestung uff die sehe gelegen.

Alhie den 29. mittag gehalten. Es ist auch dieser vestungh offter-mallen grossen schaden durch den turcken beschehen. Von hinnen 24 meillen in die sehe ligt ein grosse inssell[111] hiebevorn dem pabsten zu-gehorigh, vor wenigen jarn aber dem kunnig von Hispanien damit verehrtt und seine kunnigliche majestett sether eine gewaltige ve-stungh daruff bawen lassen und jetzo durch ire majestett volck ver-wartt wierdt. Item 4 meillen ferners begint das kunnigreich Neapolis. Verzert 3 julii, facit[112].

10. **Fondij**

Ein statt.

Alhie benachtigt, verzertt 8 julii. Fur spilleut meines herrn anpart 2 julii. An pferdtsbeschlag 1 julius. Dass breunnken zu zeichnen 1/2 juli-us. Facit[113].

10. **Mola**

Ein statt uff die sehe gelegen.

Alhie den 30. mittag gehalten, verzertt 3 1/2 julii. Des lacquayen schuch zu repariern 1/2 julii. Facit[114].

18 **Cascano**

Ein herberg.

Alhie benachtigt, verzertt 8 julii. Fur die zop folgents tags 2 julii. Ziehen meillen von hinnen haben wir einen stranck von die sehe pas-

---

[111] Wohl Ponza.
[112] bis [114] Der Betrag ist nicht ausgerechnet.

siert, fur 2 pfertt 2 julii. Fur den lacquay 4 quatrini. Mein her hatt in dieser herbergh etliche munchen umb Gots will geben 1 julii. Facit[115].

16. **Capua Nova**

Ein hupsche statt und dass hohe gericht des kunnigreichs.
Ein gubernator hatt[116] 2000 kronen,
ein richter 150 kronen zuverzeren.
Ein kron gilt alhie nhur 10½ julii.

Alhie den letzsten oder 31. decembris mittag verzertt 10 julii. Um diese statt desto besser zubesichtigen ist mein herr mit dem Fockartt von Augsspurg[117] alhie verplieben und benachtigt, fur 2 personen verzertt 10 julii. Des morgens zop 5 julii. Dass pfertt verzertt an hew und haber 5 julii und umb Capua Viege zubesichtigen 1 heurpfertt genhomen, kost 2 julii. Diss Capua Viecce ist von Capua Nova 2 meilen und ist sonderlich nit alss alte fundamenten zuersehen. Dweill auch das klein breunngen nit mehe vortgehen kuennen, derwegen haben sich der Fockartt und mein her in einem cautschen fhuren lassen, ist meines herren anpartt 1 gulden kron.

Es leufft langss dieser statt Capua Nova ein fliessendt wasser, Vulturno gnant. Uff dieser reisen hatt mein her dem herrn Fockart selbst vor und nach 13 julii gelhenet und nichtz davon wider bekomen, dieselbe widerzufordern mich verpotten. Facit[118].

---

[115] Der Betrag ist nicht ausgerechnet.
[116] *hatt* fehlt in der Vorlage.
[117] Ein unbekanntes Mitglied der Familie Fugger.
[118] Der Betrag ist nicht ausgerechnet.

Neapel, Pozzuoli
und die Phlegräischen Felder

16.   **Neapolis la Gentille**

Die hohebereumpte stat uff dass mediterranisch mehr gelegen.
Ein gewigtige kron 12$\frac{1}{2}$ carlin. Ein ducatt 10 carlin.
Ein carlin 10 grani, ist kopffer. Ein gran 2 tornois, ist kopffer.
Noch hatt man cavalli, dern gehen 120 uff einen carlin.
Die mass antreffendt:
Ein can ist meines erachtens ungfer 3 colnische ellen.
Item ein can ist 8 palmi, jeder palm ist ein grosse span.

Alhie den 1. januarii mit Gott ankhomen. Irstlich notturfftlich alhie
aussgeben wie folgt: An der pfortzen unsere bagage verzollen mussen 1 carlin. Den 2. januarii fur meinen herren ein taglich thuchen
kleitt machen lassen. An thuch fur mantell, mandilien und boxen 3
kannen, jeder can 5 kronen 3 carlin und in den hauff noch 2 carlin.
Item fur 1 par schwartze sagetten underhosen fur meinen herren 21
carlin. Noch uff den mantell, mandilien und boxen zweimall mit gulden passement zu borderen ad 7$\frac{1}{2}$ ontzen, jeder ontz 13 carlin. Fur
meinen herren ein kan cannefass zum wambiss 23 carlin, roden tafft
darunden 1 can 3 palmi, die can 17 carlin. Fur zammett under den
krach vom mantell 4 carlin. An die mandilien 4$\frac{1}{2}$ doutzet gulden

kneuff, jeder doutzet 3 carlin. Fur 1 par graw halbe seitte strimpff 22 carlin. Fur 2 doutzet seithe remen 2 carlin. Fur 1 kleiderbessem 1 carlin. Fur den lacquaijen ein par thuchen underhosen 6 carlin. Fur 1 gestickten hudt mit fedderen 20 carlin. Fur 2 palmi klein linen thuch fur meinen herren fur rabatten $6^1/_2$ carlin, foderthuch darzu $1^1/_2$ carlin. An scherlohn fur das vorschrieben thuch zum kleidt 3 carlin. Fur $1^1/_2$ brugsssatin under die mandilien, die can $7^1/_2$ carlin. Fur 2 palmi roden tafft die mandilien inwendig umb die bortt zu fodern 4 carlin. Fur seith in all $1^1/_2$ ontz, die ontz 4 carlin. Fur linen foderthuch under die boxen sampt den secken 1 can 1 palm, die can $4^1/_2$ carlin. Noch dass vorschrieben wambiss zweimall mit linen foderthuch undersetzt 2 cannen, jeder can 4 carlin. Fur ungebleigt thuch 1 carlin. Fur 3 doutzet weisse kneuff 2 carlin 4 grani. Fur 2 lb. bawollen 3 carlin. Dem schneider an machlohn 3 kron. Dem meisterknegt, weill er mir auch meine kleider repariert, 3 carlin. Fur 1 can 2 palmi klein passement an meinen mantell 1 carlin. Fur thuch fur einen krach an des lacquayen mantell 1 carlin. Meine underhosen zusohlen $^1/_2$ carlin. An mein wambiss 2 doutzet kneuff 3 carlin. An weschlohn 4 carlin.

Fur meinen herren ein buch, Descriptio Italie gnant, 15 carlin. Fur ein buch, Antiquitat de Pozzuolo[119] gnant, $^1/_2$ carlin. Fur 1 kart Totius orbis Italie $^1/_2$ carlin. Fur des lacquayen schuch zulappen 1 carlin. Ein comedien zuspillen zusehen 1 carlin. Den 4. januarii fur meinen her-

---

[119] Ein Reiseführer der folgenden Art oder dieser in einer früheren Auflage: Scipione Mazzzella, Sito et antichità della città di Pozzuolo e del suo amenissimo distretto. Con la descrittione di tutti i luoghi notabili, e degni di memoria, e di Cuma, e di Baia, e di Miseno, e de gli altri luoghi conuicini. Con le figure de gli edifici, e con gli epitafi che vi sono. Del sig. Scipione Mazella napoletano. Postiui medesimamente tutti i bagni, e lor proprietà non solo di Pozzuolo, e di Baia, ma anco dell'isola d'Ischia, col modo, e regole che quelli s'hanno à pigliare, et à quali infermità giouino. Visono anco l'indice de gli autori, et le tauole delle cose necessarie à commodità de gli studiosi. In Napoli, appresso Horatio Saluiani, 1591.
Bisher ist nur diese Auflage von 1591 als erste zu ermitteln, die aber von den Reisenden nicht benutzt worden sein kann, weil sie bereits 1587 die Stätten besichtigten. Der vom Hofmeister angegebene Titel des von ihm benutzten Buches ist jedoch dem Titel des Buches von Mazzella so ähnlich, daß eine bisher unbekannte frühere Ausgabe anzunehmen ist. Vgl. unten die ebenfalls von Mazzella 1591 herausgegebenen Schrift des Ioannes Elisius, die den Reisenden gleichfalls 1587 schon bekannt war.

ren noch ein gebloemt zammette kleitt machen lassen. An die mandilien seindt 1½ can zammets, jeder can 62 carlin, und an die boxen
1 palmi zammets, jeder can ingleichen 62 carlin. Noch fur ein
schwartz satinen wambiss an satin 11 palmi und fur die garniteur
oder borderei uff die mandilien und boxen 3 palmi satins, jeder can
34 carlin.

Weill ich in der herberg zu spadt zum essen komen, mit dem
schneider 1 malzeitt in einem cabaret gessen, 3 carlin. Mein her dern
schweitzscheren pfeiffer geben 1 carlin. Noch 2 armen deutschen in
die ehr Gotts geben ½ carlin. Fur 2 dobbelstein 5 tornois. Fur passement uff den satin uff die boxen zulagen, seith und kneuff 3 carlin.
Fur 8 palmi linen foderthuch sampt den secken zu den vorschrieben
boxen 4 carlin. Fur machlohn fur die boxen 10 carlin. Dem meisterknegt ½ carlin. Fur 1 par schwartze seithe strimpff 43 carlin. Fur das
zammette mandilien zumachen, seith, kortt und kneuff darzu ad 36
carlin. Dem meisterknegt 1 carlin. Weschlon 1 carlin. Die gestrickte
seitte underhosen zusolen 2 carlin. Fur 1 leddere kist, die vorschrieben kleider darinnen zu packen, 15 carlin. Dem, der die kist im logement getragen, 3 grani. Fur meinen herren ein par schuch 5 carlin.
Auch ein par henschen 2½ carlin. Fur ein buchen spiegell 6 carlin.
Noch fur 2 par schwartze underhosen zugarnieren 3 carlin. Noch fur
ein stuck torschen, als mein herr bei Hautappell zu gast gewest, 1 carlin. Auss bevelh dem lacquayen geben zu steur einer trommetten[120] 4
carlin. Fur mich ein par einfachtige schuch 3 carlin. Fur den lacquayen 1 par dobbelen 3½ carlin. Des lacquayen wambiss zulappen
1 carlin.

5, wider zurugk 8   **Pozzuollo**

Den 10. dieses ist mein her mit noch 10 andere deutschen um alle
antiquitates zubesehen nach Pozzuollo gezogen. Fur 2 heurpferdt 10
carlin, und mein her den koch auss der herberg von Neapoli mitghe-
nomen, desto sicherer vergleidt zu sein, und ime frei gehalten, kost

---

[120] Als Beihilfe für eine Trompete.

$6^1/_2$ carlin. Fur torschen in die grotten[121] zugehen, zwei haussleuth so die grotten gezeigt, fur dem bauren so seinen hundt in das loch geworffen sampt kautschenlohn wider nach Neapolis zufharen ist meines herren anpartt 13 carlin.

Alss sich nhu auch zugetragen, dass wir sementlich durch des vermeinten gubernatoris zu Pozzollo eidumb und seinen mitverradischen gesellen bei dem schloss Baya unverschulter weiss angesprengt und gefenglich sampt einem thotschlager nach der statt gefurt worden sein, jedoch fur 2000 kronen caution gestelt und in einer offentlicher herbergh gesessen, so haben wir nit ahn sein kuennen und ein jeder person dem gubernatori 5 julii geben mussen, ist meinem herren 1 ducat. In der herberg verzertt 3 personen ad 2 ducatten. Weill wir nhu die rest zubesehen des 10. verhindert worden, seindt wir gleichwoll den 11. nach erledigung am abent spadt mit einem schiff uber den portum gefharen und alle gelegenheitt bei Baya und darumbher besichtigt, an schiffgelt meines herren anpartt fur 3 personen 6 carlin. In dieser nacht wider zu Naples ankomen und meinem herren folgens tags in die ehr Gots zugeben gethan 1 carlin. Der frawen, so meinem herren die vorschrieben rabatten gemacht, 5 carlin, fur spelwerck daran $3^1/_2$ carlin.

Alss mein herr uff heiligen drei kunnig abent bei Hautappel zu gast gewest und kunnigh worden, dhomals ist zuvor verabredt gewest, dass der kunnigh uff den 3. tag nach der erwelungh solte ein bancquet halten und die anwesende herren zu gast laden, welchs beschehen ist und kost meinem herren 15 ducatten weniger 1 julius mit spilleutten und allem extraordinario.

Alhie 14 tagh still gelegen und uff wint nach Malta zuziehen erwarttet und in der herberg verzertt 13 ducatten $7^1/_2$ carlin. An dranckgelt durcheinander 7 carlin. Fur meines herren satinen wambis machlohn, bawoll, foderthuch, seith und kneuff 4 kronen. Fur 1 par seithe schwartze hosenbindeln 5 carlin 5 tornois.

Den 8. januarii haben 4 violonssen uber tisch gespilt, meines herren part 2 carlin. Den nachmittag den teutschen zu ehren etliche comedianten gesprungen, meines herren anpart 1 carlin. Mein

---

[121] Offenbar Örtlichkeiten bei Anagno zwischen Neapel und Pozzuoli, die unten näher beschrieben sind.

her dem monseigneur Liechtenstein sein wapffen malhen lassen 5 carlin.

Empfangk: Das klein breungen alhie verkaufft fur 30 ducatt, jeder 10 carlin.

Volgt wass alhie zu Naples durch dass kunnigreich und zu Pozzuollo vornemblich zuersehen und zuwissen ist.

Naples

Alhie ist zuersehen, wass fur kunningen in diesem kunnigreich Naples regiertt haben biss uff dass jar 1584 mitt nhamen alss folgt. Auch siegt man, wievill hertzogen, fursten, graffen und freiherren underworffen sein, zu dem wievill meillen diss kunnighreich Naples in die rundt anhilt.

Irstlich die kunnighen auss Nortwegen

Rutgerus Normandus hatt regiertt jar	24
Kunnigh Wilhelmus, dass boss kindt,	
des kunnigs Rutgeri sohn, hatt regiertt jar[122]	29
Wilhelmus der gutter hatt regiertt jar	26
Tancredus hatt regiertt jar	5
Rutgerus der ander hatt regiertt jar	2
Tancredus et Wilhelmus seindt des kunnings Rutgeri shöne gewest.	

Darnach die deutschen

Henricus sextus, der romischer kayser, regiertt jar[123]	4
Fredericus undecimus[124], romischer kayser, hatt regiertt jar	15
Conrardus, romischer kayser[125], hatt regiertt jar	3

---

[122] und [123] *jar* fehlt in der Vorlage.
[124] So die Vorlage, gemeint ist Friedrich II. von Hohenstaufen.
[125] Konrad war römischer König, aber nicht Kaiser.

Manfredus, des Conrardi leiblicher sohn[126], hatt regiertt[127]   10
Conradinus, des Conrardi sohn, ist im kunnigreich komen dasselbigh
zufordern, aber hatt dass leben alsspaldt in frieden vollendet[128].

Folgen die kunningen auss Franckreich[129]

Carolus primus hatt regiertt jar   24
Carolus secundus regiertt jar   24
Robertus hatt regiertt jar   34
Kunnigh Ladislaus hatt regiertt jar   26
Johanna die irste, des kunnings Ladislai schwester,
hatt regiertt mit irem ohemen Andrea, kunningh auss Ungern,
und Luigius der irst, der kunniginne Joannae sohn von Durazzo,
und kunnigh Jacobus von Majorka und Ittasij,
diese haben alle regiertt jar   38
Luigy der dritte von Amoga ist in das kunningreich Naples
gezogen, aber nit regiertt.
Lodovicus auss Ungern regierrt monat   6
Lodovicus, hertzogh auss Engellant, hatt das kunningreich
willen innhemen, aber im zugh gestorben.
Johanna die andere und kunnigh Jacobus, ir eheman,
haben regiertt jar   22
Renatus hatt regiertt jar   6
Joannes, des Renati sohn, ist 4 jar im kunnigreich gewest,
darnach ist er von dem Carolus 8 verjagt worden.
Darnach hatt der Carolus 8 regiertt monat   6
Lodovicus der eilffter[130] ist nach thott des kunnigs Caroli 8
im kunningreich komen und ingenomen und stracks darnach
wider in Franckreich gezogen.

---

[126] Manfred war ein natürlicher Sohn Friedrichs II.
[127] *jar* fehlt in der Vorlage.
[128] Konradin ist 1268 auf Befehl Karls von Anjou in Neapel enthauptet worden, was
auch dem Schreiber des Tagebuchs bekannt ist, vgl. unten die Beschreibung des
Neapeler Doms und des Klosters S. Gennaro extra moenia.
[129] Karl von Anjou und seine Nachfolger.
[130] Ludwig XII. von Frankreich nach der üblichen Zählung.

Franciscus der irst, kunnigh auss Franckreich, wiewoll
er den Lottorecco[131] in das kunnigreich Naples geschickt
dasselb inzunhemen, aber kein nutz geschafft.
Dieser Lottoreccus ist gestorben und in St. Maria dell Nova alhie
in Naples begraben.

Kunnigen auss Arragonia

Kunnigh arragonese Alfonso von Arragona hatt regiertt jar	32
Ferdinandus, sein sohn, regiertt jar	36
Alfonso der ander regiertt jar	1
Ferdinando der ander regiert jar	2
Fridericus, welcher mit seinem zunham gnant ist worden	
Catholicus, hatt regiertt jar	10
Carolus quintus, romischer kayser, regiertt jar	41

Philippus, der jetziger kunnigh in Hispania,
des Caroli 5 sohn, wardt von seinem vattern Carolo 5
zum kunnigh gemacht, dho er alt wahr 29 jar anno 1556.

Hertzogen, fursten und marckgraffen, graffen und freiherren
des vorschrieben kunnigsreichs underworffen

Hertzogen im reich seindt	25
Fursten im reich seindt	15
Marckgraffen im reich seindt[132]	56
Freiherren	424

In diesem kunnighreich seindt 7 vohrnheme personen, welche
die 7 officia zuverrichten haben oder sonst bevelh haben negst dem
viceroy.

Bischiffthumben im kunnigreich Naples seindt 20, die dem ertz-
bischthumb underworffen sein.

---

[131] Lautrec, der Heerführer König Franz' I. von Frankreich in Neapel, ist dort am 16.
August 1528 gestorben (Karl Brandi, Kaiser Karl V., I. Bd., 5. A., Darmstadt 1959, S.
225). Sein Grabmal befindet sich in Santa Maria la Nova.

[132] Die in der Überschrift genannten Grafen fehlen in der Aufstellung.

Ertzbischiffthumb[133] in Naples

Hieinnen siegt man vielle schone sachen, under andern des kunnig Caroli frantzoss[134] begrebnus, der dem[135] kunnigh Conradinum hatt entheufften lassen, und under des kunnig Caroli begrebnus ist nichtz geschriben, wer darunden begraben ligt. Uff die lincke handt bei dem hohen altar ist zufinden alhie ein capell, die der kayser Constantinus hatt machen lassen. Auch findt man die irste capell, Santa Maria principio gnant, welche die irste christen in die statt Naples haben bawen lassen. In dieser kirchen ligt derjenigh begraben, der den irsten griechen wein irstlich gepflantzst hatt.

Weithers ist alhie zufinden ein capell[136], die der duc d'Alba irstlich hatt bawen lassen. Darinnen seindt 8 heilige haubter, so vorzeitten Naples regiertt haben, welche alle jar gezeigt werden. Wan man in dieser capellen kommet findt man uber die thur des hertzogen von Alba[137] sampt seiner hausfrawen oder gemahell wapffen[138]. Darunden seindt nachfolgende wurtt[139] geschriben:

D.O.M.

Dum Ferdinandus Tholetus Alvae dux Italiae pro rege praesidet cruentoque invicta virtute hostes a regni Neapolis finibus arcet Maria Toleta eius uxor divo Januario ediculam hanc ex suo dicat et voti compos ornat anno salutis 1557

Im ingangk dieser capellen uff die lincke handt findt man etliche heiligen in silber gegossen in der mauren stehendt, mitt nhamen sanctus Messimus, Eufebius, Severus et Athanasius. Auch uff die lincke handt bei dem altar in einem kasten viell heiligtumb, under andern des irsten bischoffen alhie haubt. Uff die rechte handt findt man dass warzeichen zweier personen, die ann einandern gewachssen waren gewest.

---

[133] Der Dom San Gennaro.

[134] Karl I. von Anjou.

[135] So die Vorlage.

[136] Ein Vorgängerbau der heutigen Capella San Gennaro, einer Seitenkapelle des Doms.

[137] Neben durchgestrichenem *Parma*.

[138] *wapffen* (= Wappen) fehlt in der Vorlage.

[139] Neben durchgestrichenem *carmina*.

76

Dass closter Nuntiato[140] und spital

In diesem spitall findt man jederzeitt bei 600 jungkfrawen, so gross und klein, armer leuth kinder sonder eldern. Auch werden sie alhie in Gotts frucht[141], zugt und ehren erzogen biss sie gross seindt. Alstan gibt man sie ehrlichen leutten zu dienen. In dieser kirchen findt man einen predigstull von marmorstein gemacht, kost in die 3000 kronen, alles mit golt uberstrichen. Auch hatt die gnante kirch inkomen 170000 kronen, darauff erhelt man die krancken, auch die gewundt werden, auch die vindtlingen. Auch hatt Nuntiata ein banck von gelt, dharauss gibt man, wer ess notigh ist. Auch findt man in dieser kirchen eine schone sacristia, darinnen seindt der unschuldigen kinder zwei, die zu der zeit des kunnigs Herodis umbbracht worden sein. Man erhelt auch alhie in die 200 seuchammen, welche alle jar viell gelig hinnhemen.

Kurabell, ein closter und spittall[142]

In diesem hispitall[143] Kurabell werdt ir finden etliche buben von 9, 10, 12 jaren, die von den italianern hinden ein verderbt worden sein. Darin thut man auch hurren, die sich bessern oder bekheren willen. Auch nimpt man alle monatt maij uber 300 personen, die mit den frantzosen[144] oder andere kranckheiten beladen sein, dennen gibt man des holtzwassers einen monat langk. In summa, man heilet allerlei kranckheiten alhie an mahn und weib. Diss hospitall hatt alle jars inkhomen 4000 kronen.

---

[140] So die Vorlage. Santa Annunziata. Das im Text genannte Waisenhaus existiert noch.
[141] Sic. Gottesfurcht, niederländisch ‚godsvrucht'.
[142] L'Ospedale di S. Maria del Popolo degli Incurabili.
[143] So die Vorlage.
[144] Syphilis, die französische Krankheit.

Closter St. Clara[145]

In diesem closter findt man viller kunnigen und kunnigingen begrebnus, sonderlich des kunnigs Roberti frantzoss[146] von marmorstein schon aussgehawen. Diese kirch ist mit blei gedeckt. Bei diesem closter ligt noch ein schon nonnencloster, darinnen ist don Johan d'Austria dochter, dona Joanna d'Austria gnant, 12jarigh zu Neapoli geporen und begraben.

Folgt wass bei dem doctoren in der aptiecken zusehen ist.
1 irstlich ein vogell, avus indicus gnant
2 darnach 2 indianische meuss, gross wie junge fuckss
3 ova gratana
4 valcata tradeola
5 lignum praeticum, ist ein stuck holtzs so hartt alss ein stuck stein, so man darauff mit einem messer schlaget springt feuhr drauss
6 salamantra, seindt wurm, die ein mherkalb thoten und krauffen[147] ime den mundt hinin
7 papiro nativo
8 glans indica
9 cunzotroplio
10 pomus cridus
11 cor divitorii
12 nux indica
13 cythisus
14 einen schonen strauch von korallen, weiss und schwartz in einandern gewachssen
15 eine gewaltige schone perlemutter
16 lapis acrides
17 schala pendetes
18 einen kopff von einem pellican

---

[145] Santa Chiara.

[146] Grabmal des 1343 gestorbenen Robert von Anjou von den Florentiner Bildhauern Giovanni und Pacio Bertini.

[147] Vorlage: *krauff.*

19 einen schwantz von einem olepfant
20 oftalmia
21 pede rota
22 tobuscus
23 vlectorius
24 lapis sardonius
25 agates
26 diacintus
27 perites
28 lignum incombustibile
29 die zungh und ellenbogen von einem reisen
30 vipera
31 ein vogell, alcion gnant, darnach richten sich die schiffer
32 ein ey von einem hanen
33 remadillo
34 ein stuck von einem mehrross
35 nastilus
36 pigmeus, ein klein etts menlein einer span lang
37 ein stein, ottintes gnant
38 lapis ancantis et lapis iris, hatt farb von ein regenbohn
39 mater smaragdii
40 lapis astrites, ein lebendig stein
41 ein schon gewachss von perlen, aber noch nit zeittigh
42 ein ruckenknoch von einem walfisch

Summa, in dieser aptiecken findt man etliche 1000 stuck, welche alle uffzuschreiben unmoglich ist.

Closter S. Dominico[148]

In dieser sacristia oder gehrcamer findt man 23 kuningliche begrebnussen, die seindt uff allerschonst geziertt mit gulden stucke und zwartze zammette ducher. Auch 3 kunnig hertzen besonder ingemacht. Uff jeders begrebnus jeder schillt und wapffen. Furnemblich ligt alhie der marckgraff von Guasta[149], der den kunnigh von Franckreich in die schlacht von[150] Pavia hatt gefangen genhomen.

Weitters findt man alhie bei der kirchenthör, porta regal gnant, drei deutsche begrebnussen dreier deutschen edelleutten sampt iren wapffen.

Uff demjenigen uff der lincker handt stehet geschrieben

Hic iacet nobilis vir Lasarus Alphan de Liechtenhach, Windensbach ex principatibus Austriae inferioris ad Carolum[151] Romanum regem in Hispaniam orator missus Parthenopae obiit 10 augusti anno 1519. Dominus Ioannes de Starrenberg eiusdem legationis consors pius ac incestus[152] posuit.

Auff dem andern begrebnus stehet geschrieben wie folgt

Francisco Schenck de Schenckenstein clarae in Germania nobilitatis et apud Maximilianum caesarem ad concilium domi forisque circa graves praefecturas insigni in Italiam postremo sub hispano duce adversus gallos Caiete obsissos legioni Alemannorum praefectio ibique vi febris extincto diducto. Huc cadavere frater amantissimus praefatem persolvit anno salutis M V^c quarto[153] pridie nonas januarii

Uff dem dritten begrebnus ist geschrieben wie folgt

Hic iacet nobilis et magnificus vir Erenfridus de Bucchau Alamanus qui capitanius fuit quatuor centorum peditum sub serenissimo rege Hispaniae et obiit die 8 septembris anno domini M V^c III[154]

---

[148] San Domenico Maggiore.

[149] *Guasta* ist verlesen statt richtig Vasto. Gemeint ist Ferrante Francesco d'Avalos, Markgraf von Pescara und Vasto (1489–1525), der Franz I. von Frankreich, in der Schlacht von Pavia gefangen genommen hatte. Das Grab ist in der Sakristei.

[150] *von* fehlt in der Vorlage.

[151] Vorlage: *Carelum*.

[152] So die Vorlage, wohl verlesen für *moestus*.

[153] Vorlage: *M V quarto*.

[154] Vorlage: *M V III*.

Closter St. Petro d'Arro[155]

Diese kirch ligt bei la porta Nolana. In dieser kirchen uff die lincke handt stehet eine capell, darinnen St. Petrus seine irste mess gethan haben soll. Da findt man auch geschrieben

Siste fidelis
Et priusquam templum ingredieris Petrum sacrifitia facientem venerare.
Hic enim primo mox Romae filios per evangelium Christo genuit[156] paneque illo suavissimo cibavit

Versus
Quod prima inlatio Christo pia colla subegi
Parthenopae haec Petri praestitit ara fidem

In dieser kirchen ligt begraben Gumbertus marckgraff von Brandenborch und uff seinem grab geschrieben

Gumbertus dei gratia marchio Brandenburgensis Stettinensis Pomeraniae Cassubiorum ac Schlavorum dux burggravius Nurenborgensis et princeps Rugenque[157] obiit die mercurii divi Ioannis baptiste 24 junii anno 1528

Closter Monte Alevetta[158]

In dieser kirchen seindt auch viell schone begrebnussen und man findt alhie ein gar heimlich capell, darinnen seindt 2 figuren, 2 kunningen mit kronen und schepter in ire henden, davon der einer heischt Carolus primus, der ander Ferdinandus. Auch findt man alhie eine schone capell von weissen marmorstein gebawet und ubergult inwendigh und mit figuren uberauss schon abgestrichen. Uff die rechte handt findt man andere schone begrebnussen, under andern stehet uff einem geschrieben und die wapffen daruff

Theodoricus ab Aschenborch nobilis westphalus ex diocesi Monasteriensi canonicus Hildensenensis obiit Neapoli 30 aprilis anno 1576 aetatis suae 25

---

[155] San Pietro ad Aram.

[156] Vorlage: *gemuit.*

[157] So die Vorlage; zu erwarten wäre *Rugensis.*

[158] Kirche und ehemaliges Kloster Montolivetto = Santa Anna dei Lombardi.

Dass ander begrebnus ist schon geziert mit weissen und grawen marmorstein, die wapffen darauff gehawen und geschrieben

Guilhelmo Dardich patritio Antwerpiensi pietate fide moribus apud omnes caste integreque versato in amico officioso praemisso non amisso infoelix
coniux Catharina Boot moesto superstes animo et lachrimis et amore paravit

Noch ist noch ein ander begrebnus zu sehen und mit seinen wapffen aussgehawen und also daruff geschrieben

Nobilis Bernhardus a Hornstein militaris sub maiestate regis Hispaniarum
in Christo placide moritur Neapolis 1574

In laudem dieses Hornsteins findt man under diese seine wapffen geschrieben

Dem meim adelichen geschlegt zu ehren
Tho ich ein redtlicher kriegssman wheren
Kunnigh Philippo in Hispanien dienstschafft wahr
dienet wider den erbfeiant ins dritte jar
lag under dem Ladronischen teutsch regiment
graff Jeronimus mein obrister wahr gnant[159]
Torris halff ich innhemen zu huldt
starb ich 26 jarigh alters mit gedult
mein leib ligt alhie begraben in rhow
Gott sei allen sehlen gnedigh darzow Amen

Diss closter hatt an jarliche renthen 15000 kronen und darinnen seindt 70 munchen.

Closter S. Johan del Carbonato[160]

Darinnen werdt man finden des kunnigh Ladislai[161] begrebnus, fransoss, gar kostlich von marmorsteinen aussgehawen und verguldett. Uff

---

[159] So die Vorlage.
[160] San Giovanni a Carbonara.
[161] Das Grabmal des 1414 gestorbenen Königs (Thoenes, Neapel, S. 157).

dem grab ist sein ebenbild schon uff einem ross, alles von weissen marmor gemacht, den kunnigschepter in der handt haltendt. Zu ehren diesses vorschrieben kunnigs hatt der poet Actius Sincerus diese nachfolgende versus gemacht

Miraris niveis prudentia saxa columnis
hospes et hinc acri qui sedet altus equo
cumque rebellentem praesissit pontibus armum
mor[162] vetuit sextam claude olimpiadem
I[163] nunc regna para fastusque atolle superbos
mor[164] etiam magnos obruit atra deorum[165]

Hinder dem hohen altar in einer capelln ligt des vorschrieben kunnigs marschalck[166] begraben, dass grab auch von weissen marmor und schon ubergult, daruff geschrieben

Nil mihi intitulus summo de culmine decat
regina morbis invalida et senio
iocunda populos proceresque in pace tuebar
pro domini imperio nullius arma timens
sed me idem livor qui te fortissime caesar
sopitum extinxit nocte nivente dolos
non me sed totum laceras manus impia regnum
Parthenopaeque suum perdidit alma decus

Warumb diese kirch und beiliegende platz Carbonar gnant seindt. Weill sich die neapolitaner hiebevorn mit tornieren uff diesem platz geobett haben, wie sich dan auch die romainer darzu viell gebraucht, und sonst uff einem gross tornierfest ist der poet Franciscus Petrarcha durch den kunnigh Robertum gefordert worden, dasselbig anzusehen. Alss nhu ein schon junglin gleich vor gerurtem Petrarch im tornieren erstochen worden, so hatt er von diesen neapolitanischen gladiatori-

---

[162] Das Wort ist undeutlich abgekürzt; nur *mor...* ist eindeutig zu lesen.
[163] So die Vorlage.
[164] Das Wort ist undeutlich abgekürzt; nur *mor...* ist eindeutig zu lesen.
[165] Unleserlich abgekürzt, vielleicht *deorum*.
[166] Sergianni Caracciolo, 1432 ermordet. Die Inschrift auf dem Grab stammt von Lorenzo Valla (Thoenes, Neapel, S. 158).

bus in seinem 5. buch in einer aepistolen ad Iohannem Columnae zu schreiben nit underlassen wie folgt[167]

> Quid autem miri est (a) discessi, quod per umbram nocte nullo teste petulantius audeant, cum luce media (b) audeant, spectantibus regibus ac populo. Infanus ille gladiatorius ludus in urbe Italiae (c) celebretur, plus quam barbarica feritate, ubi more pecudum sanguis humanus funditur, et soepe in favorem (d) cuneis sub oculis miserorum parentum infoelices filii iugulantur, iuguloque
> gladium cunctantius excepisse infamia, summa est. Quasi pro republica aut pro aeternae vitae praemiis certetur, illuc ergo (e) pridem ignarus omnium ductus sum, ad locum urbi (f) congruum, quem Carbonariam vocant, non indigno vocabulo ubi scilicet ad mortis incudem cruentos fabros denigrat (g) tantorum scelerum officina aderant regina, et puer regulus alti animi si unquam dilatum diadema susciperet, aderat omnis neapolitana militia, quo nullo (h) comptior, nullo decentior vulgus certatim omne confluxerunt (i), ego itaque tanto concursu, tantaque clarorum hominum intentione suspensus, ut grande aliquid visurus, oculos intenderim (k), dum repente quasi Laethum quiddam accidisset plausus inenarrabilis ad coelum tollitur, circumspitio et ecce formosissimus adolescens rigido mucrunt (m) transfossus ante pedes meos corruit obstupui et toto

---

[167] Der Petrarca-Text des Tagebuchschreibers weicht an einigen Stellen vom originalen Petrarca-Text ab. Nachstehend sind die Abweichungen dadurch kenntlich gemacht, daß in den Anmerkungen nur der originale Petrarca-Text erscheint.

a) ... miri, est, siquid per umbram noctis nullo ...

b) ... luce media, inspectantibus regibus ac populo, infamus ...

c) ... urbe itala celebretur ...

d) ... saepe plaudentibus insanorum cuneis ...

e) ... ego pridie ...

f) ... locum ubi contiguum, quem ...

g) ... denigrat inhumane fuliginosa sevitie officina ...

h) ... militia, qua nulla comptior, nulla decentior ...

i) ... confluxerat ...

k) intenderam

m) ... rigido mucrone transfossus ...

n) ... tetrum atque tartareum spectaculum ...

o) ... sevitiam et lusorum insaniam identidem accusans. Hec gemina pestis, pater optime, quasi per manus tradita a maioribus, ad posteros semper crescendo pervenit, eoque progressa est, ut iam dignitatis ac libertatis nomen habeat licentia delinquendi. Sed de his hactenus; nam et tragicum opus est et multa super his inter obstinatos cives verba iam perdidi. Minime vero mirabere amicos tuos, tanta avaritie premio proposito, in ea urbe vinctos esse, in qua hominem innoxium occidere ludus est; quam licet unam ex omnibus Virgilius dulcem vocet, non inique tantum, ut nunc est, Bistonia notasset infamia: Heu fuge ...

corpore cohorrescens equo calcaribus adacto tetrum ac (n) tretarium spectaculum effugi comitum fraudem spectatorum sevitiam (o) accusans quam licet urbem unam ex omnibus Virgilius dulcem vocat, non niquam tamen ut nunc est, bistonia notasset infamia ubi hominum inopium occidere ludus est
Heu fuge crudeles terras, fuge littus avarum

Auch schreibt dieser poet Petrarcha, dass anno 1343 den 20. januarii zwischen die inssel Capra[168] und alhie eine wulkenbrust gewallen[169] sei und dhomals dass wasser so gross gewest, dass ess etliche viell heuser und menschen versoffen[170].

Weithers schreibt dieser poet, dass bei 70 jharen diese statt von den saracener, turcken und mhoren belegert gewest und schon die pfortz, dhomals porta Ventosa gnant und jetz die kirch St. Angelo a Nido[171] stehet, von dem junio biss uff den 28. tag januarii ingehatt, nit ohn grossen schaden der statt und dern darumbher wonenden. Letzlich aber haben sich die im kunnigreich uffgemacht und die statt entsatzst und alle die feienden mit Gottes hulff erschlagen und uff dem ortt, dho sie victoriam erhalten, eine kirch zur ehren Gotts bawen lassen, jetz Santo Angelo a Signo[172] gnant wierdt. Nitt weitt von dieser kirchen werdet ir finden eine sehr alte kirch, Santa Maria Maiore gnant, welche der heilig Pomponius gebawet hatt, ein neapolitaner geboren und bischoff alhie gewest, wie uff der kirchen geschrieben zu finden ist
Pomponius episcopus Neapolitanus famulus Jesu Christi fecit

Closter St. Martino[173]

Diss ist ein cartusersch kloster uff dem bergh St. Helmo gelegen. Alhie findt man 4 schone capellen und viell schone begrebnussen. Auss diesem closter gibt man taglichs unzeliche almusen. Auch findt

---

[168] Capri.

[169] So die Vorlage.

[170] Beschrieben im Buch V Brief 5 an Johannes de Columna.

[171] Die Kirche heißt S. Angelo a Nilo.

[172] San Arcangelo a Segno.

[173] Die Kartause auf dem Vomero neben dem Kastell S. Elmo ist heute Nationalmuseum.

man mitten im gartten ein begrebnus, wan man einen thott corper darinnen lagt, so verschwindt dass fleich in 24 stundten, weill die erdt heiligh und von Jerusalem dahin transsportiertt ist.

Closter St. Lorentz[174]

Diese kirch ist von kunnigh Carolo primo gestifft worden, aber durch den nachfolgenden Carolum 2 volendett. Auch findt man alhie begrebnussen von 200 jaren gemacht, deren viell sein auss dem kunniglichen geschlegt von Franckreich. Hiebei stehet ein geheim menthur- oder attelereihauss und uber 300 stuck geschutz dainnen. In dieser kirchen findt man einen doctoren mit einem lantsknegten gewaltig disputierendt

Quid omnia, quid omnia, nihil
si nihil, cur omnia nihil ut omnia.
Non semper ero hic ut fui
hospes quid sim, vides quid fuerim
nostri futurus ipse quid sis cogita

Noch findt man in dieser kirchen uff die lincke handt 3 schone begrebnussen von weisen marmorstein aussgehawen und ubergult. Uff dem uff die lincke handt stehet geschrieben

Hic iacent corpora illustrium dominorum domini Roberti d'Artois et Ioannae ducesse Duratii coniugum qui obierunt 1357 die 20 julii

Dass ander begrebnus ist eines kunnigs kindt auss Franckreich, des Caroli 3 dochter, gestorben 1371 quarte indictionis. Bei dem dritten begrebnus stehet geschrieben

Hic iacet corpus strenissimi principis et domini domini Caroli ducis Duracii qui obiit anno 1347 die 23 mensis januarii primae indictionis
Iacet hic tumulatus dux Duracii virtutibus ornatus

---

[174] San Lorenzo Maggiore.

Sanct Jacobs kirch sampt hispanischem hospitall[175].

In dieser kirchen hinder dem hohen altar ligt dom Pedro de Toledo begraben, welcher alhie vicere gewest ist und regiertt 22 jar. In dieser kirchen hatt der kayser Maximilianus einen gulden becher zur lampen geben, welcher nhur uff grosse fest gebraucht wierdt.

Des Petri de Tholedo epitaphium

Friderici ducis Alvae filius marchio Villae Francae regni Neapolis pro rex turcarum hostium omnium spe sublata restituta iustitia urbe meniis arceforoque aucta munita et exornata repleto monumentum vivens in ecclesia dotata et a fundamentis erecta. Vixit annos 73 rexit annos 22 obiit anno 1553 mense[176] 7 calen. feb.

Mariae Osorio Pimentell coniugis clara imago Garsia regni pro rex marisque praefectus parentious[177] opt. p. 1570

Hinder der hoher thurn findt man eines deutschen graffen, herren Hanss Waltters von Herrenheim, begrebnus. Uff dem begrebnus einen lew und uff dem lew des vorschrieben graffen statur, auch boben seinem haupt geschrieben wie folgt

D. O. M.

Subsiste parumper viator si placet quis hoc legatur tumulo lege fuit Ioannes Walterus a Herrenheim germanus inter equestris ordinis viros miles fortissimus qui Carolum 5 imperatorem augustum in omni fortuna secutus a consiliis ille a legationibus et praecipuis muniis bellicis fidelem et strenuam operam praestitit. Idem eius filio Philippo Hispaniarum et Anglie regi praestiturus sex mille germanorum in hoc regnum duxit sed eodem die quo inhernicis pax bello morbis initi illius finem posuit. Ergo tu quisquis es miles qui haec legeris fato tuo ne tenere sed fidem cogita summos duces extra bellum succumbere. Obiit 18 mensis augusti anno 1557

Under seinen vussen findt man geschrieben

Hanss Walter von Herrnheim[178] bein[179] ich gnant
mitt ehren furtt ich mein ritterstandt
des kayser Carls rath und obrister ich wass
seinem sohn Philippo im gleicher mass
trewlich thient sein landt und leuth zuverfechten
zogh herein mit 6000 deutsche landtsknegten

---

[175] S. Giacomo degli Spagnoli.

[176] Das hier zu erwartende *ianuario* fehlt in der Vorlage.

[177] bis [179] So die Vorlage.

alss sich aber der kriegh in frieden umbwendt
hab ich zu Genua mein leben geendt
der corper ist alhie zu der erden bestahtt
mein seell Gott in gnaden uffgenhomen hatt

St. Spiritus kirch

In dieser kirchen ist sonderlich nichtz zusehen und ist bei dem thorn porta Tholedo zufinden. Bei dieser kirchen ligt ein closter, dar-innen sein gemeinlich uber 400 jungfrawen, welche alle wan sie 8, 9, 10, 12jarig sein durch die herren von der statt den elteren mit gewalt abgehnhomen werden, damit sie von irer eigen mutteren nit zu ho-ren gemacht werden. In diesem closter erhelt man sie biss dieselb erwachsen sein. Darnach furt man sie am pfingstmonttag in der statt umbher. Ist folgents ein junger gesell oder widtman, der eine zu ehren[180] begertt, der kan sie neben noch einem zimlichen heyradts-pfenningh bekommen, mitt dero glubten und burgschafft, das der mahn iren heiradtspfenningh nit unnutzlich verthon noch, biss sie Gott gescheiden, verlassen sall.

Kirch St. Aloia[181] gnantt

Diese kirch ist von des kunnigs Caroli primi drei köchen, gewalti-ge gottsforchtige leuth, gebawett worden, davon der einer Dionisius, der 2. Martinus, der 3. Eligio gnant worden. Alss nhu diese kirch ge-bawett gewest und der einer vor dem andern den nhamen haben wil-len, so haben sie zuletzst ein jeder besonder seinen nhamen uff ein pargement[182] geschrieben und in einen brunnen geworffen, dessen nham, so irst sich offenbaren wurdt, darnach solte die kirch genant werden. Weill ess nhu dem Eligio zum gluck geschlagen, so wierdt die vorschrieben kirch noch heutigs tags St. Aloia gnant.

---

[180] So die Vorlage.
[181] S. Eligio.
[182] So die Vorlage.

Bei dieser kirchen siegt man noch 1 closter, darinnen seindt uber 500 jungfrawen, davon werden die eltiste alle jar 2 oder 3mal umbher gefurtt und verheiratt, wie vor gesagt.

Hernach folgen die drei schlosser oder vestungen,
so in dieser statt Neapolis ligen
Dass irste schloss Castel Nova[183] gnant

Diss schloss ligt uff der seithen nach dem mehr. Darin findt man etliche stuck geschutz, so dem hertzogh von Saxen und hertzogh Hanss Friedrich hiebevorn zugehortt neben noch andere schone stuck, damit dass schloss versehen ist. Ferners, wan man die zweitte brugk passiertt hatt, findt man ein pferdt von klockenspeis gegossen, darinne sticht ein isen kugell, welche die fransossen zu der belegerungh haben willen in dass hispanisch lager schiessen, aber der schuss ist nit geratten, dardurch auch ernannte fransossen das schloss verloren und durch hispanischen ingenhomen worden ist. Weitters, wan man zu der messinger thör hinein komet, siegt man ein weitte steine stiege uff die lincke handt, daruff des Cipions, fransoss, statur in weissen marmor gehawen stehet. Alss er, Cipion, gesehen, dass die spanischen das schloss gewunnen gehabt, hatt er sich uff gerurter stiegen manlich gewerdt, viell mahn zu nider gelegt, zuletzst aber uberwaltigt und daselbst umbbracht worden.

Diss schloss ist gewaltig reichlich muniertt und proviandiertt, taglicher handtwercksleuth findt man alhie wie in einem kleinen stettlein. Funff thurn seindt umb diesem schloss, alle dapffer mit attelerei, wie sich gepurtt, versehen. Ausserhalb diesem schloss, hinden, siegt man einen gewaltigen thörn, Santo Vincentio gnant, welchen die fransossen nach verlierungh des schloss noch 6 monatt gehalten und sich darauff rheumlich woll und dermassen gehalten, dass man innen nichtz alss mit ausshunger hatt erreichen kuennen. Weill sie sich nhu hungers halber ergeben, seindt sie durch den kunnigh nit allein freigelassen, sonder hoch befordert worden.

---

[183] Castel Nuovo.

La piazza dell Olmo

Diese platz liegt bei dem vorschrieben castiell, wan man nach die Marcadus[184] gehen will, dho die reiche kauffleuth und bancquier whonen. Hieselbst ist eine schone fontein, dho die galeren ir wasser holen. Uff diesem brunnen findt man dass warzeichen von Neapolis, als nemblich einen ewll. Alhie pflegen auch die junge gesellen mit tornieren und sonst andern kurtzweilln sich zuoben.

Castell dell Ovo

An diesem castiell ist wenigh zusehen, alleinlich mit ungfer 10 stuck geschutz versehen und 50 soldaten bewartt und ist gelegen uff die rechte handt im mehr, gebawt uff einem santvilssen und Bitzavalkone[185] gnant, jetzo aber von dem vilssen abgescheiden ungfer eines buchssenschuss, also dass jetzo dass wasser rundtumb leufft und ist hiebevor des Luculli pallatium gewest, aber nhumehe, alss ess die Spanjartten erobert, zum castell rundt wie ein ey gebawett, daher ess den nhamen hatt castel dell Ovo.

Das dritte castell ist St. Helmo,
sunst aber St. Termine gnant uff dem berg St. Helmo gelegen und ubersicht die gantze statt

Diss ist eine uberauss gewaltige vestungh uff einem vilss gebawett und durch den kayser Carolum 5 nach eroberungh vorgemelter zweier vestungen zubawen angefangen und nach eroberungh der statt Thones[186] vollendet worden. In diesem schloss ligen jederzeit 200 spanjartten, alte furnembliche kriegssleuthe. Diss schloss kan auch die statt sowoll als vorschrieben 2 schlosser zwingen. Im intretten dieses

---

[184] Die Piazza Mercato oder das Viertel dieses Namens.
[185] Pizzofalcone.
[186] Tunis.

schloss siegt man des kaysers Caroli 5 wapffen boben der thör im marmorstein aussgehawen, darunden geschrieben

Imperatoris Caroli 5 invicti augusti caesaris iussu ac Petri Toleti Villae France marchionis iustissimi proregis auspiciis Pyrrhus Alosius Scriva Valentium divi Ioannis eques caesariusque militum praefectus pro suis bellicis in rebus experimento faciendum curavit anno 1538

In diesem schloss findt man ein sehr schon stuck geschutz, dem churfursten von Saxen hiebevorn zustendig gewest. Darauff ist geschrieben wie folgt

Fur ein senger bein ich gegossen
brauche meine stimme unverdrossen
zu Saxen werdt ich beschossen

Am lodtloch stehett wider geschrieben

Von edler artt ein frewlein zartt

Under am mundt herumb stehett des meisters[187] nam

Andriess Pengnitzer giesser

Bergh St. Helmo

Dieser berg ligt ausserhalb der statt Neapolis uff die rechte handt, uff welchem noch viell locher stehen, darinnen sich die kriegssleuth dero zeit erhalten.

Warumb die vestungh oder castell St. Helmo
den Neapolitanern erbawett sei

Wie ire kayserliche majestett Carolus 5 von Thones auss Barbaria komen und im die herren von der statt Neapolis nach etliche tagen in der statt haben umbher gefurtt, die statt zubesichtigen, alss nhu ire kayserliche majestett spacieren gehendt an etlichen ortten etliche ross lustig zum springen ohne zeum abgemalhett gesehen, haben ire majestett gedachten herren von der statt abgefragt, wass solche röss ohne zeum bedeutten thete. So haben sie fur antwurtt geben, es weren ire

---

[187] Vorlage: *meister.*

alte wapffen und bedeut disselbig, eben so frey alss ein pferdt ist, welchs keinen zaum anhatt, eben so frei weren die herren von Neapolis auch. Darauff hatt ire majestett alstpaldt gedacht: So will ich dem ross einen zaum ahnlegen. Etliche tage hernach hatt ire kayserliche majestett von mehegemelten herrn eine pitt begert, welchs sie ire majestett nit abzuschlagen gewist, so hatt ire majestett uff ernantem bergh St. Helmo ein lusthauss zubawen begertt, welchs zugelassen worden. Alsspalt darnach hatt ire majestett zubawen anfangen lassen. Alss nhu die vorschrieben herren gesehen, dass sich dass bawen mehe zum schloss oder vestungh alss zum lusthauss hatt ansehen lassen, haben sie sich dessen gegen ire majestett beklagt. So ist innen doch von derselber fur antwurtt geben, das ire majestett auch ein kirch bei dem lusthauss bawen lassen wolte. Damit seindt vorschriebene herren zufridden gewest und ire majestett mit bawen, wie ess jetzo ist, vortgefaren und baldt darnach mit guttem geschutz versorgt und folgents einmall in der nacht von gerurtem newen schloss alles geschutz in die statt abgehen lassen und einen vornhemen herren sampt seinem gemäll im bett erschossen. Weill nhu die herren von der statt ire majestett meinungh gespurt und dieselbe vom schiessen nit auffgehortt, so seindt zuletzst die vorschrieben herren gelauffen und zu fuss gefallen und ire kayserliche majestett alles undergeben und den herren geantwurt, ire pferdt weren nhumehe gezeumett. In summa, es ist gemelten herrn trefflich leith gewest, das sie solch antwortt der ungezeumpter pfert dem kayser geben hatten, derwegen noch heuttigs tags das schloss ross sonder zaum gnant wierdt.

Closter St. Genaro[188] sampt der schlagt, so der kunnigh Conradinus wider dem kunnigh Carolum, frantzoss, gefurt hatt

In dieser kirchen ist ein loch gefunden voller begrebnussen, in den vilssen gehawen, ungefer ein welsche meill under dem bergh.

---

[188] S. Gennaro extra moenia, erbaut über der größten Katakombe *(ein loch voller begrebnussen)* der Stadt.

Alss nhu der Conradinus, hertzogh von Ostenreich[189], und graff Gerhardt von Bissa die schlagt gegen den kunnigh Carolum, frantzoss,
verloren, seindt sie alle drei durch den kunnigh Carolum mit dem
schwertt gericht worden. In dieser schlagt seindt plieben etliche 1000,
so schweitzern als andere nationen, welche alle seindt in den vorschrieben lochern begraben worden, wie man noch heutigs tags etliche findet, die nit verzert sein. Kunnigh Conradinus hatt den irsten
angriff in dieser schlagt gethan und die fransossen zurugk und under
innen viell volcks erschlagen und gantz uff die flugt getrieben. Zuletzst aber, als sie vermeint sie hetten die franssossen gar erschlagen,
weill sie gespurt das sich gemelte fransosen zertheillt, so seindt die
conradinischen irer gutter ordnungh vergessen und zu rhauben und
plundern mehe geneigt, darzu iren feyant auch nit mehe geacht,
welchs der kunnigh Carolus baldt innen worden und der conradiner
unordnungh gespurtt und stracks wider sein volck uff newes in
schlachtordnungh bracht und uff des Conradini volck ingesetzt und
den gantzen hauffen jamerlich erschlagen. Alss nhu ermelte herren
Conradinus, hertzogh von Ostenreich und graff von Bissa das verloren spill vermirckt, haben sie geflohen und mit baurenkleidern an die
sehe gerathen und einen fischer gepetten, er wuldte sie uff Bissa mit
seinem schifflein furen, sie wulten ime redtlich zallen, aber der schiffer geantwurtt, er hette keine proviand zu sich. Darauff hochermelter
Conradinus einen ringkh durch mangell gelt auss seinem finger gezogen, welcher uber 100 kronen wertt gewest und dem fischer gereicht,
gestalt damit nach der statt Neapolis zugehen und proviand inzukauf-
fen, welchs beschehen ist. Alss nhu gemelter fischer den rengk ge-
feilscht, hatt man ime abgefragt, wie er an einen solchen kostlichen
rengk komen thete, so hatt der armer fischer, weill er von ire majestett selbst examiniert worden, wie ess mit ermelten 2[190] personen zu-
gangen ohne einiche argelist verzalt, daher der kunnigh stracks
under die thoten nach die 2[191] herren suchen lassen, in mittels auch
mehegerurtten fischer in der statt behalten und nit zurugkgehen

---

[189] Gemeint sind König Konradin, Friedrich Markgraf von Baden, Herzog von Österreich.
[190] Korrigiert aus *3*.
[191] Über durchgestrichenem *drei*.

lassen. Daher wolgedachte 2[192] personen sobsonniert, des fischers langer nit erwartten durffen und mit dem schifflein davon gezogen. Alss man nhu dieser herren keinen under die erschlagenen erfunden, hatt man lichtlich erachten kuennen, dass solche in bauren gekleidte personen diese zwei[193] herren sein solten. Daruff hatt ire majestett innen ilentz nacheillen thun und bei Caieta ertapt worden und gefenglich fur ire majestett gefurtt. Der kunnigh hatt sie amstundt richten lassen willen, aber durch grosse herren verpetten worden. Entlich aber, als sie ein jar gefangen gesessen, hatt man durch kunniglichen bevelh innen die kopff hinunden geschlagen, wie man noch zum gedechtnus in der capellen uff Mercado[194] vor der kirchen St. Maria dell Carmine diesen handell abgemalhet finden sall. Auch findt man ein hupsch werckstuck einer figuren uff dem eck des hauss stehen, daselbst die mutter Conradini[195] ist gestanden gewest und mit grossem[196] schmertzen iren leiblichen sohn richten gesehen. Welche historia allen kriegssobristen einen exempell mittheillt, dass keiner seinen feiant verachten, sondern stehets sich in gutter ordnungh halten sall.

Viccaria oder ratthauss und vornembst gefengnus[197]

Alhie treibt man weltliche rechtssachen und seindt hierinnen bei 2000 gefangen. Vor dieser viccaria stehet eine marmorsteine seull, darauff setzt man dern banditten oder sonst andern missthetern kopff 3 tagh langh, oder sonst dha einer uff die galeren condemniertt wierdt, den setzst man alhie zuvor 3 stundten an diesem stein, boben seinem haupt oder vor seiner borscht seine schult oder missthatt geschrieben, und darnach zumall oder etliche jaren nach gelegenheitt der sachen des kunnigreichs verweist. Uff dieser viccarien seindt des kunnigs Ca-

---

[192] Über durchgestrichenem *drei*.

[193] Neben durchgestrichenem *3*.

[194] Piazza del Mercato, auf der Konradin und seine Begleiter am 29. Oktober 1268 enthauptet wurden.

[195] Elisabeth von Bayern.

[196] So die Vorlage.

[197] Das heutige Castel Capuano.

roli wapffen gehawen in marmor und darunden geschrieben wie
nachfolgt

Caroli 5 caesari augusto invicto imperante Petrus Toletus marchio Villae France
huius regni prorex iuris vindex santissimi[198] post fugatos turcas arcem hanc in
curiam redactam iustitiae dedicavit consilia omnia hoc in loco cum magno totius reigni[199] constituit anno 1540

Item findt man an der thor ecke bei der pfortzen Capuana die kayserliche und kunnigliche wapffen, imgleichen des vicere, don Johan
Zuniga gnant, welcher regiertt hatt 4 jar und anno 1582 in novembri
ist er mit 10 galeren nach Hispanien gezogen und derzeitt seiner re-
gierungh erlassen worden. Diese vicaria ist hiebevorn eine vestungh
gewest und alererst nach des kunnigs widerkumpst auss Barbaria von
Thones durch kayser Carolo 5 zum Radthauss und gefengknus gemacht anno 1535.

Die vorniemste pfortz ist gnant porta Capuana

Alss ire kayserliche majestett auss Barbaria von Thones komen,
haben die neapolitanische herren ire majestett zu ehren diese pforts
machen lassen mit uberauss schonen aussgehawen werckstucken. Es
kan auch kein furst, her noch vicere seinen inzugh durch diese pfortz
haben alss allein der kunnigh selbst. Zu dieser pfortzen ist eine schone postey.

Dess kunnigs stall alhie zu Neapoliz[200]

Dieser stall ligt alhie ausserhalb der statt und pfortzen dell Carmine, who man nach Salerno zeugt. Hierinnen sigt man jederzeit uber
100 aussgelesene junge röss, darzu sunderliche bereitter gehalten
werden, dieselbe abzurichten. Von diesen rossen werden dem kunnigh alle jar 12 in Hispanien geschickt, und ist kein ross ehe und
zuvor ess uberliebert sei, ess kost uber 500 kronen, ohne wass der be-

---

[198] Vorlage: *santis:*.
[199] und [200] So die Vorlage.

reitter, der sie presentieren und fur ire kunnigliche majestett bereitten muss, verzert.

Woher Neapolis seinen nhamen hatt

Neapolis hatt seinen nhamen von einem weib, welchs geheischen gewest Parthenope Sirena. Diss weib ist fraw gewest uber diese statt, daher kumpt der nham. Die alte statt ist irst gar geringh gewest, welche man gnant hatt Palepolis[201], auctore Livio, daher jetzo Parthenope, zu sagen sovill alss ein dingk, das new gebawt ist. Und dweill viell frembden vor zeiten lust gehabt, in der inssellen zubawen, so haben die in der alte[202] statt auch vortgefaren und zugleich gebawett, dermassen das sie alt und new an einander gebawett und daher nhumehe Parthenopez[203] gnant wierdt, wie Livius davon schreibt: Palepolis fuit haud procul ubi nunc Neapolis est.

Bei der pfortzen Devotaro all strada de St. Juan all Maro[204] uff einem eckhauss, eins kauffmans hauss, findt man einen kopff[205] in einem vilsstein gehawen zur gedechtnus des vorschrieben patrons.

Molle oder die portus fur die galerren und andern naven

Dieser portus ligt uff die lincke handt bei der inssell Novo. Darinnen kuennen stehen 200, so galeren als andere schiff. Ungfer eines buxssen schuss von hinnen oder[206] diesem portu ist die klein portus oder Molle Picola gnant. Darinnen findt man fragaten und falugen, damit nach Calabria, Sicilia, Malta, Roma, Genua oder anderswho zufaren.

---

[201] So die Vorlage statt richtig *Palaeopolis*.

[202] und [203] So die Vorlage.

[204] S. Giovanni a Mare.

[205] Dieser Kopf, *la testa greca,* steht auf einer Säule an der Ecke Via Duca di S. Donato/Via S. Giovanni a Mare. Für die Neapolitaner ist es *Donna Marianna 'a capa 'e Nápule.*

[206] So die Vorlage.

Berg Bissubio oder Summo Monte gnant[207]

Dieser bergh ligt 4 meilen von der statt, welcher noch vor 40 jaren solt gebrant haben. Es hatt sich dero zeit zugetragen, das einer, poet, zu diesem brennenden bergh gehen, besichtigen und beschreiben willen hatt. Alsspaldt aber hatt der dampff den vorschrieben poeten zum loch hinein gezogen und uff selber stundt hatt sich gemelter bergh geschlossen und kein fehur[208] mehe von sich geben[209]. Uff diesem berg ist seither einen weinstuck gepflantzt, welcher bessern wein vortbringt alss im kunnigreich wachssen mag und ist vinum grecum gnant. Derjenig, so diesen weinstuck irstlich gepflantzst, ist begraben in der bischoffia[210] in einer capelln, St. Maria dell Principio gnant.

Volgt ein gartt,
so kayserliche majestett Carolus 5 machen lassen hatt
und baussen der pfortzen Capuana 1 welsche meill gelegen ist

In diesem gartten findt man ein schon pallatium, auch ein gebew von steinen uff den artt von Venedigh, dha man in die canall mit gundelen auss einer gassen in die ander fartt. Zu dem seindt alhie viell schone springkbrunnen. Ferners fleust ein wasser durch diesen gartten in die statt in die andere springende brunnen. Auch voller allerlei schone fruchten und ist dermassen schon und fruchtbar, dass man dessgleichen im kunnigreich nit findet. Ist auch vom kunnigh verschenckt worden.

---

[207] Vesuv und Monte Somma.

[208] So die Vorlage.

[209] Gemeint ist vermutlich der griechische Philosoph Empedokles, der sich im 5. Jahrhundert vor Christus in den Krater des Ätna, nicht des Vesuvs, gestürzt haben soll.

[210] Dom S. Gennaro, siehe oben.

Des Petri de Toledo gartten

Dieser gartt ligt uff der rechter handt, wan man nach Pozzolo zeugt. In diesem gartten findt man 2 schoner springende brunnen mit marmorsteinen aussgehawen, uff dem einen ein marmorstatur, ein spehr in der rechter handt habendt, liest sich ansehen als wolt er damitten fisch stechen. Uff dem andern ist gemacht wie einen winterburgk[211]. Auch voller herlichen fruchten.

Pallatium
darinnen der vicere oder underkunnigh sein hoffhaltungh hilt

Diss pallatium[212] ligt am eck der strassen Toledo und geht biss zum Castel Novo. Man kan auch bedeckt gehen auss diesem pallas biss ins Castel Novo. Diss pallas ist erstlich von dem don Petro de Toledo erbawtt worden anno 1539. Vorzeitten haben die underkunningen ire hoffhaltungh im Castell Novo gehalten. Alsspalt man[213] boben im schloss kumpt findt man, dha die schweitzern ire wacht halten, eine schone capell uff der lincker handt und ein schon ubergult urgell darinnen. Auch seindt in dieser capellen 2 silberne leuchter, dern eynen ein mhan gnugsam zu tragen hatt, welche von den herren von der statt dem vicere geschenckt sein anno 1582 in novembri. Alss dieser vicere aussreith, so hatt er 100 edelleuth vor sich reithen, die man continuos nennett, ohn die ubrige neapolitanische fursten, graffen und herren, dern ein jeder zeitt grosse anzall seindt. Die vorschrieben continui mussen auch sich alle im pallast bei dem vicere finden lassen, wannehe er publicam audientiam gibt. Auch hatt dieser vicere 4 fendtlein spanjartten, davon jeder tag und nacht vorm schloss ein fendtlin wacht hilt. Im grossen sall wachten alle 24 stundten ein rott schweitzer, dern in anzall sein 54.

Anno 1582 den 29. novembris ist der jetziger vicere allererst ingehult worden und mit grossem triumpf empfangen worden. Sonderlich

---

[211] So die Vorlage; Bedeutung unklar.
[212] Heute nicht mehr vorhanden.
[213] *man* fehlt in der Vorlage.

hatt man die churfurstliche stuck, davon hiebevorn geredt und der Carolus 5 ire churfurstliche gnaden abgenhomen, singen horen.

Bei diesem pallatium ligt einen uberauss schonen und fruchtbarlichen gartten, darauss kan man gehen biss in die archenal, dha man die galeren bawett, welche gelegen ist zwischen das Castell Novo und Castell d'Ovo an einem starcken thorn, St. Vicentio gnant[214].

St. Maria Piede Grotta[215] gnant, ein closter

In diesem closter whonen munchen auss Lumbardia, weiss gekleitt. Vor dieser zeitt aber seindt alhie herimiti gewest, vor alten jaren canonici regulares geheischen[216]. Dieser orden kompt her von dem St. Augustinus, welcher alhie zu Neapolis bischoff gewest ist, zuvor aber hermiter. In dieser kirchen hat der vorschrieben Augustinus eine geselschafft vergadert und innen der heiligen stantt zufurn gezeigt. Hinder dieser kirchen in einem bergh, Monte Cavato gnant, findt man eine wundereschone grotta oder wegh[217], welchen der poet Virgilius durch artem magicam gemacht haben soll, ist so weith, das 4 pferdt rheumlich neben einandern dadurch reitten kuennen. Von diesem bergh schreibt Sincerus wie folgt

> Inter Falernum et mare mons est hominum manibus confossus, quod opus insulsum vulgus a Virgilio magicis cantaminibus factum putat. Ita clarorum hominum fama non veris contenta laudibus saepe etiam fabulis viam facit. De quo, cum me olim Robertus regno clarus sed praeclarus ingenio ac literis, quid[218] sentirim multis astentibus percunctatus esset. Humanitate fretus regia, quae[219] non regis modo sed homines vicit iocans, nusque me legisse magicum

---

[214] Der Molo San Vincenzo, der unmittelbar südlich an die Parkanlagen des Palazzo Reale weit ins Meer hinaus gebaut ist, führt den Namen weiter.

[215] S. Maria di Piedigrotta.

[216] Augustiner-Eremiten.

[217] Die Grotta Vecchia (‚alte Grotte') oder Crypta Neapolitana ist ein heute teilweise eingestürzter Tunnel durch den Posilippo. Heute werden die beiden 1882/1885 und 1925 durch den Posilippo getriebenen Tunnel benutzt (Thoenes, Neapel, S. 466 f. Maiuri, Altertümer, S. 14–17, mit Verweisen auf Seneca und Petronius betreffend die Crypta Neapolitana).

[218] Vorlage: *qui.*

[219] Vorlage: *qua.*

fuisse Virgilium respondi, ille serenissimo frontis nictu obbrobans non illic magici, sed ferri vestigia confossus est.

Des Virgilii begrebnus[220] findt man ausserhalb der statt nach Pozzuolo gehendt an der gemelter grotten uff dem bergh im gartten uff der lincker handt in einem orth, welchs gnant wierdt Locus Patuleus, von einer gottinnen Patulea gnant. Von dieser Patulea singt der poet Pontanus

Tuque o mihi culta Patulei
prima adsis primosque mihi dea collige flores
impleat et socios tecum Antoniana
quas illos sic tibi perpetuum est spiret rosa
floreat urna scilicet una tui
qua conditur umbra maronis

Dieser poett Virgilius ist zu Calabria gestorben, seine gebein[221] aber seind durch bevelh Caroli quinti, dero zeitt regierender kunnigh, uff Neapolis transsportiertt worden. In laudem Virgilii hatt der Poet Actius Sincerus diese versus gemacht[222]

Mantua me genuit Calabri me rapuere tenet nunc
Parthenopae cecini pascua rura[223] duces

Bei Virgilii begrebnus findt man in der mhauren stehen[224]

Qui cineres tumuli haec vestigia conditur olim
ille hic[225] qui cecinit pascua rura duces

---

[220] Die sogenannte Tomba di Virgilio an der Galleria di Posilippo, der südlichen der beiden heute benutzten Posilippo-Tunnel.

[221] Maiuri, Altertümer, S. 12: „Ein anonymer Schreiber eines neapolitanischen Manuscripts der Göttlichen Komödie aus den Beginn des 14. Jahrhunderts liefert uns die Nachricht, daß das Grab des Vergil zur Zeit des Königs Robert von Anjou durch Einsturz zerstört worden sei und der König habe die Gebeine des Dichters in einer hölzernen Kassette sammeln und in einer Kapelle des Castell dell'Ovo beisetzen lassen".

[222] Das Distichon stammt nicht von Actius Sincerus, sondern wohl von Virgil selbst, wie schon sein Biograph Donatus berichtet (Maiuri, Altertümer, S. 11).

[223] Vorlage: *aura*.

[224] Diese Inschrift wurde 1554 von den Mönchen des Klosters S. Maria di Piedigrotta angebracht (Maiuri, Altertümer, S. 13).

[225] Vorlage: *hoc*.

Es schreibt auch der gelerter schribent Scrivius, das der Virgilius seines alters ist gewest 28 jar, als er zu Neapolis Boccolica geschrieben, ist auch dermassen in seinem studio fleissigh und gneigt gewest, dass er mehe ehren und obidientz seinem meister als seinen altern angethan. Seine mitgesellen seindt gewest, die auch gelehrte leuth, Ioannes Pontanus, Actius Sincerus[226].

Volgt jetzo, wass ausserhalb der statt Neapolis
zu Puzzuollo und Baya zuersehen ist

Ungfer 4 kleine welsche meillen von Neapolis nach Pozzuolo ziehendt findt man in einem bergh uff die rechte handt einen bergh, darinnen ist ein loch, Grotta dell Cani gnant. Alsspalt man einen hundt darinnen wirfft, ist er thot. Nhu ist ein wasser dabei, jetzo Lago d'Agnano[227] gnant, dha man gerurtten hundt thott seinde stracks aussnimpt und in dasselbig wasser wirfft, dass ess ime der oren nhur inleufft, so bekumpt der hundt mit schwerlichen seufftzen sein leben wider, welchs ein wunder anzusehen ist[228]. Und ess hatt sich vor wenigh jaren zugetragen, das des kunnigs von Franckreich ambassadeur, Monseigneur de Tournon gnant, diesem keinen glauben geben willen und persohnlich dahin gezogen und durch etliche vehe versuchen lassen und befunden wie gesagt, darnach auch selbst so nahe beim loch gangen, dass er vor thott nidergefallen ist, und wan er durch seinem und andern anwesenden volck nit sopalt were auss und vom loch gezogen worden, hette mussen stracks pleiben, wie er dan auch unlangst darnach gestorben. Ferners hatt Carolus 5 disse vergifftige lufft dieses berghs dur[229] 2 schlaffen versucht. Alss der irster ingangen, ist er amstundt nidergefallen und weill er stracks darnach nit im vorschrieben wasser oder lago geworffen worden, sterben mussen. Der

---

[226] Beide waren keine Zeitgenossen Virgils, sondern Dichter des Quattrocento, Ioannes Pontanus = Giovanni Pontano, Actius Sincerus = Jacopo Sannazzaro.

[227] Die auch heute noch benutzten Thermalquellen von Agnano am Abhang des Monte Spina.

[228] Die Reisenden haben das selbst ausprobiert, vgl. oben am 10. Januar 1587 unter Pozzuoli die Ausgaben *fur dem bauren so seinen hundt in das loch geworffen.*

[229] So die Vorlage.

2. schlaff aber ist woll auch vor thott stracks nidergefallen, aber nachdem er ins wasser geworffen worden hatt er sich wider erkommen
und dass leben erhalten. Also ist die grotta probiertt worden mit menschen und vehe.

Diss wasser hatt der Virgilius latine Angues geheischen, weill ess
so voller vergifftiger thier gwest ist.

Allernegst dieser grotten ligt ein uberauss heilsam truck batt, Fu-
merola di Agnano gnant, dadurch viell inwendige und ausswendige
kranckheitten mit baden geheillet werden, daher vielle leuth weither
wegh hieher ziehen. Ungefer 3 meillen weither nach Puzzuolo uff die
rechte handt findt man einen stetigen schwebbellbergh[230], welchs ein
grewlich ahnsehen ist und starcken ruch von sich gibt. Auch findt
man under den bergh siechende wasser, alsspalt man eyer darinnen
wirfft seindt sie auch gahr. Darinnen wahr ungfer 8 tag[231] vor unser
dahinkumpst ein deutscher trabant mit einem pfertt versoffen.

Nach der statt Puzzuolo ziehendt siegt man allernegst uff die rechte handt uff einem bergh cholam oder amfiteatrum Virgilii[232]. Vorthan
reisendt liest man Pozzuollo uff die lincke handt ligen, nach einem
bergh, darinnen findt man Grotta Sibillae Dianae[233], welche eine weis-
sagerinne gewest und in dieser selber schoner grotten geweissaget
hatt. Aber das volck hatt ire weissagungh nit als durch ein loch, bo-

---

[230] Die schwefelhaltigen Ausdünstungen des Solfatarakraters und der Kraterwände.

[231] *tag* fehlt in der Vorlage.

[232] Wohl das große Amphitheater von Pozzuoli. Das ältere, kleinere Amphitheater
aus augusteischer Zeit, das heute von der Eisenbahnlinie Rom-Neapel durchschnitten
wird, kann kaum gemeint sein, da sonst wohl auch die unmittelbar dabei gelegene
Piscina Cardito erwähnt wäre. Um vom Solfatara-Krater nach Pozzuoli zu gelangen,
gab es zwei Möglichkeiten: Einmal über die Via Solfatara – und diesen Weg haben
die Reisenden offenbar genommen –, zum anderen über die Via Vecchia S. Gennaro,
die antike Via Antiniana, die an dem kleineren Amphitheater und der Piscina Cardito
vorbeiführt und südlich des großen Amphitheaters in die Via Solfatara mündet.
Welcher Weg auch genommen wurde, von Solfatara kommend liegen sowohl das
kleine als auch das große Amphitheater *uff die rechte handt.*

[233] Die sogenannte Grotta della Sibilla, in der die Volkslegende das Orakelheiligtum
der Sibylle sah. In Wirklichkeit handelt es sich um einen Hügeldurchstich, der wahrscheinlich um 37 vor Chr. von Agrippa angelegt wurde, um den Averner See mit dem
Lucriner See zu verbinden – notabene nicht zu verwechseln mit dem Kanal zwischen
den beiden Seen, auf und neben dem die heutige schmale Straße verläuft – (Maiuri,

ben die grott den bergh aussgehendt, hoheren[234] noch verstehen kuennen, weill sie sich gar eintzig mit iren jouffern darinnen erhalten. Die grotta ist grousamb schon, rundt, hohe, weith und breitt. Ire camer ist klein, aber hoch und uberauss schon gemalhett gewest und zimlich warm darinnen. Allernegst irer camer stehet ir wasserbatt, welchs auch lahewarm und ungfer 12 schritt lang und 4 breit ist.

Warumb die brugk, so von Puzzolo biss Baya uber dass mehr gehet und ungfer 5 meillen lang gewest, gebawtt worden[235]

Diss ist eine unerhortte starcke steine brugk gewest und von dem kunnigh Tarquinio erbawett worden, welcher, wie man davon schreibt, vor alter zeit von den Romainern bandiert gewest und uf dass schloss Baya geflohen, darnach durch das gantz kunnigreich Neapolis ruchbar machen lassen, er wolte daselbst uff der brugken und sonst uff die sehe ritterliche tornierungen und kempff halten lassen, wie auch dan diese brugk uff angestelten tag am kostligsten geziertt worden. Alss nhu umb diese ritterliche tornierungen zubeschawen viell volcks von viellen diversen orttern des kunnigsreichs und sonst anderswho dahin erschienen und ernante brugk voller volcks gewest, so hatt man ein wenigh mit schwertern und stangen zukempffen angefangen. Damit nhu das volck nit abweichen thete, hatt vorermelter Tarquinius abermals aussruffen lassen, man solte auch zu was-

---

Altertümer, S. 169–171). Das *lahewarme wasserbatt* der Sibylle, das die Reisenden 1587 noch gesehen haben, ist heute infolge des Bradyseismos überflutet. Amedeo Maiuri hat, wie diese Stelle beweist, also richtig vermutet: „Es scheint, daß ... die wasserüberfluteten Zimmer zu einer heißen Quelle gehören, die entweder für Heilbäder oder für Trinkkuren verwendet wurde" (Maiuri, Altertümer, S. 171).

[234] So die Vorlage, ,hören'.

[235] Die hier erzählte Sage knüpft an die offene auf Bogen und Pilastern ruhende antike Hafenmole von Pozzuoli an, die, denkt man sie sich verlängert, in Baia enden müßte. Sie war 372 Meter lang und ihre Reste sind in die moderne geschlossene Mole eingemauert (Maiuri, Altertümer, S. 35–38). Nach einer anderen Version, die auch der Schreiber des Tagebuches kannte, ließ Caligula von Pozzuoli nach Baia eine Schiffsbrücke schlagen (Thoenes, Neapel, S. 453).

ser tornieren. Alss aber der Tarquinius gelegenheitt seine verrätterei zuvollenzien gespurtt, dadurch einen nhamen ewiglich zulassen, so hatt er in statt zu thornieren die vorschrieben brugk mit valsche instrumenten zerreissen lassen und ist also das gantze volck, so daruff gewest, ersoffen. Vorbeheltlich ein klein orth der brugk nach der seithen von Pozzollo, so noch stehett[236]. Es willen auch etliche schreiben[237], ess solt der kunnigk Calligula diss uff vorschrieben massen angestelt haben.

Bei diesem schloss Baya findt man wasser- und trucke baden, dass man dern nit gleich finden kan, wie der gehelertter mhan Franciscus Petrarcha davon schreibt und hernach zuvernhemen ist[238].

Nulla tamen amoenior nulla frequentior quam Baiarum statio,
quod et scriptores illius aevi fides et ingentes murarum reliquae testantur

Der Plinius will auch, dass keine bessere baden in der kristenheitt seindt als diese[239].

Qoud nusquam largius aquae quam in Baiano sinu nec pluribus auxiliandi generibus tanta est earum vis, ut generatim nervis prosunt pedibusque aut coxendicibus aliae luxatis fractique inaniunt alvos sanant ulcera capiti auribusque privatim medentur.

---

[236] Nämlich die Mole von Pozzuoli.

[237] Zum Ausdruck bringen.

[238] Petrarca, Le Familiari, vol. 2, S. 12, Liber V, Brief 4 an Johannem de Columna. Im Tagebuch steht *scriptores* statt bei Petrarca *scriptorum* und *murarum* statt richtig *murorum.*

[239] Die Vorlage bietet nur einen stark gekürzten, ja verstümmelten Auszug aus einer größeren Pliniusstelle, die ich nachstehend nach einer im gleichen Jahr wie die Niederschrift des Tagebuches entstandenen Ausgabe zitiere. C. Plinii Secundi historiae mundi libri XXXVII, hrgg. von Iacobus Dalecampius, medicus, Cadomensis, Lyon 1587 (Lugduni apud Bartholomaeum Honoratum sub vase aureo), S. 744: Naturalis historiae liber XXXI, cap. II: Nusquam tamen largius quam in Baiano sinu, nec pluribus auxiliandi generibus, aliae sulphuris, aliae aluminis, aliae salis, aliae nitri, aliae bituminis, nonnullae etiam acida salsave mistura. Vapore quoque ipso aliquae prosunt. Tantaque eis est vis, ut balineas calefaciant, ac frigidam etiam in soliis fervere cogant, quae in Baiano Posidianae vocantur, nomine accepto a Claudii Caesaris liberto. Obsonia quoque percoquunt. Vaporat et in mari ipso, quae Licinii Crassi fuere mediosque inter fluctus existit aliquid valetudini salutare. Iam generatim nervis prosunt pedibusve, aut coxendicibus, aliae luxatis fractisve. Inaniunt alvos. Sanant hulcera. Capiti auribusque privatim medentur.

Wie diese bader verdorben seindt

Weill diese baden[240] sovill kranckheitten lichtlich heilen kuennen, dadurch seindt die doctores oder medici zu Salerno, ein statt 30 meilen von Neapolis nach Calabria zu gelegen, weill sie nichtz zuthun gehabt, arm worden. Derwegen haben sie sich schentlicher weiss beradtschlagt und nachfolgendt untrawlich stuck betrieben. Nachdem der baden viell sein und vor zeiten ein jeglich, wass fur kranckheitten ess heilen kuentte die bedeutungh und wahrzeichen davon schrifftlich boben ahnhangendt gehabt, so seindt gerurtte medici mit einem schifflein dahin gefaren und die bedeuttungen abgenhomen und ...[241] verfelscht, welchs vieller armer leuth halber Gott almechtig verdrossen und seindt die trawlose medici durch ungestuim wedder im mehr bei Capua ersoffen worden, wie Petrarcha und andere davon schreiben[242].

> Vidi rupes undique liquorum saluberrimum stillantes adhibita post medicorum invidia, ut memorant, confusa balnea atque nunc tamen etiam finitimis urbibus ingens omnis sexus aetatisque concursus est.

Marcus Tullius nentt Puzzuolo ein insell der bader. Nach seinem thott aber seindt diese bader durch die[243] trawlosen vorgemelten medicos verwust worden.

Plinius von einem batt zu Baya[244]

> In eadem Campaniae regione sinuessanae aquae sterilitatem faeminarum et virorum insaniam abolere produntur.

---

[240] So die Vorlage.

[241] Ein unleserliches Wort, das *gedgte* abgekürzt ist.

[242] Der Text bei Petrarca, Le Familiari, vol. 2, S. 11, Liber V, Brief 4 an Johannem de Columna lautet abweichend vom Tagebuch: ... stillantes et cuntis (!) olim morborum generibus omniparentis mature munere adhibita, post medicorum ...; ... balnea ad que tamen nunc etiam e finitimis ....

[243] Vorlage: *den*.

[244] Plinius, Naturalis historiae liber XXXI, cap. II. *Abolere* fehlt in der Vorlage, hier ergänzt aus der oben zitierten Ausgabe.

Bei diesenn badern findt man balneum Ciceronis, jetzo gnant Suditorium Ciceronis oder uff italianisch Sudatorio di Tritol gnant[245]. Diese grotta ist nit weither als ein zimliche person mag breidt sein, lang ungfer meines erachtens 150 schritt. Wan man in dieser grotten gehen will, muss man 2 wachssen kertzen haben, weill die gewaltige hitz die kertzen oder torschen verloscht, damit wannehe villigt eine fehlen thut, dass man nit gar sonder liecht sei, in ansehungh keiner sein handt vor seinen augen sehen kan. Ein wenigh uber den halben theill in dieser grotten findt man einen weissen stein, rosskopff gnant. Viell willen sagen, man solte grosser hitz halber denselben nit passieren, welchs wir gewacht und unss in einem siechenden heissen wasser am endt der grotten gewaschen, es aber der einer mit dem mundt uff der ertten, der ander uff seine arme, der dritte auss seinem hudt und andere in andere wegh athem schepffen mussen. Man spricht, ess solten hieinnen woll etliche versteckt sein.

Es schreibt doctor M. G. Battista Eliseus, dass zu Baya und Puzzuolo seindt 30 bader gewest und ein jeder batt ein sonderlich artt kranckheitten zuheilen gehat, wie gross dieselbe auch gewest sein[246]. Virgilius schreibt auch, dass ein doctor gewest, der den weiberen, so nit fruchtbar werden kuennen, haben den rath geben, dass sie solten in einem darzu sonderlichen batt eines monats langk batten, welchs die liebe weiber glaubt haben. Aber Virgilius schreibt wiederumb,

---

[245] Die Anlage ist sowohl unter der Bezeichnung Stufe di Tritoli, als auch Stufe di Nerone bekannt. Der Bericht des Tagebuches über dieses Schwitzbad ist für die archäologischen Verhältnisse an der Punta dell Epitaffio von besonderem Interesse, da inzwischen durch die Absenkung des Küstenstrichs (Bradyseismos) die heißen Wasser und Dämpfe versiegt und die Baulichkeiten bis auf einige klägliche Reste zerstört sind (vgl. Maiuri, Altertümer, S. 71 f.).

[246] Diese Schrift ist bisher nur in der 1591 erschienenen Bearbeitung durch Scipione Mazzella bekannt, doch muß sie, wie auch der Titel besagt („nunc denuo'), bereits früher vorgelegen haben, sonst könnte der Hofmeister daraus nicht 1587 zitieren. Ich habe das Werkchen in dem in der National Library of Medicine in Washington vorliegenden Exemplar benutzt, das auf der Internetseite der französischen Nationalbibliothek im März 2007 als Faksimile zugänglich ist (http://gallica.bnf.fr): Opusculum de balneis Puteolorum, Baiarum et Pithecusarum a Ioanne Elisio medico instauratum. Nunc denuo a Scipione Mazzella Neapolitano recognitum pluribus rebus auctum & illustratum. Cum additamentis auctorum omnium, qui hactenus de his scripserunt. Neapoli, apud Horatium Salvianum 1591.

dass die weiber zu Neapolis narrischer alss der rattsgeber gewesen sei ...[247] intelligenti.

Uff die rechte handt stehet einen hohen berg, darinnen solten vorzeitten 7 kunningen sampt iren tresohr transsporttiert sein durch etlichen nigremanticos[248] und latine Mons Baulus[249] gnant wierdt. Vor etliche 100 jaren ist zu Neapolis ein spanischer ritter gewest mit nhamen Petro de Pace[250]. Dieser hatt rhatt geben neben noch andere nigromanticis, den vorschrieben bergh zundergraben, den schatz zuhaben. Alss er aber ein mircklich gelt an graben spendiertt, hatt er doch zuletzst nit mehe alss erdt und sandt finden kuennen. Weill auch die vorschrieben kunningh gwest sein barbarische leuth, daher wierdt dieser bergh noch Mons Barbarus gnant.

Bei diesem bergh findt man noch einen andern bergh, Mons Novus gnant. Dieser bergh ist, wie wir bericht sein, seither 50 jaren in 24 stundten gewachssen sei[251]. Man sagt auch, dass uff selber zeit, alss er gewachssen ist, der general von den neapolitanischen galleren mit seinen gallern allerdingh gerust und fertig in cursa[252] zuziehen in diesem portu[253] sich erhalten hatt. Alss er eines morgents frohe in Gotts nhamen seine vorgenhomene reiss anfangen und auss dem portu hinwegh ziehen willen, hatt er den mehegemelten bergh albereitt hohe gewachssen vor sich gesehen, daher verursagt gewest, die galern mit grossen[254] muhe, arbeitt und kosten uber landt wider ins mehr zu stellen.

---

[247] Eine unleserliche Abkürzung.

[248] So die Vorlage.

[249] So die Vorlage. Zu lesen ist Mons Gaurus = Monte Gauro = Monte Barbaro.

[250] Die Lokaltradition verbindet die Schatzsuche, die Pietro della Pace 1507 unternahm, gewöhnlich mit der Grotta del Cocceio, die nach dem Schatzsucher auch Grotta di Pace heißt. Die Grotta führt durch den Monte Grillo, sie verband den Averner See mit Cuma (Maiuri, Altertümer, S. 158).

[251] „Der 140 m hohe Kegel des Monte Nuovo ist das Produkt einer vulkanischen Explosion, die in der Nacht vom 28. zum 29. September 1539 begann und etwa 48 Stunden dauerte" (Thoenes, Neapel, S. 449).

[252] Unklar, ob Eigenname (‚nach Cursa') oder adverbiale Bestimmung (‚auf Kurs gehen').

[253] Der Averner See oder der Lukriner See.

[254] So die Vorlage.

Ferners nach Baya ziehendt findt man templum der gottinnen Veneris[255]. Nitt weith von hinnen siegt man die ortter, who des kaysers Neronis mutter, Agrippina gnant, gewontt, who sie durch iren sohn lebendigh in sein beiwesen ist auffgeschnitten worden, auch da sie begraben ist[256]. Ein wenigh weither findt man ein alt gebew, Centi Camerelle oder Centi Celle gnant[257], dainnen die Sybilla Diana mit die 11000 junffern[258] gewonth hatt, welche camern noch zur zeitt so weiss sein ob sie frisch gebawett weren. Und ess gehet eine camer in die ander und die locher von den camern, dadurch man ingehett, sein so nidrich, dass man uff den kneyen darinnen krauffen muss. Lichtlich solt man sich auch darinnen verirren kuennen, zudem weill keine vinstern dho sein muss man torschen oder liecht brauchen.

Ein wenigh von hinnen findt man ein wunderbarlich gebew, welchs der Lucullus hatt bawen lassen, Piscina Mirabile gnant[259]. Diss ist voller viereckiger seulen gesetzt, ungefer 40 steinen trappen in der ertten. Ettliche willen sagen, dass ehr herauss eine vischerei hatt machen willen, andere sagen, das er alle bader von Baya hatt willen under der ertten dainnen ziehen und zwischen 2 seulen ein besonder batt machen willen, damit den reichen alss armen nach gelegenheitt irer kranckheitten mogte geholffen werden.

Von diesem orth gehendt nach der platzen, dha die statt Cuma gestanden gewest, findt man Pallatium Sybillae Dianae[260], darauss sie zur grotten gangen, dha sie dem gemeinen volck geweissagt hatt. Es ist auch diese ire grotta, nit weith von ir camer, davon vorgesagt, ichtwas ingefallen.

---

[255] Der sogenannte Tempio di Venere, ein großer Badesaal der Baianer Thermen (Maiuri, Altertümer, S. 89 f.).

[256] Sog. Sepolcro di Agrippina in Bacoli.

[257] Antike Gewölbebauten, deren Zweck noch nicht eindeutig geklärt ist (Maiuri, Altertümer, S. 97–99).

[258] Die Kölner Ursulalegende kennt ebenfalls elftausend Jungfrauen.

[259] Ein antikes Wasserreservoir (Maiuri, Altertümer, S. 107–110).

[260] Es ist nicht auszumachen, welches Gebäude hier mit dem Pallatium gemeint ist. Ich halte es für möglich, daß die anschließend genannte Grotta die große Orakelhöhle der cumäischen Sibylle im Burgberg von Cumae ist, die erst 1932 von Amedeo Maiuri wiederentdeckt wurde. Zur Wiederentdeckung und zur Höhle selbst vgl. Maiuri, Altertümer, S. 136 ff.

Nit weit von diesem orth ligt ein lack von die sehe, Lago Averno gnant. Diss wasser ist so vergifftigt gewest, dass wan ein vogell daruber geflogen hatt die vergifft die vogell nidergezogen am stundt sterben mussen. Wan mahn nhu diss alles gesehen und wider nach Pozzuollo ziehen will, findt man noch 2 alther thorn, dha die statt Cuma hiebevorn gestanden hatt.

Diss alles haben wir woll durchsehen und ist uff einem seher schonen portum, Mare Morto[261] uff italianisch gnant, gelegen. In diesem portu hatt der kunnigh Aeneas seine gallern und andere schiff erhalten, wie er solche reberei[262] in Romania und anderwegh betrieben. Uff diesem portum ligt auch Mons Misenus[263]. Dabei ist auch gelegen ein grotta, Dragonera gnant[264], dainnen seindt grousam viell gemacher gewest. Noch dabei ist grotta M. Luculli, dhainnen solt Tiberius Imperator gestorben sein[265].

In diesem stettlein Puzzuolo sigt man sonderlich nichtz alss die haubtkirch daselbst, ist hiebevorn Templum Iovis gewest, und einen schonen gartten, welcher dem don Petro Dongartzio zugehortt.

Zuwissen ist auch notigh, dass diss kunnigreich Neapolis 3 princepalen schlusseln oder portus anhat, Neapolis, Caieta und Terra d'Otrent[266].

Diss kunnigreich hatt in die rundt an welschen meilen 1445. Item besondere provintien oder underworffene landen
1 Terra de Lavore Principiato
2 Basilicato[267]
3 Calabria
4 Terra d'Ottrenta

---

[261] Das hintere der beiden Hafenbecken von Miseno.

[262] So die Vorlage; gemeint ist Räuberei, Piraterie.

[263] Der Monte Miseno auf dem Kap gleichen Namens.

[264] Die Grotta della Dragonara, so die heutige Bezeichnung, ist eine antike Zisterne (Maiuri, Altertümer, S. 106).

[265] Die Villa des Lucullus auf der Höhe des Vorgebirges von Miseno, in der Tiberius 37 n. Chr. starb. Vgl. Maiuri, Altertümer, S. 107.

[266] Neapel, Gaeta, Tarent. Da hier die Häfen hervorgehoben sind, kann kaum Otranto gemeint sein.

[267] So die Vorlage.

5 Capitinata[268]
6 Apruzzo
7 Pulia

Alss ess nhu dieser orth, wie wir bericht worden, uber 5 wochen stetigh gegegent[269], derwegen wir auch 14 tag alhie binnen Neapolis bei dem teutschen wierdt ‚Im schwartzen adeler', Dietherich Breidtbach gnant, uff besser wetter und wintt erwarttende still ligen mussen, so hatt sich doch das wetter uff den 12. vorermelts monats januarii mit einem tremontanischen windt etlicher massen gebessert und gesetzt und wir unsere provision, meines herren theill ad 4½ ducatt, gefertigt. Ein faloucq, meines herren anpartt ad 9 ducatten, biss Mesina geheurtt und in nhamen Gotts den 14. dieses gerurts monats unsere vorgenhomene reiss continuiertt. Dweill aber die neapolitanische golff so gar gefharlich, alss hatt der commandeur und mein herr dieserhalb von Neapolis biss Salerno einen kautschen geheurtt, beleuftt sich meines herren anpartt 2 ducatten 1 julius. Und diesen mittagh gehalten und vortt gereist wie folgents zuersehen.

---

[268] So die Vorlage.
[269] So die Vorlage. Gemeint ist: geregnet.

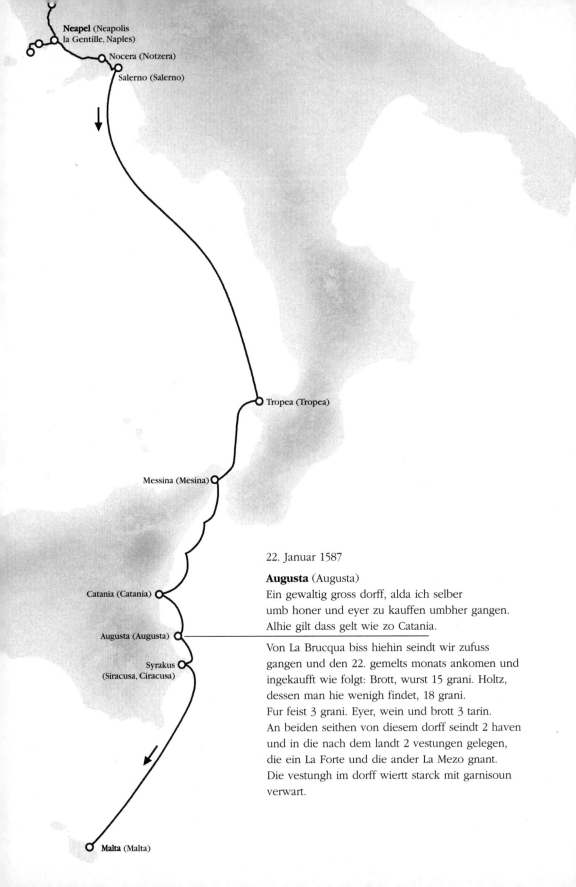

Neapel (Neapolis
la Gentille, Naples)

Nocera (Notzera)

Salerno (Salerno)

Tropea (Tropea)

Messina (Mesina)

Catania (Catania)

Augusta (Augusta)

Syrakus
(Siracusa, Ciracusa)

Malta (Malta)

22. Januar 1587

Augusta (Augusta)
Ein gewaltig gross dorff, alda ich selber
umb honer und eyer zu kauffen umbher gangen.
Alhie gilt dass gelt wie zo Catania.

Von La Brucqua biss hiehin seindt wir zufuss
gangen und den 22. gemelts monats ankomen und
ingekaufft wie folgt: Brott, wurst 15 grani. Holtz,
dessen man hie wenigh findet, 18 grani.
Fur feist 3 grani. Eyer, wein und brott 3 tarin.
An beiden seithen von diesem dorff seindt 2 haven
und in die nach dem landt 2 vestungen gelegen,
die ein La Forte und die ander La Mezo gnant.
Die vestungh im dorff wiertt starck mit garnisoun
verwart.

Von Neapel nach Messina,
Syrakus und Malta

22   **Notzera**

Ein dorff dem hertzogh zu Notzera zugehorigh.

Alhie wie jetz vorschrieben den 14. januarii mittag gehalten, verzertt $1^{1}/_{2}$ carlin 5 tornois, facit[270].

8 von Neapolis   **Salerno**

zu wasser 60   Ein statt

uf das tuscanisch mehr gelegen.

Alhie den abent ankomen und weill wir in des printzen von Salerno behausungh logiertt gewest berechne derwegen nichtz. Bei dieser statt hohe uff einem bergh ligt ein schloss, welchs die statt dominiert. Von dieser statt seindt wir mit Gotts gleidt den 15. dieses januarii imbarcquiert und das landt Basilicata uff die lincke handt ligen lassen. Daselbst stracks eine statt gesehen, Castra Couche

---

[270] Der Betrag fehlt.

gnant. Alhie begint das landt Calabria. Ein meill von hinnen beckt man zuckher.

Alss wir nhu diese 2 tage und nachten mit grosser gefahr gefharen seindt wir den 17. den abent ungfer 2 stunden an landt gezogen und collation gehalten an einer statt hohe uff einem bergh gelegen, Tropea gnant. Alhie hatt man die kunst, das man einem sonder nass eine newe nass naturlich gnugh wider anmachen kan. Hieselbst umb Gotts will geben 2 tornois, verzertt neben unser kost 2 carlin. Die schiffleuth die nacht auss zufaren willig zuhaben an wein bezalt 2 carlin. Ehe und zuvor wir alhie ankomen haben wir under andern 3 stettgens uff die lincke handt gesehen, welche vorzeitten von dreien geschwestern gebawett sein solten, die eine statt Gerella, die 2te Mageralti, die 3. Gironda gnant werden und jedern eine gebawtt. Ungfer 8 meillen diss seiths Mesina seindt wir an einem wachtthorn gerathen uff die farro, einem stranck von die sehe gelegen, welcher Calabriam und Siciliam von einandern scheidet.

Von Neapolis **Mesina**

zu wasser 370 Ein alte statt in Sicilia

Ein gewigtige kron von Neapolis

14 tarin, sunst aber andere kronen alle ichtwass ein wenigh mihn.

Ungewigtige kronen nach advenant ires gewigts.

Ein tarin 20 grani. Ein carlin 10 grani.

Ein neap. carlin alhie 22 grani. Ein gran 6 dinari oder pitzoli.

Ein ducatt 11½ tarin.

Alhie den 18. vorschrieben januarii ungfer umb 2 uhren nachmittag ankhomen und gesehen und gehort wie folgt. Diese statt ligt nach dem mehr mit einem halben mahen wie Collen[271] und ist in sich sonderlich nit starck, aber sehr populiertt und mit 4 vestungen allernegst der statt ligende gewaltig versehen, drei uff den bergen nach dem landt und die 4te uff die sehe gelegen. Von den dreien ist die vornömbste gnant Gonzago, die zweitte Castellace, die 3. Monte Griffone, die 4. im mehr Salvatore gnant. Diese letzste kan sowoll die statt

---

[271] ,Die Stadt hat zum Meer hin einen halbmondförmigen Grundriß wie Köln'.

als den portum und die principall farro zwingen. Der portus alhie ist
so schon, alss man dessgleichen schir nit finden khan.

Aber im inziehen von Saragouza[272] komendt ist ess so gefehrlich,
das schir alle jar etliche schiff, sonderlich die der fhartten nit sehr wol
kundigh sein, sich versaumen. Vorzeitten aber hatt sich under 100 und
mehe schiffen kein eintzigh erretten kuennen, dan ess haben sich
dero zeitt zwei thier in diesem farro erhalten und halb mensch halb
fisch gewesen, davon dass menlein Caribdas und das weiblein Cylla
gnant gewest sein, welche doch zuletzst durch einen giganten uff selber zeitt uff dem vorschrieben schloss alhie Monte Griffone whonendt
mit einem instrument wie ein fischstecher umbbracht worden, wie
noch uff dem werff alhie an der statt uff einer schoner fonteinen in
marmorstein gehawen zur gedechtnus funden wierdt. Mitten in der
statt findt man noch ein uberauss grosse und schone marmorsteine
fontein. Am schloss findt man des don Johans d'Austriae statur hohe
uff ein marmorsteinen fundement in metzigh gegossen und uff drei
seithen vom fundament, auch alles gegossene stucken, siegt man irstlich wie die christen und turcken gegen einandern in schlagordnungh
gehalten; darnach wie die christen nach gehaltener schlagt und victo-
rien abgezogen; darnach wie sie wider zu Mesina mit den gefange-
nen und triumpff ankomen sein, wie nachfolgende carmina, so boben
diese stucken geschrieben stehen die bedeuttungh davon ferners
zuverstehen geben

Non satis unus erat victo tanto hoste triumphus
esse triumphator semper in aere potes

Iamsatis ostensum est quo sis genitore creatus
Africa regna parens ipse Asiana domas

Hostem horis binis superas datur aere colossus
nunc eat et fractis[273] obstrepat invidia

Cesa fidem superant Zancle ne longua vetustas
doleat haec vultus vinxit in aere tuos[274]
1572

---

[272] Syrakus.

[273] So die Vorlage. Auf dem Denkmal steht: *factis*; eigene Beobachtung.

[274] So die Vorlage. Auf dem Denkmal steht: *Gesta .... ne longa ... deleat ... finxit (!)*
... Eigene Beobachtung.

Auch zugedencken, dass wir im hiehin ziehen ungfer 30 meillen von dieser statt einen bergh im mehr ligendt gesehen, Stromboli geheischen, welcher stetig inwendigh brennett und zum zeitten mit stein von sich werffent solch gelautt von sich gibt, dass himmel und ertt davon zittertt. Alhie verzertt: Irstlich als wir ankomen alhie der guardien geben 1 carlin. Diesen abent verzertt 3½ carlin. Folgents tags bei einem pasteittenbecker mittagh gehalten fur 3 personen 10½ carlin verzertt. Diesen nachmittag hatt mein her dass castiell im mehr ligendt und die arsenal allernegst dabei besichtiget. Uber den portum zufaren 1 carlin. Fur meinen her ein metzer 1 tarin. Den abent verzertt in die herbergh 1½ tarin. Weill man meinem her uff jetzgemeltem schloss wein verehret den 40 darauff ligenden garniseurenen geschenckt 3 tarin. Fur eine fede meines hern anpartt 1 tarin, weschlohn 1½ tarin. Weill meines hern satinen wambiss zu Naples nit allerdingh fertig sein kuennen hab ichs alhie ferners ferttigen lassen. Fur seith 1 carlin 1 grein. Fur machlohn und sticken 6 tarin. Fur 1 camer 2 nachten 8 tarin. An wachss 2 grani. An provision im schiff nach Saragouza zufaren 4½ neapolitanische carlin. Facit[275].

Catania

Ein alte statt uff dass mediterranisch mehr gelegen.
Alhie gilt das gelt wie zu Mesina.

Alhie den 21. dieses januarii ankomen und in dieser golffen solcher gefahr aussgestanden alss ich davon nit schreiben kan. Acht meilen diss seith Mesina hatt sich auch solcher ungstumer wint erhaben, das die schiffer nichtz aussrichten kuennen, sonder an landt zulegen und in eines schiffers kott diese nacht zupleiben genottrengt gewest. Alhie an fisch verzertt 2 carlin. Folgents tags abermall solche angst und nott durch unwetter und hohen mehr gelitten, dass keiner im schiff sein leben zu salvieren gemeint, letzlich aber durch Gott wider am landt in eines fischers hauss gefurtt worden und biss gegen abent, dass sich der wint ichtwas gelegt, alhie gerawett, verzertt an fisch und unmuss 2 carlin. Den abent in dieser statt Catania ankomen, verzert

---

[275] Der Betrag fehlt.

und an nhe[276] provision ingekaufft an fleisch 1½ tarin 3 grani, cardounen 2 grani, brott ½ tarin, redigh 1 gran. Dem der alles im schiff getragen 2 grani. Umb Gotss will 1 gran. Holtzkolen 5 grani. Fur ½ lemken
oder gitzgen 25 grani, appfell von orangen 1 gran, an wein so den
abent getrungen, als provision 4 tarin, an brott 4 grani. Noch an holtzkolen 5 grani. Zur schlaffungh und unmuss 2 tarin. Notandum: In dieser statt nit besonders zubesehen alss eine schone romp von einer kirchen und ein vestungh allernegst der statt in die sehe, welchs die statt
und den portum dominiertt[277]. Uff die rechte handt hiehin komende
haben wir einen bergh gesehen, Monto[278] Gebello[279] gnant, welcher stet-
tig inwendigh brennett und winter und sommer mit schnehe bedeckt ist und hiebevorn viell furige stein aussgeworffen, wie dern
noch viell am mehr alhie zusehen sein.

27   **La Brucqua**

Ein alt schloss am mehr.

Alhie wegen ungestum wetters an landt legen mussen und in einer
kirchen mittagh gehalten, an holtz verbrant 1 tarin, facit[280].

3   **Augusta**

Ein gewaltig gross dorff, alda ich selber umb honer und eyer zu
kauffen umbher gangen.
Alhie gilt dass gelt wie zo Catania.

Von La Brucqua biss hiehin seindt wir zufuss gangen und den 22.
gemelts monats ankomen und ingekaufft wie folgt: Brott, wurst 15
grani. Holtz, dessen man hie wenigh findet, 18 grani. Fur feist[281] 3 grani.

---

[276] So die Vorlage. Gemeint ist neue *provision*, neuer Vorrat.
[277] Das Castell Ursino, das 1669 durch den Ausbruch des Ätnas vom alten Hafen
abgeschnitten wurde.
[278] So die Vorlage.
[279] Der alte Name des Ätnas.
[280] Der Betrag fehlt.
[281] *feisch?* = Fisch. Oder „Fett"?

Eyer, wein und brott 3 tarin. An beiden seithen von diesem dorff seindt 2 haven und in die nach dem landt 2 vestungen gelegen, die ein La Forte und die ander La Mezo gnant. Die vestungh im dorff wiertt starck mit garnisoun verwart. Verzert alhie[282].

18 **Siracusa**

Die eltiste statt von Sicilia.
Das gelt gilt alhie wie zu Mesina[283].

Alhie den 23. vorschrieben januarii ankomen. Wass alhie zuerse-hen ist, wierdt man hernach bei dato den 21. februarii erfinden, will ess derwegen alhie verbleiben lassen und von der aussgab meldungh thun. Fur eine faloucque von Mesina biss hieher 8 ducatten, ist meins hern antheill 4 ducatten. Dem stuirmahn $2^{1}/_{2}$ carlin. Zur kuchen an suss wasser 5 grani. Fur fisch, brott, olich, redig, pomeransi, wein meines hern anpartt 6 tarin. Den 24. in einem losen cabaret mittagh gehalten fur 3 personen 6 tarin. Fur 1 glass 2 tarin. Den abent im sel-ben cabaret 4 tarin 8 grani. Den 25. mittagh $4^{1}/_{2}$ tarin. Den abent 5 tarin 5 grani. Den nachmittagh 1 pint wein 3 grani. Den 26. haben etli-che deutsche maltische ritter meinen hern heimgesucht, an wein 13 grani. Noch an wein 6 grani. Diesen nachmittagh haben 6 trommetter von den 4 galeren meinen hern heimgesucht und zur ehren wie breuchlich geblossen, dennen geben 1 cron. Den abent verzert 4 tarin. Den 27. mittagh 6 tarin, den nachmittag an wein 9 grani, den abent 4 tarin $7^{1}/_{2}$ grani. Den 28. den ritter Arschbergh zugast gehat, verzert $8^{1}/_{2}$ tarin. Den abent $3^{1}/_{2}$ tarin. Fur kertzen 2 grani. Den 29. mittag $3^{1}/_{2}$ tarin 3 grani. Den nachmittagh mit etlichen rittern baussen der statt etliche antiquitates besichtigt, an wein 1 tarin. Den abent $2^{1}/_{2}$ tarin 1 gran. Den 30. mein her mit dem capitein Salerno mittagh gehalten, der lacquai und ich verzertt 2 tarin 3 grani. Den abent $3^{1}/_{2}$ tarin. Den 31. mittag $3^{1}/_{2}$ tarin. Den nachmittag mit Arschberg gedrun-

---

[282] Der Betrag fehlt.
[283] Dahinter durchgestrichen: *vorbehaltlich*. Darunter: *Zugedencken*, vermutlich Erin-nerungshinweis auf die unter dem Datum des 21. Februar nachgeholte Beschreibung der Sehenswürdigkeiten.

cken an wein 3 grani. Den abent fur 1 kertz 1 gran. Verzertt 4 tarin 2 grani. An spelten 1 gran.

Februarius. Den 1. februarii mittag $4\frac{1}{2}$ tarin $1\frac{1}{2}$ gran. Fur camerheur und 2 betten alle nachts 6 carlin. Fur weschlon und feuhr, so die ehrliche wierdinne zum zeitten angestochen 5 tarin und 16 grani. Von meines herren alte zammette boxen hab ich fur meinen herren eine fransoische kogell machen lassen darinnen zuschlaffen und sonst im schiff zugebrauchen. Fur tafft dieselbe zufoderen, auch passement daruber $2\frac{1}{2}$ tarin, und fur machlohn dafur 2 tarin. Fur meinen hudt zuweschen und mit gerurtem alten zammett zufodern, auch fur mich eine alte schlaffhaub zumachen $4\frac{1}{2}$ tarin. Fur einen capuin mit in die galehr zunhemen 4 tarin. Fur 1 span langk und eines thaumen dick holtz ein loppen hultzgen zumachen 3 pitzoli.

Alss ich nhu mit den capuin zukauffen mich etwan verspehett, das die galeren schon abgestossen wharen, so hab ich notwendigh ein klein schifflein gehuirtt, welchs mich in die galehr geholffen, dem gegeben 1 tarin, und so unsere reiss mit Gotts gleidt continuiertt.

Malta

Malta

Notandum: Das silber und kopffere gelt gilt alhie wie zu Ciracusa.

Alhie mit Gott und allem gluck den 3ten februarii mit einer von den 4 maltischen galeren, der Patrone gnant, ankhomen. Gesehen, gehortt und aussgeben wie folgt.

Die principalste von diesen 4 galeren ist la Capitaine, die zweitte la Patrona, die 3te l'Esperanca und die 4. Sancta Marta oder la Verde gnant. Die funffte gehurt nit der religion, sonder dem grossmeister eigen zu und newlich uffgericht. Die gefahr, so wir uff dieser maltischen golffen aussgestanden, weill ess dhomals mare morto gewest, ist nit aussuzsprechen, jedoch durch Gotts gleidt uff jetzgemeltem tagh umb 10 uhren ungfehr vor mittag alhie angelandt und also von Ciracusa zum theill uber das mediteranisch und zum theill uber das africanisch mehr in tag und nacht gefaren. Und diesen mittag ist mein herr von den sementlichen herren rittern in die auberge d'Almangne herlich empfangen worden und folgentz den nachmittagh durch etlichen von jetzernanten herrn rittern biss al Bourgo[284] in einem loge-

---

[284] Borgo al Castello, maltesisch Birgu, der Ort hinter dem Fort St. Angelo („Castello"), bis 1571 Sitz des Ordens. Der Ort wird heute meistens als Vittoriosa, die Siegreiche, bezeichnet. Den Ehrennamen erhielt der Ort nach der 1565 erfolgreich abgewehrten großen Belagerung durch die Türken.

ment alda bei einer morinnen accompagniertt worden, und also weniger nit als ire edelheit liebden[285] eine collation vorstellen kuennen, an wein 3½ tarin 6 grani, an zucker 8 tarin.

Den abent ist der ritter Dadenbergh bei meinem herrn zugast pliben, an brott 1 tarin, an kertzen 1 tarin, an fleisch 4 tarin, an wein 1 tarin 2 grani.

Den 4. februarii fur meinen herren 1 par schuch 3 tarin 7 grani.

Uber den portum nach die newstatt[286] zufaren schiffgelt 6 grani. Diesen abent bei die teutschen vorschrieben rittern gessen und etliche spilleuth uber tisch gespilt, geben 5 tarin 8 grani.

Den 5. ist der lacquai ubergefaren, 1 grani, und allein mittag gehalten, 1 cartousch wein 6 grani, brott 4 grani, fleisch zur kuchen gekaufft 2 tarin 18 grani. Den nachmittagh mein herr mit 2 rittern uberschifft 4 grani. Denn abent wider uberfharn und mit den herren rittern gessen.

Den 5. alhie verplieben.

Den 6. hatt ire furstliche gnaden der grossmeister meinem herren etliche pfertt und eselln zuschicken lassen, die inssell und lustgart, il Busquet[287] gnant, zubesichtigen. Dweill nhu 6 ritter meinem herren zu ehren mit gezogen sein, so hatt mein her weniger nit thun kuennen, als in des wolgemelten grossmeisters lustgartten die collation fertigen lassen, und weill ess freitag gewest an fischpasteitten 16 tarin. An olich, essigh, eyer, salatt, wein und andere uncosten 7½ tarin. Alss wir des morgents fruhe aussgeritten haben wir irstlich die alt statt[288] besehen, welche nit sonderlich schon, aber starck ist. Hieselbst hatt man auch ein herligh frei canonicatt. Bei dieser statt siegt man auch Sancti Pauli grott, darinnen er predigt und geschrieben hatt. Man will auch sagen, das die erdt von diesem ortt so krefftig alls einhorn sein sole, derwegen wir etliche stucken mitbracht. Diss ist zunottieren, dass vor Sancti Pauli zeit keine grossere vergifftige erdt gefunden worden wi[289]

---

[285] So ist wohl die Abkürzung *Ed. L.* der Vorlage aufzulösen.

[286] Die heutige Stadt Valetta, deren Bau der Ordensgroßmeister Jean Parisot de la Valette 1565 begonnen hatte und in die der Orden vom Borgo al Castello 1571 umzog.

[287] Boschetto (Buskett Garden), zwischen Rabat und den Dingliklippen.

[288] Nämlich Rabat, die ursprüngliche Hauptstadt der Insel vor dem Bau von Valetta.

[289] So die Vorlage.

der gegenwerttiger inssell. Alss aber St. Paulus irstlich in dieser inssell komen, ist er durch eine schlange stracks versucht worden[290] und ime umbgriffen, aber im geringsten nichtz beschedigt, und entlich durch schickungh des almechtigen und des Sancti Pauli hailigkeitt dermassen geheiligett worden, das seither St. Pauli zeitt kein eintzigh thier mit vergifft gefunden worden. Dem verwährer dieser grotten geschenckt 2 tarin.

Diese inssell anhelt in die runden ungfehr 70 meillen und 62 dorffer darinnen gelegen. Darnach haben wir des grossmeisters lustgartten beschawett, welcher sehr schon, lustig und mit allen kreuderen, sonderlich aber pomeranse beum reichlich gepflantzt ist, etliche beum so dick alss ein schwährer man boben im leib sein magh. Alhie collation gehalten und dem gardener geben fur 1 zerbrochen glass und sonst seinen unmuss 2½ tarin. Im hinziehen nach der statt durch ein dorff geritten, daselbst der ritter Orssbach[291] hiebevoren capitein gewest. Alhie wider gedruncken an wein 6 tarin, verspilt mit die ritter 4 tarin, dem schlaffen auss des grossmeisters stall, so den pferden und eselen zugethan worden, 2 tarin.

Den 7. fur 5 gulden ringh, so auch sonderliche virtutes in sich haben solten, 39½ tarin. An epffell von orangen 12 pitzoli, uberzufaren 20 pitzoli. Fur 8 straussen eyer 2 kronen. Den abent haben 4 frembde ritter meinem herren ein camiselle[292] bracht, verzertt an wein 7 cartouschen, jeder cartousch 6 grani, an moscheln ½ tarin, an eyer ½ tarin, an brott 2 grani, redigh, cardounen und baumolich 8 grani, fur holtzkolen und etzigh 1 karlin, fur kertzen 1 tarin, an brott 6 grani, an stiff 4 grani, eyer 3 grani.

Den 8. mittagh fur ein honer pasteitt 5 tarin, fur redigh, cardounen und pomerantzen 3 grani, brott 6 grani, uberzufaren 3 grani. Diesen

[290] Apostelgeschichte, Kap. 28, 1–6.
[291] 1587 Juni 6 oder 7 werden in die Matrikel der Deutschen Nation in Siena eingetragen: *Reinhardus ab Orsbeck, eques Melitensis, Eremondus ab Orsbeck, Juliacensis* (Weigle, Matrikel I, S. 91, Nr. 1415, 1416). Reinhard ist Ritter des Malteserordens und stammt vermutlich aus dem Herzogtum Jülich, wie es von Eremond ausdrücklich gesagt ist.
[292] *ein camiselle* bringen, *in cameselle* gehen, *masque* und *mommengehen*: Mummenschanz und Maskerade zu Karneval. Der 8. Februar 1587 war der Sonntag vor Aschermittwoch, an dem die Fastenzeit beginnt.

tag ist mein her mit den sementlichen rittern in cameselle gangen. An eyer, die mit rosenwasser gefullt sein, damit man die maltischen jouffern begrutzt, 1 tarin. Noch ein andermall 16 grani. Fur ein masque 4 tarin, fur zucker 3 tarin, fur 1 torsch 9 tarin. Noch meinem herren im beuttel gethan 2 stucken von 7 tarin. Im letzsten mommengehen fur meinen herren sowoll alss Orssbach bezalt fur zucker und torschen 1 kron 4 tarin.

Den 9. ist monseigneur Dadenberg all Borgo gefaren, uberzufaren 2 grani, wider uberzufaren 2 grani.

Den 10. wider ubergefaren mit Dadenberg 10 pitzoli und abentmall gehalten in der herberg. Fur 2 pasteitgen 2½ tarin, an tonin 1 tarin, an brott und wein 1 tarin 4 grani, an hasennuss 5 grani. Fur meinen herren ein par henschen 2 tarin. Noch bei einem aptiecker mit monseigneur Honeck[293] gerechnett wegen der vorschrieben mommereien, ist noch meines herren theill gewest zubezalen 1 torsch ad 10 tarin 5 grani. Fur bawoll, die 8 straussen eyer zupacken 1½ lb., jeder pfundt 6 tarin.

Den 11. der lacquay al Borgo gefaren, schiffgelt 6 pitzoli.

Den 12. hatt mein herr in die auborge an eyer zum besten geben 6½ tarin. Alss Dadenberg mit meinem herren in der insselln geritten und einen esell gehuirtt, so hatt mein herr die huir davon bezalt, 2 tarin. Diesen nachmittag mit dem lacquay ubergefaren, 10 pitzoli.

Den 13. mit dem Maximiliano ubergefaren die morinne, unsere wirdinne, abzuzallen und der camern halb zubefridigen, davon wir, weill sonst keine herbergh noch camern zu heuren in gantz Malta vorhanden, alle tagh 8 tarin geben mussen. Und 11 tag alhie nhur ab und ahn gangen facit 6 kronen 4 tarin. Fur wein, nuss und brott mit gerurttem Maximiliano zum abscheidt bezalt 2 tarin, fur unmuss oder dranckgelt 4 tarin. Fur 4 muscatte nuss in Deutschlandt zuschicken 23 tarin. Noch mein herr dem ritter Bellerscheim ein canarii vogelken geschenckt, kost 1 kron. Zu diesem venedigschen schiff oder naven uber den portum zufaren 2 tarin. Von Borgo nach der newstatt[294] zufaren 5 grani. Fur ein hultzern kist, die straussen eyer darinnen zupa-

---

[293] Vielleicht identisch mit *Philibertus ab Hoheneck*, der 1584 Sept. 22 in die Matrikel der Deutschen Nation in Siena eingetragen wird (Weigle, Matrikel I, S. 79 Nr. 1089).
[294] Valetta.

cken 6 tarin. Um den lacquayen nochmals uber und wider uberzufaren 2 grani. Einem schlaffen, der nach abzalungh unsere bagage auss Borgo nach die newstatt getragen 1 tarin.

Den 16. hatt mein her in des herren Orssbachs logement den sementlichen rittern und den commandeur grosser erzeigter ehren halber zum valete ein collation gehalten. Irstlich an weissen wein 18 cartouschen, jeder cartousch 12 grani, facit 11 tarin. Zwei fisch pasteitten 3 tarin. Darnach irstlich an zucker 32 tarin. Noch zum letzten 11 tarin fur 18 brott, tonin, zarden und fygen 6 tarin, fur eyer 1½ tarin. Noch an roden wein 24 cartouschen, jeder cartousch 6 grani 4 pitzoli. Noch brott 4 grani. Den spilleutten 1 kron. Fur ½ lb. bawollen die schnecken zupacken 2 tarin, fur 1 kist darzu 3 tarin. Fur St. Pauli erdt buysskens 19 tarin. Fur atterzungen 3 kronen. Des lacquayen trommett zumachen 2 tarin. Weschlon 1½ tarin, dieselbe zuholen uberzufaren 1 grani.

Alss ich mit Maximiliano den roden wein bezalt mit ime noch gedruncken 2 cartouschen, jeder 6 grani 4 pitzoli. Fur des wolgedachten abgestorbenen grossmeisters Valetten abcontrafaittungh, so mein her dem graff Pitter Ernst von Mantzfelt zugeschickt, 2 kronen 8 tarin. Dem schlaffen, so unsere bagage in die galehre getragen, 1 tarin. Weill mein her schier alle zeitt in die teutsche auberge gessen und die diener nacht und tag auffwartten mussen, dem keller[295] 1 kron. Den 2 kochen jederm ½ kron. Zum allerletzst abscheitt mein her mit den rittern in die galer getruncken 2½ cartouschen wein und ich mit den soldaten 2 cartouschen, jeder cartousch 6 grani.

---

[295] So die Vorlage.

125

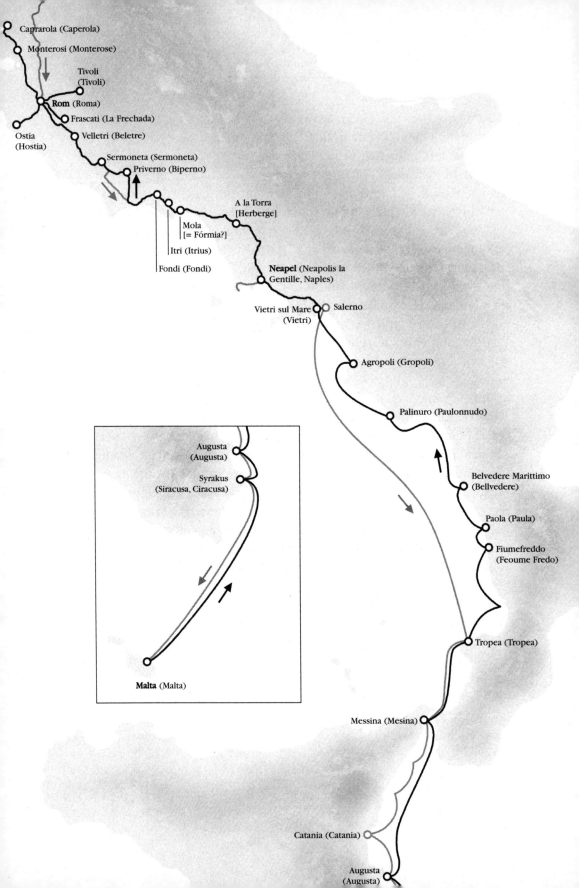

Caprarola (Caperola)

Monterosi (Monterose)

Tivoli
(Tivoli)

Rom (Roma)

Frascati (La Frechada)

Ostia
(Hostia)

Velletri (Beletre)

Sermoneta (Sermoneta)

Priverno (Biperno)

A la Torra
[Herberge]

Mola
[= Fórmia?]

Itri (Itrius)

Fondi (Fondi)

Neapel (Neapolis la
Gentille, Naples)

Vietri sul Mare   Salerno
(Vietri)

Agropoli (Gropoli)

Palinuro (Paulonnudo)

Belvedere Marittimo
(Bellvedere)

Paola (Paula)

Fiumefreddo
(Feoume Fredo)

Tropea (Tropea)

Messina (Mesina)

Catania (Catania)

Augusta
(Augusta)

Augusta
(Augusta)

Syrakus
(Siracusa, Ciracusa)

Malta (Malta)

Von Malta nach Syrakus,
Messina, Neapel und Rom

120   **Ciracusa**

Alhie mit Gott den 20. februarii umb mittagh mit allem guttem
gluck ankomen und mit dem capitein Salerno mittag gehalten, der
lacquay aber in der herbergh gessen, verzertt 1 tarin. Den nachmittag
mein her mit dem ritter Aschenbergh collation gehalten, verzertt 2
tarin. Den abent mit demselben malzeitt gehalten, verzertt 6 tarin.

Den 21. fur meinen herren ein par schuch 3^1/$_2$ tarin. Den morgen
mit gerurttem ritter und dem coperall[296] an muscatell gedruncken 1^1/$_2$
tarin, an brott 6 grani. Mit gerurttem ritter mittagh gehalten 4^1/$_2$ tarin.
Den nachmittagh ist mein her mit Arschenberg[297] und etlichen soldaten auss der statt gangen und besichtigt alss folgt: Ein meill ungfer
von dieser statt nach der alter statt Saracusa zu findt man grottam
Sanctae Luciae und allernegst dabei findt man in einem kirchlin abgeschildertt, welcher massen sie von den in voriger zeit zu alt Siracusa
wonenden juden – notandum: einiche willen diss sollen heiden gwest
sein – jamerlich martirisiertt und zu letzst masaccriertt worden ist, alss
nemblich dass die juden von irem volck selbst auch etliche viell ochs-

---
[296] und [297] So die Vorlage.

sen an diese Sancta Lucia gespannen, gestalt sie biss zu thott hin und wider zu schleiffen. Aber alss man ziehen soll, so hatt sich entwider mensch noch ochss wegen kuennen, jedoch zuletzst durch einen juden im halss gestochen und mit einem dollingh umbbracht worden. Ire grotta alhie ist langk von hinnen biss Catania 40 meilen. Daselbst hat sich Sta. Achata auch erhalten und beide in dieser grotten grosse gemeintschafft[298] gehalten. Ire begrebnus sigt man noch woll. Man will auch sagen, dass obwoll Sta. Lucia vor 700 jaren begraben gewest und zu letzst durch die Venetianer dahin transsportiertt worden, sie sich geistlich uff Sanctae Luciae tag in dieser grotten vernhemen liest. In dieser grotten findt man 7 runder locher, dadurch sie athem geschepffet. Allernegst diesem ortt findt man who S. Nicolaus[299] messam celebriertt hatt. Ungfer 8 pass von diesen jetzgemelten pfeiffen findt man die lengden von Sancta Lucia, daselbst sie auch ire penitentz gehalten. Dem pfaffen[300], so unss alles gezeigt, geben 4 tarin. Ungfer ein halb meill von dieser grotten in einem kirchlin Sancta Maria gnant findt man colonnam Gregorii, langer und zweimall dicker wider[301] ich bein. Allernegst hiebei mit den vorschrieben rittern und soldaten collation gehalten, verzertt 5 tarin. Den abent in der herberg 2½ tarin. Des lacquaijen hosen zureparieren 1 tarin. Item fur meinen herren noch ein par schuch 3½ tarin. An kertzen 2 grein.

Den 22. mittag mit Aschenberg und meister Jurgen gehalten, verzertt 8 tarin, an cardounen 2 grani. Den nachmittag in einem gartten collation gehalten, an wein 2 tarin, an brodt 6 grani. Den abent mit beiden jetzgemelten malzeit gehalten, an cardounen 2 grani, an tonin 10 grani, an kertzen 11 grani, pomerantzen 1 grani, fur eyer 1 tarin 9 grani, fur wein 1½ tarin 8 grani, fur la recolte 1 tarin. Nach dieser malzeit hatt man etliche galeasse oder turckische schiff decouvriertt ungfer 6 meillen ausserhalb den portum, derwegen sich die 4 galeren in aller eill dahin gefertigt und wir mitgezogen. Aber ess haben die Turcken geschwindt die flugt genhomen und daher zuschlagen nit gereichen kuennen, derwegen sich gemelte galeren folgents tags wider

---

[298] So die Vorlage.

[299] Neben durchgestrichenem *Paulus*.

[300] Durchgestrichen, daneben ein undeutliches Wort, vielleicht *priester*.

[301] So die Vorlage.

nach Saracusa gewendt und uff dissmall nichtz aussgericht. Sechss tag hiebevor haben diese galeren eine turckische galeasse mit 32 Turcken erobert, welche eroberungh gar lustig anzusehen gewest.

Den 23. nach ankumpst wider mit Arschenberg[302] und meister Jurgh collation gehalten, an wein 4 cartouschen ad 1 tarin 4 grani, an brott, cardounen und schlatt 12 grani, an baumolich und etzig 8 grani. Fur ein camer mit 2 betten 3 nachten und fur eyer, so der wiertt unss gethan, 6½ tarin. Den abent in die galer gessen und von dem wierdt ein krauch gelent, dieselbe voll wein mit getragen und mein her den rittern zum besten geben, anhaltendt 13 cartouschen jeder cartousch 6 grani.

Den 24. hatt mein her etliche fransosche ritter am vass im wierdtshauss zum besten geben an muscatell 6 cartouschen jeder cartousch 6 grani, an weissbrott 16 grani. Am selben morgen mit in die galehr genhomen 7 cartouschen muscatell fur den capitein Salerno, jeder cartousch wie jetz geschrieben und vortgezogen.

| 18 | **Augusta** |

Ein dorf wie vorschrieben.

In diesem portu mit den vorschrieben 4 galern und grossen ungestumen windt den jetzgemelten 24. februarii von Siracusa den abent ankhomen und unwetters halber biss uff den 27. alhie still ligen mussen und in all in der herbergh verzertt 21½ tarin.

| 18 | **Siracusa** |

Obwoll der Generall – notandum: der Generall ist die princcipalste galer von die maltische galeren – gemeint nach Mesina zufaren, so hatt man doch dess unwetters halb wider nach Siracusa zuschiffen genottrengt gewest und alhie den 27. ankomen. An zoppen und wein, so ich vor und nach gessen und gedruncken 4½ tarin. Fur schlaffen, so den hundt verwart und sonst andern schlaffen, so mein her geben

---

[302] So die Vorlage.

lassen 6¹/₂ cartouschen wein, jeder cartousch 6 grani. Einem florentinen schlaffen 1 carlin. Fur brodt fur den hundt in all 12 grani. Diesen nachmittag hatt mein her wider den capitein 6 cartouschen muscatell verehrtt, jeder cartousch wie boben.

Den 28. hatt der lacquay in der herberg mittag gehalten, verzert 8 grani.

Den 1. martii, alss wir von Saragusa nach Mesina gezogen mein her abermals fur den capitein und sementlichen rittern an muscatell mitgenhomen 13 cartouschen, jeder cartousch wie vorschrieben. Dem der den wein getragen 4 grani. Alss ich diesen wein gekaufft seindt mich etliche soldaten gefolgt und innen vorbezaln mussen 4 cartouschen, jeder 4 grani. Diesen nachmittag hatt mein her den sementlichen rittern zur letzen geben 13 cartouschen wein, jeder 7 grani.

108   **Mesina**

Alhie wie jetzgemelt den 2. martii mit Gott ankomen. Alhie den schlaffen kellener allerdingh abzalt. Irstlich vur und nach gedruncken 11 cartouschen, jeder 7 grani. Mein her diesem keller[303] geben lassen, weill er unsere bagage woll verwartt, 1¹/₂ tarin. Mein her in dieser galern in die pop fur kurtzweill mit dem capitein in all verspilt 23 grani.

Folgt die aussgab, wass wir alhie binnen Mesina verzertt. Irstlich diesen abent verzertt in der herberg 8 tarin 2 grani. Den 3. martii meins herrn boxen zureparieren 2 grani, mittag mit Aschenberg 4 tarin und zuvor mit Aschenberg und meister Jorg zop gessen 1¹/₂ tarin. Diesen nachmittag hatt der patron meinen herren im logement mit etlichen andern rittern ersucht, an zucker 1 tarin 6 grani, an wein 12 grani, an brott 5 grani. Den abent mit Aschenberg gessen 5 tarin.

Den 4. martii zop gessen 12¹/₂ grani. Fur enck 3 pitzoli. Diesen mittagh ist Aschenberg und meister Jorgh bei meinem herren gewest, verzertt 8 tarin. Fur meinen herren 1 par henschen 1¹/₂ tarin und fur 2 schreibfeddern 3 grani. Diesen nachmittag hatt der patron von der galehr mit dem capitein abermals meinen herren ersucht, gedruncken 4

---

[303] So die Vorlage.

cartouschen wein, jeder 4 grani, an brott 5 grani. Den abent verzertt 5 tarin 5 grani.

Den 5. martii mittag 5 tarin. Fur ein metzer 15 grani. Den abent verzertt 6 tarin.

Den 6. mitt Aschenberg 7½ tarin verzert. Noch fur ein glass mit einem kast im schiff zugebrauchen 1 tarin 5 grani. Fur ein stuck torschen auss der herbergh nach dem logement bei nachten zugehen 10 grani. Fur ein duppen baumolich, etzigh 4 grani. In die ehr Gotts 3 pizoli. Alss mein her spaziern gangen langss die vestung uber den portum zufaren 6 grani. Fur spanische seiff ½ tarin. Den abent verzertt 7 tarin.

Den 7. martii mit Aschenberg zop gessen, an wein, fisch und brott 2 tarin 3 grani. Den mittagh verzertt 5½ tarin. Den nachmittag mein her mit meister Jorgh collation gehalten 2 cartouschen wein, salat und brott 1 tarin 3 grani. Den abent verzert 7 tarin. Fur 2 abent torschen zugebrauchen 11 grani.

Den 8. den mittag in die camer mit Arschenberg, meister Jorg und dem corperall de la Verde[304] gessen fur 1 oell 4 tarin 3 grani 3 pizoli, fur ton 15 grani, fur asperges 6 grani, salatt 2 grani, redig 2 grani, brott 15 grani, cardounen 9½ grani, pomerantzen 1 grani, fur 6 eyer 8 pitzoli, fur cavial fisch geheischen 6 grani, pfeffer 3 grani, baumolich und etzig 6 grani, an wein 8 cartouschen jeder 7 grani. Den nachmittag haben wider etliche fransosische ritter meinen herren besucht, noch an wein 3 cartouschen jeder 7 grani, noch an klein fisch 15 grani, noch an wein 5 cartouschen, jeder wie vorschrieben. Diesen nachmittag einem sacksspfeiffer 3 grani. Den abent mit Aschenberg und einen soldaten maison nuofuo gnant gessen, an fisch 1 tarin 5 grani, an brott 11 grani, pomerantzen 8 pitzoli, cardounen 15 grani, an wein 6 cartouschen jeder 4 grani.

Den 9. zop gessen mit dem corperall von dem Patron[305] 1½ tarin. Den mittag mein her mit Aschenberg und meister Jorg verzert 4 tarin 15 grani. Umb Gotts will 2 grani. Den abent mit Sackmahn, Aschenberg, meister Jorg und den[306] corperall de la Verde verzertt in die her-

---

[304] *La Verde* ist die Galeere dieses Namens.
[305] Die Galeere dieses Namens.
[306] So die Vorlage.

berg 15¹/₂ tarin 4 grani. Noch ich gegolden an tonin fisch 1 tarin 3 grani. Noch asperges 2 grani.

Den 10. mit Aschenberg mittag gehalten, verzertt 6 tarin, umb Gotts will 3 pitzoli. Fur meinen herren 1 par schuch 3¹/₂ tarin und fur mich ein par doppln[307] 4¹/₂ tarin. Den abent verzertt 5 tarin.

Den 11. des morgents baussen der statt ungfer 1000 schritt einen uberauss schonen gartten besichtigt. Dem gardener, so meinem herren mit ettlichen pomerantzen und citronen verehrtt geben 2 tarin. Mit Aschenbergh und dem corperall vorschrieben verzertt 6 tarin. Item an provision im schiff nach Neapolis zuziehen ingekaufft zwei oell in pasteitten gebacken 5 tarin 15 grani, dem der sie getragen 1 grani. Fur 15 limounen 14 grani. Umb Gotts will 1 grani 3 pitzoli. Cardounen 4 grani 3 pitzoli. Fur 3 quartaln und 4 cartouschen wein 9 tarin weniger 8 grani. Fur 1 dussken voll caviall 2 tarin 5 grani. Fur succa de tonin, welchs fisch ist, 3 tarin 15 grani. Fur cascavall 2 tarin. Fur einen schlaffen, so alles beigetragen, 1 tarin. An brott 8 tarin. Dem der ess im logement getragen 4 grani. Noch fur 2 gewaltige schone cardounen 2 tarin. An salss 2 grani. Redigh und klein ullig 4 grani. Baumolich und etzig 13 grani. An salatt 5 grani. Den abent in der camern gessen, an sardez und klein fisch 2 tarin 8 grani, wein 1 tarin 4 grani, brott 11 grani, cardounen 8 grani. Den mittag mit Aschberg und meister Jorgh gehalten, verzertt 8 tarin. Fur 1 grossen korff zu der provision 1¹/₂ tarin. Diesen abent mit etlichen rittern und soldaten die letz gedruncken, verzertt 13 tarin 5 grani. Fur 1 stuck torschen 10 grani.

Den 12. noch fur provision ingekaufft an eyer 1 tarin 4 grani. Fur fisch 4¹/₂ tarin. Zum allerletzsten abscheidt mit Ascherberg und meister Jorg sampt dem corperall mit muscatell und brott verzerrt 3 tarin. Fur 1 siechpott die fisch gekocht darinnen zuthun 5 grani. Fur 2 betten und 10 nachten jeder bett 1 tarin facit 20 tarin. Einmall fur Sackmar 1 nacht ein bett 1 tarin. Nochmall fur den vorschrieben corperall ein nacht 1 tarin. Mein her dem meister Jorgh fur viell gehabten muhe und arbeith hin und wider zuleitten und alles wass zu Ciracusa, Mesina und anders who zuersehen notigh gewesen zuweisen, gegeben 12¹/₂ tarin 14 grani. Weill die ritter von Malta im abscheiden von meinem herren begertt ichtwas muscatels von Mesina zuschicken, weill

---

[307] So die Vorlage.

derselb daselbst sonderlich gutt ist, daran hatt mein her sich nit saumen willen und innen durch den ritter Aschenbergh geschickt an muscatel fur 1 kron. Dem der die eyer nach dem schiff getragen 3 grani. Dem der die kist und alle provision und bagage nach dem schiff getragen 13 grani.

Diesen morgen ungefer umb 9 uhren dieser italianischer urklocken oder weisen nach zu schiff gangen und diesen tagh schiffende gesehen wie folgt. Irstlich uff die rechte handt, ein schloss, Loschilio gnant, dem hertzogh zu Loschilio zustendigh und ist die beste vestungh von Calabria. Noch[308] etwan weithers ein statt Bagnara[309] gnant, dem freiherren von Bagnara zustendigh, imgleichen noch ein statt, Palmii gnant. Alhie begint das calabrisch convoii oder procatie, welche zwischen Naples und Mesina gehett. Diesen wegh inzuziehen seindt wir in der widerkumpst woll vorhabens gewest, aber des grausamen zwischen den gebirgs gefallenen schnehe halber nit zuwegh bringen kuennen. Noch eine andere statt, Gioia[310] gnant, uff die rechte handt gesehen, hiebei die Golff Gioia ingolffiertt, thaurende uber 30 meilen.

60   **Tropea**

Alhie denselben 12. martii den abent ankomen und solcher gefahr gegen diesen abent aussgestanden, dass mir davon zuschreiben unmoglich.

Den 13. hieselbst des wusten mehrs halber still ligen mussen und fur 2 betten 2 nachten 4 tarin. Fur holtz $^1/_2$ tarin. Geselschafft halber hatt mein her mit in die herberg gessen, daselbst fur 3 malzeitten verzertt $6^1/_2$ tarin.

Den 14. vortgereist und uff die rechte handt ein statt Briade[311], dem marquis daselbst zugehorig. Darnach zusehen St. Eufemia. Alhie ist ein grosse golff, welche wir terra a terra geschiffet.

---

[308] Vorlage: *Nach.*

[309] Bagnara Calabra.

[310] Gioia Tauro.

[311] Briatico.

15   Einen wachtthorn

Alhie grossen windts halber abermal den 14. am landt lagen mussen und benachtigt. Den abent an fisch und unmuss 2 tarin. Und folgents vor tag vort gefaren, welcher der 15. gewest, und alss der tag angebrochen langss ein statt gefaren hohe uff einem bergh ligendt, La Matia gnant, welche woll hiebevorn vom turcken belagertt gewest, aber durch grosse widerwehr nit erlangen kuennen. Ein wenigh ferner ein statt. Auch ein ander statt uff die rechte handt ligen lassen, Belle Monte gnant.

30   **Feoume Fredo**

Ein stat.

Alhie den abent ankhomen. Ein statt hohe uff einem bergh gelegen, verzert $3^1/_2$ carlin, facit[312].

Den 16. seindt wir langss ein statt geschiffet, Sta. Lucida gnant, und etwan an ein ander statt, Paula gnant, beide uff hohe bergh gelegen. Auch alhie zu Paula ahn landt gefaren und frische provision gegolden, fur tonin, wein, brott, etzigh, salat, nuss $6^1/_2$ tarin. Den nachmittag langss ein statt gezogen, Licotrara gnant. Facit[313].

18   **Bellvedere**

Ein stat.

Alhie den abent fur die statt im schiff geschlaffen. Den 17. folgents seindt wir langss eine statt gezogen, dha der Judas Iscarioth geboren worden und L'Achalea gnant. Alhie begint die golff Policastro, welche wir mit grosser gefahr ingolffiertt und lang ist ungfer 36 meilen und die statt[314] uff die rechte handt gesehen.

---

[312] und [313] Der Betrag fehlt.
[314] Nämlich Policastro, von der der Golf den Namen hat.

80 **Paulonnudo**

Ein herberg[315]

Alhie den abent ankhomen. An fisch verzert 1½ carlin, an eyer 1 carlin 7 grani.

Den 18. alhie gross unwetters halber still ligen mussen. Mein her zop gessen 1 carlin. Den mittag fur den lacquay und mich 4 eyer und kiess 1½ carlin. Den abent fur meines herren anpart bei die gesel-schafft an fisch 1 carlin.

Den 19. vortgezogen und ein statt vorbei passiertt, Pachon gnant. Ein wenigh weithers haben wir allernegst beieinander gelegen 11 stetgen gezalt, alle uff und zwischen bergen gelegen.

30 **Gropoli**

Ein stat hohe uf einem berg.

Alhie wider denselben 19. an landt gefaren und ungfer 2 stundten, umb des wetters gelegenheitt zuerfaren, still gelegen. Auch an provision fur eyer, wein, brott, etzigh, ulligh 2 carlin. Den schiffknegten 1 barill wein 1 carlin 4 tornois. Diesen abent in nhamen Gottes die reiss continuiertt und den 20. ungfer ein stundt vor tag wider am landt gelacht.

36 **Vietri**

Ein dorff bei Salerno

Alhie unsere reiss zu wasser mit Gott und allem guttem gluck geendigt und zop gessen, verzertt 4 carlin weniger 3 grani. Und der gefherlicher neapolitanischer golffen halber 2 mauleselen biss Naples geheurtt, fur beide 14 carlin. Uff halber banen in einer herbergh mittagh gehalten, verzertt 3 carlin weniger 3 grani. Fur schiffungh von Mesina biss Neapolis 9 kronen, jeder 14 tarin. Bon andare oder die ...[316] 1 carlin. An der pfortzen unsere bagage passieren zulassen 1 carlin. Dem der dieselbe im logement getragen 1 carlin.

---

[315] Neben durchgestrichen *statt*.
[316] Folgt ein unleserliches kurzes Wort.

30 zu lant
60 zu wasser

Neapoli la Gentille

Alhie von wherungh des gelts zuvermelden eracht ich unnotig, weill davon vorahn gnugsam meldungh beschehen ist.

Alhie den vorschrieben 20. martii ankhomen und aussgeben wie folgt. Fur 1 par henschen 1 carlin 5 grani. Fur meinen herren ein coppell 3 carlin. Noch fur ein par sporen 2 carlin 5 tornois. Fur 11 hembden, 14 krachen und die rest zuweschen 7 carlin 5 tornois. Meines herren und meine boxen zurepariern 2 carlin. Uff verliessungh aller unser bagage die kist und wattsack zusiegeln lassen, dem siegler 17 carlin 5 tornois. Fur mich ein par henschen $1\frac{1}{2}$ carlin. In die herbergh verzertt 4 ducatten. In die kuch 7 carlin. Fur 7 par seite hosen 24 ducatten.

26

A la Torra

Ein herbergh.

Alhie den 22. ankhomen und benachtigt und weill unss der viterino, ein ritter von Malta, frei gehalten, berechnen derwegen nichtz, aber extra underwegen gedruncken 1 carlin.

Den 23. uber einen stranck von die sehe gefaren, an vehrgelt 4 tornois.

24.

Mola

Ein stat uff dass mehr.

Alhie den jetzgemelten 23. mittagh gezertt extraordinarie und der lacquay $2\frac{1}{2}$ carlin, und ein statt passiertt, Itrius gnant.

10   **Fondi**

Ein statt.

Alhie den abent ankomen und wegen unsere bagage verzollen mussen 1 carlin und gedruncken 6 grani.

22   **Biperno**

Ein statt hohe uff einem berg.

Alhie den 24. mittag gehalten. Extraordinarie mit sonst was der lacquay verzertt $2^1/_2$ julii.

10   **Sermoneta**

Ein herberg.

Alhie den abent ankhomen und extraordinarie und wass der lacquay verthan $3^1/_2$ julii. Und ein meill von hinnen ein claussell hohe uff einem bergh uberritten und unsere bagage verzollen mussen 1 carlin.

16   **Beletre**

Ein statt uff einem bergh.

Alhie den 25. mittagh gehalten und extraordinarie und wass der lacquay verzertt 3 julii. Dem viterino 1 julius. Fur die 2 heurpferdt und die bagage zu fhuren von Napoli biss Roma 10 ducatten.

Rom

22   **Roma**

Caput mondi.

Alhie zum zweittenmall und von unser maltischer reisen mit Gott und allem gluck den 25. martii ankhomen. An der pfortzen in einem verordnetem hauss die kist und bagage verzollen mussen ad 3 julii. Dem drager biss in die herberg 1 julii.

Den 26. mein her mit dem[317] herren Sauren und Eichenlaub[318] in einem cabaret verzertt uff eine collation 4 julii.

Den 27.[319] mit 3 freiherrn in einem kautschen die 7 kirchen besucht, meines herren antheill fur den kautschen 5 julii 8 bajocken. Dhomals den munchen St. Paulo, so die relequia gezeigt, geben 1 julius. Noch in Gotts ehr 18 bajocken.

Den 28. mein her sein hohr abzuschneitten 3 julii, dass mein abzuschneitten 1 julius. Fur mich ein par strimpf 14 julii. Noch fur mich an linen thuch under ein mandilien und boxen, auch sovill cannefass alss

---

[317] So die Vorlage.

[318] 1587 Juli 28 wird gleichzeitig mit Philipp von Merode in die Matrikel der Deutschen Nation in Siena eingetragen *Joannes Georgius Eichenlaub Friburgensis Brisgoie* (Weigle, Matrikel I, S. 92, Nr. 1446) = J.G.E. aus Freiburg im Breisgau.

[319] Gründonnerstag 1587.

zu ein par mawen, 18 julii. Fur kneuff und passement an die boxen, linen thuch zu secken, 7 julii. Machlohn fur all 13 julii. Noch mein her mit Sauren und Eichenlaub collation gehalten 2 julii.

Den 29ten[320] mein herr mit den herren von Frentzen zur devotion in ettlichen kirchen mit einem kautschen gefaren, meins herrn anpartt fur 2 personen 5 julii.

Den 30ten mit gerurtten freiherren von Wolkenstein[321] des pabst castell, welchs St. Angela[322] gnant ist, besichtigt, meines herrn anpartt 4 julii. Diesen nachmittag mit gerurten herren abermals in einem kautschen gefaren, ist meins herrn anpartt 2½ julii.

Den letzsten martii mein her abermals mit ermelten freiherrn den gantzen tagh etliche kirchen dem romanischen gebrauch nach besucht[323], meines herrn anpartt des kautschen 5 julii 4 bajocken. In diesen ostertagen in die ehr Gotts aussgetheilt 1 julius. Fur meinen herrn ein par parfumierte henschen 3 julii. In die herberg mit gerurtten freiherren, weill wir dainnen 7 tag still gelegen, verzertt 11 kronen in golt 7 julii.

Den 1ten aprilis allererst wegen mannigfaltigkeitt des volcks, so dieses hohen fest halber auss der gantzer christenheitt hin und wider hieher komen, eine camer zuheuren bekomen kuennen, davon alle monatt 3 silbere kronen geben und diesen monatt vorabzalt, seindt 3 silbere kronen. Und wie alhie unter den freunden gebreuchlich den introitum geben und die herren von Frentzen sampt irer liebden[324] hoffmeister, monseigneur Hamerstein, Eichenlaub, Flach[325] und

---

[320] Ostersonntag 1587.

[321] *mit gerurtten freiherren von Wolkenstein* = mit den erwähnten Freiherren von W. Sie sind aber im voraufgehenden Text nicht erwähnt.
1586 Juni 18 wird in die Matrikel der Deutschen Nation in Siena eingetragen Engelhardus Thedoricus baro in Wolckenstain. 1587 April 4 wird dort eingetragen Wilhelm Baron zu *Wolkenstein und Herr Zu Trospurg* (Weigle, Matrikel I, S. 85 Nr. 1238, S. 88 Nr. 1340).

[322] Castello Sant' Angelo, die Engelsburg.

[323] Da nicht angegeben ist, welche Kirchen besucht wurden, weiß man nicht, ob hier dem Ordo Romanus für den Besuch der römischen Stationskirchen oder einem anderen römischen Kirchenverzeichnis gefolgt wurde. Details bei Tellenbach, Romerlebnis, S. 888, 906–908.

[324] Vorlage: *irer l..*

[325] 1587 Juli 28 wird gleichzeitig mit Philipp von Merode in die Matrikel der Deut-

Johannen Pastorffen[326] darzu geladen. Kost irstlich 2 kapun 9 julii, zwei junge höner 6 julii, zwei tauben 4 julii 5 bajocken, 2 lb. speck 1 julii, ein worst 1 julius 1 bajock, noch 4 lb. hamelfleisch 1 julius, noch 2 lb. kalbfleisch 6 bajocken, noch 3 lb. parmesan kiess 3 julii, an spitzerei 1½ julii. Ein vierthel vom lemgen 1 julius 1 bajock. An pomerantzen und limonen 4 bajocken, salat 2 bajocken, peterzillien 2 quatrini, an epffell 6 bajocken, an veygen 2 bajocken 2 quatrini, an salss 3 bajocken, saffran 2 bajocken, butter 3 bajocken 2 quatrini, ullig und eyer 4 quatrini, etzigh 6 quatrini, ein lb. kertzen 5½ bajocken, an wein zu koch[327] 7 bajocken, an trauben bei den kiess zusetzen 7 bajocken 2 quatrini. Fur diesen abent und folgents tags an wein und brott 2 glaser, ein glaser flesch, wein darinnen zuzappen, noch ein andere wasser flesch, in all 29½ julii 6 bajocken. Meins herrn underhosen zulappen 6 bajocken, des lacquayen hohr abzuschneitten 5 bajocken, fur papir 11 bajocken.

Den 2. aprilis seindt beide die Thisii bei meinem herrn zugast gewest. Dhomals fur 2 wilde tauben 2 julii, ein vierthel vom lemgen 1½ julii, zalatt 2 bajocken, an wein wie jetzgemelt. Dem jenigen, so unsere bagage im logement getragen 6 bajocken.

Den 3ten dieses ist der Eichenlaub irstlich bei unss im logement komen und zugleich borschiert, und dweill ein jeder parthei 3 personen starck gewest, so haben wir alles, kost und dranck antreffendt, in zweien getheilt und verzertt wie folgt. Irstlich fur provision an wein ingelacht in meins herrn anpartt 26 julii, fur povision zur kuch 2 julii 9 bajocken 2 quatrini.

Den 4. dieses an provision zur kuch 7 julii 2 bajocken.

Den 5. aussgeben an provision zur kuch 6½ julii.

Den 6. aussgeben 3 julii 3 bajocken 2 quatrini.

Den 7. aussgeben wie folgt. Diesen tag hatt mein her irstlich ange-

---

schen Nation in Siena eingetragen *Everhardus Christophorus Flach a Schwartzenburg* (Weigle, Matrikel I, S. 92, Nr. 1445). Dem Namen nach zu urteilen war er ein Verwandter des in Heitersheim residierenden Deutschmeisters des Malteserordens, Philipp Flach von Schwarzenberg, dem Philipp von Merode auf der Hinreise 1586 Okt. 25 und auf der Rückreise 1588 Febr. 1 in Heitersheim seine Aufwartung machte.
[326] 1589 April 28 wird in die Matrikel der Deutschen Nation in Siena eingetragen *Joannes Parstorffer, Monacensis* [= aus München] (Weigle, Matrikel I, S. 101 Nr. 1718).
[327] So die Vorlage.

fangen zureitten[328] und jeder monatt geben mussen 15 gulden kronen, und den irsten monatt uff diesen tag abzalt, facit 15 gulden kronen. Dem stallmeister oder obristen diener 1 gulden kron. An provision zur kuch 3 julii 8 bajocken 1 quatrini.

Den 8. hatt mein her angefangen lhernen zufechten und fur jeder monatt 2 gulden kronen 3 julii geben mussen, und ich ime den vegtmeister auch vor abzalt, facit 2 gulden kronen 3 julii. Fur 2 vegtwehr, sich damit taglichs zuuben, 16 julii. Fur meinen herrn ein par stieffelen 2 silbere kronen, und 1 par mull mit schuch 9 julii, und fur den lacquayen und fur mich jeder ein par 10 julii. Dem meisterknegt, die stieffeln in die nacht zuferttigen, 1 julius. Einem underthan oder pilcherin, so mit supplication underthenig angehalten, in die Gotts ehr geben 3 julii.

Fur meinen herrn ein par leddere italianische boxen, damit zureitten machen lassen. Fur 2 semische vehell 27 julii. Fur passement darauff irstlich 12 cannen, darnach noch 3 ontzen sampt, die seith kost in all 2 silbere kronen 3 julii 6 bajocken. Fur 3$\frac{1}{2}$ palmi tafft under die schnitten 7 julii. Noch ermosin zu durchzugh 3 palmi 18 julii. Item trill under die schnitt 4 bajocken. Noch 3 palmi linen foderthuch 2 julii 1 bajock. An seith 1 julius 8 bajocken. Noch ungebleigt linen thuch under den durchzugh 2 julii 8 bajocken. Noch 5 palmi weiss linen thuch under die canonen 3 julii 5 bajocken. Item foeter die hosen zustoffen 1 julius. Machlohn 2 silbere kronen. Dem meisterknegt 1 julius. Provision zur kuch 7$\frac{1}{2}$ julii 3$\frac{1}{2}$ bajocken.

Den 9ten dem dantzmeister den 1ten monat abzalt und geben 2 gulde kronen. Dem lauthenschlager auch 2 gulde kronen. Fur ein lauth 27 julii. Fur ein lautenbuch 4 julii. Fur 2 dosen, die straussen eyer dainnen nach Deutschlandt zuschicken, 4 julii. Fur 2 gortten damit zutragen 2 julii. Fur meinen herrn 1 doutzett rhemen 1 julius. Diesen nachmittagh hatt mein her sampt den herren von Frentzen baussen Romen einen gartten besichtigt, an collation verzertt 5 julii. Fur 1 par linen reitthosen 5 julii. Uff die bereitplatz an wein und brott gehabt 1 julius. An holtz 1 julius. Als sich mein her ubel befult an wein ausswendig holen lassen 1 julius. Fur ein torsch 8 julii. An weschlohn 2 julii. An provision zur kuch 5 julii.

---

[328] Kunstreiten.

Den 10. provision zur kuch 10 julii 8 bajocken 1 quatrini.

Den 11. wider provision zur kuch 4½ julii.

Den 12. zur kuch 8 julii 3 bajocken.

Den 13. an holtzkolen 2 julii, an spelten 1 bajock. Einem flemminger goltschmitt umb Gotts will ½ julius. Als wir des pabst pallatium besichtigt 1 julius. An provision zur kuch 6 julii 7 quatrini. Diesen tag wider provision an wein ingelacht 20 julii, dem fackin 1 julius.

Den 14. enck 3 bajocken, provision zur kuch 5 julii 6 bajocke 3 quatrini.

Den 15. dieses mein her uff die bereittplatz verdruncken 1 julius 3 bajocken. An brott 3 bajocken. An provision zur kuchen 6 julii 3 bajocken 3 quatrini. Diesen tag mein her wider ausser Romen collation gehalten 1 julius.

Den 16. fur meinen herrn ein par lange reitthenschen 3 julii. Diesen tag ist mein her mit seinen herren vetteren von Frentzen uff die jagt mit heurpferden geritten mit einem verlagen hundt, an heur des pferts 3 julii. An provision 2 julii 2 bajocken. Fur brieff mit dem colnischen posten uberzuschicken 4 julii.

Den 17. an provision zur kuch 4 julii 6 bajocken.

Den 18. an provision zur kuch 4 julii 2½ bajocken.

Den 19. seindt wir mit noch ettlichen freiherren und andere von adell nach Tivoli gereist. Meines herren anpartt fur den kautschen fur 2 personen 8 julii. In die herberg verzertt 6 julii. Dem gardener 1 julius. Alhie siegt man wie folgt. Irstlich siegt man schoner gartten[329] alss ich davon schreiben kan, darinnen findt man eine under andere ville schone fontein, welche ein gelauth von sich gibt so herligh wie ein orgell. Darnach eine dopache fontein, welche so hohe springen, als ein mahn ungfehr mit einem wehr erreichen kan. Das pallatium ist auch sehr schon und schoner under als boben der ertten gebawett. Alhie in dieser statt Tivoli siegt man auch einen gewaltigen starken wasserfall und das wasser davon ist Annia[330] gnant, allernegst Templum Sibille Tiburtine gelegen. Nach dieser seith nach Romen zu ligt ein sehr lustiger thiergartt, in die rundt 5 meill und mehr begreiffendt. Den abent wider zu Romen ankomen. Zur kuch 4 julii.

---

[329] Die Villa d'Este.

[330] Der Fluß Aniene.

Den 20. an provision zur kuch 6 julii 6 bajocken. Diesen nachmittag mein her mit den herren von Frenssen ein salatt gessen, ausswendigh wein holen lassen, 1 julius 4 bajocken.

Den 21. fur meinen herrn asperges holen lassen 1 julius. An weschlohn 1 julius 4 bajocken. An provision zur kuch 10 julii.

Den 22. hatt sich mein her wider ubell befunden. An holtz 8 bajocken, an granaden 1 julii 5 bajocken. Fur meines herren hudt inwendig mit tafft zufodern, ein passement umbher, mit machlohn in all 3½ julii. Fur einen bruntz kachel 2½ bajocken. Meines herren graw strimpff zureparieren 2½ bajocken. Noch zur kuch 8 julii 5 bajocken.

Den 23. fur meinen herren ein italianisch kuller machen lassen. Fur das fehell 10 julii, fur 14 cannen passement darauff ad 6½ ontz, jeder ontz 3 julii 2 bajocken, facit 20 julii 8 bajocken. Ein ontz seith 3 julii, fur kneuff 2½ julii, tafft zudopplen ½ can ad 13 julii. Machlohn 20 julii. Noch an passement am vorschrieben kuller 2 ontzen 3 quarten, die ontz wie vorschrieben, facit 8 julii 8 bajocken. Dem meisterknegt 1 julius. An provision zur kuch 4½ julii 2 quatrini. An brott uff die bereittplatz 5 quatrini. Noch meinem herren zuverspillen gethan 1 julius. Fur reidtrothen ½ julius. Noch ½ julius auch fur reidtrhotten. Noch der wierdt meinem herrn auswendig wein zuholen geleent und ich ime contentiert 1 julius. Fur meinen herren ein par henschen 1½ julii, und weill mein her die meine verlorn, fur mich auch ein par 1½ julii. Abermall fur provision an wein 15 julii. Item mein her dem Schutzen[331] und Leopalden seine wapffen in ire buchern geben und etliche figuren darzu, wie sie auch hinwider gethan, 14 julii. Zwei deutsche passanten in die ehr Gotts[332] ½ julius. Dem wierdt allernegst unserem logement an wein, so wir vor und nach, als unser wein gefeldt, gedruncken, abzalt 20 julii. An provision zur kuch 3 julii.

Den 26. fur meinen herren ein par einfaltige schuch 3½ julii. An weschlohn 1 julius 4 bajocken. An provision zur kuch 3½ julii 2½ bajocken.

Den 27. provision zur kuch 4 julii 2 bajocken.

Den 28. an provision zur kuch 4 julii 1½ bajocken.

---

[331] Vielleicht identisch mit Hans Ulrich Schütz von Tranbach, der 1587 April 4 in die Matrikel der Deutschen Nation in Siena eingetragen wird (Weigle, Matrikel I, S. 89),
[332] Vorlage: *Gott*.

Den 29. an provision 6 julii 1½ bajocken. Diese zwei tage ist mein her mit den herren von Frentzen in einem kautzschen gefaren[333] diese statt Romen umbher und inwendigh umb alle principale kirchen und sonst antiqualia[334] Romae zubesichtigen. Meins herren anpartt des kautschen die 2 tage zugebrauchen 6 julii 4 bajocken. Noch ½ bockall wein aussgeholt 3½ bajocken. Meines herren satinen wambiss zuracommedieren 3 julii, bawoll darzu 6 bajocken. Noch meines herren schwartz seithe strimpff zu accoustrieren und passement darzu 1½ julii. Meines herren graw halbseithe strimpff zu sohelen und boben die verschen zustricken 2 julii 3 bajocken. Fur dem lacquayen ein par einfachtige schuch 3 julii 2 bajocken.

Den 30. an provision zur kuch 3 julii 1½ bajocken. Fur einen kast eines bruntzen kachels 2½ bajocken.

Den 1. maii seindt wir in ein ander herbergh, al Tedesco gnant, ingezogen und fur ein camer jeder monatt geben 3½ silbere kron, und den irsten monatt uff heutt dato vorabzalt, facit 3½ silbere kron. Diesen tag mein her mit noch 6 Teutschen in einem cabaret collation oder mittag gehalten, verzertt 4 julii 7½ bajocken. An provision zur kuch 5½ julii 4½ bajocken.

Den 2. maii an provision wein meines herren anpartt 15 julii. Dem facquun 5 bajocken. Fur 2 glaser 5 bajocken, fur gambelles den wein zupreuffen 2 bajocken. Diesen nachmittag ist mein her mit den herren Frentzen[335] uff die jagt geritten, fur 1 heurpfertt 3 julii. Meines herren graw seithe strimpff mit ledder zusohlen, passement und machlohn 2 julii.

Den 3. maii haben die herren von Frentzen bei meinem herren zop gessen, an 6 eyer 1 julius. Diesen tag haben wir mit den freiherren von Lamberch[336] dass wunderbarlich new warck[337] von St. Peter unden und oben besichtigt und ist in die hugden 400 trapffen. An weschlohn 2 julii. Meinem herren mit Eichenlaub im brett zuspillen gethan 1 julius. Einem

---

[333] *gefaren* fehlt in der Vorlage.
[334] und [335] So die Vorlage.
[336] 1587 Mai 13 werden in die Matrikel der Deutschen Nation in Siena eingetragen *Christophorus* [et] *Carolus, fratres germani de Lamberg et liberi barones in Ortteneck et Ottenstein, domini in Stockhorn* (Weigle, Matrikel I, S. 88 Nr. 1342, 1343).
[337] So die Vorlage.

romanischen supplicanten umb Gotts will 4 bajocken. Fur 1 doutzett remen 1 julius. Diesen tag an provision zur kuch 4 julii 1 bajock.

Den 4. maii an provision 4 julii 4 bajocken 1 quatrini.

Den 5. dieses an provision $3^{1}/_{2}$ julii $3^{1}/_{2}$ bajocken 1 quatrini.

Den 6. abermall zur kuch 4 julii 1 quatrini.

Den 7. an provision $3^{1}/_{2}$ julii 3 quatrini.

Den 8. an provision $4^{1}/_{2}$ julii 4 bajocken. Fur meinen herren ein par doppell schuch $4^{1}/_{2}$ julii.

Den 9. dieses ist der zweitter monatt zureitten wider angefangen und uff heut dato bezalt 15 gulden kronen. Fur mich ein par doppell schuch 4 julii. Noch meinem herren im brett zuspillen gethan 2 julii. Ettliche deutsche supplicantten umb Gotts will 1 julius 3 quatrini. Diesen tag an provision zur kuch 5 julii 6 quatrini.

Den 10. an provision $5^{1}/_{2}$ julii $3^{1}/_{2}$ bajocken.

Den 11. an provision an wein 16 julii, facquinen gelt $^{1}/_{2}$ julius. An weschlohn $2^{1}/_{2}$ julii. An provision zur kuch $3^{1}/_{2}$ julii 4 bajocken. Diesen tag hatt mein herr mit den herren von Frentzen uber die Tyber mit die palmalien gespilt. Uber und wider uberzufaren bezalt 3 bajocken. Und mein her mit dem jungsten Frentzen eine collation zugelten verlhoren, ist meines herren theill dafur $15^{1}/_{2}$ julii.

Den 12. provision zur kuch $3^{1}/_{2}$ julii 1 quatrini. Diesen tag mein her einem maheler, so 4 bilden im stambuch gemalhett, auch wie der pabst getragen wierdt, $7^{1}/_{2}$ julii.

Den 13. mein her etliche flamingschen pilgerinnen umb Gotts will geben 3 bajocken. An provision zur kuch $6^{1}/_{2}$ julii. Mein her wider uber die Tyber mit vorschrieben herren von Frentzen gespilt, vergelt 2 bajocken.

Den 14. provision zur kuch 3 julii 2 bajocken 1 quatrini. Uff diesen monatt hatt mein her wider einen andern lautenist ahnghenhomen, demselben alle monatt geben mussen 12 julii, und uff heutigen tag den irsten monatt abzalt, facit 12 julii. Diesen tag mein her an kierschen aussgeben 3 bajocken. Abermall mit den herren Frentzen uber die Tiber zuspillen gefaren, an schiffgelt 8 bajocken. Fur 1 cyster zuheuren 1 julius. Die statua im Bellvedere[338] zu besichtigen 1 julius. Reidtrothen 1 bajocken.

---

[338] Antike Statuen im Pallazetto del Belvedere im Vatikan.

Den 15. provision zur kuchen 5 julii 1½ bajocken 1½ quatrini.

Den 16. provision zur kuch 3½ julii 1½ bajocken ½ quatrini.

Den 17.[339] an provision zur kuch 4 julii 1½ bajocken.

Den 18. an provision zur kuch 3½ julii 3 quatrini.

Den 19. an provision zur kuch 4 julii 3½ bajocken.

Den 20. an provision zur kuch 9 julii. Notandum. Diesen tag hatt der pabst einen newen senatum erwhelett, wie alle jar geschigt, und stattlich von den romanischen edelleuten und sonst principallen ungfehr 1000 pfertt von St. Pietro biss im Campitolio convoyiertt worden. Hievon haben die herren und edelleuth den vorzugh gehabt, darnach die ordinarie guardia, ungfehr 40 italianische helbadiern mit 3 tromen, folgents 18 zu pferdt, ein jeder einen langen nachtstabbart von diversen colloren fur sich tragendt gefurtt, hinder dennen 3 trommetten blassendt gefolgt und in rothem gekleitt. Darnach ist einer gefolgt die justitia in die handt tragendt. Allernegst diesem ist der wolgemelter senatus uff einem kleinen weissen pferdtgen in rothem dammast gekleitt mit einer gulden ketten umb halss tragendt und mit einem gulden stucken mantell umbhangen und einem schepter in die handt fhurendt etc. gefolgt. Diesen tag wider an provision meines herren anpartt ingelacht 15 julii, dem facquin ½ julius. An gambelles, den wein zu schmecken, 2 bajocken. Weschlohn 1 julius.

Den 21. an provision in die kuch 3 julii 3 bajocken.

Den 22. provision in die kuch 3 julii 3 bajocken. Diesen tag hatt mein her irstlich begunnen zulesen zulhernen und muss alle monatt geben 10 julii, und umb zulhernen ein buch, Historiae Guiccardini[340] gnant, gekaufft, kost 7 julii. Diesen tag ist mein her nach La Frechada[341]

---

[339] Pfingstsonntag 1587.

[340] Francesco Guicciardinis berühmte ‚Historia d'Italia' behandelt die Jahre 1492 bis 1534, erschien erstmals 1561–1564 und erlebte zahlreiche Auflagen. Die wahrscheinlich erste deutsche Ausgabe kam 1574 heraus (F.G., Grünndtliche und warhafftige beschreibung aller fürnemen historienn, die in vierzig jaren, nemlich von dem 1493 biß auff das 1533, unter der regierung keiser Maximilians des ersten ... sonderlich aber in Italia, doch des meisten theils durch die Teutschen geschehen sind ... in zwentzig Bücher getheilt ... in Teutsch gebracht, durch G. Froberger. Basel, S. Apiarius für H. Petri und P. Perna 1574). Obwohl im Tagebuch die lateinische Bezeichnung ‚Historiae' steht, ist sicherlich eine italienische Ausgabe gekauft worden, um Italienisch zu lernen.

[341] Frascati.

bei dem herrn Jachimo Fuckartt[342], des pabsten camerehr, mit den herren von Frentzen geritten und daselbst verzertt 6 julii. Fur dass heurpferdt 6 julii. Allernegst dieser statt La Frechada ligt ein schloss, Monte Dragonne[343] gnant, dem cardenall Adtemps zustendigh und etlichermassen hupsch.

19   **Roma**

Den 23. folgents wider zu Romen ankhomen und an kierschen 3 bajocken, und ich mit Eichenlaub baussen Romen spaziertt und ein bocquall ein getruncken, ist mein theill 4 bajocken. Meine schuch zulappen 2 bajocken. An provision zur kuch 3 julii 2½ bajocken.

Den 24. an provision zur kuch 3 julii 3 quatrini.

Den 25. abermals 3 julii 3 bajocken 3 quatrini. Diesen tag hatt mein her mit den herren von Frentzen und Eichenlaub mit dem tripott gespilt und 4 julii verspilt, darnach in der cartten gespilt und verlhoren 2 julii.

Den 26. haben die herren von Frentz und mein herr einen kautschen gehuirt und ungfehr 1½ meill ausserhalb der statt in La Vigna de Madame den herren Oranum, daselbst abentmal haltendt, ersucht. Fur den kautzschen meines herren anpartt 3 julii. Diesen tag meines herren mit gelbem taff undergefoderte mandilien vertauscht und fur den lacquayen ein graw thuchen kleitt zu haben noch 18 julii zugeben mussen. Diesen nachmittagh, ehe mein her verreist, mein her mit Flach und Eichenlaub an tripot gespilt und verlhoren 2 julii, und 1 bocquall wein gedruncken 1 julius 4 bajocken. In die ehr Gotts ausgetheillt 2 bajocken. Noch 1 bajock. Meines herren schwartze seithe strimpff zu repariern 2 julii. Fur reidtrhotten 1 julius.

Den 27. zur kuch 2½ julii 4 bajocken.

Den 28. zur kuch 3½ julii 1 bajock.

---

[342] Bei Gerhardt Nebinger und Albrecht Rieber, Genealogie des Hauses Fugger von der Lilie. Stammtafeln, Tübingen 1978, Tafel 9b, steht ein seit 1563 belegter Joachim Fugger, der 1590 heiratete. Ob mit dem päpstlichen Kämmerer identisch?

[343] Die Villa Mondragone in Frascati, 1573/1575 für den Kardinal Markus Sittich von Hohenems (Altemps), †1595, erbaut (Lexikon für Theologie und Kirche, Bd. 1, Freiburg/Breisgau 1957, Sp. 378).

Den 29. zur kuch $3^{1}/_{2}$ julii 3 bajocken.

Den 30. an provision wein $16^{1}/_{2}$ julii. Fur meinen herren 3 cannen kennefass 8 julii. Diesen tag hatt man in Sta. Maria d'Angelo[344] herliche comedias d'annuntiatione Christi gespilt. An provision zur kuch 4 julii.

Den 31. dieses zur kuch 3 julii 2 bajocken. Uff heut dato ist mein her von des cardinals Matrucii[345] secretario zur procession a Sta. Maria de l'Anima erpetten worden, darzu viell cardinalen und des kunigs majestet zu Hispanien ambassadeur auch mitgangen. Fur ein torsch, wie breuchlich, 5 julii. Diesen abent ist monseigneur Schwallartt bei meinem herren zugast plieben und extraordinarie ein vierthell vom gitzgen holen lassen $1^{1}/_{2}$ julii 1 bajock. Diesen morgen fur meinen herren 2 eyer 6 quatrini. Fur meinen herren ein par doppell schuch $4^{1}/_{2}$ julii. Fur meinen herren ein bocquet 4 quatrini.

Den 1. junii mein her abermals mit dem jungen herren von Frentzen, Eichenlaub und mich im tripot gespilt, verspilt $3^{1}/_{2}$ julii. An wein $^{1}/_{2}$ julii. Fur meinen herren ein par eschgraw halb seithe strimpff 22 julii und fur mich ein par schlegten 13 julii. Fur lauten schnur 1 julius. Den lehessmeister den irsten monatt abzalt ad 10 julii. Mein

---

[344] Santa Maria degli Angeli in den Diokletianischen Thermen.

[345] Kardinal Ludwig Madruzzo, †1600, seit 1573 Kardinal-Protektor der deutschen Nation (Lexikon für Theologie und Kirche, Bd. 6, Freiburg/Breisgau 1961, Sp. 1266). In Santa Maria dell'Anima befindet sich das wohl 1579 vollendete Grabdenkmal des Erbprinzen Karl Friedrich von Jülich-Kleve-Berg, der Mitte Dezember 1574 auf einer 1571 begonnenen Bildungsreise nach Italien in Rom eintraf und dort am 9. Februar 1575 im Alter von 19 Jahren starb (Gisbert Knopp, Wilfried Hansmann, S. Maria dell'Anima. Die deutsche Nationalkirche in Rom, Mönchengladbach 1979, S. 38–42). Der wohl 1568 geborene Philipp von Merode kann den Erbprinzen kaum als Person in Erinnerung gehabt haben, aber er und sein Hofmeister müssen eigentlich gewußt haben, daß dort der Erbe des Herzogs von Jülich begraben war, von dem die Herrschaft Merode zu Lehen ging. Am 16. Juni 1585, gut ein Jahr, bevor er nach Italien zog, nahm Philipp in Düsseldorf an der Hochzeit des Bruders des Erbprinzen, Johann Wilhelm von Jülich-Kleve-Berg, mit Jakobe von Baden teil (Dietrich Graminäus, Beschreibung derer fürstlicher gueligscher etc. Hochzeit, so im jahr Christi tausend fuenffhundert achtzig fuenff am sechszehenden junij und nechstfolgenden acht tagen zu Duesseldorff mit großen freuden fürstlichen triumph und herrligkeit gehalten worden, o.O., 585, Blatt C III, „Philips von Merhat, Herr zu Pitterßheim"). Um so erstaunlicher ist es, daß das Denkmal im Tagebuch nicht erwähnt wird.

schuch zulappen 5 quatrini. An weschlohn 2 julii 4 bajocken. An provision zur kuch 3 julii 3 bajocken.

Den 2. junii provision zur kuch 3 julii 2$^{1}/_{2}$ bajocken. Alss ich diesen tag einen burger von Wesell alhie angetroffen, welcher hiebevorn meinem altem gnedigen herren[346] fur soldatt gethienet und mit ime hinaussgesch[347] mit demselb gedruncken 1 julius 6 bajocken.

Den 3ten an provision zur kuch 4 julii 4$^{1}/_{2}$ bajocken. Diesen nachmittag meinem herren gethan mit den herren Frentz in der kartten zuspillen 6 bajocken. Diesen monatt der camerheur, der dan den 1. junii angefangen, abzalt ad 3$^{1}/_{2}$ silbere kronen. Fur ein zammette scheidt fur meinen herren 3 julii 2 bajocken.

Den 4. provision zur kuch 2$^{1}/_{2}$ julii 2$^{1}/_{2}$ bajocken 1 quatrini. Diesen abenth hatt mein her in die teutsche kirch wie vorschrieben[348] dass sacrament wider in seinem gepurendem orth stellen helffen[349], an ein gehuirtt stuck torschen dem gebrauch nach verbrant 2 julii. Mein weisse wulle strimpff zugarniern sampt dem passement kost in all 1 julius 2 bajocken. Noch fur meinen herren ein par einfeltige schuch 3$^{1}/_{2}$ julii, fur mich ein par dobbel 4 julii, fur den lacquay auch ein par dobbel 4 julii. Fur ein buch papir 6 bajocken. Fur schreibfeddern 2 bajocken. Mein her den herren von Frentzen 2 figuren im stambuch malhen lassen 4 julii.

Den 5. junii an provision zur kuch 3$^{1}/_{2}$ julii.

Den 6. junii an provision zur kuch 3 julii 4$^{1}/_{2}$ bajocken.

Den 7. junii an provision 5 julii 3$^{1}/_{2}$ bajocken.

Den 8. ist der bereider den nahemittag[350] bei meinem herren gewest, an ein bockal gerell wein 1 julii 4 bajocken. Fur 2 weschen 3$^{1}/_{2}$ julii 2 bajocken. Diesen tagh abermals provision an wein ingelacht, und weill der her von Gleyach mit unss spendiertt, beleufft der dritte theill meinem herren 10 julii, fackinen gelt 3 bajocken. Provision zur kuch 3 julii 2 bajocken 1 quatrini.

---

[346] Johann IX. von Merode.

[347] Hinter dem h ein Abkürzungsschlängel, den der Schreiber sonst für -en verwendet.

[348] Santa Maria dell'Anima.

[349] Es ist unbekannt, was dies bedeutet. Der 4. Juni 1587 war ein Donnerstag. Fronleichnam war 1587 am 28. Mai.

[350] So die Vorlage.

Den 9. junii dem bereider fur den 3ten monatt 15 gulden kronen. Fur meinen herren ein brundtsglass 6 quatrini. An provision zur kuch 3 julii 8 bajocken.

Den 10. junii an provision zur kuch 4 julii 3½ bajocken.

Den 11ten junii provision zur kuch 3 julii 3½ bajocken.

Den 12. junii an weschlohn 1 julius 7 bajocken.

Den 13. an provision zur kuch 5 julii 3 bajocken 1 quatrini. Diesen tag ist mein her mit 2 pferden neben andern Fransoschen verreist und den herren vettern von Frentzen dass gleitt geben biss Monterosa, welchs dem cardinall Alex. Farnesio zustendigh.

21.	**Monterosa**

Ein bourgo.

Alhie benachtigt, verzertt sampt den pferden 9 julii.

10.	**Caperola**

Ein stetlin.

Folgents tags mit ernannte herren uff Caperola gezogen, auch dem vorschrieben herren cardinall zustendig und daselbst besigtigt wie folgt. Irstlich das lusthauss[351] dermassen schon, alss mit augen zusehen ist. Ausswendigh viereckigh und inwendigh aller gemalhett und alle logementen in die rundt und mit lebendigen hystorien und sonst kunstreich abgerissen, auch mit gewaltige herliche tapitzerien behangen. Der gartt bei dem schloss ist uberauss schon und rein. Die fonteinen darinnen seindt schoner alss ich nhemals gesehen, under andern kost eine 15000 kronen und mehe, wie unss der burggraff bericht hatt. Der thiergartt bei dem hauss ist klein, aber schon durchpflantzst und ess wierdt darinnen ein schon lusthauss gebawett. Weitters uff dem wegh nach Romen ziehendt drei meillen von hinnen siegt man einen andern uberauss schonen thiergartten, woll besatzst mit allerlei grob und klein wilt und im mitten ein lusthauss und scho-

---

[351] Der Palazzo Farnese, 1547–1549 für Alexander Farnese errichtet.

ne vischereien. Im vorschrieben pallatio erhelt sich hochgemelter cardinall alle jars somer zeitt 4 monatt.

In diesem stettlin mittagh gehalten, verzertt 6¹/₂ julii. Von Caperola zurugk uff Romam 30[352]. Uff halber bhanen fur 1 spindt habern und sonst einen drunck wein 2 julii. Noch 5 meilen von Rhomen hitz halber gedruncken 1 julius. Fur jeder pferdt jeder tag 3 julii, facit 2 tage 12 julii. In die ehr Gotts 2 quatrini. Dass vorschrieben pallatium mit die herren Frentzen zubesichtigen geben 1 gulden kron, ist meines herren anpartt 2 julii. Fur meinen herren ein par henschen 2 julii. Diesen vorschrieben 14. junii provision zur kuch 5 julii 2 quatrini.

Den 15. provision zur kuch 4¹/₂ julii.

Den 16. an provision 5¹/₂ julii 2 bajocken. An provision wein 11 julii.

Den 17. an provision zur kuch 7¹/₂ julii 2 bajocken. Diesen mittag hatt meins herren bereider Wernher von Palant zu Wachtendorff[353] und Sintzigh meinen herren heimgesucht und extraordinarie verthan fur 2 junge höner und 2 tauben 6 julii, salatt, figen, kiertzen und pomerantzen 1 julius 2 bajocken. An girelln wein 3 bocquall jeder 1 julius 14 bajocken facit 4 julii 2 bajocken. Fur 1 doutzett rhemen 1 julius. Spelten 1 bajock. Fur meinen herren ein par henschen 2 julii. Weill mein her die meine verlhoren fur mich auch ein par 2 julii. An weschlon 1 julius 8 bajocken. Fur den lacquayen einen krach zumachen 1 julius. Diesen tag mit Palant, Eichenlaub und andern gespilt, an wein 1 julius 8 bajocken und zwei tagh uber die Tyber zufharen 6 bajocken. Fur meinen herren ein par stieffeln 18 julii.

Den 18. junii an provision zur kuch 5¹/₂ julii 4¹/₂ bajocken 1 quatrini.

Den 19. an provision zur kuch 4¹/₂ julii 4 bajocken 3 quatrini.

Den 20. an provision zur kuch 5 julii.

Den 21. an provision zur kuch 4 julii 1¹/₂ bajocken 1 quatrini.

Den 22. dem lautenschlager 1 gulde kron geben. Diesen tag an provision zur kuch 6 julii 6 quatrini.

Den 23. hatt mein her dem bereidtmeister ein par graw seitte strimpff geschenckt. Provision an wein 10 julii 3 bajocken 2 quatrini.

---

[352] Zu ergänzen *meillen* oder das vom Schreiber verwendete Wegemaß.
[353] Vorlage: *Wacht.*

An provision zur kuch 5 julii 1 bajock 3 quatrini.

Den 24. junii ist ein Flemminger vom adell bei meinem herren zu gast gewest, an girelln wein 14 bajocken. Uff die palmalien zuspillen uber und wider uber die Tyber zufharen 2 bajocken. An weschlohn 1½ julii. Meines herren kräch einen zurepariern und von einem altem hempt 5 faconnetten zumachen 1 julius 6 bajocken. Diesen abent ist monseigneur de la Fontaine bei meinem herren zugast gewest, an fisch extra 2½ julii, an girel wein 1 bocqual 1 julius 4 bajocken. An provision zur kuch 4½ julii 2 bajocken 3 quatrini. An reidtrotten 2 quatrini.

Den 25. an provision zur kuch 5½ julii 1 bajock 3 quatrini.

Den 26. provision zur kuch 5 julii 4½ bajocken 3 quatrini.

Den 27. provision zur kuch 5½ julii 2½ bajocken. Fur meines herren beithe wehr zureinigen, fur noch ein uberscheidt und fur den lacquayen ein scheidt, zusamen 4 julii. Mein her an kierschen 8 quatrini. In der geselschafft an kramenssfögell 1 julius.

Den 28. an provision zur kuch 4½ julii 4 bajocken 3 quatrini. Provision an wein 9 julii, fackinen gelt 4 bajocken.

Den 29. an provision zur kuchen 5 julii 3 bajocken.

Den 30. junii fur Andress Helmuntt[354] meines herren wapffen sampt 2 figuren 4 julii. Fur reidtrotten 2 quatrini. Des lacquayen hosen zurepariern 6 bajocken. Meines herren hosen 1 bajock. Diesen tag bein ich mit Eichenlaub und andern spacieren gangen, an wein mein anpartt 1½ julii. Provision zur kuch 5½ julii 3 quatrini. An gläser 2½ julii. An einen palmalien klotz oder bochie 4 bajocken. An wein, so mein her verspilt, 4 bajocken. An tinten 1 bajock. Umb Gotts will 1 bajock. Fur meinen herren ein brachal 2½ julii. An reittrotten 1 bajock.

Den 1. julii an provision zur kuch 6½ julii 2½ bajocken.

Den 2. julii provision an wein 9 julii, facquinengelt 3½ bajocken Diesen tag provision zur kuch 6 julii 2 bajocken 3 quatrini.

Den 3. julii der wierdinnen an camerheur geben 35 julii. Mein her mit dem balloun zuspillen uber und wider uber die Tyber zufaren an vehrgelt 7 bajocken. Fur spelten 1 bajock. Fur eyer 1 julius. Fur papir

---

[354] 1586 Sept. 21 wird in die Matrikel der Deutschen Nation in Siena eingetragen *Andreas Helmut* [sic], *Herbipolensis* [= aus Würzburg] (Weigle, Matrikel I, S. 87 Nr. 1312).

royall, die mundstucken darauff malhen zulassen, 2^1/$_2$ julii. Umb Gotts will 1 bajock. Provision zur kuch 7 julii 3^1/$_2$ bajocken. Diesen abent mit Palant in seinem logement zum schlaffdrunck mein her verzertt 2 julii 1 bajock.

Den 4. wider balloun gespilt, wider uber und wider uber die Tyber zufharen 2 bajocken. An reittrotten 1 bajock. An provision zur kuch 5^1/$_2$ julii 2 quatrini.

Den 5. julii provision zur kuch 5^1/$_2$ julii 3 bajocken.

Empfangk. Diesen tag durch Francisco de Robian binnen Romen empfangen an venedigschen ducatten 100, machen alhie zu Romen an gulden kronen 77 und 9[355] julii. Weill nhu wie oben gemelt alhie ein gulde kron mehe nit alss 11 julii 8 bajocken gangbar ist, ist mir von jeder kron 2 bajocken abgerechnet worden. Ist ergo der empfangk nit mehe als 77 kronen in golt 5 julii 1^1/$_2$ bajocken. Hievon diesen selben nachmittagh aussgeben an frucht 1 julius und balloun zuspillen uber und wider uber zufharen 3 bajocken 2 quatrini.

Den 6. julii an provision zur kuch 5 julii 2^1/$_2$ bajocken.

Den 7. julii provision an wein 8 julii 8 bajocken, fackinen gelt 7 quatrini. Fur meinen herren ein buch gekaufft, Gloria dell Cavallo[356] gnant, 12 julii. An provision zur kuch 5 julii 3^1/$_2$ bajocken. Diesen mittag Demius alhie gessen, extra an wein holen lassen 3 julii. Fur die antiquitatibus Romae und sonst andere kartten ad 230 stuck, jeder stuck 3 bajocken, facit durch einander 7 silbere kronen weniger 1 julius. Fur 1 buch papir 6 bajocken. Fur 5 schreibfeddern 10 quatrini. Alss ich mit monseigneur Palant zpaciern[357] gangen verdruncken 1 julius. Meines herren lauth zurepariern 12 bajocken. Weschlon 2^1/$_2$ julii 1 bajock. Fur 56 mundtstuck abzuschildern 44 julii. Die bedeutungh davon aussschreiben zulassen 10^1/$_2$ julii. Diesen tag mein her mit Gleiach ein collation im balloun spillen verlhoren 1^1/$_2$ julii 2^1/$_2$ bajocken. Fur den lacquayen ein par linen hosen 2^1/$_2$ julii. Mein hohr abzuschneitten 1 julius. Durch den posten brieff in Deutschlant geschickt, haben gewiegen 3 julii. Diesen mittag hatt mein her und Palant wein ausswen-

---

[355] Die Zahl undeutlich.

[356] Wahrscheinlich handelt es sich um Pasquale Caracciolo, La Gloria del Cavallo, 1566.

[357] So die Vorlage.

dig holen lassen, ist meins herren antheill 1 julius.

Den 8. provision zur kuch 5 julii 5 quatrini.

Den 9. julii provision zur kuch 4$\frac{1}{2}$ julii 2 bajocken 3 quatrini.

Den 10. julii an provision zur kuch 5 julii 3$\frac{1}{2}$ bajocken.

Den 11. provision zur kuch 5$\frac{1}{2}$ julii 3 bajocken.

Den 12. provision zur kuch 8$\frac{1}{2}$ julii 2$\frac{1}{2}$ bajocken.

Den 13. provision zur kuch 5 julii 4 bajocken. Abermals provision an wein 9 julii, gambelles den wein zupreufen 1 bajock. Dem Flachen widergeben, so er meinem herren vor und nach verlacht ad 5 julii.

Den 14. provision zur kuch 5 julii 1$\frac{1}{2}$ bajocken. Diesen morgen mein her mit monseigneur Gleiach collation gehalten, an figen 1 bajock, an eyer 3 bajocken, ein halb quart[358] greco 8 bajocken. Den abent seindt bei meinem herren 2 pfaffen auss der teutscher kirchen[359] zugast komen, extra holen lassen 2 honer, kosten 2 julii 8 bajocken, an brott 1 bajock. Fur 2 brill fur staub und windt zugebrauchen 2$\frac{1}{2}$ julii. Fur meinen hudt zufarben 1 julius und zufodern 3 julii.

Den 15. fur meinen herren 2 eyer 3 bajocken. Diesen tag mit etliche vom adell nach den portum romanum,

ist hin und wider 24[360]   **Hostia** gnant

gefaren. Beleufft meines herren anpartt des carochen 8 julii, verzertt 8 julii. Noch an wein, so man auss der herberg holen lassen, meines herren antheill 6 bajocken 2 quatrini. Noch an fisch meines herren anpartt 8$\frac{1}{2}$ bajocken. Dem cotzschier geschenckt an dranckgelt 1 julius. Fur 2 rhemen an meines herren schuch und 2 an die meine kosten 2 bajocken. Fur meinen herren, mich und den lacquayen jeder ein par schuch kosten zusamen 11$\frac{1}{2}$ julii. Provision zur kuch 4 julii 3 bajocken. Noch mein her gegolden 4 seitten coronen, kosten 12 julii.

Den 16. provision zur kuch 4 julii 1$\frac{1}{2}$ bajocken. Diesen abent ist monseigneur de la Fontaine bei meinem herren zugast gewest und extra an fisch 3 julii. An weschlon 3 julii.

---

[358] Lesung unsicher.

[359] Santa Maria dell'Anima.

[360] Gemeint ist die Entfernung in Meilen.

Den 17. provision zur kuch 5 julii 3 quatrini.

Den 18. an provision 5 julii 2 bajocken und provision an wein 8 julii 8 bajocken 2 quatrini. Noch ein cartt, darauff aller cardinaln wapffen und nhamen gedruckt, auch les cris de Roma, kosten zusamen 7 bajocken. Noch 5 puncten zusch(reiben?)[361] in dass vorschrieben mundtstuckbuch 6 bajocken. Noch fur tafft, passement, trill meinen hudt zufodern und machlohn 3 julii. Meine leddern hosen mit 1 can linen thuch zufodern kost 6 julii. Fur ½ doutzet kneuff unden daran und seithen 1 julius 2 bajocken. Noch mein her gekaufft 9 cronen fur 20 julii. Fur einen schnelken an mein koppel 7 bajocken. An meines herren rhem eine gaspe zumachen 3 bajocken. Fur 1 brott 1 bajock. Fur meinen herren ein par eyer 3 bajocken.

Den 19. provision zur kuch 6 julii 1 bajock.

Den 20. provision zur kuch 4½ julii 5 bajocken.

Den 21. provision zur kuch 5 julii 3 bajocken.

Den 22. bein ich mit monseigneur Palant auss Roma gangen und sepulchrum Bacchi besichtigt und zop gessen, mein anpartt 1 julius 1½ bajocken. Alss hauptman Vetz[362] die geselschafft ersucht und collation gehalten meines herren anpartt 1 julius 2 bajocken 4 quatrini. Noch 4 abcontrafeittungen der statt Romen 1 julius. Provision zur küch 6½ julii 2 bajocken. Diesen abent ist monseigneur Oversche und Hamerstein zum valete bei meinem herren zugast gewest, ist extra an wein und kost meines herren anpartt 17 julii.

Den 23. mein her mit Hamerstein zop gessen. An eyer 12 bajocken und sonst die borscht den gantzen tag gedruncken beleufft meines herren antheill 6½ julii. Noch nachgedruncken 1 julius. An weschlon 2½ julii. Dweill alhie eine bettgardin durch ein liecht ein wenigh verbrantt, fur reparierungh 2 julii. Meine linen underhosen zusohlen 1½ julii. Mitt dem schneider, meister Carl, gerechnet, wass vor und nach durch ime repariert worden und er sonst an kleinen stoffen verlacht ad 18 julii, heivor[363] gemacht wie folgt. Irstlich sovill tafft alss zu

---

[361] Lesung unsicher.

[362] Zwischen dem 21. Juli und dem 28. August 1584 wird in die Matrikel der Deutschen Nation in Siena eingetragen *Balthasar Fetz von Bregentz, röm[ischer]. mai[estet]. bestellter hauptmann* (Weigle, Matrikel I, S. 79 Nr. 1083).

[363] So die Vorlage.

einem massgen und machlon, darnach meine lettere hosen uffgerust, meinem herren ein par leine mawen verkiertt und ingesetzst. Diesen tag hab ich mit dem viterino uff Siena zuziehen mit zweien pferdt und fur 2 personen kost frei zuhalten accordiertt und geben mussen 8 silbere kronen. Unser bagage zufuren 2 silbere kronen. Dem lacquayen fur seine zerungh uff dem weg geben 12 julii. Fur meinen herren ein reidtkussen 24 julii. Ein doutzet remen 8 bajocken. Fur mich ein gurttel 1 julius. Meine leddere vorschrieben hosen zuwaschen 2 julii. An provision zur kuch 6 julii $3\frac{1}{2}$ bajocken. Dem koch fur dranckgelt 3 julii. Entlich mit Gott verreist. Im abscheiden des Hamersteins diener, der mich die nachfolgende patronkocher zuveralienieren geholffen 2 julii.

Empfangk. Der patronkocher wigt unsers deutschen gewigts 25 lott $\frac{1}{2}$ quintell, die flesch 13 lott $\frac{1}{2}$ quintell, und alhie zu Romen ist ein ontz 2 lott, seindt 19 lott, jeder lott ad 8 julii facit 15 silbere kronen 6 julii.

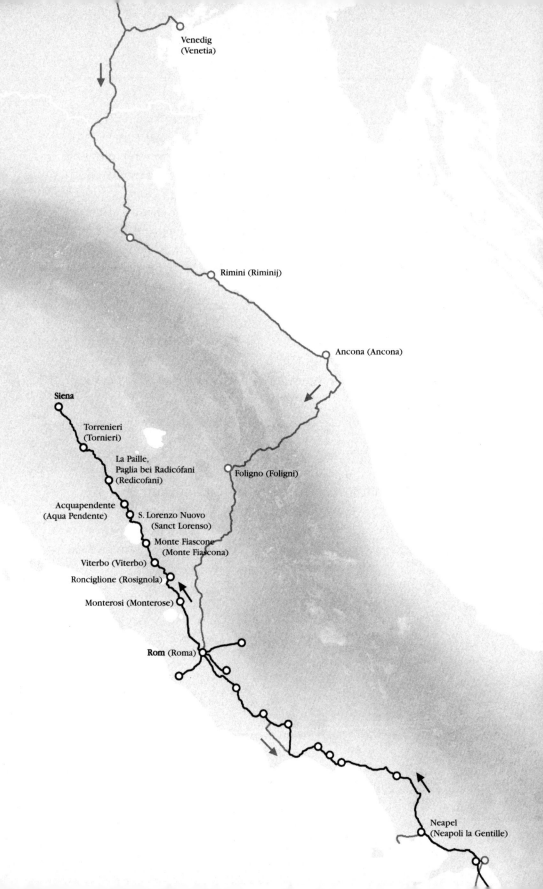

Venedig
(Venetia)

Rimini (Riminij)

Ancona (Ancona)

Siena

Torrenieri
(Tornieri)

La Paille,
Paglia bei Radicófani
(Redicofani)

Foligno (Foligni)

Acquapendente
(Aqua Pendente)

S. Lorenzo Nuovo
(Sanct Lorenso)

Monte Fiascone
(Monte Fiascona)

Viterbo (Viterbo)

Ronciglione (Rosignola)

Monterosi (Monterose)

Rom (Roma)

Neapel
(Neapoli la Gentille)

Von Rom nach Siena

21   **Monterose**

Bourgo, dem cardinal Alex. Fernesio zustendigh[364].

Alhie den 24. julii mittag gehalten und durch den viterino, wie vor gemelt, freigehalten worden. An dranckgelt $1^1/_2$ bajocken. Zwischenwegen der unleidtlicher hitz halber an dem irsten posten gedruncken 4 bajocken. An dem zweitten posten 8 bajocken. Sunst ist alhie nichtz zusehen. Es ist woll noch ein ander lustgartt 13 meilen von hinnen gelegen, aber denselben durch ungelegenheitt gegen unsern grossen willen nit besichtigen kuennen. Alssvill Caperola antrifft, ist davon hievor gnugsame mention beschehen.

19.   **Viterbo**

Ein hupsche statt, hochgedachtem cardinalen auch zugehorig.
Alhie gilt das gelt wie zu Romen.

Alhie den abent ankhomen und uff halber bhanen von Monterose eine statt passiertt, Rosignola gnant. Vom Roma biss alhie zu Viterbo ist mein her durch den herren von Wachtendorff, Gleyach und Over-

---

[364] Alexander Farnese, *1520, †1589.

sche vergleidt worden. Alhie findt man auch 2 schone fontainen und man magt auch hieselbst dem italianischen brauch nach schone sporen. Uff der seithen nach Siena ligt eine schone vestungh halb in der statt und halb drauss, welche die statt dominiertt. Alhie mit den vorschrieben herren extra verzertt 2 julii.

18.   **Sanct Lorenso**

Ein stetlin, auch dem cardinall vorschrieben zugehorigh.

Alhie den 25. zu mittag ankhomen. Ziehen meilen von hinnen seindt wir durch ein stetlin, Monte Fiascona gnant, daselbst man den besten mosquatello von Italia drincket, dessen wir gedruncken fur 2 julii 1 bajock. Diesen vormittag haben wir etliche so schone laqui gesehen, alss man mit augen sehen kan und uff die lincke handt ligen lassen, under andere eine, Volsena[365] gnant, darinnen eine inssell gelegen, darauff sich der cardinal Alexandro Fernesio begraben lassen will. In diesem stetlin unsere koffer verzollen mussen $^{1}/_{2}$ julii.

16.   **La Paille**

Ein dorff.

Alhie den abent ankhomen und 12 meilen von hinnen eine statt hohe uff einem bergh gelegen, Aqua Pendente gnant, durchzogen, auch dem vorschrieben cardinal zugehorigh. Hieselbst collation gehalten 1 julius 7 bajocken 2 quatrini. Nochmals auff dem wegh die bagage verzollen mussen $^{1}/_{2}$ julii. Ferners 5 meilen von hinnen haben wir eine steine brugk uberitten, daselbst gehett Romania auss und das hertzigthumb Fiorenza oder Toscana ahn. Im aussziehen dieses dorffs Paglia nach Siena ungfehr 3 meilen uff die rechte handt ligt eine gewaltige vestungh hohe uff einem bergh, dem grosshertzogh von Fiorenza zustendigh und Redicofani gnant.

---

[365] Lago di Bolsena.

16. **Tornieri**

Ein fleck.

Alhie zu mittag den 26. ankhomen. Dem diener dranckgelt 3 bajocken 2 quatrini. Drei meilen von hinnen ein stetlin passiertt. Alhie verzertt an eine collation 1 julii 2 bajocken 2 quatrini. Uff dem weg nochmals die valisse verzollen mussen 5 quatrini.

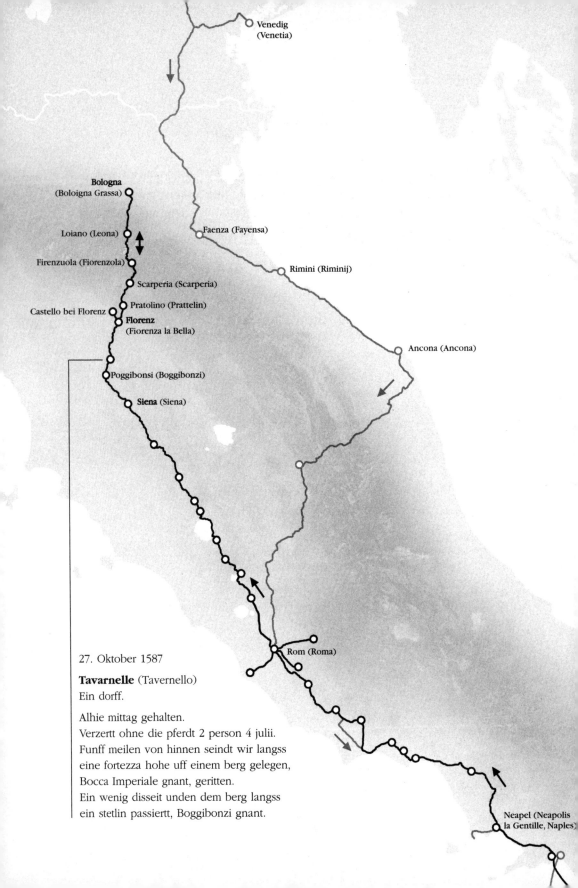

Venedig
(Venetia)

Bologna
(Boloigna Grassa)

Faenza (Fayensa)

Loiano (Leona)

Firenzuola (Fiorenzola)

Rimini (Riminij)

Scarperia (Scarperia)

Pratolino (Prattelin)

Castello bei Florenz

Florenz
(Fiorenza la Bella)

Ancona (Ancona)

Poggibonsi (Boggibonzi)

Siena (Siena)

Rom (Roma)

27. Oktober 1587

Tavarnelle (Tavernello)
Ein dorff.

Alhie mittag gehalten.
Verzertt ohne die pferdt 2 person 4 julii.
Funff meilen von hinnen seindt wir langss
eine fortezza hohe uff einem berg gelegen,
Bocca Imperiale gnant, geritten.
Ein wenig disseit unden dem berg langss
ein stetlin passiertt, Boggibonzi gnant.

Neapel (Neapolis
la Gentille, Naples)

Siena, Florenz, Bologna

16.   **Siena**

Ein schone statt.
Ein gulde kron gilt alhie 11 julii 2 kreutzer. Ein julier 8 kreutzer. Ein
kreutzer 5 quatrini. Ein piastre $10^{1}/_{2}$ julii.

In dieser statt den jetzgemelten 26. julii den abenth ankhomen und
zweimall underweghen hitz halber gedruncken 9 bajocken 2 quatrini.
Zwelff meiln von hinnen ein statt passiert, ...[366] gnant. Notandum: Diese statt ist hiebevor reichs gewest und von Carolo 5 einem grosshertzogh von Florentz pfandtweiss uberliebertt.

Alhie ist meinem herren der loblicher teutscher nation buch durch
etliche Teutsche vom adell zubracht worden, dainnen sich ire gnaden
dem alten brauch nach geschrieben, darzu gegeben $1^{1}/_{2}$ gulde kron.
Weill wir in der herberg 3 gantzer tag still gelegen, verzertt mit 3 personen sampt dem extraordinario 52 julii. Dem viterino 1 julius. Fur
einen schwam $^{1}/_{2}$ julii. Fur tinten $1^{1}/_{2}$ bajocken. Fur meinen herren ein
par schuch 3 julii 2 kreutzer.

Den 28. julii seindt wir alhie bei dem pedellum ingezogen und fur
2 cameren geben mussen alle monatt 36 julii 2 kreutzer. Weill ich nhu
ime den irsten monatt stracks im inziehen vorbezalt facit 36 julii

---

[366] Für den Namen ist in der Vorlage eine Lücke gelassen.

2 kreutzer und an provision wein meines herren anpartt 39 julii 5 kreutzer. An weschlohn 13 kreutzer. Noch mein her einer fransoscher adelljouffern in die ehr Gotts mitgetheilt 1 julius.

Den 29. provision zur kuch 6 julii 1½ kreutzer 2 quatrini.

Den 30. provision zur kuch 6½ julii 1½ kreutzer ½ quatrini.

Den 31. provision zur kuch 3 julii 3 kreutzer.

Den 1. augusti an provision zur kuch 5½ julii 3 kreutzer 2 quatrini. Diesen tag ist mein her zum conciliarium alhie binnen Siena durch die hochlobliche teutsche nation erwelhett worden. Alss nhu ernantte nation nach erwelhungh meinen herren mit aller ehren heimgefurtt, so ist wolgemelter mein her derselber eine collation zubereitten schuldig gewest. An zuckher 38 julii, an wein 2 barill ad 24½ julii, dem drager 6 kreutzer. Fur kiess 1½ julii. Fur glaser, so man zerbrochen, 1½ julii. Fur ein glasere kanne ...[367] julii. Fur brott 2 julii. An frucht 1 julius 2 kreutzer. Ein brettspill gehuirtt, fur einen monatt zalt ½ julii. Des lacquayen hosen zureparieren 1 julius. Fur meinen herren einen newen gestickten hudt 12 julii und schwartze feddere darauff 10 julii. Die madalien[368] zureinigen 6 kreutzer. Uff dem vorschrieben banquet den spilleutten 9 julii.

Den 2. augusti an provision zur kuch 3½ julii 2½ kreutzer 1 quatrini. Diesen tagh haben der statt trommenschläger meinem herren zur ehren officii heimgesucht und gespilt, geben 3 julii. Fur ein kleiderbessem 1 julius. Meines herren zammette hosen zurepariern 1 kreutzer. Fur meinen herren ein par henschen 2 julii. Die schwartze seitte strimpff zu accoustriern 1½ kreutzer. Meinem herren in der cartten zuspillen gethan 1 julius 6 kreutzer. An schreibfeddern 1 kreutzer. Weschlohn 1 julius. Weill auch ein conciliarius der teutscher broderschafft, so die Teutschen begraben, alle sampstagh einen julier zugeben schuldigh, so hab ich heutten angefangen zubezalen, facit 1 julier. Noch in die ehr Gotts aussgetheilt 2 kreutzer. Meine line mawen im mandilien zusetzen 4 kreutzer.

Den 3. augusti provision zur kuch 4 julii 1 kreutzer 1 quatrini.

Den 4. an provision zur kuch 3½ julii 1 kreutzer 1 quatrini.

Den 5. an provision zur kuch 4 julii 2 kreutzer.

---

[367] Der Betrag ist nicht angegeben.

[368] So die Vorlage.

Den 6. provision zur kuch 4 julii 4 kreutzer $1^1/_2$ quatrini.

Den 7. kuchenprovision 4 julii 1 kreutzer 2 quatrini.

Den 8. provision zur kuch $6^1/_2$ julii $3^1/_2$ kreutzer.

Den 9. provision zur kuch 4 julii 1 kreutzer 4 quatrini. Diesen tag seindt meinem herren von dem abgestandenen herren consiliario herren Engelhardo freiherrn von Wolkenstein neben den procuratoribus und andern vom adell mehe die privilegia und sonst alle sachen, die nation belangendt, uberliebertt und in meines herren verwarsamb gestelt worden. Fur eine collation dem gebrauch nach an wein 13 julii, an frucht, kiess und anders 7 julii. Auss der aptiecken an drucke mandeln und maronen 2lb. 3 julii. Diesen abent grassatum gangen, den spilleuten geben 6 julii. Fur dem lacquayen ein par dobbell schuch 4 julii. Mein her gialebbe gedruncken 3 kreutzer. An papier 5 kreutzer.

Den 10. provision zur kuch $3^1/_2$ julii. Diesen tag 5 brieff von Roma bekhomen 5 kreutzer. Mein her verspilt 1 kreutzer. Dem pedello den kunfftigen monatt september wegen seiner ungelegenheitt vorabzalt ad $36^1/_2$ julii 2 kreutzer. Weschlohn 7 kreutzer. Diesen morgen mein her mit dem proconsiliario gialeb gedruncken $^1/_2$ julii. Fur loppenhultzken 1 kreutzer.

Den 11. augusti zur kuch 4 julii 1 kreutzer.

Den 12. zur kuch $3^1/_2$ julii 2 kreutzer.

Den 13. zur kuch $3^1/_2$ julii $2^1/_2$ kreutzer, provision an wein 37 julii 1 kreutzer.

Den 14. zur kuch $5^1/_2$ julii 2 kreutzer. Meines herren schwartze seitte strimpff zu repariern 6 kreutzer. Dem kellener von Malta, Ulrich von Ulm gnant, auss ungluck und armut geschenckt 3 julii. Fur spelten 1 kreutzer. Weill alle monatt ein jeder dem pedello fur sein solario ichtwas zugeben schuldig, also hatt mein her alss consiliario ime geben $1^1/_2$ gulde kron 3 kreutzer. Meinem herren in die Gotts ehr ausstheilt $^1/_2$ julier.

Den 15. der broderschafft $^1/_2$ julier. Meines herren laut zurepariern 3 julii. Notandum. Diesen tag[369] hatt der senatus alhie ir[370] vest gehalten und im thom hieselbst eine wundereschon gemachte und grosse wachskerss, welche 4 mhan gnugsam zutragen gehabt, geopffertt,

---

[369] Der Vortag des Palio.
[370] So die Vorlage.

wie dan sie alle jar zuthun iren gebrauch haben. Vor dieser kerssen seindt getragen worden 2 lange fhanen und der statt wapffen daruf gearbeith, darnach 37 trommenschläger, darnach 20 trommetter, darnach 7 andere mit gewaltige lange trommetten, negst diesen eine herlige musica. Darnach die stattbotten mit silber spenrocken, darnach etliche mit rotten scheptern. Negst dennen seindt gegangen etliche mit lange rotte röcken, wie die doctores zu Colln tragen. Darnach deren signori der statt kinder mit rotten dammasten rocken, der focon wie jetz gemelt mitt auch gulden ketten im haltz. Darnach die junge radtherrn oder signori. Folgents und letzlich die alte signori oder consiliarii. Diesen tag haben der statt trommenschläger abermals meinen herren ersucht und gespilt, dennen geben 3 julii. Darnach die lauthen- und xysterschlager meinen herren alss der nation consiliarius ersucht, auch geben 3 julii. Provision zur kuch $3^1/_2$ julii 2 kreutzer 2 quatrini.

Den 16. zur kuch $3^1/_2$ julii 1 kreutzer. Mein her an gialeb 2 kreutzer.

Den 17. zur kuch 4 julii 1 quatrini. Diesen tag mein her in der aptieck zum besten geben 1 julier. Diesen tag abermals brieff auss dem Niderlandt bekomen, zaln mussen 1 julier 1 kreutzer. Diesen tag hatt mein her sampt etlichen andere vom adell dem graffen Picquelomini[371] eine cerenade gehalten, meines herren anpartt an racketten, so verschossen worden, 3 julii. Diesen mittag ist meinem herren durch wolgemelten graffen etlichen wein verehrett worden, dem drager 1 julier. Noch an gialeb verdruncken $^1/_2$ julius.

Den 18. an provision zur kuch 4 julii 4 kreutzer 2 quatrini. Diesen tagh mein her wider an gialeb der grosser hitz halber gedruncken 1 julius. Diesen abent hatt der graff Alfonso[372] meinen herren heimgesucht, an wein 18 bocqual wein, jeder bocqual 2 quatrini, facit 9 julii 7 kreutzer 1 quatrini.

Den 19. mein her mit dem graffen Alfonso in die cartten gespilt, fur 1 cart 1 julius 2 kreutzer. Alss Vendt[373] alhie gewest an brot 3 qua-

---

[371] Piccolomini.

[372] Alfons Piccolomini, s.u.

[373] Zwischen dem 20. September und dem 19. Oktober 1585 wird in die Matrikel der Deutschen Nation in Siena eingetragen *Henricus Ventius, Monastriensis, stud. med.* 1586 April 28 wird dort eingetragen *Joannes Vendius in Freyshausen, Bavarus* (Weigle, Matrikel I, S. 84 Nr. 1213, S. 86 Nr. 1266).

trini. An weschlohn 3 julii 1 kreutzer. An provision zur kuch 4 julii 1 kreutzer. Diesen abent ist der graff abermals mit noch andern graffen und herren bei meinen herren komen und ersucht. An bancquetzucker 14 julii und an gialeb, so mein her hitz halber gedruncken, 10 julii. An wein 12 bocqual jeder 4 kreutzer 2 quatrini, facit 6 julii 4 kreutzer 4 quatrini.

Den 20. an provision zur kuch 4 julii 1½ kreutzer 1½ quatrini.

Den 21. an provision zur kuch 4 julii 3½ kreutzer 2 quatrini. Diesen abent seindt abermals etliche des graffen vorschrieben edelleut zu meinem herren khomen. An wein 8 bocqual jeder 4 kreutzer 2 quatrini, facit 4 julii 3 kreutzer 1 quatrini.

Den 22. provision zur kuch 5 julii 2 kreutzer 2 quatrini.

Den 23. provision zur kuch 4½ julii 2½ kreutzer.

Den 24. provision zur kuch 3½ julii 2 kreutzer 1 quatrini. Diesen tag wider brieff von Roma bekomen, bezalt 1 julius. Alss nhu der wolund mehegemelter graff Alfonso von Picquelomini und andere graffen und herren etliche male mit meinem herren zum rengt[374] gerennett und gespurtt, das sich ire gnaden woll dazu alss auch zum quintanrennen geschickt, derwegen wolgemelter graff, dass mein her irer gnaden einen gesellen gegen einen romanischen rittern, il cavalliere della Nouvella Fiamma[375] gnant, zurennen geben wolle, zubeschweren nit ufgehurtt, welchs mein her nach derselben vilfeltig anhalten und auch der hohelobLicher deutscher nation zu ehrn nit abzuschlagen gewist, und uff heut dato den jetzgemelten 24. augusti anno 1587 dermassen gebrauchen lassen, dass ire gnaden der geringer jugendt nach einen zimlichen rhaum ewigh nachgelassen. Wass dieserhalb an uncosten die ehr erfordertt hat ist hernach zuersehen.

Irstlich fur das masqueradekleitt fur ritter und pfertt, kleider fur 2 trommetter und dem lacquayen tafft, wie die rechnungh mit A notiertt[376] mit sich bringt und aussweist, ad 24 gulde kronen 4 julii. Darnach fur 18 ellen silbere tocchetta uff das masqueradekleit und pfertdecken, jeder ellen 2½ julii, facit 45 julii. Fur colören, die wapffen an die trommetten zumalhen, 11 julii. Fur den lacquayen ein par

---

[374] So die Vorlage.

[375] Ritter von der neuen Flamme oder Ritter vom neuen Wimpel.

[376] Die Rechnungen A–C liegen dem Tagebuch nicht mehr bei.

linen mawen, fur $1^1/_2$ ellen 5 julii. Fur seitte schneur vor am masque-radekleitt, fur 4 grone feddern, fur 16 schellen vor am pferdt 8 julii. Noch fur $1^1/_2$ ellen gronen tafft zum hindergezeugh bei einem andern kauffman gegolden, weill er bei diesem gefelhett, beleufft sich ad 7 julii 2 kreutzer. Des graffen stalknegten, so uff das pferdt gewarttet und dasselbig aussgebotzst, 1 gulde kron. Den trommettern 2 gulde kronen. Gegen den vorschrieben romanischen rittern mit rennen ver-lhoren einen silbern becher, kost 12 gulde kronen $7^1/_2$ julii. Dem mah-ler, der die fhanen gemalhett, 60 julii.

Meines herren pareinen seindt gewesen der freiher von Colle-wratt[377] und ein capitein, Bondy gnant, denen mein her einem jeden ein veltzeichen nach gelegenheitt dern personen zugeben schuldig gewest. Darnach auch 2 andern von adell, so die instantzien aussge-theilt, ingleichen die veltzeichen vorbezalt. Noch ein anders vor mei-nen herren, wie dan die beigelachte rechnungh mit B notiert ferners anzeigt, beleufft sich diss ad 14 gulde kronen $4^1/_2$ julii. Noch ein foderthuch in all 15 julii 5 soldi vermog rechnungh mit C notiertt. Fur 150 stucken, so in laudem meines herren alss cavaliere della Spe-ransa[378] hin und wider aussgetheilt worden sein, 21 julii. Fur ein par weisse corduanische stieffeln und fur den lacquayen ein par weisse strimpff 14 julii und ein[379] par weisse schuch 3 julii. Fur deren trom-metern 2 mandilien, des lacquayen mandilien und hosen und meines herren tafften klein mentelken under zufodern zusamen an macher-lohn 12 julii. Dem jungen, so das masqueradenkleitt und pferdtsru-stungh inventiertt und gemacht 44 julii. Dem sadeler, so die taffte de-cken gemacht, 4 julii. Dweill auch der gebrauch ist, das die trommet-ter deren cavalieren wapffen an iren trommetten behalten, so hab ich doch meines herren wapffen von mehegemelten trommettern, umb dieselbe in meines herren rustcamer zur gedechtnus zuverwahren wider erkaufft, kosten 20 julii.

Den 25. provision zur kuch 5 julii 1 kreutzer.

Den 26. zur kuch 4 julii 2 kreutzer 4 quatrini. Des lacquayen

---

[377] 1586 Juli 18 wird in die Matrikel der Deutschen Nation in Siena eingetragen *Benedictus Herr von Kolowrat* (Weigle, Matrikel I, S. 85, Nr. 1243).
[378] Ritter von der Hoffnung.
[379] *ein* fehlt in der Vorlage.

strimpff zugarnieren 2 julii. Alss der lacquay von Roma hiehin zu fuss gangen, aber der unleitlicher hitz halber zumweillen geritten und damit verthan 2½ julii, welche er von dem spendateur gelenth und ich verricht hab. Fur meinen herren ein par henschen 2 julii.

Den 27. 4½ julii 1½ kreutzer. Heutten an provision wein 37 julii 1 kreutzer. Mein her an gialeb 4 kreutzer. Fur meinen herren 2 par schuch 6 julii, fur 4 seitte rhemen daran 4 kreutzer. Weschlon 1 julius. Zwei rabatten zumachen 6 kreutzer.

Den 28. zur kuch 4 julii 9 quatrini.

Den 29. zur kuch 4 julii 1 kreutzer.

Den 30. kuchenprovision 4 julii.

Den 31. zur kuch 4 julii 2½ quatrini. Diesen tagh commedie gehalten und mein her fur 7 personen, dieselbige zubesichtigen, bezalt 1½ julii.

Den 1. septembris provision zur kuch 3 julii 2 quatrini.

Den 2. septembris bein ich vermog befelh und erlangten schreiben der wechsselungh halber nach Romen gezogen. Fur ein heurpfert 21 julii, welchs pfert ich auch verzeren mussen. Den mittagh sampt dem pfertt verzertt 3 julii. Den nachmittagh hitz halber gedruncken an wein 3 kreutzer. Den abent sampt dem pferdt 4 julii.

Den 3. septembris zu mittagh verzertt 3 julii, den abenth 4 julii.

Den 4. septembris den mittagh 3 julii, den nachmittagh gedruncken 3 kreutzer. Den abent zu Romen[380] dem viterino 1 julius an dranckgelt. Alhie ankomende stracks 7 brieff nach Deutschlandt geschickt, haben gewiegen 2 ontzen und etliche quinteln, jeder ontz biss Collen von Romen 4 julii, facit 9 julii. Fur mich ein par gestrickte underhosen 14 julii, dieselbe zubesetzen 2 julii. Der wechsselungh halber brieff uff Neapolis geschickt 2½ julii. Fur mich ein par doppell schuch 4 julii.

Den 12. septembris[381] abermals etliche brieff dem altem herren[382] zugeschickt 2 julii 5 bajocken. An kerssen 3 bajocken, an papir 2 bajocken, weschlon 13 bajocken.

---

[380] Am Rand steht *Roma* und als Entfernungsangabe der Strecke Siena–Rom die Zahl *106*.

[381] Über die Zeit vom 5. bis zum 11. September enthält das Tagebuch keine Eintragungen.

[382] Johann IX. von Merode.

Vom 12. bis uff den 20. septembris im Fugssken vor und nach verzertt 29 julii.

Den 20, 21., 22., 23., 24. und 25. verzertt in all 17 julii. Mitt herren Martten auss der teutscher kirchen, der mich im logement besucht, verzertt an wein 1 julier, an brott 1 bajock. Fur meinen herren 4 par romanische henschen, jeder par 2 julii, facit 8 julii. Fur 1 dussken, die Agnus Dei darinnen zupacken, 2 bajocken. Noch ein ander dos, gelt darinnen zutragen, 5 bajocken. Weill ich nhu lauth habenden schreiben wegen unrigtigkeitt 200 ducatten nach Neapolis zuziehen genottrengt gewest, so hab ich von Roma biss Neapolis fur ein heurpfertt und zerungh geben mussen 4 gulde kronen[383]. Verreist den 26. septembris. Den morgen bei dem Dr. Wael[384] mittagh gehalten, verzertt 2½ julii. Fur camerheur jeder nacht 1 julius facit 25 julii. Hievon mussen 3 nachten abgezogen werden, die ich im ankhomen im Weissen Lewen umbsonst geschlaffen, verpleiben dan 22 julii. Uff dem weg der unleidtlicher hitz halber in all verdruncken 3 julii 6 bajocken. Dem wierdt zu Neapolis, meister Dietherichen Breittbach, meines herren wapffen malhen lassen, kost 3 julii. Dem viterino 1 julier. Zu Neapolis durch absentz des Hautappels biss uff den 11. tag still ligen mussen, verzertt 6 ducatten 9 julii, an dranckgelt 1 julier.

Den 9. octobris bein ich wider nach Romen verzogen und verrichtet wie auss dem verfolgh zuersehen. Zwischen Mola und Cascano im hin- und widerziehen uber ein wasser geschiffet, jeder reiss ½ julier, facit 1 julier. Im zurugkziehen hatt ein jeder wie breuchlich seine malzeitt a Capua Nova bezalen mussen, weill die viterini nit mehe als 7 malzeitten zubezaln schuldig sein und verzertt 2½ julier. Zu Fondij mein valissgen verzollen mussen 1 julier. Diesen morgen haben wir vorm mittagh 22 meilen reitten mussen, derwegen mit etlichen deutschen zop gessen, mein anpartt 2 julii.

Den 12. octobris[385] zu Romen[386] ankomen und fur mein heurpfertt von Neapolis sampt meine zerungh noch 4 gulde kronen, dem viteri-

---

[383] Am Rand steht die Zahl *130* als Entfernungsangabe der Strecke Rom–Neapel.
[384] Könnte auch heißen *de Wael*.
[385] In der Vorlage steht irrig *septembris*.
[386] Am Rand steht *Roma* und die Zahl *130* als Entfernungsangabe der Strecke Neapel–Rom.

no 1 julius. Underwegen mit weillen gedruncken, mein anpartt in all verthan 12 bajocken. Fur meinen herren 2 doutzet seitte schwartze rhemen 1½ julii 1 bajock. Fur abcontrafaitungh den Gulien bei St. Pietro fur 6 stuck 7 julii, fur Puozzuollo 3 bajocken. Weill ich der geselschafft halber wegen des beihabenden gelts 6 tagh still ligen mussen verzertt 17 julii[387]. An weschlohn 2 julii. Monseigneur Overschie widergeben, so er an briefflohn aussgelacht, 2½ julii. Fur mich einen hudt 8 julii und ein par henschen 2 julii. Noch fur 5 nachten schlaffgelt 5 julii. Fur mich ein par dobbell schuch 4 julii. Von Roma biss Siena fur heurpfertt und 5 malzeitten geben 35 julii, aber die letzste malzeit ein jeder fur sich bezalen mussen, ist fur mich 2½ julii. Underwegen mit monseigneur Gleiach und de Waell[388] collation gehalten, ist mein anpartt 1 julier.

Wass sunst abwesendt meiner verzertt und aussgeben und von[389] mich bezalt worden ist folgents zuersehen. Irstlich an wein, so extra geholt worden, meines herren antheill 6 julii. Den dritten monatt camerzins beleufft sich ad 36½ julii 2 kreutzer.

Den 2. septembris als ich verzogen an provision zur kuch 3 julii 3 kreutzer 4 quatrini. Diesen tag commedias besichtigt ½ julii. Des lacquayen hosen zurepariern 1 julier. An weschlon 6 kreutzer, mein her an gialeb 6 kreutzer.

Den 3. septembris an gialeb 6 kreutzer, zur kuch 3 julii 1½ kreutzer. Diesen tag meines herren schwartze seitte strimpff zusticken 1 julier. Mein her 2 par schuch machen lassen 8 julier. Fur einen entfogell, den wasserhundt zuprobieren, 2 julii. Des lacquayen schuch zurepariern 2½ julii. An weschlohn 1½ julii 3 kreutzer.

Den 4. provision an wein 4 barilln, ist meines herren anpartt 25½ julii, facquinengelt 6 kreutzer. Provision zur kuch 4½ julii 1 kreutzer.

Den 5. provision zur kuch 5 julii 6 kreutzer 1 quatrini. Diesen tag mein her an gialeb 1 julier.

---

[387] Der Sinn des Satzes ist offenbar so zu verstehen, daß er wegen der großen Geldsumme, die er bei sich hatte, nicht allein von Rom nach Siena reisen wollte, sondern 6 Tage warten mußte, bis eine Reisegesellschaft für die Strecke beisammen war.
[388] Hier steht eindeutig *de Waell*.
[389] *von* fehlt in der Vorlage.

Den 6. zur kuch 3 julii 2 kreutzer.

Den 7. zur kuch 3 julii 1 kreutzer.

Den 8. zur kuch 2½ julii 3 kreutzer 2 quatrini.

Den 9. zur kuch 3½ julii 2 kreutzer 1 quatrini.

Den 10. zur kuch 3 julii 1 kreutzer 2 quatrini.

Den 11. fur den lacquayen ein par schuch 4 julii, zur kuch 2½ julii 3 kreutzer 3 quatrini.

Den 12. zur kuch 4 julii 1 kreutzer 2 quatrini. Diesen tag mein her mit die palmaillen verspilt 1½ julii.

Den 13. provision zur kuch 3½ julii 2 kreutzer. Diesen tag hatt man dem pedellen seinen wein widergeben, so er gelenth, als der vorschrieben wein gefelhett, beleufft 8 bocqual, ist meines herren anpartt 2 julii.

Den 14. zur kuch 3 julii 2 kreutzer 4 quatrini.

Den 15. zur kuch 3 julii 3 kreutzer 2 quatrini.

Den 16. zur kuch 3 julii 3½ kreutzer.

Den 17. zur kuch 2½ julii 1 kreutzer.

Den 18. zur kuch 5½ julii 2 kreutzer 4 quatrini. Diesen tagh an weschlon 1½ julii.

Den 19. hatt der Han und Hundtpiss[390] bei meinem herren gessen, an extra ahn fisch 3 julii.

Den 20. hatt der monseigneur Schmitt[391] eine haffer aussgehen lassen wegen einer lauth und etlicher bucher, darinnen mein her gelacht 3 julii. An provision zur kuch 4 julii 3 kreutzer. Noch zur kuch 3 julii 2 kreutzer.

Den 21. zur kuch 2½ julii 2 kreutzer.

Den 22. zur kuch 3½ julii.

Den 23. zur kuch 3 julii 1 quatrini. Mein her an gialeb 6 kreutzer. An weschlohn 1 julier.

Den 24. zur kuch 2½ julii 1½ kreutzer. Diesen tagh hatt mein her fur ein zeittlangk ein pantzer gehuirtt 3½ julii. Des lacquayen underhosen zupflicken 4 kreutzer. Diesen tag hatt der herr von Wolkenstein

---

[390] 1587 Juni 5 wird in die Matrikel der Deutschen Nation in Siena eingetragen *Jacobus Sigismundus Hundpis a Waltrams* (Weigle, Matrikel I, S. 90 Nr. 1410).

[391] 1587 Juni 5 wird in die Matrikel der Deutschen Nation in Siena eingetragen *Philippus Schmidt H.S.* (Weigle, Matrikel I, S. 90 Nr. 1384).

sein bancquett gehalten, darzu mein herr im einen hasen geschenckt, kost 2 julier 2 kreutzer. An hembden pflicken zulassen 8 kreutzer.

Den 25. zur kuch 3 julii 2½ kreutzer. Fur 4 sampstagh der broderschafft geben jeder sampstag ½ julii, facit 2 julii. Noch fur ein gantz fur den vorschrieben wasserhundt 2 julier.

Den 26. zur kuch 4 julii 2 kreutzer 4 quatrini. Diesen tag mein her gegolden ½ lb. polver 6 kreutzer.

Den 27. zur kuch 3 julii 1 kreutzer 1 quatrini. Diesen tagh hatt mein her ein busquet bawen lassen fögell dainnen zufangen, kost 10 julii. Fur mich ein koppell zureparieren 9 kreutzer. An weschlohn 6 kreutzer.

Den 28. zur kuch 3 julii 2 quatrini. Einem armen deutschen aus Niderlandt geben 1 julier. Noch dem graffen Picquelomini neben andern mehe eine cerenade gehalten, an racketten mein her verschossen ad 3 julii. Diesen tag hatt ein jeder teutscher sich ingelassen, einem armen ichtwas mittzuteilen seiner gelegenheitt nach uber velt zuziehen, ist meines herren anpartt 2 julii.

Den 29. zur kuch 5 julii 3 kreutzer. Dem freiherrn Bruskofsky[392] eine cerenade gehalten, an racketten verschossen 3 julii. Als auch eines deutschen siegelschneiders fraw jamerlich von irem mhan verlassen und dahin genottrengt worden, sich wider nach Deutschlandt zu iren elteren zuerhebben[393], so hatt sich auch ein jeder Teutscher resolviertt, derselben frawen in irem ahnligen ichtwas zusteuren, ist meines herren anpartt 2 julii. An weschlohn 1 julier.

Den 30. septembris zur kuch 3 julii 1 kreutzer. Diesen tagh mein her sein wehr machen lassen 2 julii. Noch zum vorschrieben busquet 3 julii.

Den 1. octobris an provision zur kuch 5 julii 1 quatrini.

Den 2. octobris 3½ julii an provision zur kuch.

Den 3. zur kuch 4 julii.

Den 4. zur kuch 6 julii.

Den 5. zur kuch 3½ julii. Diesen tag hatt mein her dem stattbotten ex officio geben mussen 2 julii. Item mein her mit dem graffen Alfon-

---

[392] 1587 Mai 29 werden in die Matrikel der Deutschen Nation in Siena eingetragen *Joannes Christophorus et Joannes Desiderius Pruskowsky, fratres et liberi barones a Pruskau* (Weigle, Matrikel I, S. 88 Nr. 1344, 1345).

[393] So die Vorlage.

so[394] und freiherren Bruskofsky 2 tage uff die jagt gewest. Fur ein heurpfertt alle tag 3 julii, facit 6 julii.

Den 6. an provision zur kuch 4 julii 3 quatrini.

Den 7. zur kuch 3½ julii 2 quatrini.

Den 8. zur kuch 4½ julii. Diesen tag den hohen torn[395] besichtigt, dem verwaltern davon geben 3 julii. Noch der vorschrieben broderschafft ½ julii. Noch hitz halber an gialeb verdruncken ½ julii.

Den 9. zur kuch 3½ julii 1 quatrini.

Den 10. zur kuch 4 julii 3 quatrini.

Den 11. zur kuch 3½ julii.

Den 12. zur kuch 4 julii.

Den 13. zur kuch 5 julii. Diesen tag mein her mit dem freiherrn von Wolkenstein in die cartten verspilt 3 julii. An tinten 2 kreutzer.

Den 14. der broderschafft geben ½ julii, zur kuch 4 julii.

Den 15. an provision zur kuch 3 julii 4 quatrini. Mein her etlichen nationsverwantten wapffen und figuren dem teutschen brauch nach mitgetheilt, beleufft sich ad 63 julii.

Den 16. provision zur kuch 4 julii 2 quatrini.

Den 17. zur kuch 4½ julii.

Den 18. zur kuch 5 julii.

Den 19. zur kuch 4 julii 2 bajocken.

Den 20. zur kuch 3 julii 3 bajocken 1 quatrini.

Den 21. zur kuch 4 julii 1 bajock.

Den 22. zur kuch 3 julii 3 quatrini. Diesen tag bein ich wider von Naples und Romen alhie ankhomen.

Den 23. provision zur kuch 4 julii 3 quatrini.

Den 24. mein her mit dem freiherren Christoffell von Donnaw[396] mit wurffelen verspilt 4 par henschen, jeder par 2½ julii, facit 10 julii. Dem trommetter, so den lacquayen einen monatt blosen glertt 1 gulde kron. Fur mich ein par linen mawen, ein ell oder brachie und ein fierthell kost 7 julii. Fur meinem herren mawen und des lacquayen hosen zureparieren kost zusamen 3 julii. Meins herren hohr abzuschneitten 2 julii,

---

[394] Piccolomini.

[395] Die Torre del Mangia neben dem Rathaus.

[396] 1587 Oktober 24 wird *Christoph Burggraff und Herr von Dohnaw* in die Matrikel der Deutschen Nation in Siena eingetragen (Weigle, Matrikel I, S. 88 Nr. 1350).

dass mein abzuschneitten 1 julier. Provision zur kuch 5 julier 4 quatrini. Meinem herrenn gethan fur leimvögell zufangen 1 julier. In meinem abwesen mein herr verschlissen 2 par schuch, die ich darnach bezalt ad 8 julii. Fur den lacquayen ein par ad 4 julii. Fur remen in meins herrn schuch ½ julier. Fur meinen herren ein par schwartze seitte hosenbindeln 6 julii 2 kreutzer. Umb Gotts will 3 kreutzer. Dem pedello den dritten monat sein solarium[397] geben 36 julii 2 kreutzer.

Den 25. zur kuch 6 julii 1 quatrini. Alhie zu Sienis[398] hatt mein her sich wider im picquieren, sonderlich junge pferdt richten zulhernen, gebrauchen lassen und fur einen monatt geben mussen 8 gulde kronen. Noch hatt mein her in meinem abwesen vom pedello gelent, so ich ime restituiertt, 4 julii 3 kreutzer. Fur meinen herren ein par attlassen mawen fur ein brachio und ein drittentheil 22½ julii 2 kreutzer, blawen tafft darunder ½ ellen 8 julii, kneuff und seitt ½ julii, linen foderthuch darunder 3½ julii. Machlohn fur meines herren und meine mawen 4 julii 2 kreutzer. Noch fur meinen herren ein par reissunderhosen oder boxen und 3 schlaffmutzen zumachen 1½ julier. Provision zur kuch 4 julii 2 bajocken 1 quatrini[399].

Den 27. ist mein herr mit den[400] freiherren von Donnaw umb Bolonia zubesichtigen von hinnen Siena verreist. Fur ein frusta oder schmick gegeben 9 kreutzer.

16.   **Tavernello**

Ein dorff.

Alhie mittag gehalten. Verzertt ohne die pferdt 2 person 4 julii. Funff meilen von hinnen seindt wir langss eine fortezza hohe uff einem berg gelegen, Bocca Imperiale gnant, geritten. Ein wenig disseit unden dem berg langss ein stetlin passiertt, Boggibonzi gnant.

---

[397] So die Vorlage.
[398] So die Vorlage.
[399] Am 26. Oktober.
[400] So eindeutig in der Vorlage. Zur fraglichen Zeit steht aber nur einer, Christoph Burggraf und Herr von Dohna, in der Matrikel der deutschen Nation in Siena, s.o. zum 24. Oktober 1587.

175

15.   **Fiorenza la Bella**

Alhie in dieser unerhortter schoner statt den abent spaedt ankhomen. Fur 2 heurpfertt von Siena hieher 24 julii. Dem viterino ¹/₂ julier. Diesen abent seindt der statt spilleut compariertt und uber essen gespilt, meins herren anpartt 3 julii. Alhie gesehen wie folgt.

Irstlich ist alhie des grosshertzogs stettige hoffhaltungh. In seine furstliche gnaden guardia seindt 10 deutsche trabantten. Darnach haben wir besehen das herlich pallatium jetz dem grosshertzog, aber vorhin dem geschlegt delli Pitti zugehorigh, dahin ess noch pallatio delli Pitti gnant wierdt[401]. Alhie findt man im intrett eine schone viereckige platz, daruff 2 uberauss grosse mavet stein. Noch ein abcontrafeittungh in metzig gegossen eines hispanischen esells, welcher seines mutwillens halb auss der senfften gethan und alle stein zu behuff dieses schloss uffzuziehen condamniertt worden, wie beschehen, und ist ungfehr 44 jar alt gewest und von alterthumb naturlich greiss worden und allererst vor vier jaren gestorben. Uff diesem pallatium uff einem gemach siegt man einen unerhortten schonen auss einem stuck gehawen marmorsteinen tisch, rundtumb ungfehr 3 finger breitt mit silber gearbeitt, wierdt estimiertt uber 30000 kronen. Noch findt man in einem andern gemach die schlagt von Siena herlich in brabendische tapitzerien gmacht. Item findt man in diesem selben gemach 24 mauleselendecken, jeder uber 1000 kron werdig, welche des abgestorbenen und jetz regierenden grosshertzogen her vatter, Cosmos[402] gnant, der zweitt grosshertzog, machen lassen hatt in meinungh, kunigliche majestet von Hispanien hiemit heimzusuchen. Aber weill die stucken zu reichlich gemacht gewest, hatt man hochgemeltem grosshertzogh davon abgeratten. Diese stucken siegt man uff die rechte handt im ingang dieses pallatii. Auff die lincke handt dieses pallatii siegt man noch viell mehr schone gemacher und herliche fonteine darinnen. Auch mitten in den camern uff dem botten schone lustige

---

[401] *gnant wierdt* fehlt in der Vorlage.

[402] Kosimus I., † 1574, war der erste Großherzog von Toskana, nicht der zweite. Von seinen Söhnen wurde Franz I. 1574 nach dem Tod des Vaters Großherzog und starb am 19. Oktober 1587, acht Tage vor der Ankunft der Reisegesellschaft. Nachfolger wurde ein weiterer Sohn, Ferdinand I., der *jetz regierende grosshertzog.*

locher, dadurch der Cosmos vorgemelt alss ein feister herr im sommer kölheitt geschepffet. Die locher ziehen anders nit alss wie essden, ein werck sehr kunstreich gemacht.

Der gartt[403] ist auch schon und gross, allernegst dem pallatium gelegen. Im ingang findt man stracks ein schone fontein mit 4 schone marmorsteinen statuen darauff und ungfehr 100 schritt hinin noch andere fonteinen mit dreien statuen, darbei eine schone viereckige von graw stein gebawte vischerei, dain erhelt man karpen und fohern auss die Bodensehe khomende. In diesem selben gartten uff einem berglein, Bellvidere gnant, findt man ein menlein und 2 weiblein ellenthier, dass menlein Andrea, dass ein weiblein Pia, das ander Jouffer gnant, alle drei hohe wie grosse pferdt.

Darnach die hochkirch besichtigt, St. Lorenzo gnant, eine treffliche schone kirch. Hieselbst uff dem hohen chor unerhortte schone gemalhette historien, sonderlich von der ufferstehungh Christi. In der gehrcamern findt man des newlich abgestorbenen grosshertzogh Francisci sampt seinen 2 ehegemalhen begrebnus[404], nemblich des kaisers schwester und die Venedegerin beieinander. Dieser mehe wolgemelter Franciscus ist gestorben im jetz verflossenen jar 1587 den 19. octobris umbtrent mitternacht und die ehegemall oder Venedegerin folgents morgents ungfehr umb 9 uhren uff teutsch. Ehe und zuvor 4 oder 5 tag dieser grosshertzogh gestorben, hatt man im pallatio einmall der waffen ein getummels und ein andermall ein geschrei von hunden gehuirtt, welchs ein prosagium gewest, dass sich jedermenniglich dessen erschreckt hatt. Der knauff uff dieser kirchen ist ubergult, scheint von der ertten nit viell grosser alss eines menschen kopff, aber druff seinde befindt sich, das rhaumlich 25 und in der nott 30 personen dainnen sitzen kuennen. Diesser knauff oder kessell ist von metzigh gegossen. In diesem kessell findt man geschrieben *Tempore Barthomaei*[405] *Gheapartini operarii anno 1470.* Vom botten biss an den engisten stigen klimpt man uff 460 trappen und weitters biss am kessell noch ungfehr 100. Noch findt man hieselbst

---

[403] Die Boboli-Gärten.
[404] Franz I. Medici, ∞1) Johanna, Schwester des Kaisers Maximilian II., † 1578, ∞ 2) Bianca Capello, die *Venedegerin* † 1587.
[405] So die Vorlage.

in der vorschrieben ghercameren im ingangk uff die lincke handt uff einem begrebnus

Pet: vix: an: LIII. M.V.D.XV

Johan. an XLII. M.III.D.XXVIII.[406]

Diese zwei seindt des Cosmi grossvatteren gewesen. Uff die lincke handt des hohen altars gegen die gehrcamer uber findt man in einer capellen des irsten hertzogen Alexandri begrebnus, welcher durch den Carolus 5, weill er die statt verlassen aussgefallen und sich im lager zum kayser geschlagen, irstlich zum hertzoghen gemacht worden. Dieser Alexander[407] hatt nhur 1½ jaren regiertt und in seinem letzsten 2 pfaffen verordnett und mit gnugsamen renthen versehen, die in der jetzgemelter capellen tag und nacht ohn uffhorenn fur seine sell petten mussen.

Darnach haben wir die kirch Sta. Maria Annuntiata gesehen. Hieselbst findt man grousam viell miracula, die durch ire heiligkeitt beschehen seindt. Folgents St. Johan Babtista kirch besehen, ist sonderlich nichtz. Alleinlich uffzuzeichnen, dass alle kinder in und 3 meilen umb dieser statt in dieser eintziger kirchen und tauff getaufft werden. Auch findt man an dieser kirchen die pfortzen vom tempell Jerusalem gar herlich in metzigh gegossen[408], dafur wie wir bericht sein die Venediger sovill oder schwar golt und silber, alss die theur wagen soll, gebotten haben solten. Vor dieser kirchtheur findt man auch ein stuck von der ketten, die uber diesem fliessendem wasser, die Arno gnant, gespannen gewest iren fianden, dern Pysanern galern, den pass damit zuverhindern. Diese ketten ist vor jetzgemelter theur in zweien pfeilleren gefast, welche pfeiller[409] dern Florentinern vianden, den Pysanern, ein grewlich spiegell gewest, dan sie, die Pysaner, in gemelten pfeillern ir gluck oder ungluck vermircken kontten. Alss sie nhu ir ungluck zuletzst darauss gespurtt, so haben sie die seulen zerschlagen

---

[406] Die Daten lassen sich bei Wilhelm Karl Prinz von Isenburg, Stammtafeln zur Geschichte der europäischen Staaten, Bd. II, hrgg. von Frank Baron Freytag von Loringhoven, Marburg 1960, Tf. 120 (Medici) nicht verifizieren.

[407] Alexander Medici † 1537.

[408] Das Baptisterium mit den Bronzetüren von Andrea Pisano (1330) und Lorenzo Ghiberti (1425–1452).

[409] Vorlage: *pfeller*.

und damit die Florentiner ir nutz mit den seulen nit brauchen solten, haben sie die Pysaner dieselbe in oell siechen lassen. Unangesehen diesem allem haben die Florentiner nach Eroberungh der statt Pysa die pfeiler mit hinweg genhomen, wie sie dan noch zu dieser stundten uff jetzvorgemelter platzen zufinden sein. Auff einem dieser pfeiler findt man auch das florentinisch wahrzeichen, lang 6 daum, breitt ...[410]. Am pallatium stehet auch ein uberauss schoner lustiger gang voller kunstiger schoner statuen, dern ich gezalt 100. Auch siegt man alhie aller hertzogen und hertzoginnen, aussgenhomen der letzstlittenen, yffigien, wie ingleichen viller kaysern, kayserinnen und andern hohen potentaten abcontrafaitungen. Dieser gang ist langk 254$\frac{1}{2}$ ellen. Denselben zubesehen ...[411]. Der ander gang recht uber ist eben so lang, aber nichtz zusehen alss am endt nach dem platz einen schonen gartten und kunstreiche fontein darinnen. Fur besichtigung 1$\frac{1}{2}$ julii. Auch siegt man in dieser statt 10 lewen, einen behren, einen lox, einen leoparden, 4 tiegerthier. Umb alles zusehen 6 julii 2 kreutzer. Alhie in der herbergh 3 mall 2 personen verzertt 20 julii. Extra an wein 3 julii. Dern statt spilleutten, so noch 2 mal gespilt, meines herren anpartt 4 julii 2 kreutzer.

Notandum. Umb dieser statt ligen etliche viell 1000 lustheuser, gar freudig anzusehen.

6.   **Hosteria del Duca**

Ein herberg.

Alhie den 29. mittag gehalten, verzertt 6$\frac{1}{2}$ julii. Ein halb stundt von dieser herberg nach Florentz zu haben wir den nhe schoner gefundenen des grosshertzoggs[412] lustgartten gesehen, Prattelin gnant. Irstlich sigt man alhie treffliche schone gemacher oben und unden der ertten, allenthalben springenden fonteinen. Darnach ein klein kamerlin besehen mit allerlei kleinen steingens von diversen colören, unden, oben und von allen seitten springenden odern. Ein klein stieg

---

[410] Für die Maßangabe ist in der Vorlage eine Lücke gelassen.
[411] Ein Betrag ist nicht angegeben.
[412] So die Vorlage.

179

uffgehendt kumpt man[413] an einen gewaltigen grossen in stein gehawen mahn[414], dadurch allenthalben ja eines dicken beins gleich odern springen in eine schone von graw stein gebawtte vischerei. Der kop von diesem mahn ist so dick, dass ein grosser mahn darinnen krauffen kan. Diss wasserwerck solte 8000 kronen gekost haben. Dan noch siegt man im schonen gartten diverse schone fonteinen. Under andern ist eine under der ertten voller schoner springenden pfeiffen von unden, oben und allen seitten. Dainnen seidt rundtumb etliche stöll. Alsspaldt man daruff sitzen will, hatt man eine nasse broch und dass wasser springt auss dem stoll. Im ausgehen der durppel ingleichen. Von dannen ein ander gemach besehen, daselbst das wasserwerck mit fallen und instrumenten gemacht, dass die orglen allerlei gesang spillen, gleich wan einer mit henden darauff spillen thete. Auch tritt dass wasser die blasbalcken. Ausswendig siegt man etliche nach dem leben gemachte bilden mit pasaunen[415] und flutten dermassen sich anstellen und uff dem gemach sitzenden, gleich alss weren sie diejenige, so die musicam halten. Darnach haben wir in einem andern gemach gesehen uff einem wasser 3 nimpffen, jedere in einem besondern schiff fharen ohn anrhuren menschenhendt, ein unerhortt kunstuck. In einem andern gemach siegt man ein stuck jedoch nach figur eines menschen gar grewlich gemacht. Dieser verkhertt die augen im kopff mit einem hefftigenn[416] uffstigen und gross glautt, dass sich einer der ess nit weiss darab erschrecken muss. Uff die rechte handt im ingang siegt man, wie ein armer scheffer einem drachen 3 mall zutrincken gibt und wie der engell im drincken in pasaunen bliest, auch alles mit fallen etlicher wasserodern am allerkunstreichsten gemacht, davon ohne den augenschein nichtz zurethen ist. Diss zubesehen 6 julii.

---

[413] *man* fehlt in der Vorlage.
[414] Der als sitzender Riese dargestellte Apennin, ein Werk des Giambologna.
[415] So die Vorlage.
[416] Vorlage: *heffigenn*.

$9^1/_2$.

Scarperia

Ein stettlin.

Alhie den abent ankhomen, verzertt 6 julii. Alhie 4 messerkocher gegolden, kosten 12 julii.

10.

Fiorenzola

Ein stettlin.

Alhie den 30. octobris mittag gehalten, verzertt 5 julii. Ungfehr 6 meilen seindt wir uber die alpez[417] gezogen.

14.

Leona

Ein dorff.

Alhie den abent ankhomen und benachtigt, verzertt 6 julii. Dranckgelt $^1/_2$ julier.

16.

Boloigna Grassa

In dieser berompter statt den 31. octobris den mittagh ankhomen und fur 2 heurpfertt von Florentz biss hieher bezalt 26 julii. Dem viterino 1 julier. Irstlich haben wir in dieser statt St. Dominico kirchen besehen, ist gross und schon. Uff die rechte seitt des grossen altars sigt man des kaysers Friderici des zweitten sohns begrebnus, Hensius[418] gnant, ein kunnigh in Sardinia und Corsica. Dieser kunigh hatt gekriegt gegen die Bolognieser, aber zu seinem ungluck zuletzst gefangen worden, derwegen dan der kayser den Boloigniesern umb erledigung seines sohns sovill golt gepotten, alss man umb die ringkmauren der statt lagen kuennen soll. Darauff die Boloignieser nichtz verstehen willen, und ist der Hensius daruber gestorben und

---

[417] Gemeint sind natürlich die Apenninen.
[418] Enzio.

alhie begraben, wie man uff seinem begrebnus zur gedechtnus geschrieben findett. Uff dem hohen chor alhie siegt man ein sonder kunstreich von cypressenholtz ingelacht werck, die bedeutungh vom altem und newem[419] testament. Man siegt auch noch dass zeichen, wo Carolus 5 diss werck mit einem dolling gestochen und versucht, weill er nit glauben willen, dass ess ein ingelacht werck sein soll und hatts also befunden. Uff die rechte handt der kirchen ingehendt etliche stiegen uffgehendt, findt man des Sti. Dominici sepulturam uberauss schon mit weissen marmor aussgehawen. Unden dieser capellen uff der ertten in einem kleinen camerlin ist er gestorben und sein kopff begraben worden, den man noch offt zur gedechtnus zeiget. Darnach den krommen eselssthorn, wie man innen nennet, besigtigt, ist furwahr ein kunstreich arbeitt oder maurwerck[420].

Der pabst hilt ordinarie in dieser stat einen gesandten gar prechtigh, die guardia starck 50 schweitzer und etliche sperreutter. Und alle malzeitten liest sich gemelter gesandter mit acht musicis von allerlei spill und eine kesseltrum am herlichsten und schoner alss der pabst selbst uffspillen. Diss geschigt vorm pallatium und ist durch Carolus 5 irstlich verordnet worden. Vor diesem pallatium siegt man auch einen pabsten in einem stull sitzendt nach dem leben in metzigh gegossen.

Dass closter uff dem bergh allernegst dieser statt, St. Michel in Bosco gnant, ist uberauss schon gebawett und schone stuck von ingelacht holtz und ander gmalhs zuersehen. In dieser statt ist auch die schonste universitet Italiae. Meinem herren ist der[421] nation buch durch 2 vom adell, dain zuschreiben, prisentiert worden, darzu geschenckt 12 julii 2 quatrini. Dem pedello 3 julii.

Weill wir hieselbst biss uf den 4. tag still gelegen 2 person verzertt 28 julii 6 kreutzer. Extraordinarie 5½ julii. Mein herr 3 vom adell seine wapffen mitgetheilt 6 julii. Fur dranckgelt ½ julii. Alss ich uff dem weg in kranckheitt geratten ein post kussen gekaufft, kosten 12 julii. An medicin verthan 9 julii. Mein her mit dem freiherren von Lamborch

---

[419] *newem* fehlt in der Vorlage.
[420] Die Torre Asinelli.
[421] Sie ist nicht genannt. Es kann nur die Deutsche Nation gemeint sein.

malvasia getruncken 6 kreutzer. Alss wir verreist den morgen an gialeb und zuckerkugssken 1 julier.

16.	**Leona**
	Ein dorff.

Alhie den 3. novembris mittag gehalten, verzertt 5½ julii.

14	**Fiorensola**
	Ein stetlin.

Alhie benachtigt, verzertt 6 julii.

10	**Scarperia**
	Ein stetlin.

Hieselbst den 4. mittagh gehalten, verzertt 5 julii 2 kreutzer. Noch meinem herren 7 metzerkucher gegolden, kosten 15 julii. Noch 2 schiern 2½ julii. Noch ein pfrem und 2 metzer, kosten 7 kreutzer.

15½	**Florentz**
	Treffliche schone stat.

Notandum. Von Michell Hautappell von Napli seindt meinem herrn alhie zu Florentz 400 kronen uberschrieben worden, welche ich ...[422].

Den abenth alhie ankhomen und der wagt an der pfortzen geben mussen 1 julier und den armen 4 kreutzer. Dweill der new herzogh[423] zu Florentz ingehult werden soll, haben wir von Boloignen biss Florentz fur 2 heurpfertt geben mussen 48 julii. Schone commedien alhie

---

[422] Der Text bricht hier ab.

[423] Ferdinand I., Großherzog von Toskana, der seinem am 19. Oktober 1587 (siehe oben) verstorbenen Bruder Franz I. nachfolgte.

zubesehen 1 julier 2 kreutzer. Fur papir und bintgarn, die metzerko-
cher zupacken, $^1/_2$ julier. Die stieffeln ausszuwischen $^1/_2$ julier. Nochmals andere commedien besigtigt 1 julier 2 kreutzer. Daselbst an zu-
ckerkuchlin gessen 6 kreutzer.

Uff dissmal mein her mit dem freiherren von Donnaw nach Castello, ein ander schoner gartt von Florentz 5 meilen gelegen, in einem
kautschen gefaren und daselbst besigtigt schone wunderbarliche wasserwercken[424]. Fur meines herren antheill fur den kautschen 6 julii, fur
besigtigungh 3 julii. Mein her gegen wolgemelten herrn von Donnaw
an tordi verspilt 5 julii. Mein her mit dem herren von Glyach malvasia gedruncken 1$^1/_2$ julii, und mein her gegolden an diamantten und
andere gestein 28 julii. Verzertt ad 20 julii, dranckgelt 1 julier. Im aussreitten abermals der guardien geben mussen 1 julier.

20.	**Boggebonsi**

Ein stetlin.

Alhie den 6. novembris den abent ankhomen. Verzertt 12 julii.

12.	**Siena**

Ein schon statt.

Alhie den 7. jetzgemelts monats den mittagh ankhomen. Die 2
heurpfertt von Florentz biss hieher bezalt ad 24 julii. Alhie mein her
in die ehr Gotts gethan $^1/_2$ julii. Der broderschafft $^1/_2$ julii. Einem domi-
nicanermunchen 1 kreutzer. Fur meinen herren ein par attlassen hosen fur 4 brache 1 vierthel attlass, noch 3$^1/_2$ brache blawen tafft darunden, kost in all 60$^1/_2$ julii. Fur 3$^1/_2$ brache schwartz und 3$^1/_2$ weiss linen
foderthuch, kost in all 7 julii. Fur passementen, seitt und kneuff 5 julii,
machlohn 5 julii. Fur $^1/_2$ doutzet kneuff an die mandilien 1 julier. Noch
$^1/_2$ doutzet kneuff an meines herren mandilien 1 julier und $^1/_2$ doutzet
grosse kneuff am schwartz satinen wambiss 13 kreutzer. Fur 1 buch
papir $^1/_2$ julier. Fur schreibfedern 1 kreutzer.

---

[424] Die Villa Medicea.

Den 8. novembris seindt die herren von Wachtendunck und Lohe[425] bei meinem herren zugast gewest, extra holen lassen 4 julii 2 kreutzer 2 quatrini. Meines herren schwartze seitte strimpff zugarnieren 2 julii. In die ehr Gotts 2 kreutzer. Der broderschafft ¹/₂ julier. Provision zur kuch 3 julii 2 kreutzer 1 quatrini.

Den 9. zur kuch 4¹/₂ julii 2 kreutzer 2 quatrini.

Den 10. zur kuch 3 julii 2 quatrini.

Den 11. zur kuch 3 julii 1 kreutzer 2 quatrini.

Den 12. zur kuch 2¹/₂ julii 2 kreutzer. Fur ein buch papir zum newen reithenbuch ¹/₂ julier. Meines herren lauth zurepariern 1 julier. Fur 1 schlossgen uff die velliss 1¹/₂ julii. Meines herren wapffen dem pedellen im sall zuhencken 3 julii, fur die rahm darzu 1 julier. Fur den lacquayen ein par schuch mit 3 lappen 6¹/₂ julii.

Den 13. zur kuch 3 julii 4 kreutzer 1 quatrini.

Den 14. zur kuch 4 julii 2 kreutzer 1 quatrini.

Den 15. zur kuch 3 julii 2 kreutzer.

Den 16. zur kuch 3 julii 3¹/₂ kreutzer 1 quatrini.

Den 17. hatt mein herr sein bancquet gehalten, wie dan ein jeder consiliarius nach abdanck seines ufferlachten ampts der gantzer hochloblicher teutscher nation zuthun schuldig und gehalten ist. Zu diesem abentbancquet ingekaufft wie folgt. Irstlich fur 2 grosse feiste capunn 10 julii 3 kreutzer. Noch ein ander par 8 julii. Noch 4 par honer 16¹/₂ julii. Noch ein par 5 julii 2 kreutzer. Noch ein par 5 julii. Fur ein hass 3¹/₂ julii. Noch fur 3 honer 1¹/₂ julii 3 kreutzer. Noch 2 par kosten 3 julii. Noch 1 par 3 julii. Noch ein ander par kost 1¹/₂ julii 4 kreutzer. Noch ein par 3 julii. Noch ein ander par 1¹/₂ julii. Noch 3 honer 4¹/₂. Noch 2 par 6 julii. Noch 1 par ¹/₂ julii. Noch 1 par 1 julier 3 kreutzer. Noch ein ander par 1¹/₂ julii. Noch 8 lb. butter kosten 10 julii. Epffell und bheren 2 julii 3 kreutzer. Krammssfogell 11¹/₂ julii. Noch 5 genss 12 julii. Noch 2 indianische honer 23 julii. Noch 10 knein 14¹/₂ julii. An weintrauben 4 julier. Noch 2 kapuin 4¹/₂ julii. Noch 10 lb. speck 3¹/₂ julii 3 quatrini. Noch an haber fur die honer 1 julier. An eyer 7 julii 5 kreutzer 3 quatrini.

---

[425] 1587 Nov. 9 werden in die Matrikel der Deutschen Nation in Siena eingetragen *Wesselus a Loe in Wyssen, Balthasar a Loe, Arnoldus a Wachtendunck, Joannes Gulielmus a Wachtendonck* (Weigle, Matrikel I, S. 93 Nr. 1481–1484).

Dem jungen, so genss, entten[426] etc. zugetragen $1^1/_2$ julier. Fur 5 tauben 3 julii. Fur 10 velthoner 13 julii 2 kreutzer. Fur 1 hass 2 julii 6 kreutzer. Noch fur einen grossen indianischen hahn $13^1/_2$ julii. An quietten $1^1/_2$ julii. Mustartt 1 julier 2 kreutzer. Pommerantzen 2 julii. Noch an 5 lb. speck 4 julii 7 kreutzer. Etzigh 1 julier 3 kreutzer. Schmalz 5 julii 2 kreutzer. Noch fur 40 lb. kalbfleisch 15 julii. Noch 4 ochssenzungen 2 julii. Noch 5 lb. castrounenfleisch 2 julii 5 kreutzer. Fur brott $1^1/_2$ julii. Dem, so wasser getragen, 1 julier. Fur limonen 2 julii. Noch fur 6 lb. brattwurst $2^1/_2$ julii. Noch fur 5 rephoner 7 julii 2 kreutzer. Noch fur 8 lb. kiess 7 julii 4 kreutzer. Noch fur eyer $1^1/_2$ julii. Item an salzissen 1 julier. Ferners 7 lb. kerchen 4 julii 1 kreutzer. Noch an oliven, feigen, pflaumen, cocommern in all $6^1/_2$ julii. An hasennuss $6^1/_2$ julii. Fur zalatt und spergez 5 kreutzer. An 1 lb. capperen 1 julier 2 kreutzer. Fur ein buch papir zu den pasteyen $^1/_2$ julii. Castayen 1 julier 2 kreutzer. Fur 2 ellen grob linen thuch zum schurtz fur den koch 3 julii. Noch an brott 11 julii 2 kreutzer. Fur 3 par rengkthauben 3 julii 6 kreutzer. An wein 6 barillen ad $96^1/_2$ julii 2 kreutzer. 7 metzer zu schleiffen $1^1/_2$ julii. Den 2 lautmeistern, so den abent gespilt, 6 julii. Der herren von Brusskossky koch 2 piastri facit 21 julii. An spitzerei und bancquetzucker 82 julii. An mehll zu den pasteitten und sonst 8 julii 2 kreutzer. An weschlohn $1^1/_2$ julii 1 kreutzer. Meines herren kist von Siena biss Boloigna zu landt zuschicken kost 12 julii 3 kreutzer 2 quatrini. Dhomalss dem lacquayen an zerungh mitgethan 2 gulde kronen und 2 piastri.

Den 18. provision zur kuch 7 julii 3 quatrini.

Den 19. zur kuch 6 julii. Fur blomen, uber den tisch zuwerffen, 1 julier. Fur heur der metzer 1 julier. An weschlohn 11 kreutzer. Der schusselspölerschen $1^1/_2$ julii. Noch einer ander frawen, ...[427] in die kuchen geholffen, 1 julier. Abermalls dem malher geben 30 julii. Fur meinen herren ein par linen mawen ein elln 1 vierthell 7 julii, foderthuch $3^1/_2$ elln $3^1/_2$ julii, fur kneuff und seith 4 kreutzer. Fur mich 2 elln bay, jeder elln $4^1/_2$ julii, facit 9 julii. Fur meinen herren ein par linen strimpff 2 elln thuch, jeder ell 2 julii, facit 4 julii. Machlohn fur alles vorschrieben 3 julii. Fur 1 kussgen under dem wattsack 10 kreutzer. Noch mein

---

[426] Enten werden in der Rechnung sonst nicht erwähnt.
[427] Ein kurzes Wort unleserlich.

her dem schneider seine wapffen geschenckt sampt dem geremss 4 julii. Fur ein torsch 12 julii. Fur 140 schusseln zu dem vorschrieben bancquet zuheuren, davon etliche zerschmoltzen und zerbrochen worden,
ingleichen uber 20 glaser zerbrochen, auch fackinengelt, die die tisch,
stöll, benck hin und wider getragen, kost in all 33 julii.

Fur camerheur autem diesen 4. monatt 36½ julii. Noch dem pedello geben an schusselen und glaser, so in diesen 4 monatt zeitts bei ime
gebrochen worden, ad 5 julii. Mein her dem pedello ex officio consiliarii sein solarium geben ad 2 piastri. Der frawen oben uff unserm hauss,
dho man auch gekogt, fur unmuss geben 4 julii. Der pedellin mein her
zurletz geben 7 julii. Fur demjenigen, so die vorschrieben indianische
höner baussen der statt geholt, 3 julii. Fur meinen herren ein frusta 1½
julii. Unserm spondatore, so 7 monath bei unss gewonht und alles in-
kaufft, 1 gulde kron.

Wass in dieser statt zuersehen ist folgt hernach. Irstlich. Diese statt
ist gebawett einem halben stern gleich und ein uberauss gesundte
lufft. Auch findt man alhie wie die alten pflegen in die lufft zubawen
viell alte und lange thorn. Der thom ist uberauss schon, ausswendigh
mit weissen und schwartzen marmor gebawett, inwendigh eine ser
schone romp. Der botten ist auch von schwartzen marmor, die historien des alten und newen testaments mit weissen marmor alles nach
dem leben so menschen alss thier am allerkunstreichsten ingelacht
und dessgleichen nhe menschen gesehen. Vor dieser kirchen ist auch
ein schon statuen von metzig, ein mahn uff einem pfertt sitzendt hoch
uff einer seulen gegossen. Auch findt man alhie des graffen Alfonzo
Picquelomo pallatium, durch seiner gnaden ohmen Pium 2[428] schon
mit grawen stein in die 4eck gebawett. Dass hospital[429] bei dem thom
ist uberauss reich von inkumpsten. Dass pallatium[430] ist schon und
muss der senatus stetigh darauff whonen. Auch tragen die rhattsherren
alle rotte boxen. Es seindt auch etliche, die ohne masquen nit uber
gassen gehen mogen, dha sie mit dem gesigt bloss erfunden wurden
hatt man magt sie umbzubringen. Die platz[431] vorm ratthauss ist unerhortt schon und wie eine moschelschussell oder -hussgen gebawett,

---

[428] Aeneas Silvius Piccolomini, als Papst Pius II., †1464.
[429] Ospedale di Santa Maria della Scala.
[430] Palazzo Pubblico, Rathaus.
[431] Piazza del Campo.

in dieser platz ein schon fontein von marmorstein[432]. Darnach Fonte Banda, welche unden die statt gelegen, hieselbst ist ein wunderschone fontein. Von dieser statt verzogen den 20. novembris. Im ausziehen der wagt 1 julier.

---

[432] Fonte Gaia.

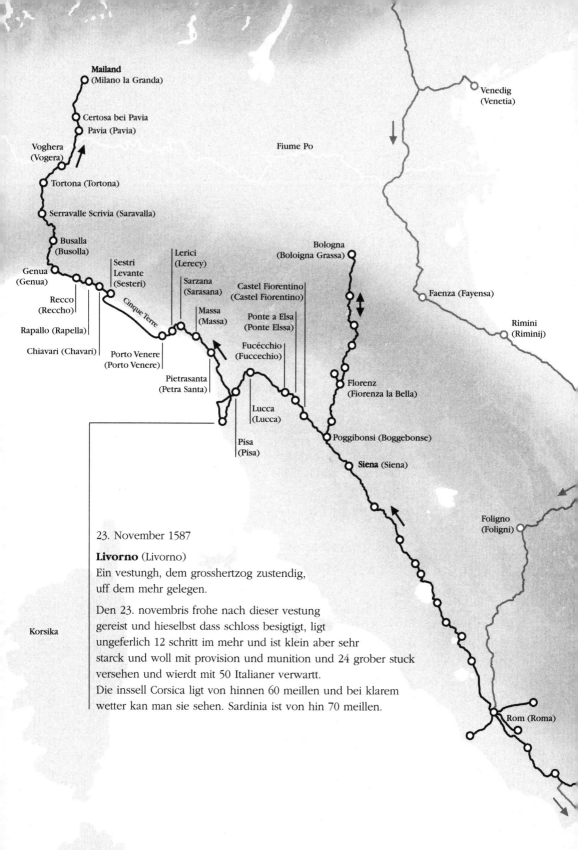

Mailand
(Milano la Granda)

Certosa bei Pavia
Pavia (Pavia)

Voghera
(Vogera)

Tortona (Tortona)

Serravalle Scrivia (Saravalla)

Busalla
(Busolla)

Genua
(Genua)

Recco
(Reccho)

Rapallo (Rapella)

Chiavari (Chavari)

Sestri
Levante
(Sesteri)

Cinque Terre

Porto Venere
(Porto Venere)

Lerici
(Lerecy)

Sarzana
(Sarasana)

Massa
(Massa)

Pietrasanta
(Petra Santa)

Pisa
(Pisa)

Lucca
(Lucca)

Castel Fiorentino
(Castel Fiorentino)

Ponte a Elsa
(Ponte Elssa)

Fucécchio
(Fuccechio)

Fiume Po

Venedig
(Venetia)

Bologna
(Boloigna Grassa)

Faenza (Fayensa)

Rimini
(Riminij)

Florenz
(Fiorenza la Bella)

Poggibonsi (Boggebonse)

Siena (Siena)

Foligno
(Foligni)

Rom (Roma)

Korsika

23. November 1587

Livorno (Livorno)
Ein vestungh, dem grosshertzog zustendig,
uff dem mehr gelegen.

Den 23. novembris frohe nach dieser vestung
gereist und hieselbst dass schloss besigtigt, ligt
ungeferlich 12 schritt im mehr und ist klein aber sehr
starck und woll mit provision und munition und 24 grober stuck
versehen und wierdt mit 50 Italiener verwartt.
Die inssell Corsica ligt von hinnen 60 meillen und bei klarem
wetter kan man sie sehen. Sardinia ist von hin 70 meillen.

Sardinien

Von Siena nach Mailand

12.   **Boggebonse**

Ein stetlin.

Alhie den jetzgerurtten 20. novembris den abent ahnkhomen. Fur 1 reidtkussen zufullen 6 kreutzer. Weill mein her durch 4 vom adell von Siena hieher vergleidt worden, ist ire gnaden dieselbe freizuhalten verursagt gewest, verzertt 19 julii 6 kreutzer.

16 g.   **Ponte Elssa**

Ein herbergh.

Alhie den 21. mittagh gehalten, verzertt 5 julii. Von hinnen 6 meillen seindt wir durch ein stettlin passiertt, Castel Fiorentino gnantt. An dieser vorschrieben herberg leufft ein wasser under einer brugken, die Elssa gnant, daruber wir geritten sein.

191

22 g.   **Lucca**

Ein fri statt.
Ein gewigtige kron gilt alhie 12 julii oder 20 cavallotti.
Ein cavallotto ist 24 quatrini.

Diesen abent alhie ankhomen und fur 2 heurpfertt von Siena hieher geben mussen 42 julii. Dem viterino 1 julier. Von hinnen 16 meilen seindt wir uber die Arno geschipffet, fur 2 person 2 pfertt 2 julii.
Und hieselbst durch ein zimlich stettgen passiertt, Fuccechio gnant.
Uff die rechte handt ungfehr 2 meill haben wir ein schon lago gesehen, in die vorschrieben Arno lauffendt. Noch von hinnen 8 meill
ungfehr fengt dass Lucaner landt ahn. Alhie gesehen wie folgt.

Irstlich ist diese statt frei und setzen ir proverbium hin und wider
libertas. In St. Michell und St. Maior ist nichtz sonderlichs zusehen. Im
thom aber findt man ein kreutz[433] im mitten der kirch in einer kleiner
kapelln mit isern trallien umbfast, welchs der Sanctus Nicodemus
durch geheisch des engell Gotts in Levantten gemacht haben soll, in
die lengden nach einer zimlicher menschenperson und einen naturli-
chen leib, jedoch sonder kopff und dass leib eben und die materia
von holtz. Alss nhu Sanctus Nicodemus sein werck volbracht ist er ent-
schlaffen und wider erwachende einen kopff mit einem langen bartt
daruff gefunden und mit 7 brennenden lampen umbher behangen,
welchs miraculum, alsspalt ess die christen vermirckt, habens dieselbe in einer galler glacht, damit ess in der juden gwalt nit geratten mog-
ten, und die gallehr in die gwalt Gotts ohn beisein einigs christenmen-
schen uber mehr hinfaren lassen und entlich ungfehr 50 meill von Luca angelandt. Alss nhu die Venetianer und Lukeser sich nit vergle-
chen kuennen, wer ess behalten soll, so hatt man sich zuletzst ent-
schlossen man solte vor einer karren 4 ochssen stellen, dass kreutz
daruff lagen und wohin die ochssen hinziehen wurden, dho solte das
kreutz verpleiben. So ist es den Lukiesern zum gluck, wie ess dan
noch fur gross heiligthumb gehalten wierdt, hingefharen und mit grosser devotion[434] dem Beatum Joannem und dem gantzen volck empfangen worden. Diss kreutz kan man schwerlich sehen in ansehung

---

[433] Holzkruzifix, sog. Volto Santo.
[434] So die Vorlage, zu erwarten wäre *von dem*.

12 thomherren davon die schlusseln bewharn. In die ghercamer siegt man ein wunderschon lautter gulden kunstreich gmacht kreutz, ungfehr 3 fuss hohe. Item 4 klar silbern luchtern hohe wie ein mahn, jeder 1000 francken wertt. Item noch 8 anderen auch ungfehr man hoyden. Noch 6 schone silbere kopff. Im alten thom[435]. im ingangk uff die lincke handt in einer kapelln siegt man schon abgemalhett, wie die ochssen dass vorschrieben kreutz vortgezogen und die procession gehalten worden ist. Recht gegen dieser capellen uber findt man oben einem altar Sanctae Sitae licham noch aller gantz.

Diese statt ist in die rundt 3 meill, aber 4eckigh. Der wall wunderschon und lustigh, breitt 16 schritt. Die maur ist breitt 6 ellen. Zwischen beide mit ertten gefult und inwendig nach der statt runtumb mit poppelweiden geflantzst. Es seindt umb dieser statt 9 treffliche bolwartten, uff jederen 12 stuck artellerei. Durch diese statt leufft ein wasser zweimall, die Serchio gnant. Damit kan man in zeitt der not in 2 stunden die stattgraben fullen.

Im pallatio[436] der statt seindt stetig 9 signori, da dan der princepall oder confallonier der ziehent[437]. Die parlementzcamer ist zimlich schon. Im mitten uff einem stöll geschrieben ,audiatur altera pars'. Alhie gibt man alle tage zweimall audientz und die signori mutieren alle zwei monatt. Dass pallatium wierdt verwart durch 100 und etlichen soldaten, hiebevorn gewesene banditen. An jeder pfortz wachen alle tag 40 mahn und der pfortzen seindt 3, facit 120 burgmahn. Uff diesem pallatio an besigtigung 1 julier. Verzertt 2 person 2 mall 11 julii. Dranckgelt 1 cavallott.

10 p.   **Pisa**

Ein schon statt, dem grosshertzogh von Florentz zustendig.
Dass gelt gilt alhie wie zu Luca.

Alhie den 22. novembris den abentt ankhomen. Fur 2 pfertt von Luca hieher 6 julii. Dem vitterino 1 cavallotto. Von hinnen 5 meillen

---

[435] Die ehemalige Bischofskirche S. Giovanni.
[436] Rathaus.
[437] Der Oberste oder Gonfaloniere ist der zehnte.

uf einem spitzigem bergh seindt wir auss der Lukieser landt uff des grosshertzog von Florentz botten khomen. Diss ist ein grewelicher rhawer wegh, ungfehr 3 meilln thaurendt.

Dass arsenal alhie ist so gross, dass man 8 galern zugleich dainnen bawen kan. Man fertigt alhie 2 galeren, die dem pabsten zugeschickt werden sollen, jeder 47 schritt langk. Bei dem thom St. Marco[438] alhie ungfehr 3[439] schritt findt man einen hohen torn, Campanello[440] gnant, 290 steigen hoch, daruff man dass mehr weitt disscouvriern kan. Dieser torn ist kromp und uberhengkt oben 7 ellen, rundtumb von unden biss oben mit seulen bekleitt. Uff die ander seith des toms stehet Campo Santo, daselbst viell heilige begraben ligen, auch alte steine graber gnug. Der umbgangk ist sehr schon, breitt 15 schritt, umbher nach alter gewonheitt mit historien auss dem alten und newen testament geschildert, der botten mit weissen und schwartzen marmor paviertt. Das erttreich solte von Jerusalem hieher transsportiertt sein, daher sie terra santa gnant wierdt und verschwintt in 24 stunden ein darin ligent thott licham.

Von diesem orth ungeferlich 30 ander schritt ist Sanctus Joannes Babtista[441]. Die tauff alhie ist schoner umbher mit weissen marmor gearbeitt alss ich nhemals gesehen. Ingleichen ein predigstull, auch herlich von lautter weissen marmor gar kunstreich mit bildtwerck aussgehawen[442]. Nitt weith von dieser kirchen siegt man auch dern rittern mit dem grossen rotten kreutz – davon der grosshertzog von Florentz grossmeister ist – pallatium[443], uberauss schon gebawett. Darinnen findt man in den gemacheren uber 1000 rittern wapffen, welchs herlich anzusehen ist. Dass collegium[444] ist viereckigh gebawett mit 2 gallerien boben einander, im mitten ein schon viereckiger platz mit vier-

---

[438] Tatsächlich ist Maria die Patronin des Doms.

[439] So die Vorlage. Der Schreiber wollte offenbar *30 schritt* schreiben. Denn gleich danach notiert er, das Baptisterium *(die tauff)* sei *30 ander schritt* entfernt.

[440] Der Schiefe Turm.

[441] Das Baptisterium.

[442] Die Kanzel des Nicola Pisano aus der Zeit um 1260.

[443] Palazzo dei Cavalieri. Der Ritterorden vom hl. Stephan wurde von Kosimus I. Medici zum Kampf gegen die Piraten gegründet, die die Küsten des Mittelmeers verheerten.

[444] Die Universität.

eckigen grawen steinen paviertt. Im mitten durch diese statt leufft die Arno, welche 7 meillen von hinnen im mehr leufft, ungeferlich in dieser statt so breitt alss die Mass. Es gehen uber diesem wasser 3 steinen brugken in der statt, jedere ungeferlich 100 schritt langk. Uff diesem jetzgemeltem wasser ligt ein vestungh[445] halb auss und halb in der statt und wierdt bewartt durch 30 soldaten.

16 p.	**Livorno**

Ein vestungh, dem grosshertzog zustendig,
uff dem mehr gelegen.

Den 23. novembris frohe nach dieser vestung gereist und hieselbst dass schloss besigtigt, ligt ungeferlich 12 schritt im mehr und ist klein aber sehr starck und woll mit provision und munition und 24 grober stuck versehen und wierdt mit 50 Italiener verwartt. Der capitein davon ist ein Grecus. Allernegst diesem schloss siegt man einen kleinen portum, dainnen ligen des grosshertzogs galleren. Bei dieser vestungh bawett man eine schone newe statt, dermassen starck mitt bolwartten nach manier der maltischer newstatt[446] versehen, dass sie nach endung unuberwintlich sein sall, in die rundt ein welsche meill anhaltendt.

Die inssell Corsica ligt von hinnen 60 meillen und bei klarem wetter kan man sie sehen. Sardinia ist von hin 70 meillen. Noch siegt man[447] ein ander inssell im mer 30 meillen ligendt, Gorgona gnant. Zwischen Pisa und hie seindt wir durch des grosshertzogs wiltban geritten. Dha siegt man grosse mannigfeltigkeitt grob und klein wilt. Auch ein treffliche lago, dainnen siegt man allerlei vogelgethier so man erdencken kan, so uff dem wasser sich erhaltett. Uff der vorschrieben vestungh an besigtigung 3 julii. Dem schifferschlaffen 1 cavallotto. In die herberg verzertt 8 julii 14 quatrini.

---

[445] Die Fortezza oder Cittadella nuova.
[446] Valetta auf Malta, 1565 begonnen.
[447] *man* fehlt in der Vorlage.

16 p.   **Pisa**

Alhie wider den abent ankhomen. Fur 2 heurpfertt 8 julii, alhie alles zubesehen. Fur ein stuck ketten, den wattsack zulengen, 8 quatrini. Alhie 2 person jeder 2 mall facit 4 mall ad 12 julii. Fur ein certification oder fede sanitatis 3 quatrini. Dem viterino 1 cavallot.

18.   **Hosteria del Ponte**

Ein herberg.

Alhie den 24. novembris den mittagh gehalten, verzertt 4 julii. Dieser herberg ist ein meill vom mehr gelegen. Von hinnen 15 meil uber ein schon wasser gezogen, Serchio gnant, uberzufaren 2 julii 8 quatrini. Diess wasser leufft 5 meill von hinnen im mehr. Noch ½ meill von hinnen durch ein stättlin passiertt, Petro Santa[448] gnant.

17.   **Sarasana**

Ein statt den Genuiesern zustendig.

Diesen abent alhie ankhomen. Diese statt ist gewaltig mit bolwercken versehen und wierdt durch 150 deutschen soldaten verwartt. Allernegst dieser statt ligt ein schlos, welchs die statt zwingen kan und wierdt durch italiener soldaten verwartt. Ungfehr ein welsche meill von hinnen ligt noch ein vestungh uff einem bergh und den vorschrieben Genuiesern zustendigh, wierdt auch durch Italiener bewagt.

Uff die rechte handt hiehin reisendt haben wir etliche stettlin und schlosser uff bergen gesehen. Zehen meillen von hin durch ein statt, Massa gnant, geritten, dem printzen von Massa zustendigh. Dainnen ligt auch uff einem bergh ein vestungh, die die statt zwingen kan. Noch 5 meill von hin langss ein alte vestungh geritten, Lavenza[449] gnant, dem vorschrieben printzen zugehorig. Alhie verzertt 6 julii 1 cavallotto. Unser fede zu massa und hie zuconfirmieren 9 quatrini.

---

[448] Pietrasanta.
[449] Avenza, Festung bei Massa, Ligurien.

3. **Lerecy**

Ein herliche fleck, auch genuiesisch.

Alhie den 25. novembris ahnkhomen und die pfertt von Pysa hieher bezalt 25 julii. Dem viterino 4 cavallotti. Allernegst diesem orth ist
ein vestung hoge uff einem bergh und 30 soldaten darauff, welchs
den[450] fleck und den portum regieret. Von hinnen 2 meill seindt wir
uber die Magre geschipffet, fur 2 person 2 pfertt geben 4 cavallotti 6
quatrini. Diss wasser leufft von hinnen 2 meill im mehr. Allernegst
hiebei haben wir ein statt uf die rechte handt ligen lassen, Triebiano
gnant, sehr beroempt wegen gutt wein gewagts.

Die golff alhie ist ungfer 12 meill in die rundt und ist Golffo dell
Spetie[451] gnant. Durch ungestum des mehrs seindt wir genottrengt gewest 1 nacht alhie zuverpleiben und folgents tags biss Genua eine faloucq gehuirtt, kost 8 gulde kronen, ist meines herren anpartt fur 2
person 4 gulde kronen. Mein her an gialeb vertruncken 1 cavallot.
Den armen 1 cavallott. In die herbergh verzertt 15 julii 1 cavalott 9
quatrini. Dranckgelt 8 quatrini.

50 **Porto Venere**

Ein statt und genuesisch.

Alhie den 26. den abent ankhomen. Diese statt ligt im grundt
langss einem bergh und uff demselben berg ein vestungh, die statt und
portum zuregiern. Von hinnen 5 meill ein statt uff die rechte handt
ligen lassen, Spetie[452] gnant. Nitt weitt von dannen ligt ein vestungh
im mehr, Il Forta Santa Maria gnant, beide den Genuesern zustendig.
Der portus alhie ist so schon alss man dern gleich nit viell in Italia findett. Von diesem stettlin Porto Venere ungfer eines buxenschuss wegs
ligt ein inssel, Isola de Parmassa[453] gnant, anhaltendt ungfer in die rundt
2 meill, hieselbst helt man nachts wagt vorm Turcken. Auch seindt

---

[450] *den* fehlt in der Vorlage.
[451] Golf von La Spezia.
[452] La Spezia.
[453] Die Insel Palmaria.

hierauff viell fasanen und rephöner. Noch von dieser statt ligt noch ein ander inssell, Isolatta dell Tiro[454] gnant, ungfer 1 meill in die rundt. Uff die inssell ligt ein klein vestungh. Alhie vor nachtsrast, auch provision im schiff, in all 11 julii 4 kreutzer 2 quatrini.

30.   **Sesteri**

Ein schon fleck uff dem mehr gelegen, auch genuesisch.

Alhie den 27. novembris den abent ankhomen. Von hinnen 18 meillen haben wir uff die rechte handt 5 stettlin beieinandern ligendt gesehen, Cincque Terre[455] gnant. Noch 15 meill ein ander stettlin gesehen, Levanto gnant, und ein vestung dabei, Bona Sola[456] gnant. Noch 5 meill ein ander statt gesehen, Moneia[457] gnant, und uff beide seitten eine vestungh. Alhie verzertt 6 julii 4 kreutzer 2 quatrini. Dem portzner, unss des morgens vor seine gewontliche zeit ausszulassen, 1 cavallotto. Alss sich nhu in dieser nacht uff dem mehr ein ungestum wetter erhaben und derhalb genottrengt gewest unss dieses orths geferligkeitt halber zu landt zuergeben und der grosser banditereien zuentweigen in aller eill weg zurheumen, haben wir umb paldt Genua zugewinnen, wiewoll mit grosster leibs gefar des wegs den halben posten genhomen, davon ich dem irsten posten alhie vorabzalt fur 2 eselen und meines herren theill fur 1 guiden sampt pfertt, dranckgelt, in all 5 julii. Nhu den 2. posten in einem stetlin uff dem mehr gelegen, Chavari gnant, abzalt ad 5 julii. Zwischen diesen 2 posten haben wir einen unerhortten bosen wegh erfunden. Den 3. posten in einem stättlin, Rapella gnant, abzalt 5 julii 5 quatrini. Alhie seindt zwei vestungen, die ein uff dem landt, die ander uff dem mehr. Zwischen diesen zwei posten immer so bosen wegh erfunden. Den 4. posten in einem flecken Reccho gnant, abzalt ad 7$\frac{1}{2}$ julii 2 cavallotti. An wein alhie verdruncken 1$\frac{1}{2}$ cavallotti. Den 5. posten bezalt in einem schonen flecken, Balacho[458] gnant, 6 julii 2 cavallotti. Dem viterino 1 cavallotto.

---

[454] Isola del Tino.

[455] Cinque Terre heißt der Küstenlandstrich nordwestlich von La Spezia.

[456] Bonassola.

[457] Moneglia.

[458] Vermutlich Bogliasco südlich von Genua.

31.   **Genua**

Eine unerhortte eigenthumbliche reiche kauffstatt, inde
La Superba.

In dieser fri statt den 28. novembris den abent spadt ankhomen.
Weill wir uff diesen jetzgemelten posten jeder zeit vorabzalen mussen, derwegen will ich keine aussgab alhie setzen sonder dass jenigh,
so wir alhie gesehen und gehortt, kurtzlich anfangen.

Irstlich haben wir im inziehen der statt von Sesteri komendt eine
schone pfortz gesehen, an jeder seitt ein trefflich herlich von graw
stein uffgebawett bolwerck, welche pfortz durch Italiener bewartt
wierdt. Die gassen zimlich eng, aussgenhomen die newstrass. Dainnen siegt man etliche uberauss schone pallatium, sonderlich 2, die
den herren Spinnole zustendigh sein. Allernegst diesem pallatio findt
man in einem anderm 2 viereckige probierstein[459], ungfer $1^{1}/_{2}$ mans
lengden, oben mit einem runden knauff, dem herrn Balvasin zugehorig. Recht uber diesem pallatium hatts noch ein ander pallatium,
welchs der newlicher abgestorbener her Larcha bawen lassen, und
jarlichs zuverzeren gehat ad 36000 kronen. Dieser alter ist einer under den 12 rattsherren und zwischen alten und jungen ratsherren[460]
eines grossen uffrohrs ein ursach gewest. Dan dweill die jungen rattsherren durch ambition den alten nit woll gwult und die alten den jungen nichtz zugeben willen und diss alles hergesprossen, weill der Larcha alles wass im rath furgetragen den jungern heimlich verkundt-
schafft. Daher der vorschrieben Larcha zuletzst aussgerissen und die
jungen ime gefolgt alss zwischen alten und jungen dermassen einen
krieg erweckt und so lang gewerett, dass sich der pabst, kayser und
kunigliche majestett von Hispanien darinnen glacht und mit der con-
dition den frieden gemacht, dass ernanter Larcha wider nach wie vor
im rath sitzen soll.

Ferners zuwissen, alss der kayser Carolus 5 diese statt gewunnen
und den herrn der statt ire privilegien abgenhomen und keinen andern rath dieselbe wiederzuerlangen gewist, so haben sich die prin-

---

[459] Wahrscheinlich schwarzer Kieselschiefer, den die Gold- und Silberschmiede als
Probierstein für die Feingehaltsprobe von Gold und Silber benutzten.
[460] Vorlage: *ratsherr*.

cipale weiber dieser statt versamblet und ire kayserliche majestett einen fussfall gethan und umb ire alte privilegien mogen zuerlangen mit grosser demutigkeitt gepetten und dieselbe daher erlangett und damit impetriertt, dass die weiber durch erlangung dern privilegien uber gassen und allenthalben uff die rechte und die menner uff die lincke handt gehen mussen, welchs durch den weibern bei dieser stundten daselbst noch woll observiertt wierdt. Auch mussen die menner iren weibern auss vorerzelten ursachen alle 2 tage iren gevallen nach spazieren zugehen gutlich erlauben.

Item zunotieren notigh, dass ire kayserliche majestett in dieser statt belegerung einen schlechten vischern auss dieser statt geboren, Andrea Doria, bei sich gehabt, welcher sich dermassen irstlich mit kleinen, folgents mit grossen schiffen uff dem mehr dermassen gebrauchen lassen, dass er seines wolhaltens zuletzst durch ire majestett zum generall uber dass mehr gemacht worden. Dhomalss sich also ritterlich gehalten, dass obwoll der portus mit ketten uberzogen und beschlossen gewest, er dieselbe mit anderen instrumenten und seinen zugethanen galern zuerbrechen gewist, davon noch etliche stucken der ketten alhie in etlichen pfortzen zur gedechtnus zufinden sein. Dieser generall hatt einmall dem kayser seine armada entfurtt und dem kunig in Franckreich zugefurtt und ime damit zuthienen sich vereidt, nitt lange aber darnach des kunigs von Franckreich armada entfurtt und dem kayser wider zugefurtt und entlich geschworen ire kayserliche majestett ewiglich zuthienen und daher zum marckgraff gemacht worden. Der nachlebender Andrea Doria ist zu dieser stundten des jetzigen kunig Philip[461] generall uber alle portus des gantzen mehrs ire kunigliche majestett zustendigh und hatt auch jetzo in diesem portum 4 galern dermassen mit all iren zubehor, sonderlich mit irem musica[462] versehen alss man dern gleichen nit finden sall. Sein pallatium alhie uff dem portum gelegen ist herlig schon und mit wunderbarlich schon wasserwerck gezierett. Der gartt schon und uff dem portum gelegen. Der stall anhält 60 strawen, in dem 12 neapolitanische pfertt und etliche schone mauleseln zufinden, die dem kunig zugeschickt werden sollen.

---

[461] von Spanien.
[462] Ironisch gemeint. Die Musik ist das Geschütz auf den Schiffen.

Der hertzogh[463] alhie regiertt 2 jar und wierdt mit grosser pomp kron und schepter gekronet einem kunig gleich und hatt in seinem regiment 500 Deutsche, davon 300 uff ire gnaden leib und die ubrigen 200 andere statt und vestungh bewharen. Dern principalen signori oder rattsherrn von den eltesten seindt alleweg 12 und endern alle trei monatt. Auss diesen 12 werden auch allezeitt 2 erwelhett, die 3 monatt zeitts stetig bei dem hertzog verpleiben mussen, damit der hertzog nichtz versigle, eroffne noch im geringste nichtz ohne vorwissen der 12 schaffe. Wan nhu hochwichtige sachen vorlauffen, sitzen im rath 12 alten und 12 jungen. Aber alss man von landts- oder noch hochwigtiger sachen handlen sall, so lauttet man eine ungewontliche grosse glock, alstan erscheinen uber 400 rathsverwantten. Deren 12 eltisten kleider seindt schwartze lange zammette oder attlassen röck mit lange mawen und die mawen mit lange schneppen.

Dass arsenal alhie ist von 10 bogen, darinnen 2 galern gemacht werden, die dem pabst zugeschickt werden sullen. Im thom alhie findt man ein schussel von lautter schmaragdenstein in einem stuck mit 2 ohren, in die rundt ungfer 4 spannen, welche sie, die Genueser, im glöbt landt vor etliche 100 jaren erobertt haben, alss sie mit den Venedigern dahin gezogen dem erbfiant[464] ein abbruch zuthun, und disse schussell fur iren hochsten schatz erachten, der nitt zu werdieren ist, jedoch denselben nit fur 30 thonnen schatz entrathen wolten. Von dieser schatzcamer haben 12 dern rattsherren, einer vom andern nichtz wissendt, die schlusseln und wierdt nit alss fur hohe potentaten gezeigt.

Alss die schiffleutt unsere robbe auss dem schiff im logement getragen innen geben 2½ cavallotti. Alss wir den 28. alhie ankhomen fur spilleut 2 cavallotti. Uff den portum zufharen, ein schiff voll affen zubesehen, 2 cavallotti. Mitt dem vendrich Saurman[465] uber den portum zufaren, die lantern zubesigtigen, 5 kreutzer 5 quatrini. In dieser

---

[463] Doge von Genua.

[464] Türken, Sarazenen.

[465] In die Matrikel der Deutschen Nation in Siena werden eingetragen: 1583 Mai 22 *Cunradus Saurmann a Jeltsch*; 1586 Sept. 17 *Georgius Saurman a Jackschenau, Silesius;* 1587 Okt. 24 *Adam Saurman a Schlantz, fendrich* (Weigle, Matrikel, S. 75, Nr. 964, S. 87 Nr. 1310, S. 92 Nr. 1468).

lantern kuennen sitzen ungeferlich 4 personen und ist uff[466] einem vilssen gebawett, darauff hiebevorn ein vestungh gestanden, dwelche nach eroberungh der statt sich noch etliche monatt starck erhalten, daruber der kayser Carolus 5 hohe erzurnett gewest und auch nach eroberungh schligten lassen.

Mein herr an gialeb verdruncken 1 cavallotto. Alss mein herr durch des teutschen regiments fendrichen zur collation gelatten worden und pfeiffer und trommenschläger stetig uffgespilt, mein herr innen ahn dranckgelt geben 6 julii. Alhie in dieser herberg 2 person 4 malzeitten verzertt ad 17 julii, dranckgelt 3 kreutzer 3 quatrini. Weill nhu ein gebrauch ist, dass die spilleuth die herbergen besuchen, so seindt im abscheiden 4 erschienen und uffgespilt, dennen geben 2½ cavallotti. Mitt ettlichen Deutschen vom adell, so meinen herren besucht, an extra meines herren antheill in all ad 5 julii.

| 14 | **Busolla** |

Ein dorff.

Alhie den letzsten novembris benachtigt, verzertt 6 julii, drangelt[467] 3 kreutzer 3 quatrini.

| 15.g. | **Saravalla** |

Ein statt dem kunig von Hispanien zustendig.

Alhie den 1. decembris mittagh gehalten. Alhie haben wir unerhortte sorgliche hohe bergh zureitten getroffen, und alls ich mitt meinem grossen ungluck dieser bergh einen abgefallen und der esell noch ein wenigh lebens an sich gehatt, so hatt mein her etliche haussleuth hinunden geschickt, den esell zurichten, dennen geben mussen 6 julii. Alss aber sich befunden, dass der esell den haltz gantz abgestortzt, so hab ich 3 meillen ein ander pfertt heuren mussen, 3 cavallotti. Und mich, weill ich mich uff einem baum zufallen im rugken verletzt, zu-

---

[466] *uff* fehlt in der Vorlage.
[467] So die Vorlage.

schmeren 2 julii 1 cavallotto. Notandum. Dieser fhall, so ich hier gethan, feldt alhie zulangk zu annotieren und ess hatt mich Gott dissmall miraculeusslich erhalten, wie die anwesende davon gut zeugnus geben konnen sullen.

Ein meill von dieser statt endigt deren Genueser landt und hatt Lombardia ein anfangk. Mein herr allein verzertt 2½ julii. Fur mich einen andern esell zuheuren fur 2 posten zureitten 4 julii. Fur einen breiden nagell an ein postkussen 4 kreutzer.

12. p **Tortona**

Ein statt des hertzogs von Lottringen fraw mutter[468] zustendig.

Alhie den abent ankhomen. Alhie helt die alte hertzoginne von Lottringen ir hoffhaltungh und ungeferlich 60 jarigh. Allernegst dieser statt ligt ein vestungh, die mit 150 italienische soldaten verwart wierdt. Alhie verzertt 6 julii 4 kreutzer 4 quatrini. Fur mich ein pferdt biss Pavia 7 julii. Der wagt im aussreitten ½ julii.

12. **Vogera**

Ein statt auch dem kunig von Hispanien zugehorig.

Alhie den 2. decembris den mittagh gehalten und verzertt 2 julii. An der pfortzen im aussziehen ½ julier. Diesen morgen einen grewlichen bosen wegh geritten. Alhie ferners grossen wassers halber ein guiden mitgenhomen, geben ½ julii 4 quatrini.

15. **Pavia**

Ein berompte statt dem kunig von Hispanien zustendigh.

Alhie den abent ankhomen. Fur 2 heurpfertt von Genua biss hieher 4 gulde kronen. Von hinnen 5 meillen seindt wir uber ein wasser dem Rein schier gleich, die Po gnant, geschipffet. Und 4 meillen von

---

[468] Christine von Dänemark, *1521 †1590, Witwe des Herzogs Franz von Lothringen.

hinnen ein ander wasser uberschifft, Gravillon gnant. Uber beide zufharen fur 2 person 2 pfertt 3½ julii 4 quatrini. Diese statt ligt uff ein wasser, Ticinus gnant, italice Thiseno[469], darnach sie geheischen ist. Daruber ist ein schon lang uberdeckte brugk gebawett. Uff diese seith nach dem wasser ligen etliche schone bolwercken. Nitt weith vom augustinercloster ligt ein vestungh, die schiesslöcher kirchenfenstern gleich und mit garnison woll verwartt. Vorm thom siegt man ein schon statua von metzigh gegossen, hohe uff einer seulen ein mahn uff einem pferdt sitzendt. Die sapientz alhie, collegium oder universiteit, ist die schonste von Italia alssvill den baw belangt, ja magh derhalb einem kunnigpallaiss woll verglichen werden und ist durch den cardinall in Gott verstorben Barromeum[470] erbawett und berendt worden. In das augustinercloster sigt man des divi Augustini sepulchrum am allerherligsten in weissen marmor uff 4 seulen gesetzt, die historien de vita illius aussgestochen. In dieser kirchen findt man auch viell gebein von den alhie hiebevorn in der schlagt von Pavia[471] gebliebenen Fransossen, davon die gantze welt zusprechen weiss. Diese schlagt ist gehalten vor der statt in einem tiergartten gantz eben, viereckigh und 20 meilen in die rundt, wie die alte mauren solchs noch aussweisen. Uber diesem ort seindt wir zu mehrer zeugnus geritten. Alhie verzertt 2 person 6 julii, dranckgelt 1 cavallotto.

18.   **Milano la Granda**

Ein grossmechtige kauffstat dem kunig von Hispanien zugehorig
Dass gelt gilt alhie wie folgt.
Ein gulden kron 6 lb 2 julier. Ein julier 10 soldi. Ein soldi 4 quatrini.
Notandum: Ein julier ist alhie ein spanischer reall 1 quatrini

Alhie den 3. decembris ungeferlich umb 2 uhren den nachmittagh ankhomen. Fur 2 heurpfertt von Pavia hieher 18 julii.

Von hinnen 15 meillen haben wir ein carthusercloster besigtigt, ist

---

[469] Ticino, deutsch Tessin.

[470] Der 1584 gestorbene Kardinal Karl Borromeo gründete an der Universität Pavia das nach ihm benannte Kolleg.

[471] Am 24. Februar 1525.

dermassen reichlich gestifft und gebawett, dass man meines erachtens seines gleich in christenheitt nit finden sall und ist Chartoga[472] gnant. Der giebell vor der kirchen ist mit weissem marmor und biltwerck aussgestochen. In der kirchen, welche in form von ein kreutz gebawett ist, uff der rechter handt siegt man ein marmorsepultur eines hertzogen von Milano, daruff also geschrieben stehett

Joanni Galleatie vice comiti duci Milanensi primo ac priori
eius uxori carthusiani memores gratique posuere 1561 die 22 decembris.
Fuit a Wincislao creatus[473].

Uff die lincke handt sigt man einen schonen altar, dem d. Christophero dediciertt und ist von lautter heligen bein des alten und newen testamens historien gar kunstreich damit ingelacht. Noch an beitten seitten des altars 2 kisten mit gleicher arbeitt ingelacht, dainnen man vor zeiten heiligthumb verwartt. Vorm hohen chor siegt man 8 marmorseulen so klar, dass man sich darinnen spiegln soll von weiss, rott, gron und schwartze colören. Der hohe altar und tabernakell, da dass sacrament in stehtt, ist auch lautter weisser marmor. Dieser tabernakell ist zimlich hohe und von allerlei kostlichem gestein ingelacht. Noch 3 stöll beiseittenn dem altar auch von marmor inglacht. Dern abgeheng[474] vor den altaren mit henden gemacht und golt und silber gearbeitt ad 10. Ein unerhortt reich arbeitt in die gehrcamer zufinden. Diese camer wierdt auch herlich mit holtzwerck und biltwerck ingelacht. Dern munchen zellen ist 28 und eine von andere separiertt, eine jedere mit einem stotigem giebell uffgefurtt.

In dieser statt Milano besehen wie folgt. Irstlich in St. Francisci closter findt man schone marmorbegrebnussen. Der hohe altar schon ubergult. Folgents in die newstatt ist ein schon und lustig gebawtt closter, St. Victorius gnant, ir habitus weiss. Die romp der kirchen ist sehr klar und gross, die gengh sehr langh und breit. Uff einem gangh stehen 74 zellen, alle inwendigh sehr sauber. Nitt weitt von diesem closter findt man in einem pallatio ein herlich wasserwerck, dem zu Pratelin schier gleich mit etlichen steinen schonen figuren. Auss jeder

---

[472] Neben durchgestrichenem *Cartosa*. Es ist die Certosa di Pavia.

[473] König Wenzel hatte 1395 Johann Galeazzo Visconti zum Herzog von Mailand erhoben.

[474] Antependia?

figur springen etliche viell athern, also lauffen etliche 1000 atheren zusamen. Darnach St. Vinzentzspitall, dass narrhauss, besichtigt, welchs ein gottlich stifftungh ist und wunder anzusehen.

Folgents die kirch St. Elssa besehen. Dass gewulffss uberauss schon mit lautter steinen uberwulfft und mitt ducattengolt uberstrichen. Der giebell voran ist kunstreich mit marmorfiguren und sonst lauffwerck am herligsten ausgehawen und oben der theur stehett mit gulden lettern geschrieben

Et caro factum est

Umb den chor in der mauren sigt man vill herliche viereckige marmortaffeln, dessgleichen auch in den kirchseulen etliche 4eckige und runde taffelen.

Darnach dass gross spitall besehen, ein unerhortt schon und gross von grawen stein gebew, von dem Francisco Sfortia[475] duce 4 et eius uxore vicecomites erbawett worden. Vor diesem spitall ist ein gang langk 30 steinen seulen, einer von dem andern 5 schritt, breitt 9 schritt. Inwendig ist ess kreutzweiss gebawett, uber 200 betten. In diesem spitall schlagt man alle wochen 12 feiste wie friesche ochssen und sie haben bei dieser zeitt im vorrath bei 340 ochssen.

Darnach des hertzogen de Nova Terra, Thomas de Marino gnant, pallatium besehen, welchs schon gebawett, aber noch nitt volendett ist.

Darnach ist in Sancti Ambrosii kirch under der ertten des Sancti Ambrosii begrebnus und der kopff in die gehrcamer schon in silber gearbeith, darzu 14 silbere luchtern, noch 4 schone silbern und ubergulte engeln. Umb den hohen altar alhie siegt man ein unerhortte schon geschlagen silbern stuck mit ungeferlich 400 edle gestein und etliche 1000 perlen von allerlei sorttenn am allerreichsten bekleidett und solte 86000 kronen am wenigsten werdiertt sein. Noch die 12 aposteln lautter silber. Item ein kreutzefix ungeferlich 4 fuss lang, auch lautter silber. Noch findt man in dieser kirchen uff einer seulen in gestalt einer schlangen die lengden der schlang, so in die wusten mitt Moisi gerett hatt, und ist in metzigh gegossen.

Folgents des vicere pallatium besigtigt, darauff ire excellentz mitt deutschen und italianischen soldaten bewagt werdt. Diese 3 instant-

---

[475] Franz Sforza, vierter Herzog von Mailand, ∞ Blanka Maria Visconti.

zien, dha die leibwagten gehalten werden, seindt uberauss schon mitt figuren abgemalhett. Uff den grossen saall siegt man alle die kaysern abgemalhett, die von zeitt Maximiliani primi biss uff Rudolphi secundi regiertt haben. Allernegst diesem saall in einem andern gemach siegt man alle wapffen der landen, so under der kuningscher kronen von Hispanien gehorchen abgeschildertt ad 76, so kunnigreich, hertzigthumben alls freiheitten. Im stall findt man 17 herliche so hispanische alss neapolitanische ross.

Die vestungh alhie ist durch gantz christenheitt gnug beroempt, wierdt bewacht mit 4 gewaltige corpe de guardien, an jeder thor eine. Umb die vestungh leufft ein fliessendt wasser, welchs nitt abzusteichen ist. Uff die vorschrieben zweitte thor ist geschrieben

Philippus 2 catholicus may. Hispaniarum rex defensor fidei potens justus et clemens anno 1582

Die provision und munition ist in einem hohen thorn rundtumb im wasser verwartt. Die provision umb geschutz zugiessen solte eines kunnigreich werdig sein. Im giesshauss findt man 28 newe gegossene metall maurenbrecher. Der wall, der uberdeckt ist, dha man dass geschutz gebraucht, ist breitt 14 schritt, die brustwehr 7 schritt. Hierauff stehen 62 maurenbrecher, veltstucken 54 ohne doppell hacken Under diesen gemelten maurenbrecher findt man etliche, die 7, etliche die 5 meillen weith schiessen, hierunder sein 2, davon die kogeln 130 lb. wiegen. Die aptieck und spitall seindt auch sehr schön, hispanischen soldaten seindt 500, deutschen die den castelain bewachen 24.

Allernegst dieser statt ist ein schoner thiergartt mitt mauren umbzingelt ad 9 meillen. Dieser gartt hatt die privilegien, wan einer einen thottschlagh gethan und in diesem gartt khomen kan, der hatt drei tage freiheitt.

Im thom siegt man einen unerhortt reichen predigstull von metzigh ubergult und ubersilbert, auch mitt kostlichen adelichen[476] gestein belacht, etliche viell 1000 kronen werdigh. Auch findt man alhie einen nagel vom kreutz Christi, auch die lengden und breitten eins tritts, so Gott getretten, alls er uff dem bergh Olivett gewest. Noch siegt man alhie ein begrebnus von lautter probierstein, welchs nit zuestimieren

---

[476] So die Vorlage.

ist. Der botten wierdt nhew mit weissen und schwartz marmor pa-viertt. Umb diese statt leufft ein zimlich schiffreich wasser[477].

Alhie meine stieffeln und schuch repariern lassen 9½ lb. Fur mei-nen herren ein par new winterstieffelen 2½ gulde kronen. Meine ho-sen zurepariern 2 julii. Fur meinen herren 2 gefester sampt den forni-mentten an dollingen in all 7 gulde kronen. Fur meinen herren ein par wullen reidthosen und socken 1 gulde kron. Noch fur 1 doutzett remen 4 soldi. Noch fur meinen herren ein par doppell schuch 5 julii. Fur einen soldaten und alle besigtigungh meines herren 15½ julii 4 quatrini. Noch fur meinen herren ein ander gefest, die alte lemmer schon zumachen, ein new scheidt und handtfast kost in all gegen dass alt gefest getauscht 3 gulde kronen 2 soldi. Alss ich wie vorgemelt mit dem esell gestrauchelt dass cossinett verloren, alhie wider ein ander gekaufft, kost 6 julii 1 soldi. Mein her von hinnen brieff nach Siena geschickt, kost an posten ½ julii 4 quatrini. Alhie biss uff den 4. tag still gelegen, kost 2 person 36 julii 6 kreutzer 4 quatrini. Dem landts-man Michell Scholer, dass er unss uff dem castell und hin und wider 3 tag gefurtt, meines herren anpartt 6 julii 10 kreutzer. Weschlohn 2 julii.

---

[477] Gemeint sind die Kanäle um Mailand.

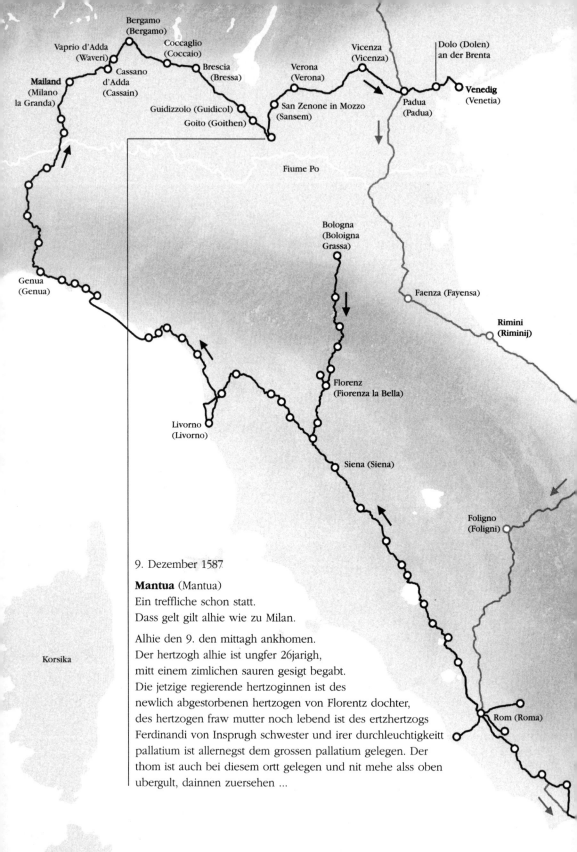

Bergamo
(Bergamo)

Vaprio d'Adda
(Waveri)

Coccaglio
(Coccaio)

Cassano
d'Adda
(Cassain)

Brescia
(Bressa)

Vicenza
(Vicenza)

Dolo (Dolen)
an der Brenta

Mailand
(Milano
la Granda)

Verona
(Verona)

Padua
(Padua)

Venedig
(Venetia)

Guidizzolo (Guidicol)
Goito (Goithen)

San Zenone in Mozzo
(Sansem)

Fiume Po

Bologna
(Boloigna
Grassa)

Faenza (Fayensa)

Rimini
(Riminij)

Genua
(Genua)

Florenz
(Fiorenza la Bella)

Livorno
(Livorno)

Siena (Siena)

Foligno
(Foligni)

9. Dezember 1587

Mantua (Mantua)
Ein treffliche schon statt.
Dass gelt gilt alhie wie zu Milan.

Alhie den 9. den mittagh ankhomen.
Der hertzogh alhie ist ungfer 26jarigh,
mitt einem zimlichen sauren gesigt begabt.
Die jetzige regierende hertzoginnen ist des
newlich abgestorbenen hertzogen von Florentz dochter,
des hertzogen fraw mutter noch lebend ist des ertzhertzogs
Ferdinandi von Insprugh schwester und irer durchleuchtigkeitt
pallatium ist allernegst dem grossen pallatium gelegen. Der
thom ist auch bei diesem ortt gelegen und nit mehe alss oben
ubergult, dainnen zuersehen ...

Rom (Roma)

Korsika

Sardinien

Von Mailand nach Venedig

16. **Cassain**

Ein dorff.

Alhie den 6. decembris mittagh gehalten, verzertt 2 julii.

15. **Bergamo**

Ein schon statt und venedigsch.

Alhie den abent ankhomen und benachtigt. Von hinnen 12 meillen seindt wir uber ein wasser gefharen, Lado[478] gnant, vergelt 6 kreutzer 4 quatrini. Bei diesem vehr ligt ein dorff, Waveri gnant. Von hinnen 14 meillen seindt wir auss dem milanesisch gepiett gezogen. Diese statt Bergamo ist die irste im venetianer gepiett nach dieser seitten. Die vorstatt alhie ist schier nochmall so gross als die statt. Die principall kirch ist Santa Maria Maiora gnant. Diese statt ist langss einem bergh gelegen und uf diesem bergh ist eine berömpte vestungh, welche die statt dominiertt und wierdt verwartt zwischen 300 und 400 italianische soldaten. Alhie verzertt 9 julii 4 quatrini. Dranckgelt 2 soldi.

---

[478] L'Adda.

20. **Coccaio**

Ein schon dorff.

Alhie den 7. vorschrieben monats decembris mittagh gehalten, verzertt 4 julii. An pfertsbeschlagh $1\frac{1}{2}$ kreutzer.

12. **Bressa**

Ein schon statt, venedigsch.

Alhie benachtigt und fur 2 heurpfertt von Milano hieher 2 gulde kronen. Dem viterino 3 soldi. Diese statt ist voller volcks und kauffmanschafft neben etlichen schonen gassen. Nach dem velt ligt diese statt in die lengden mitt 5 zimliche bolwercken. Nach dem bergh ligt dieselbe in einem halben möhn. Uff dem bergh ist eine vestungh, welche die statt sehr woll zwingen kan und ist mitt 45 soldaten besatzt. Alhie verzertt 6 julii 12 quatrini.

24. **Guidicol**

Dass irste dorff im hertzigthum Mantua.

Den 8. decembris ohn absitzen biss alhie in einem kautschen gefharen und benachtigt. Uff die lincke handt dieses wegs haben wir uff und zwischen berghen etliche stett und schlosser ligen lassen, davon unss die nhamen unkundig, under andern eine vestungh, Castion[479] gnant, dem marquis de Castion zugehorigh. Alhie verzertt 5 julii 2 kreutzer, dranckgelt 4 kreutzer.

---

[479] Castiglione delle Stiviere.

16. **Mantua**

Ein treffliche schon statt.
Dass gelt gilt alhie wie zu Milan.

Alhie den 9. den mittagh ankhomen. Der hertzogh[480] alhie ist ungfer 26jarigh, mitt einem zimlichen sauren gesigt begabt. Die jetzige regierende hertzoginnen ist des newlich abgestorbenen hertzogen von
Florentz dochter, des hertzogen fraw mutter[481] noch lebend ist des ertzhertzogs Ferdinandi von Insprugh schwester und irer durchleuchtigkeitt pallatium ist allernegst dem grossen pallatium gelegen. Der thom
ist auch bei diesem ortt gelegen und nit mehe alss oben ubergult, dainnen zuersehen ...[482]. Auch nit weit von hinnen ist auch ein closter
gelegen, Santa Barbara geheischen. Hieselbst ligt der abgestorbener
hertzogh sampt seinen zweien vohrseessen unter der stigen des hohen chors begrabenn, aber noch kein epitaphium vorhanden[483]. Die
zwei furstliche schone ställe seindt nit, sovill den pferden belangt, zu-
vergleichen. Im principalsten findt man 88 aussgelesene und von allerlei sortten schone röss und uff jeders pfertts lattierbaum jedes pfertts
nham und artt mit grossen lettern beschrieben. Im zweitten stall seindt
226 strawen und wenigh lettigh, jedoch die kautschpfertt darinnen gerechnett.

In St. Francesco und St. Andrea ist wenigh zuersehen. Diese statt
ligt uff 2 lagi, die ein Il Lago del Sorro, die ander Basso[484] gnant, breitt
nach der seitten von Bressa komend ungfer alss der Rein vor Collen.
Die ander Sorre leufft umb und durch die statt und ist auch sehr
breitt. Die vestungh ligt nach der portzen ghen Bressa ungfer 1
schuss wegs von der statt mit dreien bolwercken und wasser umbher
reichlich versehen. Nitt weit von dieser vestungh ausswendig ligt
ein trefflicher lustiger spatzierwegh, beide seitten mit baumen ge-

---

[480] Vinzenz I. Gonzaga, *1562, †1612 ∞ II. 1584 Eleonore Medici, †1612, Tochter des
am 19. Oktober 1587 gestorbenen Großherzogs Franz von Toskana.

[481] Eleonore, *1534, †1594, Tochter des Kaisers Ferdinand I., ∞ Wilhelm Gonzaga,
Herzog von Mantua.

[482] Die Vorlage läßt hier eine Lücke von etwa einer viertel Zeile.

[483] Wilhelm Gonzaga war drei Monate zuvor, am 14. August 1587, gestorben.

[484] Die beiden Seen werden dementsprechend heute als Lago Superiore und als Lago
Inferiore bezeichnet.

pflantzt. Auch zwischen mehegenanter vestungh und der statt ligt ein gewaltige lange uberwelffte brugk alles voller mullen. Umb dieser statt hatt ess unerhortte gutte gartten und weisen. Des hertzogen lusthauss, Ill Pallatio del Tchei[485] gnant, ligt ungfer 100 pass ausserhalb der statt. Im ingehen ein schon viereckiger platz, aber dass pallatium nitt volbawett. Alhie findt man in einem gemach ein wunderbarlich echo.

Die gassen alhie seindt auch schon und breitt und mitt allerlei kauffmanschafft woll versehen. Des hertzogs guardia ist von 50 Deutschen und 50 Italianer. Auch 50 italianische archier, welche archier der hertzogh allererst angenhomen hatt und werden so zu fuß alss zu pfertt gebraucht und tragen breitte metzer. Man findt auch in dieser statt etliche viell thausentt juden.

Von dieser statt 8 meillen ungeferlich seindt wir durch ein schon dorff gefharen, Goithen gnant. Hieselbst hatt ire furstliche gnaden ein schon lusthauss rundtumb im wasser. Langss diesem hauss leufft ein wasser, Metza[486] gnant, durch die mantuanische lago lauffende. Fur 2 person 4 malzeitten 12 julii 2 quatrini. Dem, so unss hin und wider durch die stat gefurtt, 2 julii. Fur ein unerhortt bolet 15 schillingh oder soldi.

12.   **Sansem**

Ein schon dorff und venedigsch.

Den 10. decembris alhie mittagh gehalten. Von hinnen ungeferlich 2 meillen seindt wir wider auss dem hertzigthum Mantua in dern herrn Venedigern landt komen. Alhie verzertt 4 julii 4 kreutzer.

12.   **Verona**

Ein sehr schon statt, auch venedigsch.

Alhie den abenth mitt Gott ankhomen und fur einen kautschen von Bressa biss hieher geben fur 2 person meines herren anpartt 2 gulde kronen 7 julii 1 kreutzer 3 quatrini.

---

[485] Der Palazzo del Tè.
[486] Mincio.

Den 11. alhie umb die statt zubesehen still gelegen und irstlich dass trefflich schon colliseum besigtigt, dainnen die alten allerlei thier gegen einandern kempffen liessen, jetzo aber zum tornierhauss gebraucht wierdt und ess kuenen dainnen zusehen der einer eben so woll alss der ander ad 10000 mhan. Weill ess aber vor viell 100 jaren irstmall erbawett und zum theill verfallen, so ist nhumehe verordnett, dass ein jeder potestat alle jar ichtwass dazu bawen soll, wie dan schon angefangen ist. Ferners siegt man in dieser statt etliche wunderbarliche in die lufft gebawette sepulturen, sonderlich vor dem wierdtshauss Cavalletto von dem geschlegt Calligola[487].

Fur meinen herren ein par gestrickte henschen 3 julii 8 quatrini. Noch meines herren attlassen boxen zureparieren 8 soldi. Im colliseo versehen 20 quatrini. Alhie biss uff den dritten tagh still gelegen, verzertt 9 lb. 4 soldi, dranckgelt 12 quatrini.

18.   Hosteria del Torro

Ein herberg.

Alhie den 12. decembris mittagh gehalten, verzertt 2 lb. 9 schillingh.

13.   Vicenza

Ein schon statt und venedigsch.
Alhie gilt dass gelt wie zu Venedigh.

Alhie benachtigt. Alhie siegt man ein uberauss schon und lustig gebawtt amphiteatrum, darinnen ein grosser sall zucommediern, vor heufft inwendigh mitt weissem marmor ein herlicher gebell uffgebawett. Und ess kuennen auch uber 1000 personen darinnen sitzen und der einer sowoll alss der ander zusehen. Der thom ist auch gross und schon. Dass pallatium oder rodthauss ist auch schon uffgebawett, ausswendigh mitt grawem stein. Die parlementscamer ist auch zimlich schon. Alhie verzertt 2 person ad $9^{1}/_{2}$ julier und 2 kreutzer 6 quatrini, dranckgelt 5 quatrini.

---

[487] Die Scaliger-Gräber.

18.   **Padua**

Ein trefflich starcke statt und venedigsch.
Alhie gilt dass gelt auch wie binnen Venedigh.

Alhie den 13. decembris den mittagh ankhomen. Fur 2 heurpfertt von Verona biss hieher 10 lb. 16 schillingh und alhie einen
gewaltigen sorglichen unflittigen wegh passiertt. Ungfer von hinnen 1½ meil uber ein wasser schiffen mussen, weill die brugk zerbrochen gewest, fur 2 pfertt 2 soldi. In dieser statt ferners besigtigt alss folgt.

In Santo Antonio oder Al Santo sigt man des Santi Anthonii capel-
le anno 1532 gebawett, darinne seine miracula trefflich schon mitt
grob biltwerck aussgehawen. Vor der kirchen ist eine schone statua,
ein mahn uff einem pfertt in metzigh gegossen, hohe uff einer runder seulen, Gatto Malato[488] gnant. Der Umbgang alhie ist voller herlicher begrebnussen.

Darnach findt man hie ein schone kirch und closter, Santa Justina
gnant. Diese kirch wierdt vill grosser gemacht und fabrica bellissima.
Diese Justina ligt under dieser kirchen in einer steinen sercken uff 4
peiler ungfer mansshogden gesetzst begraben, und in einem pfeiler
sigt man noch das zeichen, wie sie mitt einer handt im pfeiler gegrif-
fen alss sie so jamerlich wegen des christen angefangenen glauben
durch irem leiblichen heidtnischen vatter erstochen und ermortt worden ist. Der hohe altar des chors im closter ist der schonster, den man
in[489] Italia jetz finden mogt, sovill abstreichungh mitt geschlagen golt
belangt, solte auch in die 4000 kronen gekost haben. Der botten der
kirch mitt weissen und rhotten marmor herlich inglacht. Die stull dern
munchen am herligsten mitt holtzwerck ingelacht[490]. Alhie siegt man
auch des heiligen Matthias begrebnus von marmor gemacht. Allernegst hiebei ist ein loch ungfer 3 fuss boben der ertten von marmor,
aller voller martiren gebein. Ungfer 10 pass von hinnen stehett in der
mauren ein grawer viereckiger stein, darauff vill martiren gekopffet

---

[488] Reiterdenkmal des Condottiere Erasmo da Narni, genannt Gattamelata (,die ge-
fleckte Katze'), 1447 von Donatello geschaffen und 1453 aufgestellt.
[489] *in* fehlt in der Vorlage.
[490] Das intarsierte Chorgestühl im Coro Vecchio.

worden sein. Diss closter ist[491] Sancti Benedicti ordinis und hatt uber 8000 kronen d'intrada. In einem umbgangk alhie findt man vitam Sancti Benedicti uberauss schon abgeschildertt, im mitten dieses umbgangs einen schonen platz sampt einer fonteinen im mitten des platz.

Allernegst diesem closter ligt ein schoner groner platz, Prate di Valli[492] gnant.

In dern Armitaner kirch[493] siegt man auch in der mauren einen schwartzen adler, darunden werden die teutsche studiosi begraben. Recht gegenuber diesem adler stehett in der mauren geschrieben, wie dass der kayser Maximilianus primus anno 1509 diese statt belegertt hatt. Im umbgangk alhie haltet eine teutsche nation consilium. Die romp dieser kirchen ist herlich schon gross und hoch.

Uff dem pallatium[494] dieser statt ist ein schoner gewaltiger hoch und breider saall, oben schwer mit blei bedeckt und inwendig gleichwoll sonder pfeiler. Die parlementzcamer ist schon gemalhett, under andern ein unerhortt schon kunstuck boben der teur. Der potestatt ist ungfer ein mahn von 60 jaren.

Diese statt hatt 7 pfortzen und ist umbher mitt einem ertten wall ungfer 22 schritt breitt gefurtt und die Brente leufft umbher und uff villen orttern durch diese statt. Alhie biss uff den dritten tag, umb die gelegenheitt desto besser zubesigtigen, still gelegen. Alss nhu meinem gnedigen herren ein hochlobliche teutsche nation dass buch presentiertt darzu geben 1 kron, dem[495] pedello 2 lb. Fur meinen herren ein par lange henschen 1½ lb. Alss monseigneur Ruischenbergh bei meinem herren zugast gewest extra an wein 8 bocquallen jeder 5 schilling, facit 2 lb. Dem drager 2 schillingh. In der herberg verzertt 16 lb. 8 schilling, dranckgelt 2 schilling. Die robbe im schiff zutragen ungfer ein welsche meill vom wierdtshauss 8 schilling. An zucker brott im schiff 4 schilling.

---

[491] *closter ist* fehlt in der Vorlage.

[492] Prato di Valle.

[493] Kirche der Augustiner-Eremiten.

[494] Der Palazzo della Ragione.

[495] *dem* fehlt in der Vorlage.

8.   **Dolen**

Ein dorff uff die Brente.

Alhie den 15. decembris den mittagh gehalten, verzertt 2 lb. 4 schilling.

12.   **Lusuicina**

Ein dorff uff dem mehr.

Alhie auss dem barcquo ordinario gesessen und dafur bezalt fur 2 person 2 lb. und eine gondel gehuirtt und die robbe darin zutragen 1 lb. 1 schillingh.

Venedig

<table>
<tr><td>5 zu
wasser</td><td>**Venetia**
La riccha.</td></tr>
</table>

In dieser unerhortter schoner statt den vorschrieben 15. ankhomen und in einer herberg 5 malzeitten gehalten, mein her und ich 2 mal und der lacquay 1 mall, verzertt 7 lb. 12 schillingh. Mein her ein bocqual malvasie getruncken 8 soldi. Den 16. fur des lacquayen schuch zurepariern 7 soldi. Brott fur den hundt 4 soldi. Fur mir ein par hosenbindeln 1½ lb. 2 soldi. Diesen tag haben wir angefangen mitt 5 vom adell zuspendieren und weill der lacquay im cabarett gessen meines herren und mein partt provision an wein und kuch 5½ lb. 6 soldi.

Den 17. provision zur kuch 2 lb. 18 soldi 4 quatrini.

<table>
<tr><td>1½</td><td>**Morano**
Ein inssell und schon dorff.</td></tr>
</table>

Alhie den 18. spazieren gefaren und die glasereien besehen, welchs ein reichlich werck ist. Fur die gondel meines herren anpartt 8 soldi 2 quatrini. Mein herr ein glass gegolden 16 soldi. Zwischen Venedigh und hie seindt 2 schone closter uff einer inssell beieinander gelegen, dass ein St. Michell, dass ander St. Christoffell gnant.

1¹/₂   **Venetia**

Den mittag wider alhie ankhomen. Brott fur den hundt 2 soldi. Diesen nachmittag die kirch Santa Maria di Miracule[496] besigtigt, ist klein aber reichlich auss- und inwendigh mit marmor gebawett. An provision 3 lb. 6 soldi 2 quatrini.

Den 19. brott fur den hundt 4 soldi und fur einen zammetten halsspantt, der zammett kost 3¹/₂ lb., dass letter darunden 1 lb. Provision zur kuch 2 lb. 6 soldi.

Den 20. hatt mein herr den kauffman Francesco Vreims zugast gehabt, extra gekaufft fur 2 rephoner 3 lb., fur 1 capun 2 lb. 2 soldi. Fur den lacquayen ein par wullen suck 1 lb. Meines herren satinen wambiss zureparieren 6 quatrini. Diesen[497] tag gutte provision zur kuch gethan, unser anpartt 8 lb. 14 soldi. Diesen tagh hatt ernantter Vreims meinem herren in dieser statt gezeigt alss folgt.

Irstlich St. Steffen, ein zimlich schone kirch. Darnach Santa Charita[498], ist auch schon. Darnach St. Sacharias[499], auch schon. Folgents Sancti Joannis Pauli[500] kirch besehen, ist trefflich schon. Der chor ist mitt lautter marmor und schonen historien dainnen gemalhett bekleitt. Vor der kirchen sigt man ein statua, ist ein mahn uff einem pferdt sitzendt in metzig gegossen hohe uff einer seulen, Bartholomeus Colonneus Bergamensis Italie Couglonne[501] gnant. Dieser ist in zeitt, alss der Maximilianus 1 Padua wider zu den Venedigern gebracht ein uberauss berömpter ritter gewest. Allernegst dieser kirchen ligt die broderschafft oder chola[502] St. Marco. Im intrett derselben sigt man einen schonen sall, vor heufft einen altar, im mitten an jeder seitt 6 steinen seulen. Dass gewulff herlich gemalhett, der malher davon noch lebend, wirdt Jacomo Tinteretto nunc deus picto-

---

[496] S. Maria dei Miracoli.

[497] Vorlage: *diese*.

[498] Santa Maria della Carità, heute im Baukomplex der Accademia am Canal Grande (Hubala, Venedig, S. 358).

[499] San Zaccaria.

[500] San Zanipolo = Santi Giovanni e Paolo.

[501] Reiterstandbild des Condottiere Bartolomeo Colleoni, von Andrea Verrocchio, 1496.

[502] So die Vorlage. Scuola Grande di San Marco.

rum[503] gnant. Uff diesen saall sigt man wie ernantte broderschafft alle jar einmal die arme in closter ufferzogene ehrliche dochter irer nachtparschafft mitt gluckhaven aussverheiratten und nach jedes person gelegenheitt begaben. Welcher nhu eine ehrliche person begertt, muss die freundschafft ersuchen, so kan er eine fraw so schon er sie haben will bekhomen. Dha aber zwei beieinander khomen und sonder leibs erben beide absturben, muss der frawen gäb wider zur broderschafft khomen, welchs ein gottlich werck und schone stifftungh ist, dweill die ehr daselbst so theur ist.

Den 21. St. Francesco besigtigt, auch ein schone kirch. Der chor ist inwendigh mitt marmor bekleitt. Der umbgang mitt etlichen herlichen sepulturen von villen hundertt jaren alt in die mauren gearbeitt. Darnach St. Rochi[504] broderschafft besehen, ist auch ein herlichs werck. Unden im saall findt man wie in St. Marco broderschafft vor hoeffts einen altar, im mitten 10 steine seulen gegeneinandern. Uff diesem noch ein ander saall, umbher viell schone unubertreffliche kunstreiche historien durch den vorschrieben deum pictorum[505] gemalhett. Im intrett uff der stiegen seindt uff jeder seith 3 marmorsteinen seulen, im mitten eine schone ungfer 1½ manshogden ubergulte lantern, welche in ire procession gebraucht wirdt. Der botten dieses saalss ist von allerlei colloren von marmor paviertt. Die camer alhie, dha man die almusen ausstheilt, ist vom vorschrieben meister Tinterotto trefflich herlich gemalhett, sonderlich die creutzigungh Christi, und die stull rundtumb kunstreich mitt holtzwerck inglacht. Der botten alles lautter marmor.

Darnach die kirch und broderschafft delli morti[506] besehen. Alhie findt man einen schwartzen steinen altar, wie wir bericht probierstein sein soll, langk 7 und breitt 5 schritt. Dass creutzefix auch alles vom selben stein und schwartz, solte zusamen gekost haben[507] 6000 kro-

[503] Jacopo Tintoretto, jetzt der Gott der Maler genannt. Der Bilderzyklus Tintorettos befindet sich heute nicht mehr am Ort, sondern in der Accademia in Venedig und in der Brera in Mailand (Hubala, Venedig, S. 209).

[504] Scuola Grande di San Rocco.

[505] Tintoretto. Die Gemälde befinden sich noch am Ort.

[506] Scuola dei Morti.

[507] *haben* fehlt in der Vorlage.

nen. Provision zur kuch mehe nit, weill mein herr bei Vreims zugast
gewest, alss 4 soldi 2 quatrini.

Den 22. St. Jop closter[508] besehen, aber nichtz besonders. Darnach
Santa Lucia[509] kirch besehen, ist klein und auch nichtz besonders. Der
botten mitt groben marmor belacht. Diese Lucia ist, wie wir bericht,
miraculeusemente auss Sicilia von Ciracousa hiehin transsportiertt und
sich uff einem morgen frohe vor dieser kirchen in einer sercken erfinden lassen. Alss nhu etliche alte weiber diese heilige gefunden und in
einer kirchen allernegst hiebei gelegen, Corpus Christi gnant, getragen,
so hatt sie sich doch ohn hulff menschlicher handt folgents tags uff
jetzberurtte platz wider erfinden lassen, daselbst sie noch jetziger zeit
erfunden wierdt. Von dieser Lucia geschigt mehe meldungh wie hievor zusehen[510], alss wir nach Malta und durch Ciracousa gezogen sein.

Diesen nachmittagh seindt wir uber die grand canal gefharen in
die inssell Zucca[511], ist ein sehr lustigh ortt, vorzeitten Judeca gnant,
weill dhomalss diese platz mitt juden bewohnt wartt. Alhie zum
irsten besehen St. Victoris[512] kirch und closter, die fabrica bellissima
und ist seither die pestzeit oder 10 jarenn vom grundt new uffgebawett. Diese munchen seindt capuschiner ordens. Der chor ist unden
und oben klar in die rundt gebawett. Nitt weitt von hinnen die kirch
all Donselle Povere[513] besigtigt, ist new und klein. Diese[514] junffern
werden auch in ehren ufferzogen und aussverheirath wie vorgemelt.

Allernegst hiebei in ein ander inssell St. Georg[515] closter und kirch
besigtigt. Diss closter wierdt auss dem grundt new uffgebawett und

---

[508] S. Giobbe.

[509] Die Kirche besteht nicht mehr. An ihrer Stelle wurde 1861 der Bahnhof S. Lucia
errichtet.

[510] Oben zum 20. Februar 1587 in Syrakus.

[511] Giudecca. Gemeint ist der Canale della Giudecca, nicht der heutige Canal Grande.

[512] Gemeint ist die Erlöserkirche, Redentore, auf der Giudecca, wie sich aus den Angaben des Tagebuches über den Anlaß des Baues und des Baubeginns ergibt. „1576
gelobte die Signoria den Bau einer Votivkirche, wenn Venedig von der Pest erlöst
werde. Andrea Palladio … lieferte die Pläne. 1577–92 wurde der Kirchenbau auf der
Giudecca errichtet" (Hubala, Venedig, S. 330).

[513] Gemeint ist Santa Maria della Presentazione oder delle Zitelle, erbaut 1581–1588.

[514] Vorlage: *diesen.*

[515] S. Giorgio Maggiore, 1566 von Andrea Palladio begonnen (Hubala, Venedig, S. 247).

ist dern reichsten ein von Venetia, Sancti Benedicti ordinis. Der gartt ist lustigh und sehr woll zubesehen. Uber und wider uber diesen canal zuschiffen 2 soldi. Folgents haben wir dern herren Venetianer muntz[516] besigtigt, ist uff St. Marcks platz gelegen und mag einem stattlichem pallatio woll verglichen werden. Herinnen siegt man viell lange und breide iseren kisten, alle wie wir bericht sein voller so gemuntzst alss ungemuntzst golt und silber. Uff St. Marco kirch portall siegt man 4 in metzigh gegossene pferdt, auch am mehr uff dem platz 2 seulen, uff dem einen stehett St. Marcus uff dem andern der statt wapffen, die justitia. Welche 6 stucken, alss Constantinopel durch den herren Venetianer gewunnen worden, haben sie dieselbe uff des grossturcken pallatio gefunden und mittgefurtt[517]. Der platz ist so schon alss man finden kan und allbereitt begunnen schier nochmal so gross zumachen, dan ess werden die jetzige daruff stehende heuser abgeworffen. Uff dem torn[518] vorm pallatio kan man alle umbligende portus und die statt recht ubersehen. An besigtigungh 1 lb. Und man kan diesen thorn, dha notigh, biss an der kappen mitt ross oder esell reithen.

Diesen tag fur meinen herren einen munichssgrawen reisshudt gekaufft, kost mit der bunden und zufodern 8 lb. Fur 3 lange fedderen darauff 3½ lb. Meines herren zammette mandilien zureparieren 3 soldi. Brott fur den hundt 2 soldi. Provision zur kuch 4 lb. 15 schillingh 1 quatrini.

Den 23. decembris brott fur den hundt 2 soldi. Provision zur kuch 4 lb. 15 soldi 1 quatrini.

Den 24. fur holtz 4 soldi. Brott fur den hundt 2 soldi. New zeittungen gedruckt aus Hispanien 2 quatrini. An wackss 7 quatrini. Uff meines herren alten gestrickten hudt eine schwartze straussfetter 2½ lb. Fur eine bundt mitt zwartze carmen 2 lb. Fur mich ein par schuch 2½ lb. 2 soldi. Fur den lacquayen ein hembt zuweschen 3 soldi. Diesen

---

[516] Das Münzgebäude, die Zecca.

[517] Die vier antiken Bronzepferde stammen aus dem Hippodrom von Konstantinopel, 1204 auf dem lateinischen Kreuzzug geplündert und nach Venedig gebracht (Hubala, Venedig, S. 93), nicht aus dem Palast des türkischen Sultans (grossturcken), der Konstantinopel-Byzanz 1453 eroberte.

[518] Campanile.

christabent hatt man eine nhe erhortte schone musica mitt 4 choren in St. Marco ungfer 6 stundt lang thaurendt gehalten. Provision zur kuch 6 lb. 10 soldi.

Den 25. christagh ist die hohe messa mit grosser pomp und wie vorschrieben mitt selber musica gehalten worden. Diesen morgen ist mein her umb alles desto besser zubesehen uff die gellerien gestiegen, dem custer fur 4 person geben mussen 10 soldi. Es hatt der bischoff von Venedigh gehalten diese vorschrieben messam. Der hertzogh[519] ist oben ahn uff dem chor gesessen mitt einem langen mantell von klaren gulden stuck, darnach pabstlicher gesandter, darnach des kaysers majestett gesandter, vorhoeffs 52 consiliarii, alle mitt rothe lange rocken, der einer attlass, der ander damast. Uff dem altar hatt man gesehen den venedigschen schatz, ein unaussprechlich reichthumb[520]. Irstlich vor hoefft des altars eine gewaltige lange und breide geschlagene silbere und ubergulte taffell[521]. Allernegst dafur im mitten St. Marco an jeder seith 3 silbere luchteren ungfer 2 fuss hoch[522]. Darnach im mitten 3 hohe gulde kronen mitt allerlei kostlich gestein dermassen reichlich bekleidett, dass man sie nit estimieren kan[523]. Under diesen siegt man noch 12 andere kleinere gulde

---

[519] Der Doge.

[520] Die vom Schreiber des Tagebuches erwähnten Gegenstände sind nicht mehr alle im Schatz von San Marco vorhanden, der nach der napoleonischen Eroberung 1797 seine größten Verluste erlitt (Guido Perocco, Zur Geschichte des Schatzes von San Marco, in: Hellenkemper, Schatz von San Marco, S. 75). Obwohl der Schreiber des Tagebuches alle Stücke nur äußerst knapp bezeichnet, sind seine Angaben jedoch so präzise, daß einige der noch vorhandenen anhand der Literatur (Hahnloser, Hellenkemper) eindeutig identifiziert werden können.

[521] Die Pala d'Oro, byzantinisch und venezianisch, 9.–14. Jahrhundert. Hahnloser, Tesoro di San Marco I, passim. Sergio Bettini, Venedig, die Pala d'Oro und Konstantinopel, in: Hellenkemper, Schatz von San Marco, S. 33–62.

[522] Diese und die anderen Leuchter und Lampen sind nicht zu identifizieren. Wahrscheinlich sind sie nicht mehr vorhanden.

[523] Diese und die nachstehend erwähnten Kronen sind nicht mehr vorhanden. Die noch vorhandene Votivkrone des byzantinischen Kaisers Leon VI. wurde bereits zu Ende des 13. oder zu Anfang des 14. Jahrhunderts in die sogenannte „Grotte der Jungfrau Maria" umgearbeitet (Hahnloser, Tesoro di San Marco II, Kat. Nr. 92, Tf. LXXIV, LXXV; Hellenkemper, Schatz von San Marco, S. 125–131), kann also nicht gemeint sein.

kronen auch mitt schone gestein gezerett. Ein wenigh niderer findt man noch 12 andere stuck, kindtkopffen gleich und gross, allerding uber mitt herlichen schonen perlen gestickt[524]. Ein wenig niderer stundt ein grosser kelch von lautter golt ungfer 2 fuss hoch[525], uff jeder seith einen klar gulden luchtern ungfer 4 fuss hoch am allerkunstreichsten aussgestochen und 2 silberen, jeder mitt dreien tacken und unden die tacken breide edle gestein. Ein wenigh niderer noch 6 andere silbere schlegte luchteren. Uff die rechte handt des altars seindt gelegen 2 silbere und ubergulte bucher, trefflich schon mit perlen besatzst[526]. Uff die lincke handt 2 kelckdecksselen, auch silber ubergult und mitt perlen belacht[527]. Der abhangk vorm altar ist ein klar silbere, die 12 aposteln darauff gegossene stuck gewest[528]. Vier schritt

---

[524] Nicht mehr vorhanden.

[525] Der Schatz enthält zahlreiche Kelche aus der Zeit vor dem Ende des 16. Jahrhunderts, jedoch keinen, der zwei Fuß (etwa 60–70 cm) hoch ist.

[526] a) Byzantinischer Bucheinband des 9. oder frühen 10. Jahrhunderts mit dem gekreuzigten Christus und der Maria orans, enthaltend ein Evangeliar des 9. Jahrhunderts (Hahnloser, Tesoro di San Marco II, Kat. Nr. 35, S. 47, Tf. XXXII, XXXIII. Hellenkemper, Schatz von San Marco, Kat. Nr. 9, S. 132–136). – b) Byzantinischer Bucheinband vom Ende des 10. oder Anfang des 11. Jahrhunderts mit Christus und Maria orans, enthaltend ein venezianisches Evangeliar des 14. Jahrhunderts (Hahnloser, Tesoro di San Marco II, Kat. Nr. 36, S. 48, Tf. XXXIV, XXXV. Hellenkemper, Schatz von San Marco, Kat. Nr. 14, S. 160–163). Die Datierungen bei Hahnloser und Hellenkemper leicht abweichend.

[527] Gemeint sind Patenen. Vorhanden sind noch vier große Patenen, davon zwei aus Alabaster und zwei aus Glas, deren Fassungen aus vergoldetem Silber mit Perlen – teils auch mit Bergkristall und Steinen – bestehen. a) Alabaster, Perlen, Bergkristall, byzantinisch, 10./11. Jahrhundert (Hahnloser, Tesoro di San Marco II, Kat. Nr. 67, S. 72, Tf. LVIII. Hellenkemper, Schatz von San Marco, Kat. Nr. 17, S. 176–178). – b) Alabaster, Perlen, Bergkristall, byzantinisch/Konstantinopel, 10./11. Jahrhundert (Hahnloser, Tesoro di San Marco II, Kat. Nr. 68, S. 72, Tf. LX. Hellenkemper, Schatz von San Marco, Kat. Nr. 24, S. 202–203). – c) Glas, Perlen, Steine, Konstantinopel, 10./11. Jh. (Hahnloser, Tesoro di San Marco II, Kat. Nr. 72, S. 73, Tf. IX. Hellenkemper, Schatz von San Marco, Kat. Nr. 25, S. 203–205. d) Glas, Perlen, Steine, byzantinisch? dalmatinisch ?, 10. (?.) – 13. (?) Jahrhundert (Hahnloser, Tesoro di San Marco II, Kat. Nr. 73, S. 73, Tf. LXI. Hellenkemper, Schatz von San Marco, Kat. Nr. 26, S. 206–207).

[528] Antependium des Hochaltares in San Marco, venezianisch, um 1300 und um 1336 (Hahnloser, Tesoro di San Marco II, Kat. Nr. 152, S. 152–156, Tf. CXLI–CXLIII. Hellenkemper, Schatz von San Marco, Kat. Nr. 39, S. 286–289).

von und vorm altar hangen 2 naturliche einhorn, jeder ungfer 4 fuss hoch und so dick alss mein arm an der handt, am schonsten in golt gefast[529]. Diese einhorn haben gehangen in 2 ketten von zweien grossen klar guldene weyrochssfasser. Umb diesen altar haben noch gehangen 22 grosse silbere lampen[530]. Diese kirch ist wunderbarlich mitt ubergulte stucken von gläser[531] biss am gewulffs ingelacht.

Diesen nachmittagh ist der hertzogh mitt den consiliarien zu Zueca in St. Georg closter[532] gezogen und folgents montag wider zurugk gezogen. Diesen tagh provision zur kuch 2 lb. 18 schillingh. Brott fur den hundt 2 soldi.

5. **Malemoco**

Ein dorff da die seheschiff ankhomen.

Den 26. seindt wir sementlich nach Malemoco gezogen. Fur die gondel meines herren und mein anpartt 1 lb. 2 soldi 4 quatrini. Im

---

[529] Ein Einhorn, das nach der Vorstellung des Mittelalters und der frühen Neuzeit einem pferdeähnlichen Tier aus der Stirn wuchs – das Tier wurde deswegen auch als Einhorn bezeichnet –, ist in Wirklichkeit ein Zahn eines Narwals. In San Marco befinden sich heute noch drei Narwalzähne, von denen einer, aus dem Vorbesitz des Hauses Savoyen, 234 cm lang ist und 1684 in den Schatz gelangte (Hahnloser, Tesoro di San Marco II, Kat. Nr. 113, S. 90, Tf. LXXXI). Diesen können die Reisenden also nicht gesehen haben. Die beiden anderen befanden sich schon im späten Mittelalter in San Marco (Hahnloser, Tesoro di San Marco II, Kat. Nr. 111: Narwalzahn mit griechischer Inschrift auf der byzantinischen Montierung des 15. Jahrhunderts, 135 cm lang, 6,5 cm breit. Ebda., Kat. Nr. 112, S. 89: „Liocorno di Giovanni Paleologo" mit zweizeiliger arabischer Inschrift, Länge 131 cm, Breite nicht angegeben. Beide ebda. Tf. LXXXI, LXXXII). Die Maße stimmen mit der im Tagebuch geschätzten Länge von 4 Schuh (etwa 130 bis 140 cm) und der Stärke eines Handgelenks (meines ist 6,5 cm breit) überein. Beide sind mit Aufhängevorrichtungen versehen. – Die Weihrauchfässer (Ampeln?) sind nicht mehr vorhanden.

[530] Nicht zu identifizieren, wohl nicht mehr vorhanden. Vorhanden ist eine Lampe aus geschliffenem Glas mit einer vergoldeten Silberfassung, byzantinisch, 11. Jahrhundert (Hellenkemper, Schatz von San Marco, Kat. Nr. 23, S. 199–201).

[531] Glas- und Marmormosaiken auf Goldgrund.

[532] Die Insel La Giudecca, der die Isola di San Giorgio Maggiore mit dem Kloster unmittelbar benachbart ist.

hinziehen ungfer ein meill von der statt uff die lincke handt langss ein closter gefaren, Santa Maria della Grace gnant. Ein vierthell wegs vorthan uff dieselbe seitt noch ein ander closter passiertt, St. Dominico gnant. Ein meill vorthan bei einer capellen, la Croce dell Poveo gnant, ligt ein schone bastillon, dabei 4 schone naven oder mehrschiff darunden eine ist, welche tragen kan 120 tonnen oder botten mit wein, drissigh stucken geschutz sampt alle provision und munition. Alhie an wein gedruncken 2 soldi. Provision zur kuch 3 lb. 9 soldi 1 quatrini.

Den 27. hatt mein her abermalss Vreins zugast gelatten, extra an ostreichen 1½ lb. In einer gondell biss zu St. Steffen zufharen 2 soldi. Brott fur den hundt 4 soldi. Mein her in die Gotts ehr ausssgetheilt 6 soldi. Mein her an malvasie getruncken ½ lb. Weschlohn 1 lb. Fur holtz 6 soldi. Fur 15 stuck langer federn, so mitt nach Deutschlant genhomen sein, 31½ lb. Fur den lacquayen ein feder 1 lb. Fur mich ein feder 1 lb. Fur 5 masquen 5 lb. Provision zur kuch 3 lb. 16 soldi.

Den 28. einem gondelier bei einem Polachenn vom adell zufharen 4 soldi. Provision zur kuch 5 lb. 6 soldi 1 quatrini.

Den 29. provision zur kuch 4 lb. 12 soldi.

Empfangk. Den 30. decembris anno 1587 von wegen und in nhamen meines gnedigen herren von Francisco Vreins empfangen 225 ducatten, jeder 6 lb. oder 92 groschen. Diss auch vor wolgedachten meinen gnedigen herren ausssgeben wie hernach zuersehen ist. Dweill nhu in noch umb Venedigh keine pfertt zukauffen gewest, wir auch keine andere gelegenheitt hinauss zuziehen alss uff Augsspurgh getroffen, daher genottrengt mitt dem botten von Augsspurg zu accordieren und ime vor jeder person vom mehr biss Augsspurg zulieberen und speiss und dranck, so vill uber mal gessen und getruncken wierdt frei zuhalten, geben mussen 18 gulde kronen weniger 3½ lb., facit fur meinen herren und mich 36 gulde kronen weniger 7 lb., abzalt.

Diesen tagh an provision zur kuch zum abscheiden 2 lb. 12 soldi 1 quatrini. Noch mein her fur die vom adell, so seine gnaden dass valete geben, an wein ausssholen lassen ad 2 lb. Fur 2 spiegelen 6 ducatten. Dem kauffman von briefflohn, so er in meines herren nhamen uffgehaben und bezalt 34 soldi. Mein her dem vorschrieben botten, umb woll beritten zu sein, einen hudt geschenckt sampt feddern, kosten 6½ lb. Weill meines herren gestrickte reitthosen zu Padua gestollen worden, zu Venedigh andere gelten mussen, kosten ein par fur ire gnaden und ein par fur mich zusamen 9 lb. Fur einen turkischen schleiffstein 12 soldi. Fur meinen herren ein new scheidt und uberscheidt und fur mich ein uberscheidt und ausszuwischen kost zusamen 1½ lb. 3 soldi. Fur 15 tage camerzinss fur meinen herren und mich 14½ lb. 6 soldi 4 quatrini. Fur kuchengelt 2½ lb. 6 soldi. Item mein her hatt 22 figuren machen lassen, dem malher 21 lb. Fur einen rem an meines herren kölleter 6 soldi. Weill der lacquay uff meinen herren gewarttet binnen Venedigh beinah einen monatt, hatt ime der kauffman Vreins uff meines herren begeren gethan 6 kronen, davon kan ich keine rechnungh thun. Alss wir nhu den 15. decembris zu Venedig auss Lombardia ankhomen und folgents tags begunnen zuspendieren, hab ich den lacquayen in ein cabaret zuessen und zuschlaffen verthingt und fur jeder mall 14 soldi geben mussen und fur schlaffen 4 soldi, facit von den 16. biss uff den 30. ad 3 gulde kronen weniger 2 soldi. Diesen nachmittag in Gotts nhamen verzogen.

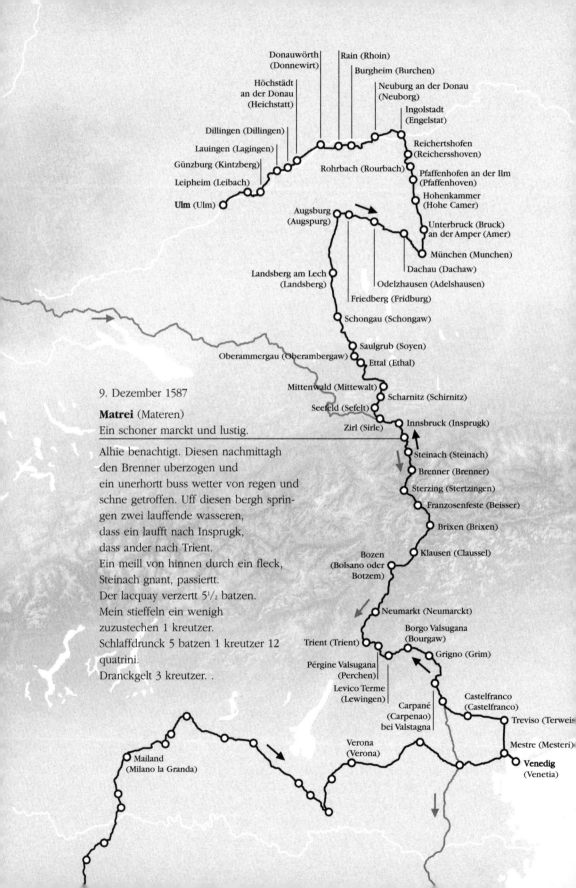

Donauwörth
(Donnewirt)

Rain (Rhoin)

Burgheim (Burchen)

Höchstädt
an der Donau
(Heichstatt)

Neuburg an der Donau
(Neuborg)

Ingolstadt
(Engelstat)

Dillingen (Dillingen)

Reichertshofen
(Reichersshoven)

Lauingen (Lagingen)

Rohrbach (Rourbach)

Pfaffenhofen an der Ilm
(Pfaffenhoven)

Günzburg (Kintzberg)

Leipheim (Leibach)

Hohenkammer
(Hohe Camer)

Ulm (Ulm)

Augsburg
(Augspurg)

Unterbruck (Bruck)
an der Amper (Amer)

München (Munchen)

Dachau (Dachaw)

Landsberg am Lech
(Landsberg)

Odelzhausen (Adelshausen)

Friedberg (Fridburg)

Schongau (Schongaw)

Saulgrub (Soyen)

Oberammergau (Oberambergaw)

Ettal (Ethal)

Mittenwald (Mittewalt)

Scharnitz (Schirnitz)

Seefeld (Sefelt)

Zirl (Sirle)

Innsbruck (Insprugk)

Steinach (Steinach)

Brenner (Brenner)

Sterzing (Stertzingen)

Franzosenfeste (Beisser)

Brixen (Brixen)

Klausen (Claussel)

Bozen
(Bolsano oder
Botzem)

Neumarkt (Neumarckt)

Borgo Valsugana
(Bourgaw)

Trient (Trient)

Grigno (Grim)

Pérgine Valsugana
(Perchen)

Levico Terme
(Lewingen)

Castelfranco
(Castelfranco)

Carpané
(Carpenao)
bei Valstagna

Treviso (Terweis)

Mestre (Mesteri)

Verona
(Verona)

Venedig
(Venetia)

Mailand
(Milano la Granda)

9. Dezember 1587

Matrei (Materen)
Ein schoner marckt und lustig.

Alhie benachtigt. Diesen nachmittagh
den Brenner uberzogen und
ein unerhortt buss wetter von regen und
schne getroffen. Uff diesen bergh springen zwei lauffende wasseren,
dass ein laufft nach Insprugk,
dass ander nach Trient.
Ein meill von hinnen durch ein fleck,
Steinach gnant, passiertt.
Der lacquay verzertt 5¹/₂ batzen.
Mein stieffeln ein wenigh
zuzustechen 1 kreutzer.
Schlaffdrunck 5 batzen 1 kreutzer 12
quatrini.
Dranckgelt 3 kreutzer. .

Von Venedig nach Ulm

7.   **Mesteri**

Ein fleck uff dem mehr.

Alhie den vorschrieben 30. decembris ankhomen und fur ein schiff von Venedigh biss hieher meines herren anpartt fur 3 person 3 lb. Von hinnen 3 meill seindt wir uber ein claussell gezogen allernegst einem dorff gelegen, Fogera gnant. Alhie unser schiff mitt einer schleitten uber ein brugk ziehen mussen. Alhie benachtigt und verzertt mit dem extra 3 person ad 7$^1/_2$ lb. Den spilleuthen 2 lb.

10.   **Terweis**

Ein statt und venedigsch.

Den 31. alhie mittagh gehalten. Fur einen kautschen von Mesteri biss hieher meines herren anpartt 1 gulde kron, dem kautschier 3 soldi. Alhie verzertt 3 person 6 lb. 4 soldi. Diese statt ist zimlich gross und nach der venedigscher seitten ist ein schon velt, welchs man in zeit der nott durch die Schilt alles im wasser stellen kan. Diese statt ist zierlich mitt breiden walln und bolwercken umbzingelt. Die Schilt leufft mitt dreien strengen durch diese statt.

15.   **Castel Franco**

Ein zimliche starcke stat und venedigsch.

Alhie benachtigt. Fur den lacquayen 1 malzeit 5 batzen. An holtz und extra meines herren anpartt 2 batzen.

16. g.   **Carpenao**

Ein dorff.

Alhie den 1. januarii anno 1588 mittagh gehalten. Von hinnen 6 meillen seindt wir irstlich im gebergs khomen. Der lacquay verzertt 5 batzen.

15.   **Grim**

Ein dorff, dem freiherren von Wolkenstein zustendig.

Alhie benachtigt. Der lacquay verzertt 5 batzen. Mein her einem brabendischen passanten umb Gotts will geben 3¹/₂ batzen. Von hinnen 6 meilln eine vestungh in einem vilssen gehawen passiertt, darauff gutte arttelerei zufinden, wie auch hievor im buch ferners zuersehen. Uff diesem schloss ligt ein teutscher haubtman und etliche soldaten im garnisaun. Disselbig ligt noch uff dem venedigschen botten, aber ein meil her nacher zu Primelang gehett das venedigsch landt auss und die grafschafft Tiroll ahn.

20.   **Lewingen**

Ein dorff, dem cardinal Maedrusch[533] zugehorig.

Alhie den 2. januarii mittagh gehalten. Uff halben weg durch ein herliche fleck gezogen, Bourgaw gnant, den herren von Welssbergen zustendig. Nitt weit von hinnen springt die Brente, welche wir, von

---

[533] Kardinal Ludwig Madruzzo, vgl. oben zum 19. November 1586.

dess wir im gebirgs geritten, uff und langss die lincke handt ligen lassen. Der lacquay verzertt 5 batzen.

| 10. | **Trient** |

Ein alte berompte statt, halb ertzhertzogs, halb Madrusch.

Alhie den abent ankhomen und benachtigt. Alss die pfortzen geschlossen gewest dieselbe zueroffen meines herren anpartt 1 lb. Langss dieser statt leufft ein zimlich schon wasser. Der rawer und geferlicher wegh zureitten ist nit zucomparieren so wir getroffen. Von hinnen 5 meillen in einem dorf Perchen gnant gedruncken, meines herren theill 1½ batzen. Boben diesem dorff ligt ein schon vestungh. Alhie den 3. still gelegen und den mittagh bei dem f.[534] herren Madrusch gehalten[535] und am herligsten tractiert worden. Bei diesem herren haben wir ein postiff gesehen, daruff allerlei selsame personagen gemacht und ire naturliche stim von sich geben, welchs ein wunderbarlich werck ist[536]. Mein her dennen musicis geben 1 gulde kron. Dem kautschier 2 lb. Den abent[537] haben unss andere spileutt in die herberg ersucht, meines herren anpartt 3 batzen. Fur meinen herren ein par schuch 7½ batzen 2 soldi. Mein her ein geschwell am haltz bekhomen, fur ein dussgen mitt pflasteren 2 lb. Fur 1 sporletter 4 kreutzer. Weill wir alhie still ligen willen, so hatt der bott[538] unss nitt freihalten durffen, ergo verzertt 2 person und 2 pfertt und meines herren anpartt fur den botten mitt dem extra ad 2 kronen 12 kreutzer. Der lacquay 13 batzen. Dranckgelt 1½ batzen.

---

[534] Wohl Abkürzung für *fursten* oder *furstlichen*.

[535] Folgt durchgestrichen *worden*.

[536] Am Rand ein späterer Zusatz von gleicher Hand mit kaum lesbarer Tinte, vielleicht: *wie oben verhal(t)* = wie oben berichtet.

[537] *abent* fehlt in der Vorlage.

[538] Der Bote von Augsburg.

4. teutsche meilen,	**Neumarckt**
welche alhie ir	Ein fleck.
anfangk haben	

Alhie den 4. mittag gehalten, der lacquay verzertt 6½ batzen. Dweill mein her unversehens einer magt ir schwabisch heublein zerrissen dafur zalen mussen 1 lb.

| 3. t. meill | **Bolsano** oder **Botzem** |
| | Ein marckt. |

Alhie den abent ankhomen. Extra mit des Ventten freunden 19 batzen 1 kreutzer. Des lacquayen schuch zulappen 5 kreutzer. Der lacquay verzertt 6½ batzen. Alhie haben wir dass schonst weissbrott von unser gantzer reisen gefunden.

| 4. | **Claussel** |
| | Ein statt, dem bischoff von Brixen zustendigh. |

In dieser statt den 5. mittag gehalten und ist under einem berg gelegen. Boben uff dem bergh ist ein grosse vestungh und ein wenigh niderer noch eine, aber geringer, beide dem vorschrieben bischoven zugehorigh. Der lacquay verzertt 5½ batzen 1 creutzer.

| 3½. | **Beisser** |
| | Ein herberg. |

Alhie benachtigt. Von hinnen 1½ meil seindt wir durch ein statt gezogen, Brixen gnant, dem vorschrieben bischoff auch zustendig und hatt seine hoffhaltungh alhie. In dieser statt gedruncken 4 kreutzer. Der lacquay verzertt 6½ batzen. Extra 10 batzen 1 kreutzer 4 quatrini.

2¹/₂ **Stertzingen**

Ein statt, ertzhertzogs.

Alhie den 6. januarii mittagh gehalten. Der lacquay verzertt 5¹/₂ batzen.

4. **Materen**

Ein schoner marckt und lustig.

Alhie benachtigt. Diesen nachmittagh den Brenner uberzogen und ein unerhortt buss wetter von regen und schne getroffen. Uff diesen bergh springen zwei lauffende wasseren, dass ein laufft nach Insprugk, dass ander nach Trient. Ein meill von hinnen durch ein fleck, Steinach gnant, passiertt. Der lacquay verzertt 5¹/₂ batzen. Mein stieffeln ein wenigh zuzustechen 1 kreutzer. Schlaffdrunck 5 batzen 1 kreutzer 12 quatrini. Dranckgelt 3 kreutzer.

3. **Insprugk**

Den 7. januarii zu mittagh ankomen und mitt grosser gefahr uber den Schonbergh geritten in ansehungh ess gestern so gewaltig geschneitt und geregent hatt, daher etliche 1000 stein von oben her ab gefallen und den losen engen wegh damitt gefullet. Derwegen genottrengt, weill wir die irste passantten gewest, den wegh zurepariern. Ein klein halb meill von hin am fuss des jetzgemelts bergs ligt ein augustanen closter, Wilthan⁵³⁹ gnant. Alhie siegt man uff der lincken seitten des altars die lengden von einem roess⁵⁴⁰ oder giganten, welcher fundator huius gewest ist und Haymon geheischen und ist hoch ge-

---

⁵³⁹ Prämonstratenserstift Wilten bei Innsbruck. Herrn P. Prior Dr. Florian Schomers, Kustos der Kunstsammlungen des Stiftes Wilten, verdanke ich die Identifizierung der nachstehend benannten Gegenstände (freundliche Mitteilung vom 22. Februar 2007). Er bezeichnet die Angaben des Tagebuches als „äußerst detailgetreu".

⁵⁴⁰ So die Vorlage = ein ‚Riese'. Das Grab des Riesen Haymon befand sich in einer Kapelle des unter Abt A. Mayr eingestürzten Kirchturmes. Die Holzfigur auf diesem Katafalk ist erhalten. Sie wurde später stehend aufgestellt und steht noch heute in

west 12 grosse schuch 4 scholdt, jeder schuch 12 scholt. Dass grab ist
langk 16 schuch. Dieser roess furtt uff einem offen helm einen leo-
pard uff einem rotten kussen sitzend und ein gron schilt mit einem
breiden wissen balck dardurch gehendt[541]. Alss dieser roess diss closter fundiern willen, ist er durch einen gewaltigen drachen, der sich
allernegst diesem orth in und bei einem wasser hohe uff einem bergh
erhilte, hefftigh wexiert worden, dan wass heutt erbawett ist folgen-
de nacht durch ime verderbt worden, biss solangh dass der roess
solchs nitt ertragen kuennen und bei einer nacht mit dem fheurigen
drachen gekempffett, mitt gewalt in ein loch getrieben und den drachen umbbracht. Daher noch die kern des drachen zungen alhie zufinden ist, unden breitt 3 finger und in form einer courtelassen, langk
ungfer 4 spannen. Diese kern ist hiebevorn durch einen ertzhertzog
von Ostenreich schon in silber gefast gewest, aber jetzo nichtz besonders, weill sie vor etliche 100 jaren durch heidtnisch kriegssvolck spoliertt worden[542]. Auch findt man hiebei einen altfrenschen silber uber-
gulten und ameliertten platten kelch, welcher uber 100 jaren in einer
arcken in die ertt gefunden worden[543]. Noch findt man alhie ein mess-
gewantt[544], welchs durch den ertzhertzogen Sigismundum hiehin nachgelassen worden, gar reichlich mitt perlen gearbeitt. Ire durchleuchtigkeitt sampt der ehegemall seindt auch unden uff dem kassell bei-

---

der Vorhalle der Stiftskirche. Vgl. Florian Schomers, Prämonstratenser-Chorherrenstift
Wilten Innsbruck, Passau 1999, S. 3, „über drei Meter hohe Kolossalstatue des Riesen
Haymon“.)

[541] Exakt so sieht der der Statue des Riesen beigegebene Wappenschild des 17.
Jahrhunderts aus, farbig abgebildet bei Schomers, a.a.O., S. 3.

[542] Die „Drachenzunge“ (*die kern des drachen zungen*) ist der Stirnfortsatz eines
Schwertfisches und wurde vermutlich von Erzherzog Sigmund dem Münzreichen
dem Stift geschenkt. Die erste Fassung war aus Silber, welches später entfremdet
(„spoliertt“) wurde; heute ist die Halterung aus Holz. Die „Drachenzunge“ befindet
sich im Tiroler Landesmuseum Ferdinandeum in Innsbruck.

[543] Der romanische Wiltener Henkelkelch, ein Geschenk des Andechser Grafen
Berthold V. an den Abt von Wilten als Dank für die Errichtung des Marktes Innsbruck,
1180. Der Kelch war längere Zeit im „Zusteracker“ (Acker des ehemaligen Chor-
Frauenklosters) vergraben, wurde aber im 13. Jahrhundert wieder gefunden. Das
Original wurde 1937 an das Kunsthistorische Museum in Wien verkauft; eine Kopie
befindet sich im Museum des Stiftes Wilten.

[544] Nicht mehr vorhanden.

de uff ire knee sitzendt mitt perlen gestickt. In dieser kirchen findt man auch eines graffen von Liechtenstein und freiherren von Wolkenstein begrebnus und wapffen[545].

Alhie zu Insprugk haben wir auch gesehen, who der hertzogh[546]. in der selben capelln[547], dho seine vorige ehegemall begraben ligt, sein begrebnus auch machen liest, welche capell seiner furstliche gnaden ehegemall, Philippina von Welsseren gnant und eines kauffmans dochter von Augsspurgk gewest, uffgebawett und eine herliche lautter silbere platt vor hoefft des altars zur gedechtnus nachgelassen hat. Diese Philippina hatt 2 sohne nachgelassen, der einer ist cardinall, der ander marquiz de Bourgaw, jetz oberster fur seine majestett in Brabant Ungfer 1/2 meill von hinnen nach dem Schoenbergher springt ein wasser, die Cil gnant, darinnen findt man stucken golts dick wie ertzen mit kleine subtile tacken. Item ein vierthell meilen wegs von hinnen in irer durchleuchtigkeit lustgartten zu Ameros findt man einen tisch, denselben kan man mit instrumenten regieren, dass all darumb sitzende mitt einem augenblick zu botten fallen. Dass warzeichen alhie zu Insprugk ist ein gulden tach boben der cantzleien[548], ungfer 3 schritt breit und 2 schritt langk. Item bei irer durchleuchtigkeitt pallatium[549], welchs den mehren theill von holtzenwerck gebawett, ist ein schoner thiergart, darinnen so woll ire durchleuchtigkeitt, alss derselben jetzige ehegemall[550] mitt schiessen sonderlichen lust schepffen. Sonst hatts noch baussen dieser statt zwei lustige thiergarten. Der lacquay alhie zwei malzeitten gehalten, jedere 6 1/2 batzen 2 kreutzer, facit 13 1/2 batzen 2 kreutzer[551]. Und damitt mein her

---

[545] Die ursprünglich in den Boden der Kirche eingelassenen Grabplatten befinden sich heute im Kreuzgang des Stiftes.

[546] Erzherzog Ferdinand, *1529, †1595, hatte Philippine Welser, *1527, †1580, im Jahre 1557 geheiratet. Aus dieser Ehe u.a. Andreas, seit 1576 Kardinal, und Karl, Markgraf von Burgau. Angeblich – vgl. die Erläuterungen – hat sich Erzherzog Ferdinand für seinen Sohn Karl um die Hand der Margarete von Merode, der Halbschwester unseres Reisenden, bemüht.

[547] Die Silberne Kapelle, die von dem silbernen Altar ihren Namen hat.

[548] Das Goldene Dachl.

[549] Die Hofburg.

[550] Anna Katharina Gonzaga, zweite Frau des Erzherzogs Ferdinand.

[551] Die Zahlen so in der Vorlage.

das hofflager desto besser besehen mogte, derwegen einen halben tag still ligen und mahn und pfertt frei halten mussen, ad 2 kronen. Weschlohn 3½ batzen. Aber in all fur meines herren geschwell am haltz 7 pflasteren 3 batzen. Fur 15 par so manss alss joufferen henschen 2 kronen. Fur mich 2 sporlettern 1 batzen. Fur meines herren anpartt fur die spilleuth von hove, so uber tisch gespilt, 5 batzen. Des lacquayen schuch zulappen 1 batzen.

3   **Sefelt**

Ein dorff.

Alhie den 8. januarii mittagh gehalten. In diesem dorffken findt man ein klein kirgssken, St. Osvalt gnant. Dieser heilig ist ein kunnigh in Engellant gewest. Es geschigt alhie grosse devotion und der hertzogh von Beyeren kompt offt pilchers weiss zu fuss hieher. Man sagt auch, dass hie ein wunder miraculum geschehen sein soll. Nemblich anno 1384 ist einer vom adell uff ostertagh zum sacrament erschienen, welcher par force nit ein gemein sonder ein gross hostia, wie die priester gebrauchen, empfangen willen, welchs der priester ime nit abschlagen durffen und ime uff der zungen gelagt, ist er gleich vorm altar gleich den kneen in die ertte gesuncken, und im sincken mit einer handt nach dem altar greiffendt in meinungh sich daran zuhalten, seindt ime alle 5 finger darinnen stecken plieben, wie dan dass zeichen noch daselbst zuerfindenn ist. Alss nhu der priester gefult, dass der edelman hatt begunnen zusincken, hatt er die hostia schwindt wider nach sich gezogen und folgentz schon in golt arbeitten lassen.

Diesen vormittagh seindt wir einen grossen bergh uffgeritten, Sirle Bergh gnant. Uff diesem bergh sigt man zwei stande sehe, am vuss diss bergs ist ein dorff, Sirle gnant. Hieselbst fur den lacquayen ein pfertt gehuirtt, den bergh uffzureitten, 3 batzen 3 kreutzer. Der lacquay verzertt 5½ batzen.

2¹/₂.   **Mittewalt**

Ein dorff dem hertzog von Beyern zustendig.

Alhie den abent ankhomen und benachtigt und an extra 13 batzen. Der lacquay verzertt 5¹/₂ batzen. Von hinnen ungfer ein meill an einem dorff, Schirnitz gnant, gehett die graffschafft Tiroll auss und dass landt von Beyern ahn. Zop gessen 6 batzen.

4¹/₂   **Ethal**

Ein schon closter, Benedictiner ordens.

Den 9. alhie mittagh gehalten. Diss closter ist durch den kayser Lodvicum 4tum nachfolgender gestalt erbawet worden. Nemblich alss post obitum Henrici 7mi caesaris dieser Lodvicus zu Franckfurtt erwelt, ist er nach papam Joannem decimum tertium[552] um confirmation zuhaben nach Romen gezogen, aber ire pabstliche heiligkeitt Lodvicum nitt empfangen willen. Daher kayserliche majestett hochlich sich betrupt und diese sachen mitt grossem hertzen leitt betracht und keine andere mittelln, diss vom pabst zuerlangen alss mitt devotion erdencken kuennen. Derwegen angefangen dermassen demutiglich unsere Liebe Fraw umb confirmation zuerlangen zupitten, dass er zuletzst durch den heiligen engell in munchen gestalt visitiert und abgefragt worden, ob er dass thun wolte, wass er, der engell oder munch, ime bevelhen solle, welchs mitt Gott und seiner mutter sein solle. Darinnen sich etwan beschwertt, jedoch entlich ingelassen. Und ist also der befelh gewest, der kayser solt hingehen in einem wusten orth, Ampfrang gnant, und durch einen vassall doselbst dassjenigh von dem engell erwartten, wass zur bawungh eines closters zur ehren Sanctae Mariae, der mutter Gotts, notig wurdt sein. Dieser vassall ist der engell selbst gewest und sich letzlich erkliertt, dass er von Gott her ab geschickt were, ime zubevelhen, nach Romen zuziehen, von pabstlicher heiligkeitt die kron zuentfangen und dass kayserlich regiment zufhuren. Nach gethanen von Gott ufferlachten bevelh hatt gerurtter engell oder munch ein steinen bildt ausser seinen mawen ge-

---

[552] Gemeint ist Johannes XXII., der in Avignon residierte.

zogen und zum zeichen der gottlicher zusagungh dem kayser offriertt. Diss bildt ist unserer Lieben Frawen gleichformig auss einem selsamen stein, schier marmor gleich gehawen und noch alhie zufinden, wie dan diss beigelacht buch von des kaysers kronungh, heimfartt und stifftungh des closters weiters zuverstehen gibt. Vor diesem closter seindt wir einen hohen berg uffgeritten, der Khenbergh gnant.

2¹/₂   **Soyen**

Ein dorff.

In diesem dorff den abent ankhomen. Von hinnen zwei meilen seindt wir durch ein dorff gezogen, Oberambergaw gnant. Alhie magt man dass subtilste holtzwerck alss nhe gesehen worden, wie dan mein her dessen fur 16¹/₂ batzen gekaufft und mittbracht hatt. Von hin ein meill endigt das gebirgs. Der lacquay diesen abent verzertt 5¹/₂ batzen. An extra 5 batzen 2 quatrini.

2.g.   **Schongaw**

Ein schon statt hertzogs Ferdinand von Beyeren,
uffem berg gelegen.

Den 10. in dieser statt mittagh gehalten. Von dieser statt ungfer einen wurff wegs leufft ein wasser, die Liech gnantt. Der lacquay verzertt 5¹/₂ batzenn.

2.g.   **Landsberg**

Ein schone statt, hertzog Wilhelm von Beyern zustendigh.

In dieser statt den abent ankhomen und benachtigt. Meines herren graw hosen zu sölen 1¹/₂ batzen. Der lacquay verzertt 5¹/₂ batzen. Fur der statt trommetter, so meinem herren zur ehren trefflich geblossen, und an extra 30 batzen 2 kronen 2 quatrini.

6.p.   **Augspurg**

Ein haubtstatt im reich und schwabisch.
Ein gulde kron gilt alhie 22¹/₂ batzen.
Ein batz 2 stuffer schwar gelt oder 4 kreutzer.
Ein pfenningh 2 heller. Ein philipsthaler 20 batzen.
Ein ducatt 18 batzen. Ein reichsthaler 18 batzen.

Alhie den 11. januarii umb mittagh ankhomen und von Landss-
bergh hieher einen sehr lustigen gronen wegh geritten und uff halber
banen uff die rechte handt zwei schone lustheuser gesehen, dass ein
einem kauffman zustendig, der sich mitt uffbawen verdorben. In dieser statt findt man uberauss schone und lustige heuser und gassen,
welche gassen, wie wir bericht, jarlich uber 8000 thaler zuunderhal-
ten kosten sollen. Alhie findt man auch ein unerhortt wasserwerck,
115 trappen hoch, welchs allenthalben durch die statt in heuser, keller oder who mans haben will, geleidt werden kan. Zubesichtigungh
diss wercks geben 2¹/₂ batzen.

Folgents dass jesuiters closter besehen, newlich gebawett. Der
gartt ist zimlich und viereckig, wie imgleichen die biblioteck. Der
hohe altar ist schon und mit golt uberstrichen, durch die herren
Fockartten[553] fundiert sampt zweien manss hogden silbere luchteren.
Diese drei herrn und gebröder, herr Hanss, her Marckss und her
Jacob haben uberauss schone pallatien, sonderlich her Hanssen,
welchs mitt kopffer bedeckt. Ire hoffhaltungen kuennen hertzogen
hoffhaltungen woll vergleicht werden und ein jeder bei 50000 gulden
frei renthen inkhomen. Ire begrebnussen seindt in St. Ulrich in einer
schoner cappelln, die altaren von marmor und sonst mitt isen tralien
reichlich gebawett. Dieser vorschrieben St. Ulrich ligt alhie begraben,
von welchem grab die ertt solche vertut in sich hatt, dha deren in
einem hauss nhur ungfer einer ertzen dick gefunden wirdt, da kuennen keine ratz und[554] muss thauren. Noch ist alhie der inlass schon
zusehen, dadurch man bei nacht lichtlich ingelassen werden kan, mitt
wunderbarlichen instrumenten gemacht. Alsspalt eine theur uffgehet,
schlagt die ander hinder einem zu.

---

[553] Fugger.
[554] *und* fehlt in der Vorlage.

241

Aussgeben wie folgt. Fur meinen herren ein schreibtaffelken 4½ batzen. In die ehr Gotts 1½ batzen. Meinem herren ist durch die herren von der statt herlich der wein verehrtt, dem presenthierenden 9 batzen. Fur ein teutsche kartt 4 batzen. Fur 6 contrafeitungen des ertzhertzogen Maximilian 6 batzen. Die bagage von Venedigh hiehin zufhuren 2 philippsthaler. Des hundts haltzbandt alhie fertigen zulassen 30 batzen. Noch einen stechenden haltzbandt 15 batzen. Fur meines herren hosen zusolen 2 batzen. Des lacquayen schuch zureparieren 2½ batzen. Fur ein ortisen uf meines herren klein wehr 1½ batzen. Fur einen blinden spilman 1½ batzen 1 kreutzer. Pro terra sancta 4 batzen. Noch mein her ein mall den kauffman Hanss Seulner, andermall Palandt und Horich zugast gehabtt, seindt 3 mal, jeder mal 7 batzen, facit 21 batzen. Alss auch andere vom adell meinen herren besucht beleufft sich an extra in 3 tagen ire gnaden anpartt 4 gulden 6 kreutzer. Entlich mein her, ich und der lacquay gessen 5 mall, seindt 15 mall, jeder mal 7 batzen, facit 7 gulden. Under andern mein her einmall zop gessen 4 batzen. Noch mein her zweien soldaten 2 quart wein geschenckt, so vor der herberg wacht gehalten, 18 kreutzer. Dem stieffelschmerer 2 batzen. Dranckgelt 8 batzen.

3.   **Adelshausen**

Ein dorff, einem edelman, Ouc gnant, zustendigh.

Den 13. januarii den abent spadt alhie ankhomen. Ungfer zwei schuss wegs diss seitt Augsspurgh seindt wir uber ein wasser, die Leck gnant, geritten, daselbst Schwaber landt verlassen und im Beyerlandt ingeritten. Von hin 2 meillen seindt wir durch ein hupsch stettlin geritten, Fridburg gnant, alhie 2 person verzertt jeder 7 batzen, facit 14 batzen. Dranckgelt ½ batzen. Pfertsbeschlag ½ batzen.

3.   **Dachaw**

Ein schoner marckt und bayersch.

Alhie den 14. mittagh gehalten. In diesem dorff haben ire durchleuchtigkeitt ein wunder schon lusthauss oder pallatium, inwendigh

242

alle gemacher, deren 184 ist, zierlich mitt holtzwerck bekleidett und viell schone und kunstreiche gemalhette sttette[554a] und historien. Von diesem dorff 3 stundten seindt wir durch ire furstliche gnaden uner-hortte treffliche wiltban gezogen und uff die rechte handt die Amer ligen lassen. An besigtigung 4 batzen. Und weill der burggreff von Mastricht burdig gewest, Voss gnant, mein her innen viller erzeigter freunndtschafft halber zugast gelatten, verzertt 3 person 25 batzen. Einem wegwieser durch dass walt unss zufhuren 2 batzen.

3.p. **Munchen**

Ein haubtstatt in Bayeren, trefflich schon.

Alhie mitt Gott den abent ankomen und wunder schone heuser und strassen, alss wir in wenig stetten gefunden habenn. Hieselbst haltett der jetz regierender hertzogh Wilhelm, ungfer 45jarigh, auch irer furstlicher gnaden her broder hertzogh Ferdinandus ire hoffhal-tungh. Irer furstlicher gnaden ehegemall ist eine lottringische dochter. Hertzogh Ferdinandus[555] ist noch zuverheirathen.

Diese statt lugt in eine schone eben. Die graben der statt seindt alle voller wasser, die mauren doppelt. Fur irer furstlicher gnaden hertzogh Ferdinands pallatium findt man ein unerhortte schone fontein von metzigh gegossen, so jetz wolgemelter hertzogh selbst verordiniertt und machen helffen. Zu dem ist auch ire furstliche gnaden ein son-derlich gutter goltstecker. Diese fontein ist ungefherlich drei mahn hoch und uff dem allerhochst ein pfertt, derauff ein mahn sitzendt. Der serck hievon ist ungefherlich in die rundt 40 schritt, von lautter schwartzen marmor gemacht. Dess regierenden hertzogh pallatium ist vill schoner und grosser bei der Frisinger pfortzen gelegen. Nitt weitt von hinnen lassen ire durchleuchtigkeitt auss dem grundt ein new pallatium bawen. Darin solten irer furstlicher gnaden ehegemall fraw mutter, hertzoginne in Lottringen[556], jetzo zu Tortona in Italia wonhaft,

---

[554a] So die Vorlage.

[555] Wilhelm V. von Bayern, *1548, †1626 ∞1568 Renate von Lothringen, *1544, †1602. Ferdinand *1550, †1608.

[556] Christine von Dänemark, Frau des Herzogs Franz I. von Lothringen.

ir leben endigen. Es lassen auch ire durchleuchtigkeitt ein trefflich schon jesuiters closter im grundt uffbawen. In dieser statt hatt uff dieser zeitt einen landtagh gehalten, welchs verhindertt, dass wir die hoffhaltungh nit besser besehen kuennen. Alhie 2 mal gehalten 2 person, jeder mall 7 batzen, facit 28 batzen. Dem keller und stieffelschmerer fur dranckgelt 2 batzen. Den vorschriebenen brunnen oder die fontein zubesigtigen 4 batzen.

3.p.   **Hohe Camer**

Ein dorff, einem edelman zustendigh, Haslan[557] gnant.

Alhie den 15. den abent ankhomen und benachtigt. Von hinnen 2 meillen ungfer ½ meill uff die rechte handt haben wir die statt oder bischiffthumb Frisingen, dem churfursten von Collen[558] zustendigh, ligen lassen. Noch ein meill von hinnen zu Bruck, ein dorff, seindt wir uber ein wasser geritten, die Amer gnant. Alhie verzertt 17 batzen. Wegweisers lohn und dranckgelt 1½ batzen.

4.   **Rourbach**

Ein dorff.

Den 16. alhie mittagh gehalten und ein grosse meill von hinnen durch ein stettlin geritten, Pfaffenhoven gnant. Langss diese statt leufft ein wasser, die Ilm gnant. Verzertt 12 batzen.

3.   **Engelstat**

Ein unuberwintliche statt und beyersch.

Alhie den abent ankhomen. Von hinnen 2 meillen seindt wir durch ein ortt von des pfaltzgraffen von Newbergh landt geritten, ein fleck,

---

[557] Der richtige Name ist Haslang.
[558] Ernst von Bayern, *1554, †1612, Bruder der beiden oben genannten Herzöge, 1566 Bischof von Freising, 1583 Erzbischof von Köln.

Reichersshoven gnant. Allernegst hiebei leufft die Par. Diese statt ligt uff ein sehr starck lauffende und schiffreich wasser, die Donnaw gnant. Die graben seindt voller wasser und beide seithen mitt steinen uffgefurtt, und dainnen seindt schone steine bolwercken uff ein ander respondierende. Uff den mauren dieses grabs nach der statt ist ein unerhortter starcker und sehr gleich uffgefurtter ertten wall glacht. Nach diesem ist noch ein trucker grab. Negst dem noch eine hohe steine maur und viell enge, aber sehr hohe steine türlin darinnen gebawett, ungefherlich 7 schritt der einer von anderen. Dass schloss ist allernegst die Hader pfortz gelegenn, auch starck mitt trucken graben, dainnen schone vischerien gemacht und dreieckig, ein seith nach der statt, die ander seith nach die Donnaw, die dritte seith nach einem fruchtbarlichem sehr grossen feldt. Die gassen seindt auch schon und breitt. Die haubtkirch zierlich, der thorn davon ist ungfer 260 stiegen hoch, oben platt und ein stuck geschutz darauff 17 spannen langh, scheust $1^1/_2$ theutsche meill vom thorn, damitt der hertzogh Hanss von Saxen dem cayser Carolus 5to mircklichen schaden in ire kayserliche majestett lager gethan. Fur besigtigungh $2^1/_2$ batzen. Dass jesuiters closter ist auch schon, dass collegium im gleichen. Des jetz regierenden hertzogen von Bayeren eltister sohn, herr Maximilian[559], studiert auch alhie und ist alt 18 jar.

Alhie umb diese statt desto besser zu durchsehen einen halben tagh still geleghen und 2 person 2 mall, jeder mall 8 batzen, facit 32 batzen. Extra 16 batzen. Dranckgelt 3 batzen.

3.p.   **Neuborg**
Ein statt uff die Donnaw, ist lutersch
und dem hertzogen oder pfaltzgraffen Philips Ludwigh zustendig.

Den 17. januarii alhie ankhomen. Dieser furst ist sehr demutigh und freunndtlich imgleichen derselben ehegemall, welche ist ein dochter des hochgebornen fursten[560] von Gulich, Cleve und Bergh, furstin Anne gnant. Von diesem fursten ist meinem herren eine son-

---

[559] Maximilian *1573, †1651.
[560] Wilhelm V., der Reiche.

derliche ehr erzeigt worden. Von hinnen 2 meill seindt wir auss Bayerlandt in die Pfaltz khomen. Die rustcamer hieselbst ist sehr schon.
Es ist auch ein jeder vom adell ire furstlicher gnaden underworffen gehalten, wan er dass lehn entfengkt derselb ein langk rhor zuverehren,
deren ungfehr 120 am allerschonsten aussgestochen alhie zufinden
sein. Dass arttelerei hauss ist klein, aber under andern 9 gewaltige
maurenbrecher und 17 veltstucklin. Dass schloss ligt halb inwendigh,
halb ausswendigh der statt, ist auch sehr schon von gemacher, sonderlich der grosser saall, welcher so gross ist, dass ire furstliche gnaden offt darauff zu fuss torniertt hatt.

Alss nhu mein her auss bevelh irer furstlicher gnaden durch den
hoffmeister und 2 freiherren die provision zubesigtigen gleidt worden
und ein starcke collation gehalten, dem keller geben 1 kron. Alss
mein her dass schloss besehen dem saallmeister geben 1 kron, dem
rustmeister 6 batzen. Mein her in der hoffjoffern stambucher 5 wapffen machen lassen, kosten 1 kron. Noch fur 2 freiherren und 3 vom
adell wapffen schlegt abzureissen 4 batzen. Weill ire furstlicher gnaden spilleuth 2 tage uffgespilt geben 2 reichs thaler. Weill auch ire
furstliche gnaden meinen herren in die herberg allerdingh frei gehalten, dem forier, der dass glach uffgesprochen und 22 gulden abzalt,
dem hovischen brauch nach geben 1 reichs thaler. Fur uncosten des
wierdts 26½ batzen. Alss mein her in die stoff mitt einem scharff
beschlagenen pfertt geritten und die breder bedorffen bezalt 1 philips
thaler. Den megden 8 batzen, dem stalknegt 2 batzen, in die ehr Gotts
½ batzen. Dem lacquayen, so bei abent meinem herren die torsch
vom schloss getragen, 9 batzen.

1 g.   **Burchen**

Ein dorff, pfaltzgrevisch und lutersch.

Alhie den 19. den abenth ankhomen und benachtigt. Verzertt 17
batzen, dranckgelt 1½ batzen.

2 gg.   **Donnewirt**

Ein reichstat, lutersch und uff die Donnaw gelegen.

Alhie den 20. januarii mittagh gehalten. Von hinnen ein meill durch
ein statt, Rhoin gnant, geritten, dem hertzogen von Beyeren zugehorigh. Nitt weitt von Rhoin seindt wir durch die Lech geritten und leufft
allernegst hiebei in die Donnaw. Von hinnen ungfer ¹/₂ stundt des herren Marcks Fuckartt[561] pallatium uff die lincke handt ligen lassen. Alhie
verzertt 12 batzen.

3 gg.   **Lagingen**

Ein statt, pfaltzgrevisch und lutersch, uff die Donnaw.

Diesen abent alhie ankhomen, hieselbst die pfaltzgraven ire be-
grebnuss haben. In dieser pfarrkirchen findt man die marmor begrebnus, dain ein pfaltzgreffin und geporne landtgreffin von Hessen, Elisabeth gnant, begraben ligt, ist gestorben anno 1563, den 5. januarii.
Dass pallatium ist auch schon und sehr lustigh. Von hinnen noch 1
meill seindt wir durch ein statt, Heichstatt gnant, geritten, auch pfaltzgrevisch. Von hinnen ¹/₂ meill durch ein statt, Dillingen gnant, passiertt, dem bischoven von Augsspurgh zugehorigh, hieselbst er auch
sein pallatium und hoffhaltungh hatt. Auch ist alhie ein schon univer-
sitiet und jesuiters orden. Alhie verzertt 2 mall, jeder 6 batzen, facit
12 batzen. Zop 2 batzen, dranckgelt 1 batzen.

2 gg.   **Kintzberg**

Dem ertzhertzog Ferdinand zustendig, ein hupsche stat in die
marckgraffschaff Bourggaw.

Alhie den 21. mittagh gehalten. Hieselbst auss die Pfaltz in Schwaben komen. Von dieser statt Kintzbergh ¹/₂ meill[562] ungeferlich ein stett-

---

[561] Markus Fugger.
[562] *meill* fehlt in der Vorlage.

lin vorbei passiertt, Leibach[563] gnant, die[564] statt Ulm underworffen. Und alhie verzertt 2 person ein mall, jeder mall 6 batzen, facit 12 batzen.

3.g.   **Ulm**
Ein reichstatt in Schwaben uff die Donnaw
und von den 7 reichssdorfferen eine,
ist auch schier lutersch.

Den abent alhie ankhomen. Diese statt ist uberauss starck mitt bol-wercken, sonderlich an die pfortzen, versehen. Alhie durch leufft ein wasser, die Blau gnant. Es seindt auch alhie 4 schone wasserwercken, under andern eine uberauss schon mitt gemachern und ein fontein mitt iser schon gearbeitt, fur besigtigungh 4 batzen. Darnach die kirch oder dass munster besehen, ist ausswendigh herlich mitt graw stein gearbeitt, inwendig nichtz alss eine unerhortte schone urgell, die pfei-ffen so ubergult alss ubersilbertt. Diese orgell hatt man meinem her-ren zu ehren lautten lassen und dem orgelisten, eine stätige person, geben 1 kron, den 2 blaseren 5 batzen. Der thorn ist hoch, ohne der wachthorn, 310 steigen. Dass maurwerckh oben ist in die rundt ohne die aussgehende 6 thorn 106 pass. Dem kaurwegter 2 batzen.

Diese statt ist alt, aber die heuser und gassen schon und breitt. Dem, so meinen herren hin und wider durch die statt gefurtt, geben 10 batzen. Weschlohn 5 batzen. Fur etliche pflasteren fur ein ge-schwell an meines herren haltz 9 kreutzer. Fur meinen herren ein par gestrickte henschen 1 batzen 1 kreutzer. Mein her und ich jeder 1 mall facit 12 batzen[565]. Folgents tags zop 4 batzen. Dranckgelt 1½ batzen. Alss mein her nach Bayerlandt gereist hatt man den lacquayen, umb mehre uncosten zuverhutten, von Augsspurgh recht zu hieher ge-schickt fur die bagage zufuren 15 batzen. Der lacquay biss uff den 9ten tagh verzertt 42 batzen. Fur den lacquay ein par schuch 5½ bat-zen. Fur die rhemen an die velliss zureparieren und etliche negell an die kist zuschlagen in all 6 kreutzer.

---

[563] Leipheim. Der Streckenverlauf ist allerdings Lauingen–Günzburg–Leipheim.
[564] So die Vorlage.
[565] So die Vorlage.

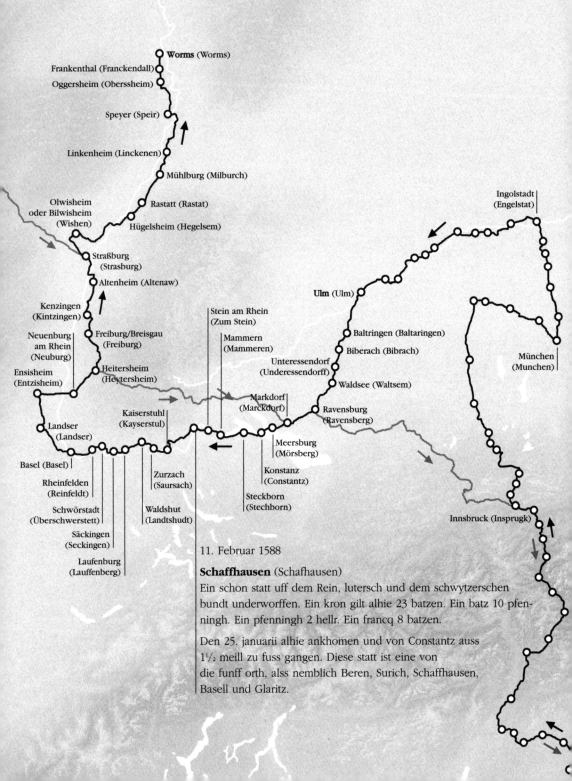

Koblenz

Mainz

Worms (Worms)

Frankenthal (Franckendall)

Oggersheim (Oberssheim)

Speyer (Speir)

Linkenheim (Linckenen)

Mühlburg (Milburch)

Rastatt (Rastat)

Olwisheim
oder Bilwisheim
(Wishen)

Hügelsheim (Hegelsem)

Straßburg
(Strasburg)

Altenheim (Altenaw)

Kenzingen
(Kintzingen)

Freiburg/Breisgau
(Freiburg)

Neuenburg
am Rhein
(Neuburg)

Heitersheim
(Heytersheim)

Ensisheim
(Entzisheim)

Kaiserstuhl
(Kayserstul)

Landser
(Landser)

Stein am Rhein
(Zum Stein)

Mammern
(Mammeren)

Unteressendorf
(Underessendorff)

Markdorf
(Marckdorf)

Ravensburg
(Ravensberg)

Ingolstadt
(Engelstat)

Ulm (Ulm)

Baltringen (Baltaringen)

Biberach (Bibrach)

Waldsee (Waltsem)

München
(Munchen)

Basel (Basel)

Rheinfelden
(Reinfeldt)

Schwörstadt
(Überschwerstett)

Säckingen
(Seckingen)

Laufenburg
(Lauffenberg)

Zurzach
(Saursach)

Waldshut
(Landtshudt)

Steckborn
(Stechborn)

Meersburg
(Mörsberg)

Konstanz
(Constantz)

Innsbruck (Insprugk)

11. Februar 1588

Schaffhausen (Schafhausen)

Ein schon statt uff dem Rein, lutersch und dem schwytzerschen
bundt underworffen. Ein kron gilt alhie 23 batzen. Ein batz 10 pfenningh. Ein pfenning 2 hellr. Ein francq 8 batzen.

Den 25. januarii alhie ankhomen und von Constantz auss
1½ meill zu fuss gangen. Diese statt ist eine von
die funff orth, alss nemblich Beren, Surich, Schaffhausen,
Basell und Glaritz.

Von Ulm nach Worms

Baltaringen

3 g

Ein dorff dem herren von Bibrach underworffen.

Alhie den 22. mittagh gehalten. Von hinnen zwei meill uff ghen seith der Donnaw uff die rechte handt ein schon lusthauss gesehen, der wittib von Augsspurgh, die Baumgartt[566] gnant, zugehorigh. Diesen morgen seindt wir durch etliche schone dorffer gezogen, den mehren theill den herren Fockartten zustendigh. Alhie verzertt 3 person 15 batzen.

Underessendorff

2 gg.

Dem freiherren Troxes von Walborg zustendigh.

Alhie den abent ankhomen und schlim gnug benachtigt. Ungefer 1 meill von hin seindt wir durch ein reichsstatt gezogen, Bibrach gnant, und zwischen zwei kleine bergh gelegen und mehe lutersch alss catholisch. Alhie verzertt 3 person 1 mall, jeder mall 5 batzen, facit 15 batzen, dranckgelt 1 batzen.

---

[566] Es fehlt die Angabe, wessen Witwe die Dame ist.

3 gg.
Ravensberg
Ein reichstatt, halb lutersch, halb catholisch.

Den 23. zu mittagh alhie ankhomen. Von hinnen ungfer 2 meilen seindt wir durch ein stettlin passiertt, Waltsem gnant, dem vorschrieben Troxes zustendigh. Alhie hatt seine gnaden ein schon schloss. In dieser statt Ravenssberg ist meinem herren der wein zum zweitten mall presentiertt worden, dem presenthierenden 10 batzen. Sonst 3 person 1 mall, jeder mall 7 batzen verzertt, facit 21 batzen. Dranckgelt 3 batzen.

2.g.
Marckdorf
Ein stetlin dem bischof von Constantz zustendig,
uff einem berg gelegen.

Den abenth alhie ankhomen. Allernegst dieser statt ligt ein schoner weingartt. Einem armen unsinnigen menschen gegeben $\frac{1}{2}$ batzen. Fur drei person ein mall $16\frac{1}{2}$ batzen. Folgents tags zop gessen 6 batzen. Dranckgelt $\frac{1}{2}$ batzen. Alss wir zwei pfertt von Augsspurg auss gehuirtt, so haben wir fur jeder pferdt alle tage 12 batzen geben mussen und fur des botten pfertt 8 batzen, und 11 tage biss hieher gereist und 4 tage, dass der bott wider zurugk reitten mussen, facit in all 15 tage. Beleufft sich zusamen ad 32 gulden 8 kreutzer. Die bagage von Ulm hieher zufhuren 1 kron.

1.g.
Mörsberg
Ein statt uf die Bodesehe[567] gelegen
und dem bischoff von Constantz zustendig.

Alhie den 24. des morgens ankhomen. Fur meinen herren ein pfertt von Marckdorf biss hieher $7\frac{1}{2}$ batzen. Noch fur ein pfertt, die bagage zufhuren 6 batzen. Dem gleidtsman $\frac{1}{2}$ batzen.

---

[567] So die Vorlage.

1 zu wasser **Constantz**

Diese stat ist dem ertzhertzog Ferdinand zustendig,
uff die Bodensehe gelegen.

Diesen vorschrieben 24. alhie ankhomen. Diese Bodensehe hatt in
die runde 14 teutsche meillen, in die lengden 7 meillen und dha sie
am breidsten ist 2 meill, tieff 160 glaffteren. Uff diese sehe versincken
durch ungestuim vill schiffen und ist voller herlicher fisch. In dieser
statt ist der cardinal von Hohenemps[568] bischoff. Auch ein reichlich
thumbcollegium im munster.

Der Rein begint von hinnen 12 meillen zu Chour zuspringen und
alhie irstlich zulauffen. Die brugk alhie uber Rein ist lang 250 schritt
und darauff ein unerhortte schone mull gebawett, dergleichen nhe gesehen, welche man nach wachssen des wassers hohen und nider stellen kan, anhaltende 18 starcke räder. Diss werck zubesehen 2 batzen.
Verzertt 2 kronen 9 batzen. Dem, der uns alle gelegenheitt gezeigt 3
batzen. Dranckgelt 1½ batzen 1 kreutzer.

4 gg. **Schafhausen**

Ein schon statt uff dem Rein,
lutersch und dem schwytzerschen bundt underworffen.
Ein kron gilt alhie 23 batzen. Ein batz[569] 10 pfenningh.
Ein pfenningh 2 hellr. Ein francq 8 batzen.

Den 25. januarii alhie ankhomen und von Constantz auss 1½ meill
zu fuss gangen. Diese statt ist eine von die funff orth, alss nemblich
Beren, Surich, Schaffhausen, Basell und Glaritz. Alsspaldt man auss
Constantz zeugt ist man auss Schwaben im Schwitzerlandt. Ungfer ½
meill[570] under Constantz leufft der Rein wider in die stande sehe, die
Undersehe gnant. Diese ist ungfer 1½ meilen lang und umbher viell
schone dorffer und lustheuser. Von hinnen 3 meilen seindt wir ru-
rendt langss ein stettlin gangen, Stechborn gnant. Ein halb meill vom

---

568 Markus Sittich von Hohenems.
569 So die Vorlage, auch nachfolgend häufig diese Form.
570 *meill* fehlt in der Vorlage.

stettlin in einem dorff, Mammeren gnant, gedruncken, verzertt 2 batzen 2 kreutzer. Von hin ein meill ein schiff gehhomen 3 batzen. Ein
halb stundt under diesem dorff begint der Rein wider zulauffen bei
einem schloss, Uberstatt gnant. Noch ein ander halb stundt hin unden in einem andern stettlin, Zum Stein gnant, den Herren von Surich
underworffen und lutersch ein ander schifflin genhomen biss Schaffhausen, geben 4 batzen. Boben diesem stettlin Stein ligt ein vestungh,
Lingen[571] gnant, uff einem bergh. An diesem stettlin ist ein brugk uber
den Rein. Item 1 meill von hinnen noch ein treffliche vestungh gesehen, Hohentweill gnant, dem hertzog von Wurtenberg zugehorig. Nitt
weith von hinnen seindt wir langss ein stettlin, Geissenhoven gnant,
gefharen. Alhie ist auch ein brugk uber den Rein.

Alhie in der stat bawt man eine starcke vestungh 600 stigen hoch
uff einem bergh, und ist dermassen boben mitt grawen steinen gleich
paviertt, dass ein mahn mitt gemach ein gross stuck geschutz kan
vortziehen. Der gewulben seindt drei boben einanderen. Darinnen
kuennen rhaumlich 500 mahn whern thun. Der stuck[572] aller oberst
seindt 16. Fur besigtigungh 4 batzen. In diese statt siegt man mehe
alss zwelff herliche fontainen. Der jungen gesellen fuss schutzen
hauss ist in[573] der statt gelegen und sehr schon und lustigh. Auch alhie
ein lindt, daruff man 16 tisch setzen kan. Alhie uff unsere bagage war-
tten und 1 tagh still ligen mussen. Fur 3 person 12 mall, jedere 5 batzen, facit 4 gulden. Schlaffdrunck 4 batz. Dranckgelt 1½ batzen. Unser
gezeug von Constantz hiehin zufhuren sampt bottenlhon 14 batzen.

2 gg.   **Kayserstul**

Ein stettlin uff dem Rein, dem bischoff von Constantz zustendigh.

Den 27. alhie von Schaffhausen zufuss gangen und benachtigt.
Alhie ist auch eine brugk uber den Rein. Ein halb stundt gehens diss
seith Schaffhausen langss ein schloss gangen, Lauffen gnant, den herren von Surich zustendigh. Hieselbst leufft oder feldt der Rein 18 glaff-

---

[571] Hohenklingen.
[572] Gemeint sind Geschütze.
[573] Über durchgestrichenem *baussen*.

teren hohe herunder von vilssen herab. Noch $^1/_2$ meill von hinnen langss ein dorff gangen, so hiebevor ein statt gewesen, Rheinaw gnant, uff dem Rein gelegen. Alhie ist auch ein brugk und den 5 nachfolgenden ortten zustendigh, Urich, Schweitz, Underwalden, Claritz und Zugh. Unsere bagage von Schaffhausen hieher zufuren 12 batz. Einem armen krancken 2 kreutzer. Underwegen getruncken 3 batz 3 kreutzer. Alhie verzertt 3 person 15 batzen. Dess botten mall 4 batzen, fur seinen lohn dass er die bagage gefurtt $3^1/_2$ batzen, dranckgelt $^1/_2$ batzen.

2. gg. **Lauffenberg**

Ein statt dem ertzhertzog zustendig, ein von die 4 walstätt.

Alhie den 28. zu mittagh ankhomen. Alhie ist auch ein brugk uber den Rein und uff einem kleinen bergh ein vestungh. Uff diss seith Kayserstull $^1/_2$ meill uff die rechte handt ein schloss vorbei gefharen, Wassersteltzen gnant. Noch $1^1/_2$ meillen[574] unden Reins einen schonen marckt vorbei uff die lincke handt passiertt, Saursach gnant, alhie seindt alle jar zwei schone berömpte pferden marckt, den herren von Basell zustendigh. Ein meill von Lauffenberg eine von die vier walstätt, Landtshudt[575] gnant, vorbei passiertt. Diese 4 walstätt seindt Lauffenberg, Landtshudt, Seckingen und Reinfeldt, alle dem ertzhertzogen Ferdinand zugehorigh. Ungfer ein vierthel stundt oben Landtshudt leufft die Arndt[576] im Rein, ein schiffreich wasser, breitt wie hieselbst der Rein. Alhie feldt der Rein abermalss hohe von vilssen, derwegen wir mehe alss $^1/_2$ stundt zu fuss gehen mussen. Alhie verzertt 3 person $6^1/_2$ batzen.

---

[574] *meillen* fehlt in der Vorlage.
[575] Gemeint ist Waldshut, wie sich aus der nachfolgenden Erwähnung der Aare ergibt.
[576] Die Aare.

4 gg.   **Basel**

Ein schon grosse statt, eignosisch[577], lutersch und calvinisch.
Ein gewichtige franse kron gilt alhie 27 batzen.
Ein ander gulden kron 24 batzen
und so nach advenant des gewichts. Ein franck 9 batzen.
Schlieffer 6 batzen. Ein marzell 3 batzen. Ein batz 10 pfenningh.

Alhie den abenth ankhomen[578]. Von hinnen drei meillen seindt wir
langss die dritte walstatt gefharen, Seckingen gnant. Alhie zu Seckingen seindt an zwei seitten der statt brugken und bei grossem wasser
stehet die statt rundt umb im wasser. Von hinnen $2^{1}/_{2}$ meill seindt wir
langss ein schloss geschipffet, Uberschwerstett gnant, einem vom
adell, Schohenhower gnant, zustendig. Alhie ist der Rein sehr gefher-
lich, derhalb wir genottrengt $^{1}/_{2}$ grosse meill zu fuss zugehen. Unser
gezeugh uff einem pfertt zfhuren 4 batzen. Noch zwei meillen von
hin langss die 4te walstatt gefharen, Reinfeldt gnant. Alhie ist auch ein
schon holtzere brugk uber den Rein, daselb wir beinach vertruncken.
Noch von hinnen Basell leufft die Bierss im Rein.

Von Kayserstull biss hieher seindt 6 grosse meillen. An schiffungh
fur 3 person 36 batzen 3 kreutzer. Zweimall uff den Rein verzollen
mussen 2 kreutzer. Unser bagage auss dem schiff im wirdtshauss zutragen 1 batz. An papir 2 kreutzer. Fur meinen herren ein par new
stieffeln 36 batzen. Fur ein schwartzbuss, schwartzburstell und
schwartz[579] 3 batzen 6 pfennigh. Fur meinen herren ein par sporlettern
1 batz. Fur den lacquayen ein par hosenbindlen 3 batzen. Alhie einen
tagh still gelegen desto besser die gelegenheitt dieser berömpter statt
zubesigtigen. Diese statt ist woll zimlich bergigsch, aber trefflich reich
von kauffmanschafft. Die brugk uber den Rein ist ungeferlich langk
200 schritt. Im thum alhie siegt man des Erasmi Rotredami epitaphium und begrebnus uff einen piler in rotten marmor gehawen. Dass
arttelerei hauss ist sehr herlich, aber dissmall wegen des uffrhurs in
Franckreich seindt die meiste stuck uff die wehell gefurtt, welche zubesehen niemandt erlaubt worden. Auch findt man in dieser statt etli-

---

[577] Eidgenössisch.
[578] *ankhomen* fehlt in der Vorlage.
[579] So die Vorlage.

che schone lustige mit linden gepflantzste platzen, sonderlich dha der thodenthantz abgeschildert ist, welchs woll zusehen ist. Diese statt ligt schier im halben mahen uff dem Rein wie Collen.

Die klein statt ligt uber die vorschrieben brugk, starck mit schonen heuser gebawett und mit trucken graben umbfhurtt.

Alhie verzertt 3 person, jeder 4 mall, jeder mall 5 batzen, facit 4 gulden. Mitt den entflohenen vom adell und kriegssleutten extra gedruncken 2 gulden. Noch im abscheiden zu scheidtdrunck 9 batzen. Weschlohn 5 batzen. Dranckgelt 3 batzen.

2.gg.   **Landser**

Ein stättlich dorff und hohe gericht, ertzhertzogs.
Alhie begint die Elssuss[580].

Den 30. januarii alhie ankhomen. Under diesem hohegericht gehoren 32 dorffer. Bei diesem dorff ligt noch ein klein schlossgen, rundtumb mitt 2 wasser graben gefurtt. Den letzsten dieses durch den schultheissen Bleck alhie uffgehalten worden. An kurtzweill in der kartten verspilt 1½ batzen. In der kuchen 9 batzen. Im stall 3 batzen.

2.gg.   **Entzisheim**

Ein statt, dem ertzhertzogen zustendigh.

Alhie den 1. februarii mittagh gehalten. Alhie ist ein zimlich schon schloss, umbher mitt wassergraben. Auch ist alhie ein muntz, dha man dass gelt druckett. Ungfer von hinnen ein meill haben wir uff die lincke handt eine statt ligen lassen, Mulhausen gnant, welche vor etliche monatt durch meuterei, so sie in der statt under sich erweckt, durch die eignossen[581] mit gewalt ingenhomen worden und uf die innhemung bei 60 an beitten zu thott plieben, entlich aber die eigenschafft[582] uberhandt erhalten, welche bei jetziger zeit iren landtvogt da

---

[580] So die Vorlage.
[581] Gemeint sind die Eidgenossen.
[582] Eidgenossenschaft.

stellen. Alhie verzertt 4 mall, darin Balthesar, der meinem herren dass gleidt geben, gerechnett, jeder mall 6 batzen, facit 24 batzen. An haber und hew fur 2 pfertt 6 batzen. Uber Rein zufharen 3 batzen. Balthesar in seiner rechnungh nachlassen 7 kreutzer.

2 gg.	**Heytersheim**

Ein Freiheitt St. Johans orden von Malta underworffen
und in Brissgaw gelegen.

Alhie den abenth ankhomen. Diese freiheitt wirdt durch den wolgebornen fursten und dapffern rittern Flach[583] regiertt. Von hinnen 1½ meill seindt wir an einer statt Newburg uff dem Rein auss die Elssuss in Brisgaw khomen. Diese statt ist dem ertzhertzogen Ferdinand auch underworffen. Weill mein her durch ire furstliche gnaden alhie biss uff den 4ten tagh uffgehalten worden, hatt man die 2 lehenpfertt von Basell wider zurugk geschickt, dem furer geben 8 batzen, und fur jeder pfertt alle tag 5 batzen, und dieselbe 4 tagh gebraucht facit 40 batzen. Dem gardner alhie 6 batzen 3 pfenningh. Weschlohn 2 batzen 3 schillingh. Dem kellener 14½ batzen. Wegen grosser erzeigter ehren dem saalmeister, koch, camerlingh 4 francken. Dem pfortzner 2 batzen.

2.g.	**Freiburg**

Ein statt wie vorgemelt[584] ist, dem ertzhertzogen underworffen
und in Brisgaw gelegen.

Den 4. februarii ist ir furstliche gnaden[585] uff gebrochen und meinen herren mitt hieher gefurtt und nitt weniger ehren alss zuvor bewiesen, auch eine nacht alhie verplieben. Dem gesin alhie 9 batzen. Dem pfortzner 3 batzen. Weill auch ire furstliche gnaden meinem herren derselben diener und pferdt spacieren zureitten etliche maln ge-

---

583 Der Deutschmeister Philipp Flach von Schwarzenberg.
584 S. oben zum 24. Oktober 1586.
585 Der erwähnte Deutschmeister Philipp Flach von Schwarzenberg.

lenth, wir auch von Heitterscheim biss uff Freiburg ire furstliche gnaden pfertt geritten, dem stallmeister 2 francken. Dem statthalther Eichenlaub mein her ein fuister geschenckt allernegst irer furstlicher gnaden zusetzen kost 2 kronen. Ein tornier uff die finster zumalhen 2 batzen.

2.ggg.   **Kintzingen**

Dem ertzhertzogen underworffen, ein statt.

Den 5. februarii den nachmittagh von Freiburgh biss hieher den post notwendig genhomen, in erwegungh keine andere pfertt vorhanden gewest seindt mitt des postillon pferdt, drei pferdt fur jeder ¹/₂ kron, facit 1¹/₂ kron. Diese statt ligt uff[586] ein wasser, die Elss gnant, welche nit weith von hinnen in den Rein leufft. Von hinnen drei stundt haben wir dass schloss Hochbergh, dem marckgraffen von Thorlach zustendigh, uff die rechte handt ligen lassen, hohe uff einem bergh. Von hin ungfer ¹/₂ meill noch ein schloss uff dieselbe handt, Lichteych gnant,dem graffen von Dillingen[587] zustendigh. Alhie in St. Johans closter logiertt. Dem gesin geben 9 batzen 3 pfenningh.

4 p.   **Altenaw**

Ein dorff, ist dreiherrich,

dass dritte theill dennen von Nassaw zustendigh.

Alhie den 6. februarii ankhomen und mittagh gehalten. Fur 2 person und von irer furstlicher gnaden[588] zugethaner diener seindt drei und 3 pferdt in all verzertt 20 batzen. Der lacquay nachkhomen verzertt 8 pfenningh. Von Kintzingen biss hieher ist ein lustiger wegh und etliche schone dorffer passirt.

---

[586] *uff* fehlt in der Vorlage.
[587] Gemeint ist der Graf von Tübingen.
[588] Der Deutschmeister Philipp Flach von Schwarzenberg

2.p. **Strasburg**

Ein haubstat in die Elssuss. Mehe lutersch als calvinisch
und jetzo im schweitzerschen bundt.

In dieser hochtrefflicher statt den abent ankhomen. Fur 2 pfertt
von Kintzingen hieher sampt des grossmeisters[589] schaffener und drei-
en pferden zerungh beleufft sich in all ad $4\frac{1}{2}$ gulden $9\frac{1}{2}$ batzen. Ungfer $\frac{1}{2}$ stundt von hin seindt wir uber die strasspurgische brugk geritten, langk wie vorschrieben, verzollen mussen 3 dollingen. Der Rein
scheidt alhie Brisgaw und Elssass. Dass artelerei hauss ist versehen,
so gross alss klein, mitt ungfer 600 stuck geschutz. Man findt hie auch
ein gasthauss, dainnen ein jeder forestier wer will essen mag gehen
und ein jeder wirdt nach seiner qualitiett herlich tractirt und wein
gnugh, und man bezalt in dieser beschwerlichster zeitt mehe nit alss
3 batzen. Am kornhauss alhie seindt sovill finsteren alss tage im jar
khomen[590]. Schone platzen seindt alhie viell. Durch diese statt lauffen
6 wasseren, dass vornempst heisch die Biersch.

Den 7. huius durch mangell schiff alhie still ligen mussen, verzertt
8 gulden 12 batzen. Fur meinen herren einen ungerschen hudt 4 batzen. Ein hudtkrantz 10 batz. Den hudt mitt schwartzen zammett, rot-
ter bay zufodern und machlohn in all 20 batzen. Dem keller 2 batzen,
in die kuch 1 batzen.

2 gg. **Wishen**

Ein schon dorff, dem graffen von Hannaw zustendigh.

Alhie den 8. den mittag ankhomen. Durch diss dorff leufft ein wasser, die Horchenbach gnant. Verzertt 3 person jeder 5 batzen, facit 15
batzen.

---

[589] Gemeint ist der Deutschmeister.
[590] Der gleiche Topos, so viele Fenster wie Tage im Jahr, wurde bis zu den schwe-
ren Beschädigungen des Schlosses Merode im zweiten Weltkrieg auch von diesem
erzählt.

2¹/₂ gg. **Hegelsem**

Ein dorff, marckgraff Philips von Baden zustendigh.

Alhie den abent ankhomen. Von hin anderthalb meill seindt wir durch ein stettlin gereist, dem graffen von Hannaw zugehorigh. Noch ein klein meill seindt wir noch langss ein ander statt gezogen, allernegst new mitt mauren umbringkt und marckgraff Philips von Baden zustendigh. Alhie begint die marckgraffschafft Baden. Verzertt 3 person 15 batzen. Schlafftrunck 12 batzen.

1 gg. **Rastat**

Ein schon fleck, dem vorschrieben marckgraffen zustendigh.

Alhie den 9. februarii ankhomen und ess halten ire furstliche gnaden alhie ire gewontliche hoffhaltungh. Langss dieser fleck leufft ein wasser, die Morgen gnant. Der princepall stall anhelt 62 strawen, dern geschwentzster pfertstall 18 strawen. Dern pferdt solten sein, wie wir bericht, alle durcheinandern bei 300, aber ausserlesene 60, auch dass gröst und kleinst pfertt, so ich je gesehen. Alhie den mittagh verzertt 3 person jeder 6 batzen, facit 18 batzen. Nachtrunck[591] 9 batzen.

3 gg. **Linckenen**

Ein dorff uff dem Rein gelegen,
dem marckgraffen von Torlach zustendigh.

Alhie den abent ankhomen. Ein meill von hinnen seindt wir durch ein stettlin gefharen, Milburch gnant, dem vorschrieben marckgraffen auch zustendigh. Alhie benachtigt. Verzertt 3 person 1 mall jeder 6 batzen, facit 18 batzen. Extra 1 batzen. Dranckgelt 1¹/₂ batzen.

---

[591] So die Vorlage. Gemeint ist *nachttrunck*, Getränke am Abend.

3. **Speir**

Ein reichstatt, halb lutersch, halb catholisch, uff dem Rein.

Alhie den 10. ankhomen und benachtigt. Disse statt ist schon, aber nichtz besonders zubesehen alss der thum. Ungfer 1¹/₂ meill von hinnen seindt wir von den marckgraffschen⁵⁹² und uff des bischoffs von Speir botten khomen. Ungfer 1 stundt von Speir uff die lincke handt die statt Eidenum⁵⁹³, dha sich der bischoff gemeinlich erhaltet, ligen lassen. Noch von hin ¹/₂ stundt seindt wir uber den Rein geschipffett, vergelt 1¹/₂ batzen. Von Strassburgh hiehin uff Speir in ein roll gefharen, kost 10¹/₂ gulden. Dem kautschier 4 batzen. Alhie fur den lacquayen ein par doppell schuch 7¹/₂ batzen. Fur den jungen, der mich durch die statt hin und wider gefurtt, 1 batzen. Alhie verzertt 3 person jeder 3 mal, jeder mall 6 batz⁵⁹⁴, facit 54 batz. Extra nichtz. Weschlon 3 albus. Dranckgelt 1 batzen.

6. **Worms**

Ein reichstatt uff dem Rein gelegen, halb catholisch, halb lutersch.

Alhie den 11. februarii den nachmittag ankhomen. Drei meill von hinnen durch ein klein stettlin passiertt, dem Casimiro zustendigh, Oberssheim gnant, gantz calvinisch. Noch 2 meill durch ein ander allererst angefangen schone bebawtte statt gefharen, Franckendall gnant, wirdt durch niderlendischen und engelschen calvinischen, so vertrieben sein, bewhontt. Alhie hett man unss wegen der kleidungh schier ein schandt durffen anstreichen, wan wir unss nitt zuverthedigen gewist. Alhie 3 person 2 mall verzertt sampt dem extra 36 batzen. Dranckgelt 1¹/₂ batzen. Dem, so unss ein schiff uff Mentz zufharen bestelt, 1 batz. Mein her von Speir hiehin in einer karren gefharen kost 2 gulden. Alhie mein her die zelter gegolden kost 16 kronen. In die ehr Gotts 1 albus. Alss wir im schiff gesessen strohe darinnen 2

---

⁵⁹² So die Vorlage.

⁵⁹³ Der heutige Name ist Philippsburg Kreis Karlsruhe. Bis 1615 hieß die Stadt Udenheim.

⁵⁹⁴ So die Vorlage.

batzen, provision an wein im schiff 7 batz. An fleisch und brott 3 batz
6 pfenningh. Den 2 rhurjungen 2 batzen.

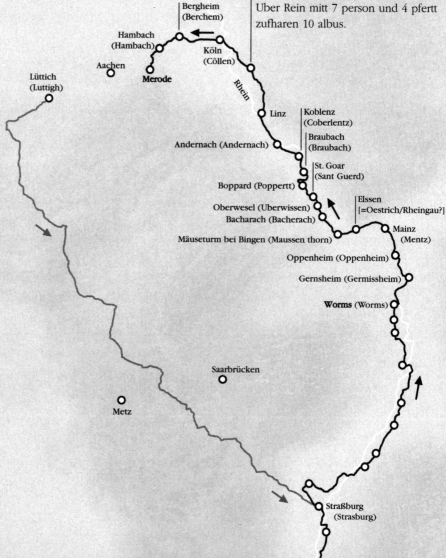

Amsterdam

Antwerpen

Lüttich
(Luttigh)

Aachen

16. Februar 1588

Siegburg (Siberg)
Ein statt dem hertzogh von Gulich
underworffen.

Den 16. februarii den abenth alhie
ankhomen und ungfer uff halben
wegh denn Lewenbergh uberzogen.
Allernegst dieser statt leufft die Siech
im Rein.
Alhie verzertt 3 person 3 mall, jeder
mall 20 albus, extra mitt Ruischenberg
dem commandeur getruncken,
36 albus. Dranckgelt 2 albus.
Uber Rein mitt 7 person und 4 pfertt
zufharen 10 albus.

Bergheim
(Berchem)

Hambach
(Hambach)

Köln
(Cöllen)

Merode

Rhein

Linz

Koblenz
(Coberlentz)

Andernach (Andernach)

Braubach
(Braubach)

St. Goar
(Sant Guerd)

Boppard (Poppertt)

Oberwesel (Uberwissen)

Elssen
[=Oestrich/Rheingau?]

Bacharach (Bacherach)

Mäuseturm bei Bingen (Maussen thorn)

Mainz
(Mentz)

Oppenheim (Oppenheim)

Gernsheim (Germissheim)

Worms (Worms)

Saarbrücken

Metz

Straßburg
(Strasburg)

Von Worms nach Merode

7.   **Mentz**

Ein reichstat, halb catholisch, halb lutersch,
uff dem Rein gelegen.

Alhie den 12. februarii ankhomen. Alhie gegenuber leufft die Ma-
hin im Rein, auch ein schon schiffreich wasser. Von hinnen 5 meill
langss ein stettlin gefharen, Germissheim gnant, dem bischoff alhie
zustendigh. Noch 4 meill von hin langss ein ander statt gefharen, Oppenheim gnant, langss einen berg gelegen, dem vorschrieben bischoff
auch zugehorigh.

In dieser statt ist sonderlich nichtz alss unser L. Frawen kirch und
der thum zusehen. In dieser kirchen seindt 2 schone predigstull, der
einer von marmor uberauss schon mitt biltwerck aussgehawen, der
ander noch vill schoner. Alhie den abent verzertt 3 person 18 batzen.
Folgents morgens zop 3 person jeder 5 batzen. Schlaffdrunck 10 batzen. Dass pfertt an hew und haber 8 batzen. Der lacquay mitt dem
pfertt zu landt geritten biss Coberlentz, verzertt in 2 tagen 8 batzen.
Dranckgelt 1¹/₂ batzen.

8.   **Sant Guerd**

Ein fleck uff dem Rein gelegen,
dem lantgraffen von Hessen zustendigh, alles lutersch.

Alhie den abenth ankhomen und benachtigt. Von hinnen 7 meillen seindt wir langss ein stettlin gefharen, Elssen gnant, dem bischoff
von Mentz zugehorigh. Noch von hinnen vier meilln[595] ..../ ..../
........./ hiebei ..../ die........./ im gebirgs khomen ...../ haben wir
noch ein fleck ..../ heim gnant. Alhie wegst gutten .../ heimer bergh
wein gnant. Alhie sigt man auch den Maussen thorn[596] im wasser ligen.
Noch 2 meill von hinnen uff die linck[597] handt ein statt vorbei passiertt,
Bacherach gnant, dem marckgraffen[598] Philips von Hessen zugehorig
und calvinisch. Noch ein ein meill von hinnen uff die lincke handt ein
ander statt ligen lassen, Uberwissen gnant, dem bischoff von Trier
zustendig. Vornhemblich siegt man in diss orth etliche viell schone
stett und herliche dorffern und weinbergen. Alhie verzertt 2 person 1
mall 12 batzen. Extra 6 batzen. Dranckgelt 1 albus.

5.p.   **Coberlentz**

Ein schon statt uff dem Rein, dem bischoff von Trier zustendig. Mitt
einer seith uff dem Rein, mit der ander seith uff die Mosell, die
alhie im Rein leufft.

Alhie den 14. februarii den vormittag ankhomen. Von hin 4 meill
langss ein statt gefaren, Poppertt gnant, auch ire churfurstliche gnaden von Trier zustendig. Item von hin 1 meill langss ein fleck gefharen, Braubach gnant, dem ..../ St........./ La......../ stettlin vor....../

---

[595] Die letzten sechs Blätter des Tagebuches sind im oberen Drittel schräg ausgerissen, so daß teils ganze Zeilen, teils nur Bruchstücke von Zeilen fehlen. Um das Fehlende ungefähr zu markieren, sind in der Transkription 10 Punkte für eine ganze fehlende Zeile, 5 Punkte für eine halbe fehlende Zeile, 3 Punkte für eine drittel fehlende Zeile eingesetzt. Das Zeilenende ist durch einen Schrägstrich markiert. Erschlos-
senes steht in [].
[596] Der Mäuseturm im Rhein.
[597] So die Vorlage.
[598] So die Vorlage.

dem churfursten von Me[ntz]...../. Allernegst hiehebei leufft die [Mo-sell]/ im Rein. Alhie umb gutte kundtschafft des wegs langss Bon zu-haben 1¹/₂ tag still gelegen. Fur 8 mall 3 person jeder mall 6 batzen, facit 48 batzen. Schiffgelt von Mentz biss hieher fur 2 person meines herren anpartt 2 thaler 17 batzen. Weill der lacquay mitt seinem gelt nit umbkhomen kuennen ime noch nachgeben 8 batzen, so er ge-lenth. Den sattell zufullen 2 batzen. Den irsten tag mein her mit her Palant und ander herren gedruncken 2 quart wein, facit 7 batz. Fol-gents tags mein her mit einem hoffjunckeren zop gessen 6 batzen. Item 2 quart wein nachgedruncken 7 batzen. Dass pfertt an hew und haber verzertt 7 batz. Dranckgelt 1 batz. Es gehett auch alhie uber die Mosell ein schon lang steinen brugk. Recht hieuber ligt ein unuber-wintlich schloss hohe uff einem bergh, dem churfursten von Trier zu-stendig, welchs uber Rein und Mosell dominiertt, Hermestein gnant.

3. **Andernach**

Ein statt uff dem Rein, dem churfursten von Collen zustendigh.

Alhie den 15. februarii den nachmittagh ..../ ..../ geh........./ unser ..../ fhuren in ....../

......[599]

..[dem churfursten] von Colln zustendigh.

Alhie den abenth ankh[omen] ..../ schiff von Andernach biss hie-her ../ marck. In die ehr Gotts 1 albus. Dem schiffer ¹/₂ quart wein 4 albus. Alhie verzertt 3 person 2 mall sampt extra 5¹/₂ colnische gul-den. Unser gezeugh von hinnen bis Collen zufharen dem schiffknegt 1 quart wein 8 albus.

---

[599] Es kommt nur Linz am Rhein in Betracht.

267

4.   **Siberg**

Ein statt dem hertzogh von Gulich underworffen.

Den 16. februarii den abenth alhie ankhomen und ungfer uff halben wegh denn Lewenbergh uberzogen. Allernegst dieser statt leufft
die Siech im Rein. Alhie verzertt 3 person 3 mall, jeder mall 20 albus,
extra mitt Ruischenberg dem commandeur getruncken, 36 albus.
Dranckgelt 2 albus. Uber Rein mitt 7 person und 4 pfertt zufharen 10
albus.

3.   **Cöllen**

Uff dem Rein.

Alhie mitt Gott den 17. februarii ankhomen. Fur ein convoy von
Sibergh biss hieher 3 phlipsthaler[600]. Meinem herren gethan mitt monseigneur Bilant im brett zuspillen 1 reall. ..../ ..../ ge........./ thaler......../ dem jung[en]......./ unser gezeug ge...../ damitt ess nitt langss
.../ am Rein gewarttet, geben 4 albus. Dem, der dass gezeugh auss
dem schiff zum wirdtshauss gefurtt 8 albus. Meines herren alte sporen an newen vertauchst[601], zugeben 12 albus. Fur sporletteren 4 albus. Fur meinen herren ein par reidtcanonen, an thuch 3 vierthell, facit 13½ marck. Zammett daruf ad 1½ vierthell ad 3 gulden 2 albus.
Underpassement und seith 7 albus. Machlohn 20 albus. Fur meinen
herren ein par linen reidthossen 14 albus. Fur mich ein par stieffelen
2 reichsthaler 2 albus. Fur ein par sporen 12 albus. Mein her Palant
von Bredemundt[602] etliche stuck in ein stambuch malhen lassen 15
marck. Des lacquayen hohr abzuschneitten 2 albus. Unser gezeugh
von der herbergh biss zum wagen fhuren zulassen 5 albus.

---

[600] So die Vorlage, „Philippstaler".
[601] So die Vorlage.
[602] Breidenbent.

3. **Paffendorf**

Ein dorff.

Den 27. gerurts monats februarii den nachmittag alhie ankhomen/
........./ ..../ bag[age] ..../ alhie in......./ wagen dainnen ....../ alss
gestern gehuirtt ...../ vorschrieben herren commissarien noch ichtwas
zuthun vorgefallen und derhalb verpleiben mussen. Den vohrleuthen
1 philipsthaler geben mussen, facit mein her ½ philipsthaler. Alss sich
nhu die fussgenger und karren und wagen alle bei zeiten an die Hanen pfortz[603] vergadern mussen, so hab ich daselbst mitt der geselschafft mittagh gehalten, verzertt 3 marck. Zu Berchem 1 quart wein
mitt der geselschafft gedruncken 10 albus. Sowoll fur die bagage alss
meine person von Collen hieher zufuren meines herren anpart 3 thaler. Fur 2 fhorleuth 2 pfertt 2 mall in all meines herren theill 3 gulden
4 albus. Und weill ich uff dem hauss gessen und geschlaffen den ca-
mermegden 4 albus. Zwischen wegen der stelbaum vom wagen zerbrochen 4 albus. Die zerungh und gelenth gelt beleufft sich ad 65 thaler 22 albus und noch unbezalt.

1½ **Hambach**

Ein freiheitt und ire furstliche gnaden[604] jagthauss.

Alhie den 28. februarii still gelegen und/ ..../ ..../ ..../

[Merode]

Alhie ..../ den 29ten [februarii] ....../ wider ankhomen.

---

[603] Das Hahnentor in Köln.
[604] Herzog Wilhelm von Jülich-Kleve-Berg.

Erläuterungen zum Tagebuch

Die Handschrift

Die Handschrift enthält 215 Papierblätter; sie ist weder paginiert noch foliiert. Die Blätter sind in eine graue Pappe eingebunden, die mit ursprünglich weißem, jetzt verschmutztem Pergament bezogen ist. Von den ursprünglich je zwei Pergamentriemchen an Vorder- und Rückendeckel zum Verschließen sind die beiden unteren abgerissen. Die beiden Rückenkanten sind stark aufeinander zugebogen. Die Blätter sind durchschnittlich 21 cm hoch und 14 cm breit. Auf neun Blättern sind Wasserzeichen zu erkennen. Da aber alle in der Bindung liegen, ist von ihnen nur etwa je ein oberes und unteres Drittel zu sehen. Eine Identifizierung der Wasserzeichen ist ohne Beschädigung der Handschrift nicht möglich.

Auf dem Einband steht auf der Vorderseite mit blauer Tinte von der Hand des 1953 verstorbenen Brüsseler Archivars Edouard Laloire: *arch. M. - W. La. 1264*. Die ursprüngliche Aufschrift *Reisbuch* ist nur noch mit Hilfe einer Quarzlampe sichtbar. Auf der Rückseite des Einbands steht von einer Hand des 18. Jahrhunderts: *1586 den 9. octobris hatt Philip von Merode freyheer von Petersheim und heer zu Diepenbeeck seine italienische und malthesische reyse angefangen.*

Der Text verteilt sich auf die Blätter wie folgt: Bl. 1 ist das Vorsatzblatt des Vorderdeckels, jedoch auf diesem nicht mehr festgeklebt.
Die Rectoseite zeigt einige Federproben, die Versoseite ist leer.

Auf Bl. 2 r steht von der Hand des Schreibers der Handschrift:
Anno 1556 den 9ten octobris hatt mein junger gnadiger herr Philips
von Merode freiher zu Pieterschem und herr zu Diepenbeck seine
italienische und maltische reiss angefangen und uff jetzgemelten
tagh auss Luttigh gezogen und in Gotts nhamen vort gereist wie her-
nach zuersehen. Außerdem von der Hand des Archivars Laloire:
arch. M. - W. 1264 1586–1588 Voyage de Philippe de Merode en Ita-
lie et à Malte compte de son domestique qui l'accompagnait.

Bl. 2 v und Bl. 3 r sind leer.

B. 3 v bis einschließlich B. 213 r sind beschrieben. Die Blätter 214
und 215 sind leer; Bl. 215 ist das Vorsatzblatt des Rückendeckels. Von
den Blättern 208–213 ist im oberen Drittel von der Bindung zur Blatt-
kante hin je etwa ein viertel Blatt mit entsprechendem Textverlust her-
ausgerissen. Der Textverlust ist in der Edition durch … markiert.

Jeweils die linke aufgeschlagene Buchseite – also die Versoseite –
weist drei Spalten auf. Eine links am Blattrand beginnende schmale
Spalte enthält die Entfernungsangabe von Ort zu Ort. Eine daran an-
schließende etwas breitere Spalte nennt die Namen der von den Reisenden besuchten Orte mit kurzen Hinweisen auf Art (*Ein fleck; ein*
schon stetlin), Ortsherrn, Bekenntnis der Bewohner. Die dritte, breite
Spalte ist den Währungsangaben vorbehalten (*Alhie gilt ein kron …*).
Sie enthält aber nur Eintragungen, wenn zwischen zwei von den Reisenden besuchten Orten Unterschiede in den Währungen bestanden,
ansonsten bleibt sie leer. Hielten sich die Reisenden längere Zeit an
einem Ort auf, dann hat der Schreiber mit dem fortlaufenden Text
auch diese Währungsspalte gefüllt. Auf der rechten aufgeschlagenen
Buchseite – der Rectoseite – steht der fortlaufende Text. Zur Blatt-
kante hin ist mit einem senkrechten Strich ein schmaler Rand abge-
teilt, der unbeschrieben ist. In der Transkription sind Entfernungs-,
Orts- und Währungsangabe jeweils über den zugehörigen Text gesetzt.

In der Handschrift sind Groß- und Kleinschreibung, Zeichensetzung und die Verwendung von Punkten hinter Zahlen ganz unsyste-
matisch und ohne jede erkennbare Regel gehandhabt. In der Tran-

skription habe ich nur Satzanfänge, Personen- und Ortsnamen und substantivisch gebrauchte Nationalitätenbezeichnungen mit Großbuchstaben beginnen lassen. Langgeschäftetes s + rundes s der Vorlage, das ähnlich unserem heutigem ß aussieht, aber diesem Lautzeichen keineswegs immer entspricht und auch in der Vorlage nicht nach fester Regel verwendet ist, habe ich ohne jede Ausnahme mit ss wiedergegeben. Die von mir gewählte Zeichensetzung versucht Sinnzusammenhänge sichtbar und lesbar zu machen. Hätte ich dem Text mit der genormten Interpunktion unserer heutigen geschriebenen Sprache beikommen wollen, dann hätte ich ihn in ein Korsett schnüren müssen, das nirgends stützt und doch überall zu eng ist.

Die Handschrift ist von einer einzigen Hand in einem Zuge geschrieben. Nichts spricht dagegen, daß der Schreiber mit dem Verfasser identisch ist, dem unbekannten Hofmeister Philipps von Merode. Wenn Schreiber und Verfasser nicht identisch wären, müßte mit Abschreibefehlern gerechnet werden, die aber nicht vorkommen, und viele Abkürzungen, die dem Verfasser, weil von ihm selbst gewählt, geläufig waren, hätte ein unbeteiligter Schreiber nicht verwendet oder aufgelöst.

Die Handschrift ist zwar ein Reisetagebuch, aber die Handschrift ist nicht auf der Reise entstanden, sondern nach der Reise zu Hause aus den auf der Reise geschriebenen Angaben und anderen Texten zusammengestellt worden. Ein Tagebuch, das siebzehn Monate lang mitgeschleppt wird, und das Tag für Tag hervorgekramt wird, um Aufzeichnungen zu machen, hat Flecken, Eselsohren, Durchstreichungen, eingerissene Blätter. Das Papier der Handschrift ist aber weiß, sauber, die Eintragungen sind einheitlich, akkurat, nirgendwo ist etwas hingekleckert oder nachgetragen. Der Text geht gelegentlich bis in die Bindung, das heißt, die Blätter sind erst gebunden worden, als sie lagenweise fein säuberlich beschrieben waren.

Man wird sich die Entstehung der Handschrift so vorzustellen haben: Der Hofmeister hat jeden Tag seine Notizen über Begebenheiten, Sehenswürdigkeiten, Tagesausgaben gemacht, die Ausgaben für Tinte und Papier sind ständig wiederkehrende Posten. Unterwegs haben die Reisenden Literatur gekauft, aus der Einzelnes später zu Hause in die Tagesnotizen eingearbeitet wurde. Die Gründungsgeschichte des Klosters Ettal in Bayern ist auf diese Weise in das Tagebuch gekommen, wahrscheinlich auch die längeren Passagen aus Petrarca und Plinius dem Älteren und manches andere. Daß die endgültige Redaktion des Tagebuches erst nach der Reise erfolgte, ergibt sich aus zwei Eintragungen: 1. Bei den zum 23. Januar 1587 unter Syrakus vermerkten Notizen wird im laufenden Text (S. 118) auf die späteren Angaben zum 21. Februar verwiesen. 2. Acht Tage, nachdem Großherzog Franz I. von Toskana am 19. Oktober 1587 gestorben war, besuchten Philipp von Merode und seine Begleiter Florenz und sahen im Dom *des newlich abgestorbenen grosshertzogh Francisci sampt seinen 2 ehegemalhen begrebnus* (Grabmal) (S. 177). Darauf folgt der Satz: *Dieser mehe wolgemelter Franciscus ist gestorben im jetz verflossenen jar 1587 den 19. octobris umbtrent mitternacht.* Dieser Satz ist also 1588 geschrieben worden und beweist in Verbindung mit den vorstehend mitgeteilten Beobachtungen, daß der gesamte uns vorliegende Text unmittelbar nach der Rückkehr im Jahre 1588 zu Papier gebracht wurde. Auch paläographisch ist die Schrift dieser Zeit zuzuweisen.

Eigennamen hat der Schreiber fast immer in Antiqua geschrieben, den sonstigen Text in einer gut leserlichen Kurrentschrift. Probleme gibt es bei *den* und *dem*: *-en* und *-em* sind paläographisch zwar gut zu unterscheiden, jedoch steht häufig eine Pluralendung (z.B. *mit gerurtten freiherren*), wo man eine Singularendung (*mit gerurttem freiherren*) erwartet. Der Schreiber folgt in der Zeitrechnung dem 1582 eingeführten Gregorianischen Kalender.

274

Philipp von Merode und seine Familie

Philipp I. von Merode entstammte einer seit der zweiten Hälfte des 11. Jahrhunderts im Rheinland bezeugten Familie, und zwar der heute noch blühenden jüngeren Linie, die ihren im Jahre 1174 erstmals erwähnten namengebenden Stammsitz, Schloß Merode bei Düren, seitdem ununtbochen bewohnt[1]. Diese jüngere Linie, die älteren Linien sind im 18. und 19. Jahrhundert ausgestorben, hatte sich seit dem 14. Jahrhundert in familiären und politischen Beziehungen verstärkt den südlichen Niederlanden zugewandt und in einem Raum, den sich heute Deutschland, die Niederlande, Belgien, Frankreich und Luxemburg teilen, große Besitzungen erworben. Damit einhergehend konnte diese Linie allmählich Standeserhöhungen erlangen. 1473 bestätigte und erneuerte Kaiser Friedrich III. sie als Bannerherren und Bannerfrauen des Heiligen Römischen Reiches[2]. Bis zum 17. Jahrhundert vollzog sich der Übergang in den hohen Adel, der, noch zu Philipps I. Lebzeiten, 1626 in der Erhebung seines Sohnes Philipp II. zum Markgrafen von Westerloo deutlich wurde[3]. Philipps I. nächste Vorfahren, sein 1564 gestorbener Großvater Heinrich I. von Merode und sein Vater Johann IX. von Merode, haben zwar nie bedeutende politische Ämter bekleidet, hatten aber allein schon wegen des Ranges und des Reichtums der Familie weitreichenden Einfluß. Dafür seien aus den 80er Jahren des 16. Jahrhunderts, also dem zeitlichen Umfeld des Tagebuches, nur einige Zeugnisse erwähnt. Als Alexander Farnese, Herzog von Parma und Statthalter der Niederlande, im November 1582 hörte, Johann IX. von Merode bekenne sich zum reformierten Glauben, teilte er dies sogleich dem Landesherren, König Philipp II. von Spanien, mit, und zwar in einem Atemzug mit Absichten des Erzherzogs Matthias von Österreich zur Erlangung der Bistümer Münster und Osnabrück, dem Frieden mit dem König von

---

[1] Hierzu und zum folgenden: Domsta, Merode I–II, passim. Domsta, Ausstellungskatalog Merode, passim

[2] Domsta, Merode II, S. 553.

[3] Domsta, Ausstellungskatalog Merode, S. 24.

Dänemark und Nachrichten vom französischen Hof[4]. Sechs Jahre später, 1588, starb plötzlich Johann von Wittem, Markgraf von Bergen-op-Zoom, Schwiegersohn Johanns IX. und Schwager Philipps von Merode, und hinterließ nur eine Tochter von acht oder neun Jahren, Erbin eines großen Namens und eines riesigen Vermögens. Philipp II. von Spanien schrieb daraufhin im September 1588 und im Juni 1589 seinem Statthalter Farnese, er möge Johann IX., den Großvater des Mädchens und Vater unseres Reisenden, für die Wünsche des Königs hinsichtlich eines Heiratsprojekts geneigt zu machen versuchen[5]. In diesen Zusammenhang gehört auch die Nachricht, daß Erzherzog Ferdinand von Österreich für seinen Sohn Karl, Markgrafen von Burgau, bei Johann IX. um die Hand von dessen Tochter Margarete angehalten habe[6], die später den erwähnten Johann von Wittem heiratete[7].

Johann IX. von Merode, der im Sommer 1601 starb[8], war zweimal verheiratet: In erster Ehe seit dem 26. April 1558 mit Mencia von Bergen, Tochter des Markgrafen Anton von Bergen und der Jacqueline von Croy. Die Ehe wurde durch Mencias Bruder Robert von Bergen, Bischof von Lüttich, und durch ihren Onkel Karl von Croy, Bischof von Tournai, vermittelt[9]. Mencia starb wenige Jahre nach der Heirat, die schon mehrfach genannte Tochter Margarete hinterlassend, und Johann IX. ging am 9. November 1563 mit Margarete von Palant, Tochter Erards von Palant und der Margarete von Lalaing, eine neue Ehe ein[10]. Margarete von Palant machte am 16. September 1613 ihr

---

[4] Lefèvre, Correspondance, t. II, Nr. 691. Für 1586 und 1587 ist belegt, daß Johann IX. dem katholischen Glauben angehört: Domsta, Ausstellungskatalog Merode, S. 23 Nr. 21. Richardson, Merode II, Nr. 633 f.

[5] Lefèvre, Correspondance, IIme partie, t. III, Nr. 852 und S. 405.

[6] So Richardson, Merode I, S. 159 Anm. 2 ohne Quellenangabe.

[7] Mit Vertrag von 1577 Dez. 12 verheiratete Johann IX. Bannerherr von Merode, Petersheim, Perwez etc. seine Tochter Margarete, Markgräfin von Bergen-op-Zoom und Gräfin von Walhain, mit Johann von Wittem, Herrn von Boutershem etc.: Kuyl, Gheel, S. 193–198.

[8] 1601 Aug. 9 machte er sein Testament (Kuyl, Gheel, S. 213). 1601 Sept. 7 erhielt sein Sohn Philipp von zwei Utrechter Stiften Erbgüter in emphyteutischen Besitz, die vordem sein Vater innehatte (Rijksarchief Utrecht: Domkapittel, inv. nr. 1405).

[9] Kuyl, Gheel, S. 171 ff.

[10] Der Ehevertrag bei G. D. Franquinet, Verslag omtrent het Oud Provinciaal Archief in Limburg, over 1878, in: De Maasgouw, 1. jg. nr. 26, 1879, S. 98 f.

Testament[11] und wird bald danach gestorben sein. Aus dieser zweiten Ehe gingen zahlreiche Kinder hervor. Zwei Töchter wurden Stiftsdamen, eine, Juliane, ehelichte den Grafen Lamoral von Horn-Houtkercke. Drei weitere Töchter heirateten unter ihrem Stand, zum dauernden Zorn ihres Vaters, der selbst noch in seinem Testament darüber bittere Bemerkungen machte. Von mehreren Söhnen erreichte nur Philipp I. das Erwachsenenalter. Richardson zufolge ist er 1568 geboren, heiratete 1591 eine entfernte Verwandte, Anna von Merode-Houffalize, Burggräfin von Montfoort, und starb am 19. März 1627, zwei Jahre nach seiner Frau, die am 7. März 1625 das Zeitliche gesegnet hatte[12]. Durch seine Heirat erlangte Philipp I. von Merode u.a. die Burggrafschaft Montfoort bei Utrecht in den Niederlanden und die Herrschaften Ham-sur-Heure im Hennegau, Sautour und Rogneé in der belgischen Provinz Namur. Von seinem Vater erbte Philipp Schloß und Baronie Petersheim in der belgischen Provinz Limburg nördlich von Maastricht an der Maas, die Herrschaft Diepenbeek etwa 20 km weiter westlich bei Hasselt, die aus zahlreichen Orten bestehende Herrschaft Westerloo mit einem großen Schloß südlich von Antwerpen, in Brabant die Grafschaft Olen, die Baronien Leefdaal, Perwez (im französischsprachigen Teil des Herzogtums), Duffel und Walem, die Herrschaften Geel, Impde, Herlaar und Sint-Michiels-Gestel, außerdem die Herrschaften Ridderkerk und Ijsselmonde in der Provinz Süd-Holland in den heutigen Niederlanden, zahlreiche Häuser und Renten in Köln und Schloß und Herrschaft Merode bei Düren im Rheinland[13].

---

[11] Archiv Merode-Westerloo: La 254.

[12] Richardson, Merode I, S. 161.

[13] Zu den Besitzungen vgl. im einzelnen Domsta, Merode II unter den angegebenen Orten.

Der Verfasser des Tagebuches, seine Sprache, Herkunft und Bildung

Das Tagebuch ist nicht von Philipp von Merode selbst geschrieben worden, sondern von einem seiner beiden Begleiter. Dieser bezeichnet Philipp als *meinen jungen gnadigen herren, meinen jungen herren*, im Unterschied zu *meinem alten gnadigen herren* (S. 21), Johann IX. von Merode, dem Vater Philipps. Meist heißt Philipp nur *mein her*. Der Name des Tagebuchschreibers ist nicht bekannt, die Aufzeichnungen enthalten keinen einzigen Hinweis auf seine Identität. Einen wohl in ähnlicher Stellung wie er selbst tätigen Reisebegleiter der im Tagebuch häufig genannten Herren von Frenz bezeichnet er als deren *hoffmeister* (S. 140). Mit dieser Benennung sei hier nun auch als Notname der unbekannte Verfasser des Reisetagebuches bedacht.

Wenn auch die Identität des Hofmeisters unbekannt ist, so gibt das Tagebuch doch einige Hinweise auf seine Person. Kölnische Ellen dienen ihm zum Vergleich mit einem neapolitanischen Maß. Das dem Meer zugewandte Messina hat einen halbmondförmigen Grundriß, ebenso Basel, beide wie das dem Rhein zugewandte Köln. Der Lago del Sorro vor Mantua ist so breit wie der Rhein vor Köln. Beim Stadtfest in Siena sieht er in der Prozession *etliche mit lange rotte röcken, wie die doctores zu Colln tragen* (S. 166). Köln kennt er also gut. In Pisa ist der Arno so breit wie die Maas. Aus dem Land zwischen Rhein und Maas wird der Hofmeister stammen.

Sein Herr und er selbst sind ihrem Selbstverständnis zufolge Deutsche, zu denen sie auch die Bewohner der Niederlande rechnen, *ein armer deutscher aus Niderlandt* begegnet ihnen am 28. September 1587 in Siena, wo sie auch Briefe aus dem *Niderlandt* empfangen (S. 173, 166), doch Flamen, obwohl auch aus den niederen Landen, werden als Flamen bezeichnet, ebenso Brabanter[14]. Franzosen, Italie-

---

[14] Mit den Niederlanden sind zur Zeit der Abfassung des Tagebuches im wesentlichen das heutige Belgien und die heutigen Niederlande gemeint. Flamen sind im 16. Jahrhundert Bewohner der Grafschaft Flandern. Heute sind Flamen die Niederländisch sprechenden Bewohner Belgiens. Ein Urenkel Philipps von Merode, der kaiser-

ner, Polen werden ihrer Sprache gemäß als solche wahrgenommen, aber nicht nach ihrer territorialen Herkunft unterschieden. Schweizer, die in vielen Staaten Italiens dienen, sind im Tagebuch nur unter diesem Namen zu finden, wobei unbekannt bleibt, ob der Verfasser des Tagebuches unter diesem Begriff Menschen verschiedener Zungen versteht.

Die Sprache des Tagebuchs zeigt eine Schriftversion des Hochdeutschen, die – gemessen am vermutlichen Entstehungsraum bzw. dem Herkunfts- und Bildungsmilieu des Verfassers – einen recht modernen Stand des Neuhochdeutschen gegenüber den älteren Schreibsprachversionen des ripuarisch-kölnischen und des niederrheinischen Raumes darstellt. Hinzu kommen aber immer wieder regional bestimmte Einsprengsel, die das Vordringen der neuhochdeutschen Varietät noch lange begleitet haben. Das betrifft, neben einigen nur im Rheinischen vorkommenden Ausdrücken (*kruffen* = kriechen; *durppell* = Schwelle; *schmick* = Peitsche; *ullig* = Zwiebel) wortgebundene Vokal- und Konsonantenschreibungen.

Vokalismus:

geblossen	geblasen
rodthauss	Rathaus, jedoch *rattsherren*
uff	neben gleichzeitig gebrauchtem *auff*
kiess	Käse
flesch	Flasche
schier	Schere

Konsonantismus:

portzner	Pförtner, neben gleichzeitig gebrauchtem *pfortz*
kneuff	Knöpfe
korff	Korb
gedruncken	getrunken
duppen	Topf

---

liche Feldmarschall Johann Philipp Eugen von Merode, †1732, der seine Memoiren auf Französisch schrieb, verstand sich als *bon flamand* (Hans J. Domsta, Johann Philipp Eugen von Merode, in: Neue Deutsche Biographie, 17. Bd., Berlin 1994, S. 166).

Vornehmlich unter den Konsonantschreibungen finden sich im Tagebuch oberdeutsche Vorbilder, die zwar für bestimmte Textsorten des rheinischen Deutsch der zweiten Hälfte des 16. Jahrhunderts im endgültigen Übergang zum Neuhochdeutschen kennzeichnend sind, die sich aber in der Schriftsprache schließlich nicht durchgesetzt haben.

pleiben	bleiben
petten, pitten	bitten
paldt	bald
halsspantt	Halsband,
	neben gleichzeitig gebrauchtem *haltzbandt*
verpotten	verboten
gepiett	Gebiet
klepfen	Klippen
thienen	dienen, neben gleichzeitig gebrauchtem *diener*
beitte seitten	beide Seiten
teutsche	neben gleichzeitig gebrauchtem
	deutsche, deutscher
thaumen	Daumen
trei	drei
verthingen	verdingen
lettigh	,ledig' im Sinne von leer
latten	ein,laden'
theur	Tür
truck	trocken, neben gleichzeitig gebrauchtem *druck*

Postvokalisches und intervokalisches - ch - unserer heutigen hochdeutschen Orthographie ist im Tagebuch häufig mit - g - wiedergegeben.

knegt	Knecht
zugt	Zucht
ungebleigt	ungebleicht
gewigtig	,gewichtig' = genau dem angegebenen
	oder vorgeschriebenen Gewicht entsprechend
geferligkeitt	Gefährlichkeit
entweigen	entweichen
schlagt	Schlacht, schlägt
bewagt	neben gleichzeitig gebrauchtem *bewacht*

Aber auch die entgegengesetzte Erscheinung gibt es:

gewacht	gewagt
krach	Kragen
pilcher	Pilger

Hochdeutsche Diminutivformen stehen neben niederdeutschen und niederländischen:

stetlin, stättlin	Städtlein
steingens	Steinchen (Plural)
kussgen	kleines Kissen
zuckerkuchlin	süßes Gebäck; neben gleichzeitig gebrauchtem *zuckerkugsskens*
dorffken	Dörfchen
kirgssken	Kirchlein
schreibtaffelken	Schreibtäfelchen
vogelken	Vögelchen
dussken	Döschen
schnelken	kleine Schnalle

Die Affinität des Hofmeisters zum niederländischen Sprachgebiet zeigt sich an manchen Begriffen:

nach advenant	mittelniederländisch, je nach (z.B. Gewicht)
ankumpst	ndl. ‚aankomst' = Ankunft; *widerkumpst* = Rückkehr
atter	ndl. ‚adder' = Natter, Schlange
bederfen	ndl. ‚bederven' = verderben
borscht	ndl. ‚borst' = Brust
kratzborschtell	ndl. ‚borstel' = Bürste (um sich zu kratzen)
broch	ndl. ‚broek' = Hose, neben dem gleichzeitig meistens verwendeten *box, bux*
buyssken	ndl. ‚buis', zylinderförmiges Gefäß, Büchschen
drager	ndl. ‚drager' = Träger
enck	ndl. ‚inkt' = Tinte, neben gleichzeitig gebrauchtem *tinte*
hell	ndl. ‚Hölle'
huiren	ndl. ‚huren' = mieten

rheumlich	ndl. ‚ruim' = ausreichend
roess	ndl. ‚reus' (gesprochen: rös), = Riese; neben gleichzeitig gebrauchtem *reis*
spanjart	ndl. ‚spanjaard' = Spanier
vergadern	ndl. ‚vergaderen' = (sich) versammeln
versteckt	ndl. ‚verstikt' = erstickt
wannebe	ndl. ‚wanneer' = als, wenn

Zwei weitere Eigenheiten im Schreibgebrauch des Hofmeisters geben deutliche Fingerzeige auf seine Herkunft: Der Gebrauch des Akkusativs beim Reflexivpronomen bei Verwendung der Präposition ‚mit' (*mit mich*) ist im Düren-Aachener Raum üblich. Die Form *schlatt* für ‚Salat' ist für die Gegend um Schleiden, Monschau, Eupen, Düren, Jülich und Aachen kennzeichnend[15].

Mein Eindruck: Der Hofmeister ist gebürtig oder beheimatet im Landstrich zwischen Köln und Aachen, vermutlich stammt er aus der Dürener Gegend. Er hat sich häufig oder längere Zeit im südlichen Bereich des niederländischen Sprachgebietes aufgehalten, wahrscheinlich in Brabant, was auf seine eigene Sprache abgefärbt hat. *Brabendische tapitzerien* (S. 176) kennt er, und er findet solche im großherzoglichen Palazzo Pitti in Florenz, man wird an Arbeiten aus den berühmten Brüsseler Werkstätten zu denken haben[16]. Brabantische Währung ist die Valuta, die der Hofmeister am besten kennt und die ihm als Einheit zur Umrechnung anderer Währungen dient.

Diese aus dem Sprachgebrauch abgeleiteten Schlußfolgerungen über Heimat und Herkunft fügen sich gut zu unserer Kenntnis über des Hofmeisters Herrschaft, deren meiste Besitzungen sich in Brabant befinden (s.o.), während Schloß und Herrschaft Merode acht Kilometer westlich von Düren im Rheinland liegen. Niederländische Einflüsse auf den Sprachgebrauch des Tagebuchschreibers sind also leicht durch Tätigkeit im Dienst der Familie Merode zu erklären. Das Tagebuch beginnt ja auch mit der Eintragung, daß der Hofmeister unmittelbar vor Antritt der Reise aus den südlichen Niederlanden, nämlich

---

[15] Rheinisches Wörterbuch, Bd. VII, Berlin 1948–1958, S. 706.
[16] Vgl. R.-A. d'Hulst, Vlaamse wandtapijten van de XIVde tot de XVIIIde eeuw, Brüssel 1960, passim.

von Lüttich aus, wo man freilich Französisch spricht, mit Philipps Vater sich noch schnell nach Merode begeben mußte.

Ob der Hofmeister Französisch beherrschte, ist ungewiß. Die zahlreichen französischen Fremdwörter lassen zwar auf Kenntnisse in dieser Sprache schließen, erlauben aber kein sicheres Urteil. Italienisch hat er wahrscheinlich nicht gesprochen. Er verwendet nur wenige italienische Begriffe, und die nehmen sich wie auf der Reise gelernte, beiläufig gebrauchte Vokabeln aus. Um im Lande zurechtzukommen, kauft er, gerade eben auf italienischem Boden, in Venedig ein Wörterbuch, *einen kleinen dictionarium* (S. 48). Er ist aber des Lateinischen mächtig, er schreibt nicht bloß ab, was er an Texten sieht, z.B. auf Grabmälern oder Inschrifttafeln oder aus Schriftstellern, sondern er dekliniert in den deutschen Text eingestreute lateinische Vokabeln grammatisch richtig.

Der Hofmeister hat also sicher eine ordentliche Ausbildung genossen. Er kennt Vergil, zitiert aus der Naturalis historia Plinius' des Älteren und lange Passagen aus Petrarca. Auf der Reise wird einiges an Literatur gekauft: In Venedig das schon erwähnte kleine Wörterbuch, in Rom Francesco Guicciardinis Geschichte Italiens und ein *Gloria dell Cavallo* betiteltes Buch über Pferde oder Reitkunst, in Neapel eine lateinisch geschriebene Beschreibung Italiens, eine Karte ganz Italiens, eine Beschreibung der Altertümer von Pozzuoli und ein Werkchen von Giovanni Elisio über die Bäder von Pozzuoli, Baia und Umgebung, später, auf der Rückreise, im oberbayerischen Ettal eine Geschichte der Gründung des Klosters[17].

Woher weiß der Hofmeister, was er berichtet? Aus der erwähnten Literatur ist vermutlich einiges in das Tagebuch eingeflossen, doch ist das im Einzelfall nicht leicht nachzuweisen. Die Beschreibung dessen, was die Reisenden z.B. in Neapel und auf den Phlegräischen Feldern gesehen haben, geht in vielen Einzelheiten wohl auf die vom Hofmeister ausdrücklich als Quellen genannten Schriften zurück. Eingebettet ist das aber immer in eigene Beobachtungen und Erlebnisse.

---

[17] Soweit ich die vom Hofmeister benutzten Schriften identifizieren konnte (Francesco Guicciardini, Scipione Mazzella, Giovanni Elisio, Pasquale Caraciolo), finden sich die Nachweise oben bei den einschlägigen Textstellen, ausgenommen die auch damals allgemein zugänglichen Schriftsteller, wie Plinius d.Ä., Vergil, Cicero, Petrarca.

Vom Kenotaph Kaiser Maximilians I. in der Innbrucker Hofkirche stehen die langen Inschriften im Tagebuch. Hat der Hofmeister sie vor Ort notiert oder aus Literatur abgeschrieben? Im letzteren Fall müßte solche Literatur in Innsbruck in oder bei der Hofkirche von jedem Interessenten leicht käuflich zu erwerben gewesen sein. Das Tagebuch vermerkt keine Ausgabe dafür. Die gleiche Frage stellt sich bei den in Neapel und anderwärts notierten Inschriften. Es ist sehr unwahrscheinlich, daß z.B. die Grabinschriften deutscher Soldaten, meist adeliger Herkunft, die sich im Tagebuch finden, aus Kirchenführern stammen, die man am jeweiligen Ort hätte erwerben können. Dahinter steckt vielmehr ein besonderes epigraphisches Interesse des Hofmeisters, das sich ähnlich 150 Jahre später noch bei Johann Caspar Goethe findet. Beide haben übrigens in Neapel in zwei Fällen die gleichen Inschriften notiert[18]. Allerdings hat Goethe manche der von ihm mitgeteilten Inschriften, wie er selbst angibt, aus François Maximilien Misson übernommen, der seinerseits teilweise auf Joseph Addison fußte. Addison und Misson haben ihre Werke aber erst weit mehr als 100 Jahre nach den Aufzeichnungen des Tagebuches veröffentlicht[19]. Ob es in den 1580er Jahren schon veröffentlichte Inschriftenwerke gab, aus denen der Hofmeister die ihm bemerkenswert erscheinenden in sein Tagebuch hätte übernehmen können, habe ich nicht ermitteln können. Angesichts der dem Hofmeister als notierenswert erscheinenden Inschriften bezweifele ich, daß es einen leicht zugänglichen Fundus gab, den er, wie J. C. Goethe 1740, hätte benutzen können.

Mit Absicht habe ich keinen der mitgeteilten lateinischen Texte übersetzt, denn dies hätte es erforderlich gemacht, sie mit den Originalen zu vergleichen, um Abweichungen erkennen zu können. Mag dies bei Zitaten aus Schriften Plinius' des Älteren und Petrarcas noch leicht möglich sein, wie ich solche auch vorgenommen habe, so ist

---

[18] Johann Caspar Goethe, Reise durch Italien im Jahre 1740 (Viaggio per l'Italia), übersetzt und kommentiert von Albert Meier, München 1986. Die Inschrift *Siste fidelis ...* in der Kirche S. Pietro ad Aram (S. 81) und die Grabschrift des Pedro de Toledo in S. Giacomo degli Spagnoli (S. 87), beide bei Goethe (S. 172/595, 175/596) in leicht abweichenden Fassungen.

[19] François Maximilien Misson, Voyage en Italie, 4 Bände, 5. A. Utrecht 1722. Joseph Addison, Remarks on several parts of Italy, London 1705. Hier zitiert nach J. C. Goethe, a.a.O, S. 578, 579.

dies bei Inschriften, die man am Ort suchen muß, meistens außerordentlich mühsam, und die Suche ist, weil viele Inschriften in den, lange nach der Abfassung des Tagebuches, im 17. und 18. Jahrhundert barockisierten Kirchen gar nicht mehr vorhanden sind, vielfach aussichtslos. Hier erweist sich das Tagebuch als wichtige Quelle. Bei Inschriften, die ich trotzdem gefunden habe, ist das an den entsprechenden Stellen des Tagebuches vermerkt.

Der Hofmeister hat vieles gelesen, weiß sich auszudrücken, schreibt flüssig, lebendig, klar. Ihm geht freilich die Fähigkeit ab, Gelesenes, Bekanntes, Gesehenes mit eigenem, kritischen Urteil, das er durchaus hat, anzugehen. Fromme Legenden werden mit unbedachter naiver katholischer Gläubigkeit ebenso als Tatsachen niedergeschrieben wie anekdotenhaft geschilderte Episoden der Geschichte, die sich vermeintlich oder wirklich zugetragen haben. Sage, Legende, Wirklichkeit, Volksglauben ist für den Hofmeister unentwirrt reale Vergangenheit und Gegenwart. Am Kap Miseno notiert er, daß der König Aeneas vom nahen Hafen aus seine Raubzüge unternommen habe; der Stammvater der Römer als Piratenhauptmann. Geschichte ist personalisiert in den Handlungen großer Persönlichkeiten, etwa Karls V., der dreißig Jahre nach seinem Tod als der alle anderen überragende Herrscher im Gedächtnis weiterlebt. Auf seine Taten und auf seine Bauten treffen die Reisenden überall, und gelegentlich – anläßlich der Beschreibung der Festung S. Elmo über Neapel – erfährt man Gedankengänge und Aussprüche des Kaisers, natürlich Kunstmittel der Darstellung.

Geschichte wird als Anhäufung von Geschichtchen geschildert, aber kaum in ihren Zusammenhängen begriffen. Die in Venedig bewunderten Trophäen, so die Bronzepferde aus dem Hippodrom in Konstantinopel, stammen, wie der Hofmeister glaubt oder wie man ihn in Venedig glauben macht, vermeintlich aus dem dortigen Palast des türkischen Sultans, doch war es tatsächlich Beutekunst, die die Venezianer vom 4. lateinischen Kreuzzug 1204 mitbrachten. Einen türkischen Sultan sah man erst 1453 in Konstantinopel.

Die Darstellung der Auseinandersetzung zwischen Kaiser Ludwig dem Bayern und Papst Johannes XXII. – übernommen aus der in Ettal gekauften Klosterbeschreibung? – gerät zur unfreiwilligen Groteske. Die diversen beschriebenen Wundertaten vieler Heiliger, absonderliche Reliquien – im Lateran in Rom bestaunt man das Fenster, durch das der Engel Gabriel flog, als er Maria die Botschaft brachte; dort sieht man auch den Stein, auf dem der Hahn krähte, als Petrus seinen Herrn verleugnete – gehören zur unbezweifelten Wirklichkeit. Ebenso gehören dazu die Kräfte von Ringen, in Malta mit allerdings etwas zögernder, zweifelnder Überlegung gekauft. Unbezweifelt sind die Wirkkräfte der Erde an der Stelle, an der der Apostel Paulus sich auf Malta aufgehalten hat – *so krefftig alls einhorn* (S. 122), das in der Vorstellung des Mittelalters bei der Tafel vergiftete Speisen anzeigte, und deshalb nimmt er davon etwas mit nach Deutschland. Andere Kräfte haben der Campo Santo Teutonico neben St. Peter in Rom und Friedhöfe beim Kartäuserkloster St. Martin in Neapel und beim Dom in Pisa, allwo *verschwint in 24 stunden ein darin ligent thott lichnam, weill die erdt heiligh und von Jerusalem dahin transsportiertt ist* (S. 86). Wieder anders wirkt Erde vom Grab des hl. Ulrich in Augsburg. Wenn man davon nur erbsengroße Krümel im Hause hat, *da kuennen keine ratz und muss thauren* (S. 241).

In Neapel besichtigen die Reisenden die Wunderkammer eines *doctoren,* der exotische Tiere und Pflanzen, wunderliche Gesteine und Meeresgewächse angehäuft hat. Bei ihm sehen sie auch Zunge und Ellenbogen eines Riesen, einen *pigmeus*, das ist ein *menlein* von der Länge einer Spanne, und – *ein ey von einem hanen* (S. 79). Was uns heute als kuriose Leichtgläubigkeit erscheint, wurde noch lange nach der Niederschrift des Tagebuches für möglich gehalten[20].

So wie dieses wird auch manches andere kritiklos berichtet, kolportiert, etwa antijudaistische Geschichten, der angebliche Ritualmord von Trientiner Juden an einem zweijährigen Kind *vor etlichen 1000 jaren* (S. 45), die tötlich endende Raffgier einiger venezianischer Juden und anderes vom Hörensagen.

Der Hofmeister ist ein Mann mit einer guten Beobachtungsgabe, begierig auf Neues, Ungewohntes und Fremdartiges. Wo er hinkommt, notiert er, was er sieht, hakt die Sehenswürdigkeiten sozusa-

---

[20] Vgl. Ulisse Aldrovandi, Monstrorum historia, 1642, S. 387: Pariter ab ovo gallinae, vel ut alii asserunt ex ovo galli, si tamen galli talia ova edere possint, … (Gleichfalls aus dem Ei eines Huhns oder, wie manche behaupten, aus dem Ei eines Hahns, falls denn Hähne solche Eier legen können, …).

gen ab, beschreibt allerdings Bauwerke nur selten so, daß man eine Anschauung davon erhält, doch erfährt man vielfach bauliche Details, die ins Auge fallen.

An zwei charakteristischen Beispielen läßt sich zeigen, wie präzise seine Aufzeichnungen sind. Zu Weihnachten 1587 erleben die Reisenden in San Marco in Venedig das *mit grosser pomp* gefeierte Hochamt. Der Küster hat ihnen gegen ein Handgeld einen Platz auf der Galerie verschafft, und so können sie alles überblicken. *Uff dem altar hatt man gesehen den venedigschen schatz, ein unausssprechlich reichthumb* (S. 224). Der Hofmeister schreibt sofort auf, was er sieht. Die Angaben sind äußerst knapp, aber trotzdem so genau, daß sich von den damals ausgestellten Gegenständen des Schatzes die kostbarsten identifizieren lassen: Die berühmte Pala d'Oro, das Antependium des Hochaltars mit den Figuren der Apostel, zwei byzantinische Bucheinbände des 10. und 11. Jahrhunderts, mehrere Prachtpatenen, zwei Einhörner.

Wenig später, am 6. Januar 1588, besuchen Philipp von Merode und seine Begleiter das Stift Wilten bei Innsbruck, und was der Hofmeister dort notiert, bezeichnet der heutige Kustos der Kunstsammlungen des Stifts, P. Prior Dr. Florian Schomers, als „äußerst detailgetreu"[21].

Bei allem, was praktischen Verstand, Einsicht in technische Zusammenhänge, in Stadt- und Staatsverfassungen, rasches Erkennen topographischer und fortifikatorischer Situationen, Interesse für Finanzen, Statistik, Militär und Naturphänomene erfordert, ist der Schreiber des Tagebuchs lebhaft bei der Sache. Offenbar fragt er überall, denn viele detailgespickten Aufzeichnungen sind nur so erklärlich. Auch soziale Probleme kommen in den Blick, werden freilich fast nur in staunenswerten Leistungen von Klöstern in der Armen- und Waisenpflege bemerkt. Dabei finden sich gelegentlich mit unverstelltem Blick notierte Informationen. Das noch heute in Neapel als Krankenhaus bestehende Ospedale di S. Maria del Popolo degli Incurabili nahm, wie der Hofmeister erfuhr, *buben von 9, 10, 12 jaren* auf, *die von den italianern hinden ein verderbt worden sein, auch hurren, die sich bessern oder bekheren willen,* sowie *personen, die mit den frantzosen,* das ist die Syphilis, *oder andere kranckheiten beladen sein* (S. 77).

---

[21] Freundliche Mitteilung vom 22. Februar 2007

Gelegentlich blitzt ein trockener Humor auf. Das Waisenhaus Santa Annunziata in Neapel unterhält zweihundert Ammen, *welche alle jar viell gelig* (Lecken) *hinnhemen* (S. 77). Die farbenprächtige Kleidung, die die Leibwächter des Papstes bei einem feierlichen Aufzug tragen, bezeichnet er belustigt als mehrfarbige Nachtgewänder, *nachtstabbart von diversen colloren* (S. 147), und dem Herzog Vinzenz Gonzaga von Mantua attestiert der Hofmeister, daß er *mitt einem zimlichen sauren gesigt begabt* (S. 213) sei.

Trotz vieler Eigenheiten, die man dem Hofmeister aufgrund seiner Texte zuschreiben kann, gerät man an Grenzen, wenn man seine Kenntnisse einschätzen möchte. Im Baseler Münster hält er einzig das Epitaph des 52 Jahre zuvor gestorbenen Erasmus von Rotterdam für erwähnenswert. Nur wer den überragenden Rang des Erasmus kennt, sucht dort die unscheinbare Grabschrift oder nimmt sie dort wahr.

Mit keinem anderen Land sind Deutschland und die Deutschen so eng und so vielfältig verbunden, wie mit Italien. Im Bewußtsein des Tagebuchschreibers reicht dies fast vier Jahrhunderte zurück bis zu den Staufern, die über Neapel herrschten. Die seit dem Ende des 15. Jahrhunderts auf italienischem Boden zwischen Deutschen und Franzosen ausgefochtenen Kämpfe sind dem Hofmeister wohlbekannt. In Kirchen notiert er Grabinschriften von dort begrabenen Deutschen. In Ferrara, Florenz, Sarzana, Genua, Mailand und Mantua tun deutsche Soldaten Dienst; von ihnen werden schweizerische Soldaten in Ferrara, Pesaro, Neapel und Bologna unterschieden. Überall treffen die Reisenden deutsche Italienbesucher. In Rom und Neapel logieren sie in deutschen Herbergen. In Bologna und Padua trägt sich Philipp von Merode in die Bücher der dortigen Deutschen Nation ein. Die Deutsche Nation in Siena wählt ihn für die Zeit seines Aufenthaltes sogar zum Vorsteher (Consiliar). In Venedig und Neapel versehen als Bankiers tätige deutsche Kaufleute die Reisenden mit dem nötigen Geld.

Verlauf der Reise

Was wollten die Reisenden sehen? An Sehenswürdigkeiten möglichst alles und an Begebenheiten, Festen, Aufzügen soviel, wie sie nur irgend mitkriegen konnten. Aus dem Tagebuch ist ablesbar, daß vor Antritt der Reise ein Programm aufgestellt wurde, man ist nicht ins Blaue losgezogen. So war ursprünglich beabsichtigt, über Basel und Mailand nach Italien zu reisen, doch weil die Reisenden in Freiburg im Breisgau erfuhren, daß in beiden Städten die Pest herrschte, nahmen sie den Weg durch die Grafschaft Tirol. Ob und gegebenenfalls welche gedruckte Reiseliteratur als Hilfsmittel diente, ist nicht ersichtlich. In Rom z.B. besuchen sie während ihres zweiten Aufenthaltes nach der Rückkehr von Malta am Gründonnerstag 1587 die sieben Hauptkirchen und Tage später, am Dienstag nach Ostern, *den gantzen tagh etliche kirchen dem romanischen gebrauch nach* (S. 140). Da aber die Namen der Kirchen nicht genannt werden, ist nicht auszumachen, ob man sich an bekannte Pilgerbücher gehalten oder nur übliche Besichtigungstouren absolviert hat. Allein die Tatsache, daß in den Aufzeichnungen kein einziges Mal die Gewinnung eines Ablasses erwähnt wird, läßt den Unterschied der Bildungsreise Philipps von Merode zu mittelalterlichen Pilgerfahrten sichtbar werden, etwa der genau 90 Jahre vorher erfolgten des Ritters Arnold von Harff, der wie Philipp aus dem Rheinland und aus dem gleichen adeligen Kulturkreis stammte[22]. Überkommenes katholisches Verhalten zeigt sich bei Almosen. Der Hofmeister gibt seinem Herrn regelmäßig Geld, das dieser *in die ebr Gotts* (z.B. S. 23, 31, 45) austeilt. Gemessen an den sonstigen Ausgaben sind diese Beträge sehr gering.

Beim ersten Aufenthalt in Rom resigniert der Hofmeister ob der vielen Sehenswürdigkeiten und ob der Kürze der Zeit: *Weill mir alles uffzuschreiben, was wir in dieser statt gesehen und taglichs vorgefal-*

---

[22] Vgl. Gerd Tellenbach, Glauben und Sehen im Romerlebnis dreier Deutscher des fünfzehnten Jahrhunderts, in: Römische Kurie. Kirchliche Finanzen. Vatikanisches Archiv. Studien zu Ehren von Hermann Hoberg, 2. Teil, hrsg. von Erwin Gatz, Rom 1979 (= Miscellanea Historiae Pontificiae 46), S. 883, bes. S. 903 ff.

len, unmoglich ist (S. 61). Trotzdem notiert er hier und später, was ihm nur immer möglich ist: Kirchen, Klöster, Häuser, Plätze, Paläste, Hafen- und Befestigungsanlagen. Außerhalb der Städte sind die Schlösser, Lusthäuser, Gärten und fürstlichen Wildgehege besondere Anziehungspunkte, die erstaunlicherweise zur allgemeinen Besichtigung offenstehen. In Rom sind sogar der Papstpalast und das Belvedere im Vatikan und in Florenz der Palazzo Pitti zugänglich. Teils nur erwähnt, teils mehr oder weniger ausführlich beschrieben, sind z.B. Villen, Lustgärten und Tierparks auf Malta, in Messina, in und bei Rom, besonders in Tivoli, Frascati und Caprarola, in und bei Florenz, Livorno, Mailand, Mantua, Goito, Dachau, Neuburg an der Donau. Besondere Faszination üben die kunstreichen Wasserspiele auf den Hofmeister aus, die in Tivoli und Caprarola bei Rom, Pratolino und Castello in der Toskana und in Mailand bestaunt werden; nicht zu vergessen die städtische Wasserleitung in Augsburg. Nicht geringere Bewunderung gilt den fürstlichen Marställen voller herrlicher Pferde in Ferrara, Pesaro, Neapel, Mailand und Mantua. In den herzoglichen Stallungen in Mantua zählt er 314 Stellplätze.

Das Interesse des Hofmeisters für die Überreste des Altertums ist merkwürdig ambivalent. Bei beiden Aufenthalten in Rom, die insgesamt immerhin fast viereinhalb Monate dauern, erfährt man so gut wie nichts über antike Bauwerke – die Notizen über das christliche Rom sind freilich auch recht dürftig. Nur das Pantheon ist ausdrücklich als Denkmal der Alten erwähnt. Kapitol, Engelsburg und der Hafen in Ostia werden besichtigt, ob aber darin und darunter Antikes gesehen oder vermutet wurde, erfährt man nicht. Einmal geht es zwei Tage lang hintereinander in einer Kutsche kreuz und quer durch die Stadt, *umb alle principale kirchen und sonst antiqualia* [!] *Romae zubesichtigen* (S. 145). Später sieht man auch *die statua im Bellvedere*, und vor der Abreise werden *fur die antiquitatibus Romae und sonst andere kartten ad 230 stuck* (S. 146, 154) – gemeint sind wohl kleinformatige Kupferstiche – knapp 7 silberne Kronen ausgegeben. Als die Reisenden sich von Capua nach Alt-Capua begeben, finden sie dort *sonderlich nit alss alte fundamenten* (S. 67), die Enttäuschung ist nicht zu überhören. Auf dem Rückweg nach Deutschland sehen sie schließlich in Verona *dass trefflich schon colliseum, dainnen die alten allerlei thier gegen einandern kempffen liessen* (S. 215). Das ist fast alles.

Diesen wenigen Angaben steht aber die sehr ausführliche Beschreibung der Altertümer der phlegräischen Felder gegenüber: Agnano, Pozzuoli, Averner und Lukriner See, Baia, Cuma und Miseno werden mit vielen Details anschaulich beschrieben.

Von kirchlichen Feierlichkeiten in Rom hört man nichts, obwohl die Reisenden begierig sind, solche mitzuerleben und sowohl Weihnachten als auch Ostern in Rom verbringen. In Spoleto erfahren sie am 14. Dezember 1586, daß man am 17. Dezember *zu Romen acht new cardinallen machen soll, derwegen vortzueillen verursagt* (S. 59), doch schweigt sich das Tagebuch über den weiteren Verlauf des erwarteten Ereignisses aus. 1587 erleben sie das Weihnachtsfest in Venedig: Am Heiligen Abend *nhe* [= nie] *erhortte schone musica mitt 4 choren in St. Marco ungfer 6 stundt lang thaurendt* (S. 224), und am Weihnachtstag selbst das Hochamt, das mit größter Prachtentfaltung gefeiert wird. Während des Gottesdienstes hat der Hofmeister reichlich Zeit, den zur Schau gestellten Kirchenschatz zu notieren. Seiner Freude an Prunk und Pracht verdanken wir auch Beschreibungen der Prozession des römischen Stadtkommandanten[23] von St. Peter zum Kapitol und des Aufzuges des Sieneser Stadtrates am 15. August, dem Vortag des Palio, der auch heute noch an diesem Tag gefeiert wird.

Die Reise wird zum Vergnügen unternommen, und so finden sich in den Reisekosten auch viele Ausgaben für Zerstreuungen: Verlorene Einsätze bei Karten- und Würfelspielen, beim *tripot* und *im balloun spillen* (S. 148, 154); Leihgebühren für Musikinstrumente und für Brettspiele; Auslagen zur Jagd, auf die Philipp in Rom und Siena geht, desgleichen für den Vogelfang, den er in Siena betreibt, sowie häufig für ein *palmalien* genanntes Spiel, das auf einer Bahn im Freien gespielt wird. Die Spieleinsätze bekommt Philipp von Merode übrigens – ebenso wie die auszuteilenden Almosen – von seinem Hofmeister vorgezählt: *Meinem herren gethan in der kartten zuspillen* (S. 150) schreibt er dann unter Angabe des Betrages ins Tagebuch. Lautenist, Tanzmeister, Sprachlehrer, Reitlehrer und Fechtmeister, die in Rom den jungen Herrn in ihren Künsten unterrichten, kosten natürlich auch ihr Geld, ebenso die Musikanten, die den Reisenden überall aufspielen.

---

[23] Im Text steht *senatus*, doch ist dem Zusammenhang nach kein Kollegium, sondern eine Person gemeint.

In Neapel, Rom, Siena und Florenz läßt man sich die *commedien* (S. 169, 171, 183), Theateraufführungen, nicht entgehen. Das sind teilweise religiöse Spiele. So werden Ende Mai 1587 in Rom in *Sta. Maria d'Angelo herliche comedias d'annuntiatione Christi*[24] *gespilt* (S. 149).

Gelegentlich führen Gaukler und Artisten ihre Künste vor. *Den 8. januarii* [1587, in Neapel] *haben 4 violonssen uber tisch gespilt. Den nachmittag den Teutschen zu ehren etliche comedianten gesprungen* (S. 72). Das lustige Leben in Rom, auf Malta und in Siena kostet allerhand Geld. Mit alten und neuen Bekannten – Philipp hält überwiegend Verbindung zu Leuten deutscher Zunge; die Ausnahmen sind Graf Alfons Piccolomini in Siena, ein polnischer Adeliger in Venedig, französische Ritter auf Malta und in Rom und einige Schiffskapitäne – wird *collation gehalten*, das heißt man trifft sich zu Gastmählern und Picknicks. Die Ausgaben für Wein lassen auf den Genuß beträchtlicher Quantitäten schließen. Gebäck, Süßigkeiten, Früchte, Delikatessen wie Pasteten, Krammetsvögel, Kaviar und vieles andere werden aufgeführt. Besonders in Siena sind die Repräsentationskosten des zum Vorsteher der Deutschen Nation erwählten Philipp von Merode hoch. Abendserenaden, Jagdausflüge, Gastmähler, Besuche und Gegenbesuche sind an der Tagesordnung. Philipp läßt sich vom Grafen Piccolomini überreden, an einem *quintanrennen* mit Pferden teilzunehmen und verliert. *Wass dieserhalb an uncosten die ehr erfordert hatt* (S. 167), steht mit sämtlichen Details im Tagebuch. Man glaubt, den Hofmeister leise seufzen zu hören.

Eine Vorstellung von Kosten und Genüssen bieten die Aufzeichnungen über das abendliche Bankett, das Philipp zum Abschied aus Siena der dortigen Deutschen Nation gibt. Dafür werden eingekauft: 6 Kapaune, 38 Hühner, 10 Feldhühner, 5 Rebhühner, 5 Gänse, 5 Tauben, 6 Ringeltauben, 2 indianische Hühner, 1 indianischer Hahn, Krammetsvögel, 2 Hasen, 10 Kaninchen, 40 Pfund Kalbfleisch, 15 Pfund Speck, 5 Pfund Hammelfleisch, 6 Pfund Bratwurst, 4 Ochsenzungen, 8 Pfund Butter, 8 Pfund Käse, 1 Pfund Kapern, Essig, Senf, Mehl, Gewürze, Schmalz, Eier, *salzissen*, Salat, Spargel, Gurken, Brot, Papier für die Pasteten, Zuckerwerk, Limonen, Kirschen, Oliven, Feigen, Pflaumen, Haselnüsse, Kastanien, Äpfel, Birnen, Weintrauben,

---

[24] Verkündigung des Engels Gabriels an Maria.

Quitten, Pomeranzen, eine Schürze für den Koch, 6 Fäßchen Wein und *blomen, uber den tisch zuwerffen* (S. 186). Dazu müssen Koch, Schüsselspülerin, Küchenhilfe, Lastenträger und die beiden Lautenmeister, die der Gesellschaft aufspielen, bezahlt werden. Hinzu kommt die Leihgebühr für 140 Schüsseln, desgleichen für die Messer und Ersatz für mehr als 20 zerbrochene Trinkgläser.

Überall, wo die Reisenden auch nur wenige Tage bleiben, werden sofort die Schneider bemüht, die die Kleidung in Ordnung bringen. Sie müssen flicken, umändern, Garnituren abnehmen und aufnähen, Besatz, Bänder, Streifen, Knöpfe anbringen, Verschlissenes wenden, unterfüttern und neue Kleidungsstücke anfertigen. Auf die Kleidung achtet der Hofmeister peinlichst genau, auch für sich selbst und für den Lakaien. Den jungen Herrn läßt er in Rom, Neapel und Siena ganz neu einkleiden, nach der letzten Mode selbstverständlich. Ständig werden neue Handschuhe gekauft, während der gesamten Reise 46 Paar. Davon erhält der Hofmeister sechs Paar. Siebzehn Paar verbraucht Philipp. Weitere vier Paar verspielt Philipp in Siena gegen den Herrn von Dohna. Fünfzehn Paar, *so manss alss joufferen henschen* (S. 238), kauft er auf der Rückreise in Innsbruck, vermutlich als Mitbringsel. Um standesgemäß ausgerüstet zu sein, beschafft man sich in Rom auch *2 brill, fur staub und windt zugebrauchen* (S. 155).

Der Hofmeister und sein Herr brechen Anfang Oktober 1586 nach Italien auf. Fast auf den Tag genau 200 Jahre später, am 3. September 1786, beginnt Johann Wolfgang Goethe von Karlsbad aus seine italienische Reise[25]. Das Reiseziel ist das gleiche, aber die Wahrnehmung hat sich geändert.

---

[25] Goethe, Italienische Reise, hrgg. und kommentiert von Herbert von Einem, München (Beck) 1978 (Goethes Werke, Sonderausgabe 1978 der Hamburger Ausgabe, Bd. XI, 9. A. München 1978).

Verkehrsmittel und Reisegesellschaft

Philipp von Merode, der Hofmeister und der Lakai beginnen ihre Reise mit insgesamt drei Pferden, mit denen sie über die Alpen bis nach Faenza kommen. Dort verkaufen sie *das klein hinckendt pferdt.* In Spoleto kann *das klein breungen* nicht mehr schnell genug mit, es kommt mit dem Lakaien nach Rom nach, während Philipp und der Hofmeister zusätzlich zu dem verbliebenen Pferd für die Strecke bis Rom ein Mietpferd nehmen. In Rom verkaufen sie *den passganger.* Es bleibt also das kleine braune Pferd übrig. Mit diesem und einem Miet-pferd für den Hofmeister geht es weiter nach Neapel. In Fondi läßt Philipp das *breunnken* noch zeichnen, aber schon in Capua hat *das klein breunngen nit mehe vortgehen kuennen* (S. 67), und es wird deswegen ein paar Tage später in Neapel verkauft. Philipp nimmt sich, zusammen mit einem Fugger von Augsburg, eine Kutsche von Capua bis Neapel. Für die Überfahrt von Neapel nach Messina auf Si-zilien werden Plätze auf einem Schiff belegt. *Dweill aber die neapoli-tanische golff so gar gefharlich, als hatt der commandeur*[26] *und mein herr dieserhalb von* Neapolis *biss Salerno einen kautschen geheurtt* (S. 110). In Salerno geht es aufs Schiff, das die Reisenden nach Sizi-lien und Malta und wieder zurück nach Vietri bei Salerno bringt. Von Vietri nach Neapel werden zwei Maulesel gemietet und von Neapel nach Rom zwei Pferde. In Rom und nach außerhalb fährt man in der Kutsche oder mietet Pferde. Von Rom nach Siena wird ein Viterino mit zwei Pferden in Dienst genommen[27]. Weil der Hofmeister von Siena

---

[26] Die Person ist nicht namentlich erwähnt. Zu Beginn des Tagebuches wird zu An-fang Oktober 1586, ebenfalls ohne Namensnennung, der Kommandeur von Breda und Turnhout erwähnt.

[27] *Viterino* bedeutet im Italienischen Lohnkutscher, Fuhrmann. Im Tagebuch ist mit dieser Bezeichnung immer der Betreuer gemieteter Pferde gemeint. Ob er die verein-barte Strecke zu Pferd oder auf einem anderen Tier ritt oder zu Fuß ging, läßt sich anhand des Tagebuches nicht immer feststellen. Gelegentlich sahen die mit einem Viterino getroffenen Vereinbarungen vor, daß dieser die Reisenden unterwegs frei-hielt. Einer der Viterini, bei dem die Reisenden von Neapel nach Rom Pferde miete-ten, war übrigens ein Malteserritter.

nach Rom und Neapel muß, um Geld einzuwechseln, mietet er ein Pferd und einen Viterino. Nach seiner Rückkehr werden sowohl die Ausflüge von Siena nach Florenz und Bologna, als auch die Reise von Siena bis nach Lerici oder La Spezia jeweils mit zwei Mietpferden und einem Viterino unternommen. Von dort aus bis Sestri geht es weiter zu Schiff, von Sestri bis Genua mit zwei Eseln und einem Führer samt Pferd. Von Genua nach Pavia stehen teils Esel und Pferd, teils zwei Pferde zur Verfügung. In der Nähe von Serravalle stürzt der Hofmeister mit einem Esel einen Berg hinunter, wobei der Esel sich den Hals bricht und der Hofmeister in einem Baum hängenbleibt und mit Rückenverletzungen davonkommt.

Die nächsten Reiseetappen werden wie folgt bewältigt: Pavia–Mailand mit zwei Mietpferden; Mailand–Brescia mit zwei Mietpferden und einem Viterino; Brescia–Verona in einer Kutsche; Verona–Padua mit zwei Mietpferden; Padua–Venedig mit Boot und Gondel. Weil es in Venedig keine Pferde zu kaufen gibt, vereinbaren die Reisenden mit dem Boten von Augsburg, daß dieser Philipp und dem Hofmeister je ein Pferd leiht und beide für einen vereinbarten Betrag unterwegs auch freihält. Von Augsburg bis Markdorf in Schwaben mieten sie wieder zwei Pferde und einen berittenen Pferdeboten. Dann führt die Reise weiter, teils mit gemieteten Pferden, teils mit Kutsche, teils zu Schiff auf dem Rhein nach Köln.

Die ärgsten Strapazen der Reise muß der Lakai aushalten. Seitdem am 5. Dezember 1586, nicht ganz zwei Monate nach dem Aufbruch, in Faenza eines der drei Pferde verkauft werden muß, hat er die ganze Strecke hinunter bis nach Neapel und wieder zurück bis nach Deutschland zu Fuß zurücklegen müssen. Das klingt fast unglaublich, aber das minutiös geführte Tagebuch weist nur für Philipp und den Hofmeister Ausgaben für Reittiere oder Kutschen aus. Am 26. August 1587 heißt es ausdrücklich, daß der Lakai von Rom bis Siena *zu fuss gangen, aber der unleitlicher hitz halber zumweillen geritten und damit verthan 2½ julii, welche ... ich verricht hab* (S. 169). Während Philipp mit seinem Hofmeister von Siena aus am 20. November 1587 nach Ligurien und in die Lombardei aufbricht, wird der Lakai nach Venedig vorausgeschickt, wo man ihn am 15. Dezember 1587 wieder trifft. *Weill der lacquay uff meinen herren gewarttet binnen Venedigh beinah einen monatt ...* (S. 228), steht im Tagebuch, doch ist das nach

Ausweis des Itinerars nur als grobe Zeitangabe aufzufassen. Auch diese Strecke muß er per pedes abgemacht haben, weil zwischen den angegebenen Daten keinerlei Ausgaben für ihn notiert sind. Auch die Alpen überquert er so. Nur am Zirler Berg, zwischen Innsbruck und Seefeld, wird *fur den lacquayen ein pfertt gehuirtt, den bergh uffzureitten* (S. 238). Von Augsburg nach Ulm wird er vorausgeschickt, *umb mehre uncosten zuverhutten* (S. 248). Im übrigen ist der Lakai gänzlich vom Hofmeister abhängig, er verfügt, falls überhaupt, nur über kleinste Beträge. Er wird beköstigt, gekleidet, in Logis gegeben, falls er nicht bei den beiden Herren im selben Haus schläft. Der Hofmeister sorgt für die Reparatur seiner Kleidung, seiner Schuhe, den Schnitt seines Haares, gibt ihm eine Beihilfe zum Kauf einer Trompete, die richtig zu blasen der Lakai in Siena Unterricht nimmt.

Noch ein weiterer Bediensteter, dessen Name ebenfalls unbekannt ist, und den der Hofmeister *spondatore, spendateur* nennt (S. 169, 187), taucht im Tagebuch auf. Bei der Abreise von Siena am 20. November 1587 wird er entlassen, nachdem er sieben Monate bei den Reisenden verbracht hat, demnach also im Mai 1587 in Rom in deren Dienste getreten ist.

Die meisten Abschnitte der Reise, vielleicht sogar alle, werden in Gesellschaft anderer Reisender unternommen. Es finden sich häufig Eintragungen wie: *den megden fur die gantze geselschafft; alhie ist der geselschafft der wein verehrtt; der anwesender geselschafft, wie vorauss gesprochen,* (wegen der verkauften Pferde) *zum besten geben an moskatell und zuckerkuchen ...; meines herren anpartt fur ...* (Getränke, Wegweiser, Trinkgeld, Fährlohn, Eintrittsgebühren usw.) (z.B. S. 23, 31, 54, 55, 67, 72, 110, 116, 118, 135, 139, 140, 143). Die Personenzahl dieser Gesellschaft und deren gelegentlich oder häufiger wechselnde Zusammensetzung ist nirgends eindeutig angegeben. Zwar werden häufig Namen erwähnt, doch ist nicht zu ermitteln, ob das Zufallsbekannte oder Reisegefährten über längere Strecken sind. Nur für die häufig erwähnten Herren von Frenz[28], die mit einem *hoffmeister* und vielleicht weiterer Dienerschaft unterwegs sind, läßt sich sagen, daß sie längere Zeit gemeinsam mit Philipp von Merode und dessen Begleitung verbracht haben. Von Venedig aus machen Philipp und ande-

---

[28] *Frentzen* im Tagebuch.

re am 30. November 1586 auf der Weiterreise nach Süden in Mira Station: *Alhie mit den herren von Frentzen ankomen und mittag gehalten* (S. 51). Entweder waren sie von Anfang an auf der Reise dabei, oder man hat sich in Venedig getroffen. Offensichtlich geht es zusammen weiter nach Rom, wo Philipp mit den Herren von Frenz im Dezember 1586 Besichtigungen unternimmt. Ob sie gleichzeitig wie Philipp auch die Reise nach Neapel, Sizilien und Malta unternommen haben, ist ungewiß, ja unwahrscheinlich, denn im Tagebuch tauchen sie während dieser Zeit nicht auf. Bei Philipps zweitem Aufenthalt in Rom ist er vom 29. März 1587 an fast ständig mit den Herren von Frenz zusammen, die am 13. Juni 1587 aus Rom in Richtung Norden abreisen und danach im Tagebuch nicht mehr erwähnt werden.

Diese Herren von Frenz waren entfernte Verwandte Philipps aus dessen väterlicher Familie, im Tagebuch sind sie gelegentlich als *vetteren* (S. 143, 151) bezeichnet, doch werden ihre Vornamen nicht genannt. Wahrscheinlich waren es zwei. Schloß und Herrschaft Frenz im Kreis Düren gehörten seit der zweiten Hälfte des 14. Jahrhunderts den Merode[29], und waren Ende des 16. Jahrhunderts in Händen einer Nebenlinie, deren Besitzungen hauptsächlich in den südlichen Niederlanden, dem heutigen Belgien, lagen. Aus der Ehe des 1577 gestorbenen Richard von Merode, Herrn von Frenz, Châtelineau (im Hennegau), Mopertingen und Jonkhout (beide in Belgisch Limburg), der am 5. Mai 1565 in Brügge Margarete von Oignies geheiratet hatte, lebten zur Zeit der Abfassung des Tagebuches außer Töchtern nur noch die Söhne Philipp und Richard. Richardson, dem diese genealogischen Angaben entnommen sind[30], berichtet ohne Quellenbelege, Philipp von Merode-Frenz habe 1586 und 1624 Pilgerfahrten „nach dem gelobten Lande unternommen", die von 1586 „in Begleitung des bekannten Zwallard und mehrerer anderer Herren. Die Beschreibung dieser Pilgerfahrt ist mehrfach gedruckt worden". Über Richard schreibt er u.a., gleichfalls ohne Belege: „Wurde 1570 geboren, machte 1585–1587 große Reisen nach Rom, Jerusalem etc. Irrig ist die Ansicht, er habe die-

---

[29] Hans J. Domsta, Die Erwerbung der Herrschaft Frenz durch die Herren von Merode. 1361–1393, in: Dürener Geschichtsblätter 47 (1968), S. 1105–1108. Domsta, Merode II, s. v. Frenz.

[30] Richardson, Merode I, S. 209–211, 216 f.

se Reisen in Gesellschaft seines Bruders und Zwallards gemacht". Es ist mir nicht gelungen, die erwähnte Beschreibung der Pilgerfahrt ausfindig zu machen, weder gedruckt noch ungedruckt[31], doch kann an der Sache etwas sein. Zum 31. Mai 1587 notiert der Hofmeister nämlich in Rom ins Tagebuch: *Diesen abent ist monseigneur Schwallartt bei meinem herren zugast plieben* (S. 149).

Der vorhin erwähnte Richard von Merode-Frenz hatte aus seiner Ehe mit Helene von Montmorency einen Sohn Anna Franz von Merode, Graf von Oignies, der in jungen Jahren um 1624 in Begleitung eines Erziehers eine lange Reise durch Italien unternahm und darüber in seinen 1665 verfaßten Erinnerungen auf einigen Seiten berichtet[32].

Für uns erscheinen heute Reisen, wie die hier vorgeführte, höchst beschwerlich, von der langen Dauer einmal abgesehen. Dem Hofmeister waren die Schiffsreisen nicht geheuer, den Wechselfällen von Wind und Meer ausgesetzt, angewiesen auf unbequeme und kleine Küstenfahrzeuge, weiß er dieser Art des Reisens kein Vergnügen abzugewinnen. Ein gelegentlicher, ungefährlicher Nervenkitzel wird allerdings genossen. Als eines Abends plötzlich einige Meilen vor dem Hafen von Syrakus türkische Schiffe gesichtet werden, laufen die von Malta gekommenen vier Galeeren sofort zur Verfolgung aus, *und wir mitgezogen* (S. 128), doch entwischen die Türken. Sechs Tage zuvor hatten die Galeeren schon *eine turckische galeasse*[33] *mit 32 Turcken erobert, welche eroberungh gar lustig anzusehen gewest* (S. 129).

---

[31] Lucia Tresoldi, Viaggiatori tedeschi in Italia 1452–1870. Saggio bibliografico. Volume primo (1452–1870), Roma 1975, erwähnt weder Zwallart (oder ähnliche Schreibweise) noch einen Merode. In diesem bibliographischen Verzeichnis gedruckter Beschreibungen von Italienreisen, die von Deutschen verfaßt wurden, meint Tresoldi mit „deutsch" nicht das ganze deutsche Sprachgebiet, sondern das deutsche Sprachgebiet um 1975 oder eher das Gebiet des Deutschen Reiches zu Anfang des 20. Jahrhunderts. Es fehlen bei ihr nämlich Niederländer, Flamen und deutschsprechende Schweizer, ausgenommen ein Schweizer aus Kleinbasel (S. 24 Nr. 25). Von 1452 bis 1599 nennt sie insgesamt 20 Personen (1452–1499: 3. 1500–1549: 2. 1550–1579: 7. 1580–1599: 8).

[32] Mémoires du comte de Mérode d'Ongnies. Avec une introduction et des notes. 1665, hrgg. von (Frédéric Auguste Ferdinand Thomas) Baron de Reiffenberg, Mons 1840, S. 22–27.

[33] Eine Galeasse ist eine größere Galeere.

Trotz der – relativen – Beschwerlichkeit des Reisens ist es erstaunlich, daß überall, wo die Reisenden hinkommen, Reittiere, Führer, Kutschen, Schiffe sofort verfügbar sind, auch Herbergen gibt es überall. Nur zweimal liest man, daß die Reisenden *gar ubell benachtigt* (S. 56, 251) haben, nämlich in einem Gasthaus an der Adria zwischen Senigallia und Ancona und auf der Rückreise in Unteressendorf bei Biberach. Erstaunlich ist auch, daß die Reisenden auf der ganzen langen Reise nur einmal, am 10. Januar 1587, in eine mißliche Lage geraten, als sie vom Schwiegersohn des Gouverneurs von Pozzuolo zusammen mit einem Totschläger festgesetzt werden, aber nach Zahlung eines Geldbetrages noch am selben Tag wieder freikommen. Mitte Dezember 1587 stiehlt zwar in Padua jemand Philipps *gestrickte reitthosen* (S. 227), doch nirgendwo werden die Reisenden überfallen, und nur an einer Stelle (S. 198) ist erkennbar, daß sie sich gefährdet fühlen.

Geldwesen, Post, Stammbücher, Souvenirs

Die detaillierten Wechselkursangaben des Tagebuches erlauben es, Umrechnungstabellen für deutsche und italienische Währungen aufzustellen. Dazu liefern die verzeichneten Preise für viele Güter und Dienstleistungen des täglichen Bedarfs gute Vergleichsmöglichkeiten mit anderen Quellen[34].

Die nötigen Geldmittel für den ersten Teil der Reise bis nach Rom, das heißt für die Zeit vom 9. Oktober bis zum 16. Dezember 1586, werden bar mitgenommen. In Faenza kommt ein kleiner Betrag von 6 goldenen Kronen für das dort verkaufte Pferd ein. Ein anderes in Rom verkauftes Pferd bringt knapp 41 goldene Kronen und eine, ebenfalls in Rom, veräußerte wertvolle goldene Kette 230 goldene Kronen in die Reisekasse. Für das letzte verbliebene eigene Pferd erzielt man in Neapel 24 goldene Kronen oder 30 Dukaten. Diese Einnahmen reichen anscheinend für die Fahrt nach Malta, die Rückkehr nach Rom und den dortigen Aufenthalt bis Anfang Juli 1587. Am 5. Juli erhalten die Reisenden von Francisco de Robian in Rom 100 venedische Dukaten oder knapp 78 goldene Kronen. Kurz vor der Abreise nach Siena veräußert der Hofmeister für 15 silberne Kronen und 6 Julii zwei vermutlich aus Silber bestehende Gegenstände, den *patronkocher* und *die flesch*[35] (S. 157). Ende August 1587 geht den Reisenden in Siena allmählich das Geld aus, der Hofmeister muß *der wechsselungh halber nach Romen* (S. 169) reiten. Weil es aber dort aus undurchsichtigen Gründen wegen eines Betrages von 200 Dukaten Schwierigkeiten gibt, muß er sogar noch nach Neapel, um mit dem Bankier oder Kaufmann Hautappel zu verhandeln. Später, am 4. November 1587, als Philipp von Merode für einen Tag in Florenz weilt,

---

[34] Die Währungsangaben sind unten zusammengestellt.
Eine bisher nicht veröffentlichte detailreiche Abrechnung des Pastors Braun von St. Aposteln in Köln über die Kosten für eine im Auftrag des Kölner Rates zum Papst unternommene Mission aus der Zeit von 1579–1581 enthält Relationen von italienischen Währungen mit der Kölner Währung. Stadtarchiv Köln: Zu Verfassung und Verwaltung 216.
[35] Patronenköcher und Pulverflasche?

nimmt er dort 400 Kronen in Empfang, die ihm *von Michell Hautappell von Napli seindt uberschrieben worden* (S. 183). Die zweite Dezemberhälfte 1587 ist er mit dem Hofmeister und dem Lakaien in Venedig und erhält am Tag der Abreise, dem 30. Dezember, von dem Kaufmann Francisco Vreims (alias Vreins), der während des Aufenthaltes gelegentlich Philipps Gast ist, 225 Dukaten. So mit Geld versorgt, treten die Reisenden die Heimkehr nach Deutschland an.

Ähnlich reibungslos wie die Bereitstellung von Geld und Reittieren scheint die Postbeförderung nach Deutschland zu funktionieren. Im Frühjahr und Sommer 1587 ist viermal vermerkt, daß von Rom aus Briefe abgeschickt werden, bis zu sieben bei einer Gelegenheit. Einmal heißt es, sie gingen bis Köln, ein ander Mal werden sie *mit dem colnischen posten* (S. 143) befördert. Während des Verbleibs in Siena kommen viermal Briefe an, auch *auss dem Niderlandt* (S. 166), die über Rom laufen, und von Mailand aus schickt Philipp Briefe nach Siena. In Venedig stehen Ausgaben für *briefflohn*, also Briefporto, in den Aufzeichnungen.

Philipp und auch viele der Italienreisenden, auf die er trifft, haben ein Stammbuch dabei. Man läßt sich wechselseitig des anderen Wappen ins Buch malen, häufig noch *etliche figuren darzu, dem teutschen brauch nach* (S. 144, 174). So entsteht ein persönliches Erinnerungsbuch, das auch sonst noch Zeichnungen oder Malereien aufnimmt, für die in den größeren Städten darauf spezialisierte Kräfte zur Verfügung stehen: *In meines herren stambuch des hertzogen*[36] *kirchengangk sampt noch 4 venedigsche donen*[37] *zumahlen* (S. 49); *einem maheler, so 4 bilden im stambuch gemalhett, auch wie der pabst getragen wierdt* (S. 146). Für ein besonderes *mundtstuckbuch* kauft der Hofmeister in Rom *papir royall*, eine gute Sorte, und er läßt dieses mit 56 *mundtstuck* bemalen und deren *bedeutungh* (S. 154, 156) abschreiben. Ich weiß nicht, was gemeint ist, wohl kaum Münzen, die es damals schon auf Kupferstichtafeln abgebildet zu kaufen gab.

Es ist nicht mit Sicherheit auszumachen, ob *abcontrafeittunghen* (S. 26, 125, 156, 171), für die häufig Beträge zu Buche stehen, Bilder sind, die ins Stammbuch gemalt werden, oder ob es vorgefertigte ge-

---

[36] Der Doge von Venedig.
[37] Vornehme Damen.

301

malte oder gedruckte Bildwerke sind, die gekauft werden. Was auch immer sie sein mögen, sie gehören zu den Erinnerungsstücken, die Philipp von Merode auf der Reise reichlich erwirbt. Das beginnt in Straßburg mit der *abcontrafeittungh* des großen (Münster-)Turms und der astronomischen Uhr im Münster. Danach liest man nichts mehr von Souvenirs, die ja, ordentlich verpackt, ständig mitgeschleppt werden müssen, bis zum Aufenthalt auf Malta. Philipp erwirbt dort: Fünf goldene Ringe, die angeblich besondere Kräfte in sich haben; acht Straußeneier, die zunächst an Ort und Stelle vorsichtig in Baumwolle in zwei Holzkisten verpackt und später von Rom aus nach Deutschland geschickt werden – begehrte Sammelobjekte in Realienkabinetten und Kunstkammern der Zeit. Vier Muskatnüsse werden unmittelbar von Malta nach Deutschland expediert. Mit Baumwolle umhüllte in Kisten verpackte *schnecken* (S. 125) – gemeint sind wohl Nautilusmuscheln – gehen ebenfalls sofort nach Deutschland ab, während vermutlich die Schlangenzungen und die Sankt-Pauli-Erde, letztere in Döschen verpackt, dem Reisegepäck einverleibt werden. Ebenfalls auf Malta kauft Philipp für den Grafen Peter Ernst von Mansfeld, Gouverneur von Luxemburg, ein Bild des Ordensgroßmeisters Valette.

In Rom werden an Souvenirs erstanden: 230 Karten – vermutlich Kupferstiche – mit römischen Altertümern und sonstigen Ansichten; eine Karte mit Namen und Wappen aller Kardinäle; 4 *abcontrafeittungen der statt Romen* (S. 156), sowie weitere von Rom und Pozzuoli; 1 Döschen für die *Agnus Dei*[38] (S. 170). In Scarperia, halbwegs zwischen Florenz und Bologna, kaufen die Reisenden 11 Messerköcher und 2 Messer; in Florenz Diamanten und andere Steine; in Mailand *dollingen*[39] (S. 208) mit Lederbesatz; in Venedig *15 stuck langer federn, so mitt nach Deutschlant genhomen sein* (S. 227), 5 Masken, 2 Spiegel, 22 gemalte Figuren, 1 Glas in Murano; in Innsbruck 15 Paar Damen- und Herrenhandschuhe; in Oberammergau, wo man *dass subtilste holtzwerck* anfertigt, *dessen mein her für 16½ batzen gekaufft und*

---

[38] Geweihte Wachstäfelchen mit dem Bild des Lammes Gottes, die als Schutz in vielen Nöten galten. Vgl. Lexikon für Theologie und Kirche, 1. Bd., Freiburg/Br. 1957, S. 203.

[39] Vermutlich Stichwaffen. In Straßburg werden, dem Tagebuch zufolge, Scheidemünzen als *dolling* bezeichnet,

mittbracht hatt (S. 240); schließlich in Augsburg eine deutsche Karte und *6 contrafeitungen* (S. 242) des Erzherzogs Maximilian.

Auf Schloß Merode, das Ende des 16. Jahrhunderts allerdings nur Nebenresidenz der Eltern Philipps von Merode war – sie residierten meistens auf Schloß Westerloo südlich von Antwerpen und auf Schloß Petersheim bei Maastricht –, fand sich von all diesen Herrlichkeiten einige Jahre später nur noch ein kleiner Kasten vor. Das 1593 aufgenommene Inventar von Schloß Merode zählt *uff deß jungen heren* [= Philipps] *camern* u.a. auf: *Item ein kupffer, darin getruckte brieff, so der jung herr von Rom bracht sambt einem boich historien von Amadiß, auch etlichen silber scheinenden tuch*[40]. Im Inventar von 1600 findet sich *uff des jungen heren vonn Peterschem* [= Philipps] *kammer* u.a.: *Ein klein mit ledder uberzogen kuffer, so der junger her vonn Romm brachtt, so offenn und zerbrochenn*[41].

Eine Art Souvenir war auch der Hund, der sich seit Ende Februar 1587 in der Begleitung Philipps von Merode vorfindet. Nach der Rückkehr von Malta erhalten in Syrakus die *schlaffen* (Diener), *so den hundt verwart, 6¹/₂ cartouschen wein* als Geschenk und das *brodt fur den hundt* (S. 129), der wohl schon vor der Überfahrt nach Malta dabei war, muß auch bezahlt werden. Danach liest man erst wieder in Venedig von dem Tier, für das dort vom 15. bis zum 27. Dezember 1587 fast täglich Ausgaben für Brot zu Buche stehen. Die nächste und letzte Nachricht steht am 11. Januar 1588 unter Augsburg im Tagebuch, als für den Hund ein Halsband angefertigt wird. Für die Jagd war er wohl nicht zu gebrauchen, denn Mitte April 1587 nehmen Philipp und die Herren von Frenz zu diesem Zweck in Rom Mietpferde und einen *verlagen hundt* (Jagdhund, S. 143). Später in Siena werden im September 1587 ein *entfogell* und eine *gantz* gekauft, um *den wasserhundt zu probieren* (S. 171).

---

[40] Archiv Merode-Westerloo: La 1844.
[41] Archiv Merode-Westerloo: La 65.

Aufenthalt in Siena

Über den Zweck des schon mehrfach erwähnten Aufenthalts in Siena erfährt man aus dem Tagebuch kein Wort. Falls Philipp von Merode dort an der Universität Studien betrieben haben sollte, müßten dafür Ausgaben notiert sein, was nicht der Fall ist. Der Aufenthalt ist noch in einer anderen Quelle bezeugt, der Matrikel der Deutschen Nation in Siena. *Philippus de Merode, liber baro in Pietersheim*, wird darin am 28. Juli 1587 eingetragen und bezahlt bei dieser Gelegenheit 1¹/₂ Scudi[42]. Die entsprechende Notiz im Tagebuch lautet: *Albie ist meinem herren der loblicher teutscher nation buch durch etliche Teutsche vom adell zubracht worden, dainnen sich ire gnaden dem alten brauch nach geschrieben, darzu gegeben 1¹/₂ gulde kron* (S. 163). Am gleichen Tag ziehen Philipp und seine Begleitung beim Pedell – wohl des deutschen Hauses – ein, bei dem sie zwei Zimmer gemietet haben. Schon zwei Tage später meldet das Tagebuch unter dem 1. August: *Diesen tag ist mein her zum conciliarium albie binnen Siena durch die hochlobliche teutsche nation erwelhett worden. Alss nhu ernantte nation nach erwelhung meinen herren mit aller ehren heimgefurtt, so ist wolgemelter mein her derselber eine collation zubereitten schuldig gewest* (S. 164). Den Tag darauf *haben der statt trommenschläger meinem herren zur ehren officii heimgesucht und gespilt* (S. 164). Die Wahl am 1. August steht auch in der Matrikel, die zudem Wiederwahlen Philipps am 21. September 1587, 13. November 1587 und 4. Januar 1588 meldet[43]. Das letztgenannte Datum muß man allerdings mit einem Fragezeichen versehen, denn Philipp reiste bereits am 20. November 1587 endgültig aus Siena ab. Sein Vorgänger war der am 1. Februar 1587 und erneut am 1. Mai 1587 zum Consiliar gewählte Engelhard Freiherr von Wolckenstein[44], der auch im Tagebuch vorkommt. Am 24. September gab Wolckenstein sein Bankett als abgestandener Consiliar, *darzu mein herr im einen hasen geschenckt* (S. 173). Auch Philipps Nachfolger als Consiliar, der am 17. Januar 1588

---

[42] Weigle, Matrikel I, S. 88 Nr. 1348.
[43] bis [45] Weigle, Matrikel II, S. 442.

gewählte *Joannes baro in Pruskau*[45], steht im Tagebuch, und zwar ist er einer der darin mehrfach erwähnten Freiherren von Bruskofsky, zwei Brüder, die sich am 29. Mai 1587 als *Joannes Christophorus et Joannes Desiderius Pruskowsky, fratres et liberi barones a Pruskau*, in die Sieneser Matrikel eingeschrieben hatten[46]. Von den Prokuratoren der Deutschen Nation, die unter Philipp von Merode tätig waren, nämlich Wenzeslaus a Flissenbach, Hieronymus Zigler, Simon Ayhin, Cyprian Manincor, Johannes Eichenlaub und Melchior Gail[47], kommt nur Eichenlaub im Tagebuch vor. Auf weitere 22 Personen, die Philipp von Merode auf seiner Italienreise kennenlernte und die ebenfalls in der Sieneser Matrikel stehen, ist in Anmerkungen zum Text hingewiesen.

Im Auftrag der Deutschen Nation sollte sich Philipp Anfang November 1587 in Florenz bei dem gerade erst an die Regierung gekommenen neuen Großherzog Ferdinand von Toskana um die Bestätigung der alten Privilegien bemühen[48]. Das Tagebuch berichtet zwar ausführlich über die Besichtigung von Florenz und Umgebung am 27. bis 29. Oktober sowie am 4. und 5. November – an den Tagen dazwischen reiste Philipp nach Bologna –, macht aber über Verhandlungen mit dem Großherzog keine Angaben.

Ein entfernter Verwandter Philipps hat sich gut 40 Jahre vor ihm an einer italienischen Universität aufgehalten: Arnold von Merode, Domherr in Lüttich und Mainz, steht zum Jahre 1545 in der Matrikel der Deutschen Nation in Bologna und geht 1546 nach Rom, das er noch einmal 1555 als Prokurator des Mainzer Erzbischofs besucht, um für diesen das Pallium zu erbitten[49]. Da Arnold 1593 in Lüttich starb, ist mit Sicherheit anzunehmen, daß Philipp ihn gekannt hat.

---

[46] Weigle, Matrikel I, S. 88 Nr. 1344, 1345.

[47] Weigle, Matrikel II, S. 442.

[48] Weigle, Matrikel I, S. 8 f.: „Am 2. November 1587 ermuntert die Nation ihren in Florenz weilenden Consiliar Philipp Freiherr von Merode zu Pettersheim, er möge sich nach dem kürzlich erfolgten Tode des Großherzogs [Franz I.] beim Nachfolger [Ferdinand I.] um die Bestätigung der alten Privilegien bemühen, denn ‚Euer Gnaden wissen wohl, daß das Privilegium, daß der Gubernator wider uns, es sei denn in den casi degni di morte, kein Jurisdiction mehr hat, in diplomate nit gesetzt ist, sondern [nur] in einem Handschreiben, so ihr Altezza der Nation zugeschickt'".

[49] Gustav C. Knod, Deutsche Studenten in Bologna (1289–1562). Biographischer Index zu den Acta nationis Germanicae universitatis Bononiensis, o.O. 1899, S. 345 Nr. 2364. Weiteres über Arnold: Domsta, Merode I, S. 221.

Itinerar

Das Itinerar nennt die besuchten Orte mit den heute üblichen Namen und in heutiger Schreibweise, dahinter kursiv in runden Klammern die Schreibweise des Tagebuches. In eckigen Klammern ist angegeben, zu welcher Provinz, welchem Departement und welchem Kreis der Ort heute gehört. Die mehr als dreihundert im Tagebuch erwähnten Orte in Belgien, Luxemburg, Frankreich, Österreich, Italien, Malta, der Schweiz und in Deutschland habe ich bis auf fünf Orte und vier Gasthäuser an Straßen identifizieren können[1]. Orte im außerdeutschen Sprachgebiet, für die es übliche deutsche Bezeichnungen gibt, z. B. Rom, Venedig, Neapel, habe ich mit deutschen Namen aufgeführt.

Im Tagebuch sind die Entfernungen in Meilen angegeben, deren Länge je nach Landschaft unterschiedlich war und nicht bekannt ist. Die Ausgangspunkte und Zielpunkte der an einem Tag bewältigten Entfernungen sind im Tagebuch immer angegeben, dazu meistens die Orte, die die Reisenden während des Tages passierten. So ist es mög-

---

[1] Nicht oder nicht eindeutig zu identifizieren sind die Orte *Balacho* in Ligurien, *La Brucqua* an der Ostküste Siziliens (= Brucoli?), *Lusuicina* auf dem Festland vor Venedig, *Pachon* an der westlichen Küste Süditaliens zwischen Agropoli und Palinuro (= Pisciotta?), *Elssen* (= Oestrich?) im Rheingau, sowie die Gasthäuser *A la Torra* (zwischen Formia und Neapel), *Hosteria del Duca* (zwischen Florenz und Pratolino), *Hosteria del Ponte* (nördlich von Pietrasanta/Ligurien) und *Hosteria del Torro* (zwischen Verona und Vicenza).

lich, die Strecke zu ermitteln und die zurückgelegten Entfernungen
annähernd genau in Kilometern anzugeben. Dabei bleibt unberücksichtigt, ob zwischen dem Verlauf heutiger Straßen und denjenigen
des 16. Jahrhunderts Übereinstimmungen oder Abweichungen bestehen. Zur Berechnung habe ich einen elektronischen Routenplaner benutzt, der jeweils die kürzesten Strecken auf heutigen Straßen außerhalb von Autobahnen ermittelte. Tagesentfernungen über oder unter
500 Metern wurden auf volle Kilometer gerundet. Zu Schiff zurückgelegte Entfernungen sind nicht berücksichtigt.

Die Reise dauerte 509 Tage, vom 9. Oktober 1586 bis zum 29. Februar 1588. Um zu ermitteln, welche Entfernungen an Reisetagen zwischen Aufbruch am Morgen und Ankunft am Abend zurückgelegt
wurden, habe ich die Angaben über insgesamt 120 Tage des Reise-
weges ausgewertet und die aus dem heutigen kürzesten Streckenverlauf ermittelten Entfernungen in Kilometern errechnet. An weitaus
den meisten Tagen wurde zu Pferd geritten. Gelegentlich dienten Esel
und Maulesel als Transportmittel, ob als Reittier oder als Lasttier, ist
nicht immer eindeutig. Manchmal wurde eine Kutsche oder eine Kar-
re benutzt. Für die meisten der 120 Tage und für zahlreiche weitere
Tage auch läßt sich ebenfalls errechnen, nach welcher Entfernung
vom Ausgangspunkt die Reisenden *mittag gehalten* haben. Aufent-
haltszeiten an einzelnen Orten, in Rom und Siena z.B. jeweils vier
Monate, eintägige und mehrtägige Exkursionen, teils zu Pferd, teils mit
Kutsche, von dort und von anderen Orten aus, desgleichen Schiffsreisen, bleiben unberücksichtigt.

Zurückgelegte Entfernungen

km	10-20	21-30	31-40	41-50	51-60	61-70	71-80	81-84
an x Tagen	7	28	32	21	18	8	4	2

An den in der Tabelle ersichtlichen 120 Tagen wurden insgesamt
4883 Kilometer zurückgelegt. Das ist ein Tagesdurchschnitt von
40,69 Kilometern. Angesichts der Unterschiede in den Tagesstrecken, sagt dieser Wert aber wenig aus.
Die kürzeste Tagesstrecke war 10 Kilometer lang,
am 25. November 1587 von Sarzana nach Lerici, wo man zur
Fahrt entlang der ligurischen Küste ein Schiff nehmen wollte.

Die kürzesten Strecken, zwischen 10 und 20 Kilometern,
wurden an lediglich 7 der 120 Tage zurückgelegt, also an 5,83%.
Die längste Strecke betrug am 24. Juli 1587 von Rom nach Viterbo
84 Kilometer.
Die längsten Strecken, zwischen 71 und 84 Kilometern,
waren das Tagespensum an lediglich 6 der 120 Tage, also an 5%.
Genau die Hälfte der Tagesstrecken, 60 von 120,
waren zwischen 21 und 40 Kilometern lang.
Zwei Drittel der Tagesstrecken, nämlich an 81 von 120 Tagen,
waren zwischen 21 und 50 Kilometern lang, genau 67,5 %.
Mehr als drei Viertel der Tagesstrecken, an 99 von 120 Tagen
oder 82,5%, waren zwischen 21 und 60 Kilometern lang.

Fahrten in einer Kutsche waren bei Überlandstrecken sehr selten,
nicht jedoch in großen Städten oder bei Exkursionen in die Umgebung
großer Städte. Offensichtlich wurden auf dem Reiseweg Kutschen nur
dann gemietet, wenn besondere, vereinzelt im Tagebuch erklärte oder
angedeutete Umstände dies wünschenswert erscheinen ließen. Die
Details finden sich in den Erläuterungen zum Tagebuch. Kutschen
dienten jedenfalls nicht dazu, große Entfernungen zurückzulegen. Die
60 Kilometer zwischen Neapel und Salerno wurden an einem Tag mit
einer *kautschen* gefahren. Von Brescia bis Verona ging es drei Tage
lang ebenfalls in einer Kutsche. Die Tagesentfernungen waren in diesem Fall: 42, 26, 40 Kilometer. Gerittene Tagesstrecken waren nicht
selten länger.
So ritten Philipp von Merode und sein Hofmeister in drei aufeinander folgenden Tagesetappen von 62, 67 und 63 Kilometern von
Spoleto aus nach Rom, um dort im Dezember 1586 rechtzeitig an
einer Kardinalserhebung durch Papst Sixtus V. teilnehmen zu können.
Auf dem Rückweg von Neapel nach Rom erreichten sie die Ewige
Stadt von Fondi aus über Sermoneta am 25. März 1587, dem Mittwoch
in der Karwoche, mit gemieteten Pferden und einem angeheuerten
Begleiter in zwei Tagesritten zu 71 bzw. 69 Kilometern. Vielleicht hatten die Reisenden es auch diesmal wieder eilig, um sich die am nächsten Tag, dem Gründonnerstag, beginnenden römischen Bräuche und
Feierlichkeiten der Karwoche nicht entgehen zu lassen. Vielleicht ach-
tete aber auch der zusammen mit den Pferden gemietete wegekundi-

ge Begleiter, der *viterino*, darauf, daß die Tagesetappen zügig geritten wurden. Die drei längsten Tagesstrecken der ganzen Reise überhaupt unternahmen nämlich Philipp von Merode, sein Hofmeister und ein *viterino* mit seinen Pferden vom 24. bis zum 26. Juli 1587 in glühender Sommerhitze von Rom nach Siena. Abritt am 24. morgens in Rom, mittags nach 43 Kilometern Rast in Monterosi, abends nach 84 Tageskilometern Übernachtung in Viterbo. Am 25. von dort über San Lorenzo Nuovo, wo nach 44 Kilometern eine Mittagspause eingelegt wurde, zur Übernachtung nach 82 Tageskilometern in Radicofani. Der dritte Tag, der 26. Juli 1587, brachte nach 35 Kilometern eine Mittagsrast in Torrenieri. Bei der Ankunft am Abend in Siena betrug das Tagespensum 73 Kilometer. In drei Tagen also 239 Kilometer im Hochsommer zu Pferd! Bildet man daraus zum Vergleich einen Mittelwert, so beträgt dieser 79,67 Kilometer. Dagegen nehmen sich die vielen Tagesetappen zwischen 25 und 35 Kilometern fast wie Spazierritte aus.

1. Lüttich bis Innsbruck   etwa 892 km

2. Innsbruck bis Venedig   etwa 356 km

3. Venedig bis Rom   etwa 669 km

4. Rom bis Neapel   etwa 245 km
   Die beim Besuch der Phlegräischen Felder zurückgelegten Entfernungen sind nur ziemlich ungenau festzustellen.
   Die Strecke zwischen Neapel und Malta und zurück wird überwiegend zu Schiff zurückgelegt.

5. Neapel bis Rom
   (teilweise andere Strecke als bei der Hinreise)   etwa 263 km

6. Rom bis Siena   etwa 239 km

7. Siena bis Bologna   etwa 181 km

8. Bologna bis Siena   etwa 181 km

9. Siena bis Lerici   etwa 239 km

   Die Strecke von Lerici bis Sestri wird zu Schiff zurückgelegt.

10. Sestri bis Mailand   etwa 216 km

11. Mailand bis Venedig   etwa 342 km

    Die Strecke wird teilweise mit Boot und Gondel zurückgelegt.

12. Venedig bis Ulm   etwa 822 km

13. Ulm bis Worms über Basel   etwa 673 km

14. Worms bis Merode.

    Die Strecke wird teilweise zu Schiff auf dem Rhein zurückgelegt.

Philipp von Merode bricht am 9. Oktober 1586 in Lüttich auf und erwartet seinen Hofmeister in Huy, während dieser jedoch, von Schloß Merode bei Düren kommend, in Marche-en-Famenne eintrifft und dort auf seinen Herrn wartet. Beide treffen sich in Marche am 11. Oktober 1586.

Von Lüttich nach Innsbruck

Ü   bedeutet Übernachtung am angegebenen Ort,
M   Mittagessen am angegebenen Ort.
(Ü) zeigt an, daß die Übernachtung am angegebenen Ort
     erschlossen ist.

1586 Okt. **9** Lüttich (*Luttigh*)
1586 Okt. 9   Huy (*Hoy*) [Prov. Lüttich]
1586 Okt. 10 Huy
1586 Okt. 11 Marche-en-Famenne (*Marche en Famine*)
               [Prov. Luxemburg]
               Lüttich – Huy – Marche: 69 km
1586 Okt. 12 Bastogne (*Bastoigne*)
               [Prov. Luxemburg]
               Marche – Bastogne: 41 km   Ü
1586 Okt. 13 Arlon (*Arlon*) [Prov. Luxemburg]
               Bastogne – Arlon: 39 km   Ü
1586 Okt. 14 Luxemburg (*Lutzenborch, Luxenberg*)
               [Großherzogtum Luxemburg]
               Arlon – Luxemburg: 26 km   Ü
1586 Okt. 15 Luxemburg   Ü
1586 Okt. 16 Thionville/Diedenhofen (*Theoinville*)
               [Dep. Moselle, Lothringen]
               Luxemburg – Thionville: 31 km   (Ü)
1586 Okt. 17 Terville/Terwen (*St. Tervaren*)
               [Dep. Moselle, Lothringen]
1586 Okt. 17 Bolchen/Boulay (*Bolchen*)
               [Dep. Moselle, Lothringen]
               Thionville – Bolchen: 39 km   Ü
1586 Okt. 18 Hellimer (*Helgemer*)
               [Dep. Moselle, Lothringen]
               Bolchen – Hellimer: 38 km   (Ü)
1586 Okt. 19 Saarwerden (*Sarwerden*)
               [Dep. Bas-Rhin]
               Hellimer – Saarwerden: 25 km   (Ü)

1586	Okt.	20	Pfalzburg/Phalsbourg (*Phalzberg*) [Dep. Bas-Rhin]		
			Saarwerden – Pfalzburg:	24 km	M
1586	Okt.	20	Zabern/Saverne (*Zaberen*) [Dep. Bas-Rhin]		
			Saarwerden – Zabern:	36 km	Ü
1586	Okt.	21	Straßburg (*Strassburg, Strasburg, -burgh*)		
			Zabern – Straßburg:	37 km	(Ü)
1586	Okt.	22	Straßburg		(Ü)
1586	Okt.	23	Kappel (*Capel*) [Kappel-Grafenhausen,		
			Ortenaukreis, Baden-Württemberg]		
			Straßburg – Kappel:	37 km	Ü
1586	Okt.	24	Kenzingen (*Kinzing*)		
			[Kr. Emmendingen, Baden-Württemberg]		
			Kappel – Kenzingen:	14 km	
1586	Okt.	24	Freiburg i. Breisgau (*Freiburg*)		
			Kappel – Freiburg:	42 km	Ü
1586	Okt.	25	Heitersheim (*Heitershem*)		
			[Kr. Breisgau-Hochschwarzwald]		
			Freiburg – Heitersheim:	21 km	Ü
bis einschl.		28	Heitersheim		
			Zwischen dem 25. und dem 28. Okt. Besuch des		
			Lusthauses Grißheim (*Crissen*) am Rhein,		
			Besitz des Deutschmeisters.		
			Heitersheim – Grißheim – Heitersheim:	14 km	Ü
1586	Okt.	29	Freiburg i. Breisgau		
1586	Okt.	30	Neustadt/Schwarzwald (*Neustat, Newstatt*)		
			[Breisgau-Hochschwarzwaldkreis]		
			Heitersheim – Freiburg – Neustadt:	57 km	Ü
1586	Okt.	31	Unadingen (*Unendingen*)		
			[Breisgau-Hochschwarzwaldkreis]		
			Neustadt – Unadingen:	17 km	M
1586	Okt.	31	Riedböhringen (*Reitberingen*)		
			[Schwarzwald-Baar-Kreis]		
			Neustadt – Unadingen – Riedböhringen:	29 km	Ü
1586	**Nov.**	**1**	Engen (*Engen*) [Kr. Konstanz]		
			Aach (*Ach*) [Kr. Konstanz]		
			Riedböhringen – Engen – Aach:	30 km	M

1586	Nov.	1	Stockach (*Stocken*) [Kr. Konstanz]		
			Riedböhringen – Stockach:	44 km	Ü
1586	Nov.	2	Salem (*Salmsweiler*) [Bodenseekreis]		
			Stockach – Salem:	27 km	Ü
1586	Nov.	3	Salem		Ü
1586	Nov.	4	Markdorf (*Magdorff*) [Bodenseekreis]		
			Salem – Markdorf:	11 km	
1586	Nov.	4	Dürnast (*Dorren Alst*) [Kr. Ravensburg]		
			Salem – Dürnast:	23 km	M
1586	Nov.	4	Ravensburg (*Ravensberg*) [Kr. Ravensburg]		
			Salem – Ravensburg:	33 km	Ü
1586	Nov.	5	Wangen (*Wangen*) [Kr. Ravensburg]		
			Ravensburg – Wangen:	24 km	Ü
1586	Nov.	6	Isny (*Isne*) [Kr. Ravensburg]		
			Wangen – Isny:	19 km	Ü
1586	Nov.	7	Buchenberg (*Bauchenbach*) [Kr. Oberallgäu, Bayern]		
1586	Nov.	7	Kempten (*Cempten*) [Kr. Kempten]		
			Isny – Kempten:	26 km	Ü
1586	Nov.	8	Pfronten (*Pfrainten*) [Kr. Ostallgäu]		
			Kempten – Pfronten:	31 km	Ü
1586	Nov.	8	Vils (*Vils*) [bei Reutte, Tirol]		
1586	Nov.	9	Reutte (*Reitten*) [Tirol]		
1586	Nov.	9	Bichlbach (*Beichelbach*) [Tirol]		
			Pfronten – Bichlbach:	31 km	Ü
1586	Nov.	10	Biberwier (*Piwerweier*) [Tirol]		
			Bichlbach – Biberwier:	12 km	M
1586	Nov.		Fernpaß (*die Fehrn*)		
1586	Nov.	10	Nassereith (*Nasareitten*) [Tirol]		
			Bichlbach – Nassereith:	29 km	Ü
1586	Nov.	11	Telfs (*Delfs*) [Tirol]		
			Nassereith – Telfs:	20 km	Ü
1586	Nov.	12	Innsbruck (*Insprugk*) [Tirol]		
			Telfs – Innsbruck:	27 km	Ü
1586	Nov.	13	Innsbruck		Ü

Von Innsbruck nach Venedig

1586	Nov.	14	Steinach (*Steinach*) [Tirol]		
			Innsbruck – Steinach:	27 km	Ü
1586	Nov.	15	Brenner (*Der Brenner*)		M
1586	Nov.	15	Sterzing (*Stertzingen*) [Südtirol, Prov. Bozen]		
			Steinach – Sterzing:	28 km	Ü
1586	Nov.	16	Oberau, Gemeinde Franzensfeste, Gasthof Peisser (*Beisser*) [Südtirol, Prov. Bozen][2]		M
1586	Nov.	16	Brixen (*Brixen*) [Südtirol, Prov. Bozen]		
			Sterzing – Brixen:	30 km	Ü
1586	Nov.	17	Kaltenkeller (*Zum kalten Keller*)[2]		M
1586	Nov.	17	Bozen (*Bolssahn*) [Südtirol, Prov. Bozen]		
			Brixen – Bozen:	42 km	Ü
1586	Nov.	18	Neumarkt (*Neumarckt*) [Südtirol, Prov. Bozen]		
			Bozen – Neumarkt:	24 km	M
1586	Nov.	19	Salurn (*Salerno*) [Südtirol, Prov. Bozen]		
			Bozen – Salurn:	35 km	(Ü)
1586	Nov.	19	Trient (*Trient*) [Prov. Trient]		
			Salurn – Trient:	24 km	Ü
1586	Nov.	20	Trient		Ü
1586	Nov.	21	Levico Terme (*Levingen*) [Prov. Trient]		
			Trient – Levico:	22 km	M
1586	Nov.	21	Borgo (*Bourgaw*) [Prov. Trient]		
			Trient – Borgo:	26 km	Ü
1586	Nov.	22	Primolano (*Primelang*) [Prov. Vicenza]		
			Borgo – Primolano:	36 km	M
1586	Nov.	22	Bassano del Grappa (*Bassang*) [Prov. Vicenza]		
			Borgo – Bassano:	64 km	Ü
1586	Nov.	23	Padua (*Padua*) [Prov. Padua]		
			Bassano – Padua:	43 km	Ü
1586	Nov.	24	Venedig (*Venetia*)		
			Padua – Venedig:	43 km	Ü
bis einschl.		29	Venedig		Ü

---

[2] Der Gasthof besteht noch heute

Von Venedig nach Rom

1586	Nov.	30	Mira (*Mera*) [Prov. Venedig]		
			Venedig – Mira:	21 km	M
1586	Nov.	30	Padua [Prov. Padua]		
			Venedig – Padua:	43 km	Ü

1586	**Dez.**	**1**	Rovigo (*Rowigo*) [Prov. Rovigo]		
			Padua – Rovigo:	43 km	Ü
1586	Dez.	2	Ferrara (*Ferrara*) [Prov. Ferrara]		
			Rovigo – Ferrara:	35 km	Ü
1586	Dez.	3	San Nicolo Ferrarese (*St. Nicola*) [Prov. Ferrara]		
			Ferrara – San Nicolo:	19 km	Ü
1586	Dez.	4	Argenta (*Argentin*) [Prov. Ferrara]		
1586	Dez.	4	San Biagio (*Bastien*) [Prov. Ferrara]		
			San Nicolo – San Biagio:	20 km	M
1586	Dez.	4	Lugo (*Lugo*) [Prov. Ravenna]		
			San Nicolo – Lugo:	42 km	Ü
1586	Dez.	5	Faenza (*Fayensa*) [Prov. Ravenna]		
			Lugo – Faenza:	19 km	M
1586	Dez.	5	Forli (*Forlij*) [Prov. Forli]		
			Lugo – Forli:	34 km	Ü
1586	Dez.	6	Cesena (*Cesena*) [Prov. Forli]		
			Forli – Cesena:	20 km	M
1586	Dez.	6	Savignano sul Rubicone (*Savignano*) [Prov. Forli]		
			Forli – Savignano:	35 km	Ü
1586	Dez.	7	Rimini (*Riminij*) [Prov. Rimini]		
			Savignano – Rimini:	15 km	M
1586	Dez.	7	Cattolica (*Catholica*) [Prov. Rimini]		
			Savignano – Cattolica:	34 km	Ü
1586	Dez.	8	Pesaro (*Pesaro*) [Prov. Pesaro und Urbino]		
			Cattolica – Pesaro:	17 km	M
1586	Dez.	8	Fano (*Fanno*) [Prov. Pesaro und Urbino]		
			Cattolica – Fano:	31 km	Ü

1586	Dez.	9	Senigallia (*Sinegalia*) [Prov. Ancona]		
			Fano – Senigallia:	23 km	M
1586	Dez.	9	Fiumesino (*Fumesij*) [Prov. Ancona]		
			Fano – Fiumesino:	40 km	Ü
1586	Dez.	10	Ancona (*Ancona*) [Prov. Ancona]		
			Fiumesino – Ancona:	12 km	M
1586	Dez.	10	Loreto (*Madam de Loretto*) [Prov. Ancona]		
			Fiumesino – Loreto:	37 km	Ü
1586	Dez.	11	Recanati (*Rijcanati*) [Prov. Macerata]		
1586	Dez.	12	Macerata (*Macerata*) [Prov. Macerata]		
			Loreto – Macerata:	28 km	M
1586	Dez.	12	Tolentino (*Tolentin*) [Prov. Macerata]		
			Loreto – Tolentino:	46 km	Ü
1586	Dez.	13	Polverina (*Polverini*) [Prov. Macerata]		
			Tolentino – Polverina:	22 km	M
1586	Dez.	13	Castello di Serravalle (*Saracialla*) [Prov. Macerata]		
			Tolentino – Castello di Serravalle:	40 km	Ü
1586	Dez.	14	Foligno (*Foligni*) [Prov. Perugia]		
			Castello di Serravalle – Foligno:	33 km	M
1586	Dez.	14	Spoleto (*Spoleti*) [Prov. Perugia]		
			Castello di Serravalle – Spoleto:	62 km	Ü
1586	Dez.	15	Narni (*Narnij*) [Prov. Terni]		
			Spoleto – Narni:	42 km	M
1586	Dez.	15	Borghetto (*Bourgetta*) [Prov. Viterbo]		
			Spoleto – Borghetto:	67 km	Ü
1586	Dez.	16	Castelnuovo (*Castel Novo*) [Prov. Rom]		
			Borghetto – Castelnuovo:	33 km	M
1586	Dez.	16	Rom (*Roma*)		
			Borghetto – Rom:	63 km	Ü
bis einschl.		26	Rom		Ü

Von Rom nach Neapel

1586	Dez.	27	Velletri (*Belitre*) [Prov. Rom]		
			Rom – Velletri:	39 km	Ü
1586	Dez.	28	Sermoneta (*Sermoneta*) [Prov. Latina]		
			Velletri – Sermoneta:	30 km	M
1586	Dez.	28	*Casa Nova* [Herberge]		Ü
1586	Dez.	29	Terracina (*Torrecina*) [Prov. Latina]		
			Sermoneta – Terracina:	42 km	M
1586	Dez.	29	Fondi (*Fondij*) [Prov. Latina]		
			Terracina – Fondi:	18 km	Ü
1586	Dez.	30	*Mola, uff die sehe* [Es kann nur Fórmia gemeint sein]. [Prov. Latina]		
			Fondi – Fórmia:	23 km	M
1586	Dez.	30	Cascano bei Sessa Aurunca (*Cascano*) [Prov. Caserta]		
			Fondi – Cascano:	56 km	Ü
1586	Dez.	31	Capua (*Capua Nova*) [Prov. Caserta]		
			Cascano – Capua:	27 km	
			Am 31. Dezember oder 1. Januar Ausflug nach Capua Vetere.		
			Capua – Capua Vetere – Capua:	10 km	Ü

Neapel, Pozzuoli
und die Phlegräischen Felder

1587 Jan.	**1**	Neapel (*Neapolis la Gentille, Naples*)		
		Capua – Neapel:	35 km	Ü
bis einschl.	9	Neapel		Ü
1587 Jan.	10	Pozzuoli (*Pozzuollo, Puzzuollo, Puzzolo*)		
1587 Jan.	11	Pozzuoli		
		Am 10. und 11. Jan. Besichtigung der Altertümer der Phlegräischen Felder: Agnano (*Anagno*),		

		Solfatara, Pozzuoli, Averner See (*Lago Averno*) , Lukriner See, Baia (*Baya*), Bacoli, Kap Misenum, Cuma (*Cuma*).		
1587 Jan.	11	Neapel		
bis einschl.	13	Neapel		Ü
1587 Jan.	14	Nocera (*Notzera*) [Prov. Salerno]		
		Neapel – Nocera:	42 km	M

Von Neapel nach Messina, Syrakus und Malta

1587 Jan.	14	Salerno (*Salerno*) [Prov. Salerno]		
		Neapel – Salerno:	60 km	Ü
1587 Jan.	15	Auf See; am 17. Januar Zwischenlandung in		
	16	Tropea (*Tropea*) [Prov. Vibo Valentia].		
	17			
1587 Jan.	18	Messina (*Mesina*)		Ü
1587 Jan.	19	Messina		Ü
1587 Jan.	20	Auf See		
		Zwei Zwischenlandungen an nicht namentlich genannten Orten.		
1587 Jan.	21	Auf See; Catania (*Catania*)		
		Am 21. abends Ankunft in Catania.		
1587 Jan.	22	Auf See; Augusta (*Augusta*)		
		Zwischenlandung in *La Brucqua* [= Brucoli?], von dort zu Fuß nach Augusta.		
1587 Jan.	23	Auf See; Syrakus (*Siracusa, Ciracusa*)		
bis einschl.	31	Syrakus		Ü
1587 Febr.	**1**	Syrakus; auf See		M
		Das Mittagessen wird noch in Syrakus eingenommen.		
1587 Febr.	2	Auf See		
1587 Febr.	3	Auf See; Malta (*Malta*)		

319

Von Malta nach Syrakus, Messina, Neapel und Rom

bis einschl.

1587	Febr.	16	Malta	Ü
1587	Febr.	17	vermutlich Abfahrt von Malta	
1587	Febr.	20	Syrakus	
			Ankunft mittags in Syrakus	
bis einschl.		22	Syrakus; auf See	
			Am Abend mit vier Galeeren Verfolgung einiger türkischer Schiffe; Rückkehr am 23. Februar.	
1587	Febr.	23	Auf See; Syrakus	
1587	Febr.	24	Syrakus; auf See	
1587	Febr.	24	Auf See; Augusta	
bis einschl.		26	Augusta	
			Am 27. Rückkehr zu Schiff von Augusta nach Syrakus.	Ü
1587	Febr.	27	Syrakus	Ü
1587	Febr.	28	Syrakus	Ü
1587	**März**	**1**	Auf See	
1587	März	2	Auf See; Messina	
1587	März	3	Messina	Ü
bis einschl.		11	Messina	Ü
1587	März	12	Auf See; Zwischenlandung und Übernachtung in Tropea.	Ü
1587	März	13	Tropea	Ü
1587	März	14	Auf See; Zwischenlandung und Übernachtung an einem ungenannten Ort zwischen Briatico und Amantea (*La Matia*).	
1587	März	15	Auf See; Zwischenlandung in Fiumefreddo (*Feoume Fredo*).	
1587	März	16	Auf See; vorbei an San Lucido (*Santa Lucida*). Zwischenlandung in Paola (*Paula*); vorbei an Cetraro (*Licotrara*).	

1587	März	16	Auf See; Übernachtung auf dem Schiff vor Belvedere Marittimo (*Bellvedere*).		
1587	März	17	Auf See; vorbei an Scalea (*L'Achalea*) und Policastro (*Policastro*). Zwischenlandung in Palinuro (*Paulonnudo*).		
1587	März	18	Palinuro		
1587	März	19	Auf See; vorbei an *Pachon* [= Pisciotta?]. Zwischenlandung in Agropoli (*Gropoli*).		
1587	März	20	Auf See; Vietri sul Mare (*Vietri*). Ende der Schiffsreise		
1587	März	20	Neapel (*Neapoli la Gentille*)		
1587	März	21	Am 21. oder 22. März Abreise nach Rom		
1587	März	22	*A La Torra*		Ü
1587	März	23	*Mola* [= Fórmia?] Vgl. oben zum 30. Dezember 1586.		M
1587	März	23	Itri (*Itrius*) [Prov. Latina]		
1587	März	23	Fondi (*Fondi*) [Prov. Latina] Neapel – Fondi:	106 km	Ü
1587	März	24	Priverno (*Biperno*) [Prov. Latina] Fondi – Priverno:	47 km	M
1587	März	24	Sermoneta (*Sermoneta*) [Prov. Latina] Fondi – Sermoneta:	71 km	Ü
1587	März	25	Velletri (*Beletre*) [Prov. Rom] Sermoneta – Velletri:	30 km	M
1587	März	25	Rom (*Roma*) Sermoneta – Rom:	69 km	Ü
bis einschl.					
1587	**April**	**19**	Rom		Ü
1587	April	19	Tivoli (*Tivoli*) [Prov. Rom] Rom – Tivoli – Rom:	71 km	
1587	April	19	Rom		
bis einschl.					
1587	**Mai**	**22**	Rom		
1587	Mai	22	Frascati (*La Frechada*) [Prov. Rom] Rom – Frascati – Rom:	43 km	
1587	Mai	23	Rom		

bis einschl.

1587 Juni 13   Rom

1587   Juni   13   Monterosi (*Monterosa*) [Prov. Viterbo]

                  Rom – Monterosi: 43 km   Ü

1587   Juni   14   Caprarola (*Caperola*) [Prov. Viterbo]

                  Monterosi – Caprarola: 19 km   M

1587   Juni   14   Rom

                  Monterosi – Caprarola – Rom: 67 km

bis einschl.

1587 Juli 15   Rom

1587   Juli   15   Ostia (*Hostia*) [Prov. Rom]

                  Ostia – Rom – Ostia: 53 km

1587   Juli   15   Rom

bis einschl.

1587   Juli   24   Rom   Ü

Von Rom nach Siena

1587   Juli   24   Monterosi (*Monterose*) [Prov. Viterbo]

                  Rom – Monterosi: 43 km   M

1587   Juli   24   Ronciglione (*Rosignola*) [Prov. Viterbo]

1587   Juli   24   Viterbo (*Viterbo*) [Prov. Viterbo]

                  Rom – Viterbo: 84 km   Ü

1587   Juli   25   Monte Fiascone (*Monte Fiascona*) [Prov. Viterbo]

1587   Juli   25   S. Lorenzo Nuovo (*Sanct Lorenso*) [Prov. Viterbo]

                  Viterbo – San Lorenzo: 44 km   M

1587   Juli   25   Acquapendente (*Aqua Pendente*) [Prov. Viterbo]

1587   Juli   25   *La Paille, Paglia* bei Radicófani (*Redicofani*)

                  [Prov. Siena]

                  Viterbo – Radicofani: 82 km   Ü

1587   Juli   26   Torrenieri (*Tornieri*) [Prov. Siena]

                  Radicofani – Torrenieri: 35 km   M

Siena, Florenz, Bologna

1587	Juli	26	Siena (*Siena*) [Prov. Siena]	
			Radicofani – Siena:	73 km

Reise des Hofmeisters von Siena nach Rom und Neapel und zurück

1587 Sept. 2 Von Siena Abreise nach Rom

1587 Sept. 4 Ankunft in Rom,
dort Aufenthalt bis zum 26. September

1587 Sept. 26 Abreise von Rom nach Neapel

1587 Okt. 9 Abreise von Neapel nach Rom

1587 Okt. 12 Ankunft in Rom,
dort Aufenthalt bis zum 18. (?) Oktober

1587 Okt. 22 Ankunft in Siena

Siena – Rom – Neapel – Rom – Siena: etwa 1020 km

1587 Juli 26	Siena		Ü
bis einschl.			
1587 Okt. 27	Siena		
1587 Okt. 27	Poggibonsi (*Boggibonzi*) [Prov. Siena]		
1587 Okt. 27	Tavarnelle (*Tavernello*) [Prov. Florenz]		
	Siena – Tavarnelle:	38 km	M
1587 Okt. 27	Florenz (*Fiorenza la Bella*)		
	Siena – Florenz:	67 km	Ü
1587 Okt. 28	Florenz		Ü
1587 Okt. 29	Pratolino (*Prattelin*) [Prov. Florenz]		
1587 Okt. 29	*Hosteria del Duca* (Herberge)		M
1587 Okt. 29	Scarperia (*Scarperia*) [Prov. Florenz]		
	Florenz – Scarperia:	33 km	Ü
1587 Okt. 30	Firenzuola (*Fiorenzola*) [Prov. Florenz]		
	Scarperia – Firenzuola:	23 km	M

1587	Okt.	30	Loiano (*Leona*) [Prov. Bologna]		
			Scarperia – Loiano:	49 km	Ü
1587	Okt.	31	Bologna (*Boloigna Grassa*) [Prov. Bologna]		
			Loiano – Bologna:	33 km	
bis einschl.					
1587	**Nov.**	**3**	Bologna		Ü
1587	Nov.	3	Loiano (*Leona*)		
			Bologna – Loiano:	33 km	M
1587	Nov.	3	Firenzuola (*Fiorensola*)		
			Bologna – Firenzuola:	59 km	Ü
1587	Nov.	4	Scarperia		
			Firenzuola – Scarperia:	23 km	M
1587	Nov.	4	Florenz (*Florentz*)		
			Firenzuola – Florenz:	54 km	Ü
1587	Nov.	5	Castello bei Florenz		
1587	Nov.	6	Poggibonsi (*Boggebonsi*)		
			Florenz – Poggibonsi:	42 km	Ü
1587	Nov.	7	Siena		
			Poggibonsi – Siena:	27 km	
bis einschl.					
1587	Nov.	20	Siena		Ü

Von Siena nach Mailand

1587	Nov.	20	Poggibonsi (*Boggebonse*)		
			Siena – Poggibonsi:	27 km	Ü
1587	Nov.	21	Castel Fiorentino (*Castel Fiorentino*) [Prov. Florenz]		
1587	Nov.	21	Ponte a Elsa (*Ponte Elssa*) [Prov. Florenz]		
			Poggibonsi – Ponte a Elsa:	35 km	M
1587	Nov.	21	Fucécchio (*Fuccechio*) [Prov. Florenz]		
1587	Nov.	21	Lucca (*Lucca*) [Prov. Lucca]		
			Poggibonsi – Lucca:	77 km	Ü

1587	Nov.	22	Pisa (*Pisa*) [Prov. Pisa]		
			Lucca – Pisa:	21 km	Ü
1587	Nov.	23	Livorno (*Livorno*) [Prov. Livorno]		
1587	Nov.	23	Pisa		
			Pisa – Livorno – Pisa:	41 km	Ü
1587	Nov.	24	Pietrasanta (*Petra Santa*) [Prov. Lucca]		
1587	Nov.	24	*Hosteria del Ponte*		M
1587	Nov.	24	Massa (*Massa*) [Prov. Massa-Carrara]		
			Avenza *(Lavenza)* [Prov. Massa-Carrara]		
1587	Nov.	24	Sarzana (*Sarasana*) [Prov. La Spezia]		
			Pisa – Sarzana:	65 km	Ü
1587	Nov.	25	Lerici (*Lerecy*) [Prov. La Spezia]		
			Sarzana – Lerici:	10 km	Ü
1587	Nov.	26	Auf See (*Golffo dell Spetie*), vorbei an La Spezia		
1587	Nov.	26	Porto Venere (*Porto Venere*)		
			Übernachtung an Land		Ü
1587	Nov.	27	Auf See, vorbei an den Cinque Terre		
			(*Cincque Terre*), Levanto (*Levanto*)		
			und Moneglia (*Moneia*).		
1587	Nov.	27	Sestri Levante (*Sesteri*) [Prov. Genua]		Ü
			Ende der in Lerici begonnenen Schiffsreise		
			entlang der Küste		
1587	Nov.	28	Chiavari (*Chavari*), Rapallo (*Rapella*),		
			Recco (*Reccho*), *Balacho*		
1587	Nov.	28/29	Genua (*Genua*)		
			Sestri – Genua:	51 km	Ü
1587	Nov.	30	Busalla (*Busolla*) [Prov. Genua]		
			Genua – Busalla:	26 km	Ü
1587	**Dez.**	**1**	Serravalle Scrivia (*Saravalla*) [Prov. Alessandria]		
			Busalla – Serravalle:	29 km	M
1587	Dez.	1	Tortona (*Tortona*) [Prov. Alessandria]		
			Genua – Tortona:	76 km	Ü
1587	Dez.	2	Voghera (*Vogera*) [Prov. Pavia]		
			Tortona – Voghera:	16 km	M
1587	Dez.	2	Pavia (*Pavia*) [Prov. Pavia]		
			Tortona – Pavia:	45 km	Ü

1587	Dez.	3	Certosa bei Pavia		
1587	Dez.	3	Mailand (*Milano la Granda*)		
			Pavia – Mailand:	44 km	Ü
bis einschl.		5	Mailand		Ü

Von Mailand nach Venedig

1587	Dez.	6	Cassano d'Adda (*Cassain*) [Prov. Mailand]	31 km	M
1587	Dez.	6	Vaprio d'Adda (*Waveri*) [Prov. Mailand]		
1587	Dez.	6	Bergamo (*Bergamo*) [Prov. Bergamo]		
			Mailand – Bergamo:	56 km	Ü
1587	Dez.	7	Coccaglio (*Coccaio*) [Prov. Brescia]		
			Bergamo – Coccaglio:	31 km	M
1587	Dez.	7	Brescia (*Bressa*) [Prov. Brescia]		
			Bergamo – Brescia:	51 km	Ü
1587	Dez.	8	Guidizzolo (*Guidicol*) [Prov. Mantua]		
			Brescia – Guidizzolo:	42 km	Ü
1587	Dez.	9	Goito (*Goithen*) [Prov. Mantua]		
			Guidizzolo – Goito:	10 km	
1587	Dez.	9	Mantua (*Mantua*) [Prov. Mantua]		
			Guidizzolo – Mantua:	26 km	Ü
1587	Dez.	10	San Zenone in Mozzo (*Sansem*) [Prov. Verona]		
			Mantua – San Zenone:	20 km	M
1587	Dez.	10	Verona (*Verona*) [Prov. Verona]		
			Mantua – Verona:	40 km	Ü
1587	Dez.	11	Verona		Ü
1587	Dez.	12	*Hosteria del Torro*		M
1587	Dez.	12	Vicenza (*Vicenza*) [Prov. Vicenza]		
			Verona – Vicenza:	51 km	Ü
1587	Dez.	13	Padua (*Padua*) [Prov. Padua]		
			Vicenza – Padua:	34 km	Ü
1587	Dez.	14	Padua		Ü

1587	Dez.	15	Dolo (*Dolen*) an der Brenta [Prov. Venedig]		M
			Lusuicina, uff dem mehr		
			Von Padua bis *Lusuicina* mit einem Boot,		
			von dort mit einer Gondel nach Venedig.		
1587	Dez.	15	Venedig (*Venetia*).		Ü
1587	Dez.	18	Ausflug nach Murano (*Morano*)		
1587	Dez.	26	Ausflug nach Malamocco (*Malemoco*)		
bis einschl.					
1587	Dez.	30	Venedig		Ü

Von Venedig nach Ulm

1587	Dez.	30	Mestre (*Mesteri*) [Prov. Venedig]		
			Venedig – Mestre:	10 km	Ü
1587	Dez.	31	Treviso (*Terweis*) [Prov. Treviso]		
			Venedig – Treviso:	30 km	M
			Castelfranco (*Castelfranco)* [Prov. Treviso]		
			Mestre – Castelfranco:	48 km	Ü
1588	**Jan.**	**1**	Carpané (*Carpenao*) bei Valstagna [Prov. Vicenza]		
			Castelfranco – Carpané:	34 km	M
			Grigno (*Grim*) [Prov. Trient]		
			Castelfranco – Grigno:	59 km	Ü
1588	Jan.	2	Borgo Valsugana (*Bourgaw*) [Prov. Trient]		
			Levico Terme (*Lewingen*) [Prov. Trient]		
			Grigno – Levico Terme:	29 km	Ü
1588	Jan.	3	Pérgine Valsugana (*Perchen*) [Prov. Trient]		
			Trient (*Trient*) [Prov. Trient]		
			Levico Terme – Trient:	21 km	Ü
1588	Jan.	4	Neumarkt (*Neumarckt*) [Südtirol, Prov. Bozen]		
			Trient – Neumarkt:	34 km	M
1588	Jan.	4	Bozen (*Bolsano oder Botzem*) [Südtirol, Prov. Bozen]		
			Trient – Bozen:	58 km	Ü

1588	Jan.	5	Klausen (*Claussel*)		
			Bozen – Klausen:	32 km	M
			Brixen (*Brixen*) [Südtirol, Prov. Bozen]		
			Oberau, Franzensfeste, Gasthof Peisser		
			(*Beisser*) [Südtirol, Prov. Bozen]		Ü
1588	Jan.	6	Sterzing (*Stertzingen*) [Südtirol, Prov. Bozen]		M
			Brenner (*Brenner*)		
			Steinach (*Steinach*) [Tirol]		
1588	Jan.	6	Matrei (*Materen*) [Tirol]		
			Bozen – Matrei:	110 km	Ü
1588	Jan.	6	Wilten (*Wilthan*)		
1588	Jan.	7	Innsbruck (*Insprugk*)		
			Matrei – Innsbruck:	21 km	Ü
1588	Jan.	7	Abstecher von Innsbruck nach Ambras (*Ameros*)		
1588	Jan.	8	Zirl (*Sirle*) [Tirol]		
			Zirler Berg		
1588	Jan.	8	Seefeld (*Sefelt*) [Tirol]		
			Innsbruck – Seefeld:	23 km	M
			Scharnitz (*Schirnitz*) [Tirol]		
1588	Jan.	8	Mittenwald (*Mittewalt*) [Kr. Garmisch-Partenkirchen]		
			Innsbruck – Mittenwald:	39 km	Ü
1588	Jan.	9	Ettal (*Ethal*) [Kr. Garmisch-Partenkirchen]		
			Mittenwald – Ettal:	31 km	M
			Oberammergau (*Oberambergaw*)		
			[Kr. Garmisch-Partenkirchen]		
1588	Jan.	9	Saulgrub (*Soyen*) [Kr. Garmisch-Partenkirchen]		
			Mittenwald – Saulgrub:	46 km	Ü
1588	Jan.	10	Schongau (*Schongaw*) [Kr. Weilheim]		
			Saulgrub – Schongau:	22 km	M
1588	Jan.	10	Landsberg am Lech (*Landsberg*) [Kr. Landsberg]		
			Saulgrub – Landsberg:	50 km	Ü
1588	Jan.	11	Augsburg (*Augspurg*)		
			Landsberg – Augsburg:	38 km	Ü
1588	Jan.	12	Augsburg		
			Friedberg (*Fridburg*) [Kr. Aischach-Friedberg]		Ü
1588	Jan.	13	Odelzhausen (*Adelshausen*) [Kr. Dachau]		
			Augsburg – Odelzhausen:	27 km	Ü

1588	Jan.	14	Dachau (*Dachaw*) [Kr. Dachau]		
			Odelzhausen – Dachau:	21 km	M
1588	Jan.	14	München (*Munchen*)		
			Odelzhausen – München:	40 km	Ü
			Unterbruck (*Bruck*) an der Amper (*Amer*)		
1588	Jan.	15	Hohenkammer (*Hohe Camer*) [Kr. Freising]		
			München – Hohenkammer:	36 km	Ü
1588	Jan.	16	Pfaffenhofen an der Ilm (*Pfaffenhoven*) [Kr. Pfaffenhoven]		
1588	Jan.	16	Rohrbach (*Rourbach*) [Kr. Pfaffenhofen]		
			Hohenkammer – Rohrbach:	29 km	M
1588	Jan.	16	Reichertshofen (*Reichersshoven*) [Kr. Pfaffenhofen]		
1588	Jan.	16	Ingolstadt (*Engelstat*) [Kr. Ingolstadt]		
			Hohenkammer – Ingolstadt:	54 km	Ü
1588	Jan.	17	Neuburg an der Donau (*Neuborg*) [Kr. Neuburg-Schrobenhausen]		
			Ingolstadt – Neuburg:	22 km	Ü
1588	Jan.	18	Neuburg		Ü
1588	Jan.	19	Burgheim (*Burchen*) [Kr. Neuburg-Schrobenhausen]		
			Neuburg – Burgheim:	15 km	Ü
1588	Jan.	20	Rain (*Rhoin*) [Kr. Donau-Ries]		
1588	Jan.	20	Donauwörth (*Donnewirt*) [Kr. Donau-Ries]		
			Burgheim – Donauwörth:	22 km	M
1588	Jan.	20	Höchstädt an der Donau (*Heichstatt*) [Kr. Dillingen] Dillingen (*Dillingen*)		
1588	Jan.	20	Lauingen (*Lagingen*) [Kr. Dillingen]		
			Burgheim – Lauingen:	56 km	Ü
1588	Jan.	21	Leipheim (*Leibach*) [Kr. Günzburg]		
1588	Jan.	21	Günzburg (*Kintzberg*) [Kr. Günzburg. Der Streckenverlauf ist tatsächlich: Lauingen, Günzburg, Leipheim]		
			Lauingen – Günzburg:	19 km	M
1588	Jan.	21	Ulm (*Ulm*)		
			Lauingen – Ulm:	45 km	Ü

Von Ulm nach Worms

1588	Jan.	22	Baltringen (*Baltaringen*) [Kr. Biberach]		
			Ulm – Baltringen:	30 km	M
1588	Jan.	22	Biberach (*Bibrach*) [Kr. Biberach]		
1588	Jan.	22	Unteressendorf (*Underessendorff*) [Kr. Biberach]		
			Ulm – Unteressendorf:	54 km	Ü
1588	Jan.	23	Waldsee (*Waltsem*) [Kr. Ravensburg]		
1588	Jan.	23	Ravensburg (*Ravensberg*) [Kr. Ravensburg]		
			Unteressendorf – Ravensburg:	32 km	M
1588	Jan.	23	Markdorf (*Marckdorf*) [Bosenseekreis]		
			Unteressendorf – Markdorf:	51 km	Ü
1588	Jan.	24	Meersburg (*Mörsberg*) [Bosenseekreis]		
1588	Jan.	24	Konstanz (*Constantz*) [Kr. Konstanz]		
			Markdorf – Konstanz:	16 km	Ü
1588	Jan.	25	Steckborn (*Stechborn*) [Thurgau]		
			Mammern (*Mammeren*) [Thurgau]		
			Oberstaad (*Uberstatt*) bei Öhningen [Kr. Konstanz]		
			Stein am Rhein (*Zum Stein*) [Schaffhausen]		
			Diessenhofen (*Geissenhoven*) [Schaffhausen]		
1588	Jan.	25	Schaffhausen (*Schafhausen*)		
			Konstanz – Schaffhausen:	60 km	Ü
1588	Jan.	26	Schaffhausen		
			Laufen (*Lauffen*) [Schaffhausen]		
			Rheinau (*Rheinaw*) [Schaffhausen]		
1588	Jan.	27	Kaiserstuhl (*Kayserstul*) [Aargau]		
			Schaffhausen – Kaiserstuhl:	36 km	Ü
1588	Jan.	28	Wasserstelzen (*Wassersteltzen*), Schloß		
			Zurzach (*Saursach*) [Aargau]		
			Waldshut (*Landtshudt*) [Kr. Waldshut]		
1588	Jan.	28	Laufenburg (*Lauffenberg*) [Kr. Waldshut]		
			Kaiserstuhl – Laufenburg:	41 km	M
			Säckingen (*Seckingen*) [Kr. Waldshut]		
			Schwörstadt (*Überschwerstett*), Schloß [Kr. Lörrach]		
			Rheinfelden (*Reinfeldt*) [Baden]		

1588	Jan.	28	Basel (*Basel*)		
			Kaiserstuhl – Basel:	72 km	Ü
1588	Jan.	29	Basel		Ü
1588	Jan.	30	Landser (*Landser*) [Haut-Rhin, Elsaß]		
			Basel – Landser:	24 km	Ü
1588	Jan.	31	Landser		
1588	**Febr.**	1	Ensisheim (*Entzisheim*) [Haut-Rhin, Elsaß]		
			Landser – Ensisheim:	25 km	M
1588	Febr.		Neuenburg am Rhein (*Neuburg*)		
			[Kr. Breisgau-Hochschwarzwald]		
1588	Febr.	1	Heitersheim (*Heytersheim*)		
			[Kr. Breisgau-Hochschwarzwald]		
			Landser – Heitersheim:	62 km	Ü
bis einschl.		3	Heitersheim		Ü
1588	Febr.	4	Freiburg/Breisgau (*Freiburg*)		
			Heitersheim – Freiburg:	21 km	Ü
1588	Febr.	5	Freiburg/Breisgau		Ü
1588	Febr.	5	Kenzingen (*Kintzingen*)		
			[Kr. Emmendingen]		
			Freiburg – Kenzingen:	27 km	Ü
1588	Febr.	6	Altenheim (*Altenaw*) [Ortenaukreis]		M
1588	Febr.	6	Straßburg (*Strasburg*)		
			Kenzingen – Straßburg:	51 km	Ü
1588	Febr.	7	Straßburg		
1588	Febr.	8	Olwisheim oder Bilwisheim (*Wishen*)		
			[Bas-Rhin, Elsaß]		M
1588	Febr.	8	Hügelsheim (*Hegelsem*) [Kr. Rastatt]		
			Straßburg – Hügelsheim:	59 km	Ü
1588	Febr.	9	Rastatt (*Rastat*) [Kr. Rastatt]		
			Hügelsheim – Rastatt:	10 km	M
			Mühlburg (*Milburch*) [Stadt Karlsruhe]		
1588	Febr.	9	Linkenheim (*Linckenen*) [Stadt Karlsruhe]		
			Hügelsheim – Linkenheim:	48 km	Ü
1588	Febr.	10	Speyer (*Speir*) [Kr. Speyer]		
			Linkenheim – Speyer:	34 km	Ü

331

1588	Febr.	11	Oggersheim (*Oberssheim*) [Stadt Ludwigshafen]		
			Frankenthal (*Franckendall*) [Kr. Frankenthal]		
1588	Febr.	11	Worms (*Worms*) [Kr. Worms]		
			Speyer – Worms:	41 km	Ü
			Von Worms bis Mainz zu Schiff auf dem Rhein		

Von Worms nach Merode

1588	Febr.	12	Gernsheim (*Germissheim*) [Kr. Groß Gerau]		
			Oppenheim (*Oppenheim*) [Kr. Mainz-Bingen]		
1588	Febr.	12	Mainz (*Mentz*)		Ü
			Von Mainz nach St. Goar zu Schiff auf dem Rhein		
1588	Febr.	13	*Elssen* [= Oestrich/Rheingau?]		
			Mäuseturm bei Bingen (*Maussen thorn*)		
			Bacharach (*Bacherach*) [Kr. Mainz-Bingen]		
			Oberwesel (*Uberwissen*)		
			[Rhein-Hunsrück-Kreis]		
1588	Febr.	13	St. Goar (*Sant Guerd*) [Rhein-Hunsrück-Kreis]		Ü
			Von St. Goar nach Koblenz zu Schiff		
			auf dem Rhein		
1588	Febr.	14	Boppard (*Poppertt*) [Rhein-Hunsrück-Kreis]		
			Braubach (*Braubach*) [Rhein-Lahn-Kreis]		
1588	Febr.	14	Koblenz (*Coberlentz*) [Kr. Koblenz]		Ü
1588	Febr.	15	Andernach (*Andernach*) [Kr. Mayen-Koblenz]		
			Von Andernach nach [Linz] zu Schiff		
			auf dem Rhein		
1588	Febr.	15	[Linz am Rhein, Kr. Neuwied]		Ü
1588	Febr.	16	Löwenberg (*Lewenbergh*) [bei Honnef]		
			Siegburg (*Siberg*) [Rhein-Sieg-Kreis]		
			Linz bis Siegburg:	33 km	Ü
1588	Febr.	17	Köln (*Cöllen*)		
			Siegburg – Köln:	27 km	Ü
bis einschl.		26	Köln		Ü

1588	Febr.	27	Köln		M
1588	Febr.	27	Bergheim (*Berchem*) [Rhein-Erft-Kreis]		
			Paffendorf (*Paffendorf*) [Rhein-Erft-Kreis]		
			Köln – Paffendorf:	29 km	
1588	Febr.	28	Hambach (*Hambach*) [Kreis Düren]		
			Köln – Hambach:	45 km	Ü
1588	Febr.	29	[Merode]		
			Hambach – Merode:	14 km	

Glossar

Aufgenommen sind Bezeichnungen, die nicht ohne weiteres verständlich sind. Manche Deutungen sind mit Fragezeichen versehen. Bei einer Reihe von Begriffen, vornehmlich Speisen und Tuchsorten, weiß ich statt einer Übersetzung gleichfalls nur ein Fragezeichen anzubieten. Vokabeln aus den im Tagebuch zitierten lateinischen Texten bleiben unberücksichtigt, doch sind lateinische Bezeichnungen, die im fortlaufenden deutschen Text gebraucht sind, aufgenommen. Etymologische Verwandtschaft zwischen Vokabeln des Tagebuches und heutigem Sprachgebrauch ist durch ‚...‘ angezeigt. Die sprachliche Herkunft der ins Glossar aufgenommenen Vokabeln des Tagebuches ist absichtlich in keinem einzigen Fall angegeben. Dies hätte zu weitreichenden Erörterungen geführt, die dem Zweck des Glossars, Hilfen zum Verständnis des Textes anzubieten, nicht dienlich sind. Wer im Deutschen, Niederländischen, Französischen, Italienischen und Lateinischen gut bewandert ist, wird das Glossar ohnehin entbehren können.

A

abcontrafai-tungh	Abbildung, Gemälde, Portrait
abgestanden	vormalig, abgetreten
abreissen	zeichnen, malen
abschildern	zeichnen, malen
absentz	Abwesenheit
absteichen	‚abstechen‘, abgraben
accordieren	eine Übereinkunft treffen
accoustrieren	aufarbeiten, wiederherstellen, herausputzen
adelich	‚edel‘, adelig
advenant, nach a.	je nach
agnus Dei	Lamm Gottes
altfrensch	‚altfränkisch‘, altertümlich
ambacht	Handwerk
ambassadeur	Gesandter
ameliert	‚emailliert‘
anpartt	Anteil
antiquitates	Altertümer
aptieck	‚Apotheke‘
archenal	‚Arsenal‘
archier	Bogenschütze
arck	‚Arche‘, hausförmiges Behältnis
armieren	bewaffnen
asperges	‚Spargel‘
ather, oder	‚Ader‘, Wasserstrahl
attelerei	‚Artillerie‘
atter	‚Natter‘, Schlange
attestation sanitatis	Gesundheitszeugnis
auberge, auborge	‚Herberge‘
aussbotzen	ausstaffieren
aussgelacht	‚ausgelegt‘

B

ban, bhan	Weg
barcquo ordinario	Fährschiff, Boot
barill	kleines Faß
baumollich	Olivenöl
baussen	‚außer‘halb
bawoll	Baumwolle
bay	eine Tuchart
bederfen	‚verderben‘
begrebnus	Grabstätte
behr	‚Bär‘
bheren	‚Birnen‘
behuff, zu b.	für
beigelacht	Nebenform von ‚beigelegt‘
belegerung	‚Belagerung‘
bereider, bereidtmeister	‚Reitlehrer‘
bereittplatz	‚Reitplatz‘
berenten	mit ‚Renten‘, Einkünften versehen
bereumpt, beroempt, berömpt, berompt	‚berühmt‘
bessem	‚Besen‘
bischiffthumb	‚Bistum‘

bitten	‚bieten‘
blosen	‚blasen‘
boben	‚über, oberhalb‘
bochie	ital. boccia, Ball beim Spiel „pallamaglio"
bocqual	‚Pokal‘
bolet	Pilz? vgl. it. boleto; Ausweis?
bolwartt	‚Bollwerk‘
borderen	mit einer ‚Borte‘ versehen
borschieren	zechen
bott	a) ‚Bote‘; b) ‚Bütte‘, Faß
botten	‚Boden‘
box	Hose
brachal	Armschiene? vgl. it. bracciale
brach(i)e, brachio	Elle
brabendisch	‚brabantisch‘
breuchlich	üblich
broch	Hose
brugssatin	‚Satin‘ zu einer Hose
brundtsglass	Glas für Urinproben
bruntz kachel	Urintopf (Nachttopf) aus Keramik
buchen	aus ‚Buche‘
burdig	Ge‚burt‘stag haben
burggraff	‚Burggraf‘, Kastellan
busch	Wald
busquet	Vogelfalle
buyssken	kleine Dose, röhren- förmiger Behälter

C siehe K

D

devotion	Verehrung
dictionarium	Wörterbuch
disscouvrieren	entdecken, über- blicken, beobachten
dobbelstein	Spielwürfel
dolling	a) Stichwaffe, kleiner Degen, ‚Dolch‘; b) Münze
dopache	doppelt‘; Verbalhor- nung von it. doppio
doutzet	‚Dutzend‘
drager	‚Träger‘
dranckgelt	‚Trinkgeld‘
druck, truck; vgl. truck	‚trocken‘
ducher	‚Tücher‘
duppen	‚Topf‘
durppel	Schwelle
duyssken	‚Döschen‘, kleine Schachtel

E

eidumb	‚Eidam‘, Schwiegersohn
eilf	‚elf‘
ellenthier	‚Elch‘
enck	Tinte
entfogell	‚Ente‘
entweigen	‚entweichen‘, ausweichen

erledigung	Befreiung, Haftentlassung
ermosin	‚karmesinfarbiger‘ Stoff?
ersuchen	be‚suchen‘
ertt	‚Erde‘, Boden
erwelhung	‚Wahl‘
eschgraw	‚aschgrau‘
essde	‚Esse‘
estimieren	schätzen, abschätzen
etzigh	‚Essig‘
exercitium	Ausübung des Kults, Gottesdienst

F und V

faconetten	Taschentücher
facquun, facking	Lastträger, Dienstmann
valete	Abschied
valis	Koffer
faluge, faloucque	Schiff
farro	Leucht-, Wachtturm
fedder, fetter	‚Feder‘
fede sanitatis	Gesundheitszeugnis
vehe	‚Vieh‘, Tiere
vehell, fehell	‚Fell‘
feist	‚fett‘
vendrich, fendrich	‚Fähnrich‘
veralienieren	veräußern
vereiden	eidlich geloben
vergadern	versammeln
vergelt	‚Fährgeld‘

vergleiden	‚begleiten‘, Geleit geben
verkieren	wenden
verlagen hundt	Jagdhund
verliessungh	‚Verlust‘
verschen	‚Fersen‘
verstecken	‚ersticken‘
fiand, viand, feyant	‚Feind‘
vicere, viceroy	Vizekönig
villigt	‚vielleicht‘
vilssen	‚Felsen‘
violons	‚Violin‘spieler
viterino	Begleiter gemieteter Reittiere
flamingsch, flemminger	‚flämisch, Flame‘
flut	‚Flöte‘
foder, foeter; fodern	‚Futter‘stoff; mit Stoff unterfüttern
fohern	‚Forelle‘
vohrleutt, fhorleuth	‚Fuhrleute‘
vohrseess	Vorfahr, Vorgänger
fontain, funtein	Brunnen
vorbeheltlich	mit Ausnahme von
vorhoeffs	vorne
forniment	Lederbesatz, Lederzeug
fortezza	Festung
fragate	‚Fregatte‘, Schiff
frantzosen, die	Syphilis
freundtschafft	Verwandtschaft
frohe	‚früh‘
frontierstatt, fruntierstat	Grenzstadt

fruntierung	Grenzort
frusta	Reitgerte, Peitsche
fuister	?
fyge	‚Feige‘

G

gäb	Mitgift
gambelles	Abgabe beim Weinkauf?
gasp	Spange, Schnalle
gebew	‚Gebäude‘
gebloemt	‚geblümt‘
gedechtnus	Andenken
geducht	Participium praeteriti von ‚taugen‘
gefest	‚Gefäß‘, die Stelle am Degen, „wo man ihn faßt und die zum schutz der hand besonders zugerüstet ist“ (Grimm, Deutsches Wörterbuch IV 1, 1892, Sp. 2136)
gehrcamer, gher-	Sakristei
gelden, gelten; gegolden	kaufen; gekauft
gelig hinnhemen	sich be‚lecken‘ lassen
gellerie	‚Galerie‘, Empore
gemäll	‚Gemahl, Gemahlin‘
gemtzssen	‚Gemsen‘
geremss	‚Rahmen‘
gerurtt	erwähnt
geschligt	‚geschleift‘
gewagts	‚Gewächs‘, Wachstum

gewehr	Bewaffnung
gewulf	‚Gewölbe‘
gezeug	Zaum‚zeug‘, Sattel‚zeug‘
gialeb	Erfrischungsgetränk; vgl. frz. ‚julep‘
girelln wein	eine Weinsorte
gitzgen	‚Kitz‘, Lamm, junge Ziege
glautt	‚Laut‘
gleidt	‚Geleit‘
glöbt	‚gelobt‘
glubt	‚Gelübde‘, Versprechen
gluckhaven	‚Glückshafen‘, Lotterie
gmalh	Malerei
granaden	‚Granat‘äpfel
grassatum gehen	umherwandeln, bummeln
grecus	‚Grieche‘
gron	‚grün‘
grossturck	Sultan der Türkei
grousamb, grusam	sehr; eigentlich ‚grausam‘, jedoch ausschließlich elativisch gebraucht
guardia, guardie	Wache
guide	Führer

H

habitus	‚Habit‘, Kutte
haffer	Geldsammlung
han, indianischer	Trut‚hahn‘

339

hell	‚Hölle'
henschen	‚Handschuhe'
hermiter; herimiti	‚Eremit, Eremiter'
hertzigthumb	‚Herzogtum'
heufft, vor; vor hoefft	zu ‚Häupten', vorne
heur; heuren, huiren	Miete; mieten
heyradts-pfenningh	Mitgift
höner, honer	‚Hühner'
hohr, hoher	‚Haar'
horen, hurren	‚Huren'
hosenbindeln	Strumpfband
hugde	‚Höhe'
hussgen	‚Häuschen'

I – J – Y

ichtwas	‚etwas'
ilentz	‚eilends'
imbarcquieren	sich einschiffen
impetrieren	zu erlangen suchen
inde	von dort, daher, deshalb
ingethan	verpfändet
inhulden	‚huldigen'
inkumpsten	‚Einkünfte'
in laudem	zur Ehre, zum Lob
instantzien	a) Zimmer (Plural); it. stanza (Singular); b) Abstände bei einem Rennen?
intrada	Einkommen
intrett	Eingang

introitus	Einstand
inventieren	zusammenstellen
inziehen	‚Einzug'
iser	‚Eisen', Huf‚eisen'
jouffer, junffer	Fräulein; Dame
yffigien	Abbilder

C und K

cabaret	Gasthaus
camerheur, camerzins	Zimmermiete, Über-nachtungsgebühr
camiselle	Kleidungsstück; vgl. frz. ‚chemise'
can	italienisches Längenmaß
canonen	röhrenförmige Falten an einem Kleidungs-stück
capperen	‚Kapern'
kapuin, capuin, capun	‚Kapaun'
caput mondi, mundi	Hauptstadt der Welt, Rom
carmen	karminroter Besatz?
cardoun	Artischocke
karpen	‚Karpfen'
cartousch	Flasche oder flaschenähnliches Gefäß zur Aufbewah-rung von Wein
cascavall	ital. ‚caciocavallo', ein halbfester Käse
castayen, casteien	‚Kastanien'
castelain	Festungskomman-dant, ‚Kastellan'

castrounen-fleisch — Hammelfleisch

kautsch; kautschier, cotzschier — ‚Kutsche‘; ‚Kutscher‘

caviall — ‚Kaviar‘

kelckdeckssel — ‚Kelchdeckel‘

cennefass, cannefass — eine Tuchart

kerchen — ‚Kirschen‘

cerenade — Abendmusik

kerss — ‚Kerze‘

certification sanitatis — Gesundheitszeugnis

kesseltrum — ‚Kessel‘pauke

christallemull — Schleifmühle für Bergkristalle

kiess — ‚Käse‘

claussell — ‚Klause‘, Engpaß

klepffen — ‚Klippen‘

klimmen — klettern, steigen

knein — ‚Kaninchen‘

kneyen — ‚Knie‘ (Pl.)

kneuff — ‚Knöpfe‘

kocher, kucher — ‚Köcher‘, Behälter

cocommer — Gurke

kölheitt — ‚Kühlung‘

kölletter — s. kuller

kogell — Kapuze, Umhang mit Kapuze

collation — Mahlzeit

collor, colör — Farbe

commedie — Theateraufführung

commediern — Schauspiele aufführen

comparieren — erscheinen, zusammenkommen

condamnieren, condemnieren — verurteilen

consiliarius, conciliarius — Ratsherr, Vorsteher

contentieren — zustimmen

convoyieren — begleiten

koppell — Gürtel(schloß?)

cord, kortt — ‚Kordel‘, Seil

corpe de guardie — Wache

cossinett — Sattelkissen

kott — Hütte

cotzschier — ‚Kutscher‘

krach — ‚Kragen‘

kratzborschtell — ‚Kratzbürste‘

krammsfogell — ‚Krammetsvögel‘

krauch — ‚Krug‘

krauffen — kriechen

kriegen — ‚Krieg‘ führen

kromp — ‚krumm‘

kuch — ‚Küche‘

kuffer, kupfer — kofferähnliches Behältnis

kugssken — ‚Küchlein‘, Feingebäck

kuller, kölletter — ‚Koller‘, Wams

kunnigh, kunning — ‚König‘

kussen — ‚Kissen‘

L

Lack; lago (Sg.), laqui (Pl.) — See

lagen — ‚legen‘

lahewarm	,lauwarm'
lantern	Leuchtturm, ,Laterne'
lappen	mit ,Lappen', Flicken versehen
lattierbaum	Schranke
laudem, in	zum Lob, zur Ehre
lauffwerck	Blatt-, Pflanzenornamente
lb. = libbra	Pfund
lehessmeister	Sprachlehrer
lemgen, lemken	,Lämmchen'
lemmer	Klinge einer Hieb- oder Stichwaffe? Vgl. frz. ,lame', Klinge
lenen	,leihen'
lengde	,Länge'
letter	,Leder'
lettigh	leer
letzstlitten	jüngst verstorben
lew	,Löwe'
libertas	Freiheit
linen	aus ,Leinen'
logement	,Logis', Quartier
loppen hultzken, -gen	Pflock? Zahnstocher?
lox	,Luchs'
luchter	,Leuchter'

M

mahen möhn,	,Mond'; ndl. maan
mall	a) ,Mahl', b) ?, c) ,mal'
mandilie	kurzer ,Mantel'
manher	,Manier'

manhoyde, mansshogde	so hoch wie ein Mann
martinisch	lutherisch, nach Martin Luther
massbewme	,Mastbäume'
mavet stein	?
maw	Ärmel, Stulpen
meinungh	Absicht
mention	Erwähnung
metzigh	Bronze
metz, metzer	,Messer'
meuss	,Mäuse'
mihn	,minder', weniger
miraculeusemente, miraculeusslich	wunderbar
miraculum	Wunder
möhn	s. mahen
mommengehen, mommerei	sich ,vermummen', Maskerade
mull	a) ,Mühle', b) Fußlappen?, Gamaschen?
munch, munich	,Mönch'
mundtstuck	?
mustartt	,Mostert', Senf
mutieren	verändern

N

nachtstabbart	Nachtgewand
nationsverwantte	Landsleute
nave	Schiff
nhe	a) ,nie', b) ,neu'
nigromanticus, nigre-	Zauberer

O

oben	‚üben‘
obidientz	Gehorsam
oder, ather	Wasserstrahl, Fontäne
oell	‚Aal‘
officii, ex officio	von Amts wegen
ohr	Griff
olepfant	‚Elefant‘
olich	‚Öl‘
ontz	‚Unze‘
ort, orth	a) ‚Ort‘, b) Ecke, c) Viertel, z.B. einer Münze
ortisen	eiserner Eckbeschlag
ostreichen	? eine Speise oder ein Getränk

P

palmalien	ital. ‚pallamaglio‘, ein Spiel im Freien auf einer Bahn
pareinen	Sekundanten
parlementzcamer	Gerichtssaal
part, partt	Teil, Anteil
pasaune	‚Posaune‘
pass	Schritt, Zugang
passement	Besatz, Borte, Tresse
pasteyen, pasteitten	‚Pasteten‘
pavieren	pflastern
penitentz	Bußübung
petten	‚beten‘

pfandtweiss	als ‚Pfand‘
pferdtiser	Huf‚eisen‘
pfortz	Tor, Tür
pfrem	‚Pfriem‘
picquieren	abrichten, dressieren
pilcher	‚Pilger‘
poel	‚Pfähle‘
polach	‚Pole‘
polver	Schieß‚pulver‘
pop	Schiffsheck, Kabine im Schiffsheck
postey	Verteidigungsbau, ‚Bastei‘
postiff	Orgelpositiv
portus	Hafen
portzner	‚Pförtner‘
potestat	‚Podestà‘, oberster Stadtbeamter
princeps imperii	deutscher Reichsfürst
principall	groß, vornehm, Haupt-
probierstein	schwarzer Kieselschiefer, den die Gold- und Silberschmiede als Probierstein für die Feingehaltsprobe von Gold und Silber benutzten.
proconsiliarius	Stellvertreter des Consiliarius
prosagium	Vorzeichen
proverbium	Wappendevise
provision	a) Vorrat, b) Proviant, c) Kosten des Essens

R

rabat	Kragen
racommedieren	ausbessern
rätt	,Rat'
rawen	,ruhen'
recolte, la	?
redigh	,Rettich'
reiss	a) ,Reise', b) Gelegenheit, Mal (fur 3 reisen = dreimal), c) ,Riese', vgl. roess
rem, rhem	,Riemen'
resolvieren, sich	sich entschließen
rethen	,reden', berichten
rhow	a) ,Ruhe', b) Trauer
rhur	,Ruder'
robbe	Gepäck
rodthauss	,Rathaus'
roess	,Riese'; ndl. reus (ausgesprochen: rös)
roll	Wagen
romp	,Rumpf', Kirchenschiff
rosenobell	eine Münze
rott	,rot'
ruren, beruren	erwähnen
rustcamer	Arsenal

S

sadell	,Sattel'
sagett	eine Tuchart
salvieren	retten, erhalten
salzissen	eine Wurstart
sardez, zarden	Sardinen
schäff	,Schafe'
scheffer	,Schäfer'
schepffen	,schöpfen'
schepter	,Szepter'
schier	,Schere'
schildern	malen
schirpffen	der Pferde Eisen ,schärfen'
schlaff	Dienstbote
schlaffung	,Schlafplatz', ,das Schlafen'
schleitten	,Schlitten'
schligen, schligten	,schleifen' eines Bauwerks
schnelken	kleine ,Schnalle'
schneppen	Besatz oder Schnittart eines Ärmels
schneur	,Schnüre'
schmick	Reitgerte, Peitsche
schribent	,Schreiber'
schuch	,Schuhe'
schwebbel	,Schwefel'
secke	Hosentaschen
sehe	,See', Meer
seith, seitt	a) ,Seite', b) ,Seide'
sell	,Seele'
sementlich	,sämtlich'
semisch	,sämisch'
sepulchrum	Grab, Grabmahl
sepultur, sepultura	Grab, Grabmahl
serck	a) ,Sarkophag', b) Brunnenschale
siegt, sigt	Nebenform von ,sieht'

sobsonnieren	Verdacht schöpfen
solarium	‚Salär‘, Lohn
spanjart	‚Spanier‘
spelt	?
spelwerck	Besatz an Kleidung. Nadelarbeit (speltwerck?)? Stickerei?
spenrocken	‚Spinnrocken‘
spergez	‚Spargel‘
sperreutter	Lanzenreiter
spilleutt	Musikanten
spitzerei	Gewürz, ‚Spezerei‘
spolieren	berauben
sporletter	Sporenriemen
stettig	‚stetig‘, ständig
steuren	unterstützen
stiff	ein Lebensmittel
stoff	‚Stube‘
stoll, stull	‚Stuhl‘
stotig	stattlich, imposant
stracks	sofort, unmittelbar in der Nähe
straw	Einstellplatz für Pferde
suck	Socken
superba, la	die Stolze

T

tack	‚Zacken‘ (Kerzendorn)
tapitzerie	Wandteppich
tauff	‚Taufkirche‘
tedesco	‚Deutscher‘
testimonium sanitatis	Gesundheitszeugnis

teur, theur, tör	‚Tür‘
thaumen	‚Daumen‘
thauren	‚dauern‘, zeitlich sich erstrecken
thom, thumb	‚Dom‘
thorn, torn	‚Turm‘
tocchetta	ein kostbarer Stoff
tonin	‚Thun‘fisch
tordi	ein Spiel
tornierung	‚Turnier‘
torsch	Fackel
trallien	Gitterstäbe
trap, trapffen	Stufe, Stufen, ‚Treppe‘
trill	eine Stoffart, vgl. ‚Drillich‘
tripott	ein Spiel
truck batt	‚trockenes Bad‘, Dampf-, Schwitzbad
turck	Türke

U

ubergult	ver‚goldet‘
uberliebern	überreichen, übergeben
uberwulfft, uberwelfft	‚überwölbt‘, gedeckt
ufhuren	‚aufhören‘
uffrohr	‚Aufruhr‘
ullig	Zwiebel
umbtrent	um, gegen
unflittig	morastig
unmuss, dranckgelt	Trinkgeld
urgell	‚Orgel‘

345

V siehe F

W

wagen	‚wiegen'
wambiss	‚Wams'
wapffen	‚Wappen'
wattsack	Reisetasche, Mantel-, Pferdesack
wehell	‚Wälle'
wehr	‚Gewehr'
weisen	‚Wiesen'
werdieren	schätzen, abschätzen, ‚wert' sein
weschlohn	Lohn für das Waschen der Wäsche
wexieren	zum Narren halten
widerkumpst	Rückkehr
widtman	‚Witwer'
wiltban	Wildgehege
wulkenbrust	‚Wolkenbruch'

X

xyster	‚Zither'

Y siehe I

Z

zammett	‚Samt'
zarden	vgl. sardez
zeugt	Nebenform von ‚zieht'
zop	‚Suppe'
zumall	völlig, ganz, für immer
zwarsch	‚schwarz'

Währungsangaben

Marche-en-Famenne [Prov. Luxemburg, Belgien]:
 Alhie gilt ein kron 56 stuiver brabendisch.
Luxemburg:
 Alhie gilt ein kron 56 stuiver.
Bolchen/Boulay [Dep. Moselle, Lothringen]:
 Alhie begint man mit batzen zu rechnen
 und ein kron ist 27 batzen, 1 franck 9 batzen.
Zabern/Saverne [Dep. Bas-Rhin]:
 Einen goltgulden gilt alhie 21 batzen.
Straßburg:
 Ein kron gilt alhie 27 batzen.
 Einen alten rosennobell gilt 4 gulden Strassburger gelts.
 Einen gulden alhie ist bei unss 1 daller oder 15 batzen.
 Einen batzen ist ungfer 2 stuiver brabandisch.
 Uff einen batzen gehen ungfer 3 dollingen.
 Noch uff einen batzen 10 pfenningh.
Neustadt/Schwarzwald [Breisgau-Hochschwarzwaldkreis]:
 Alhie gilt ein kron nhur 24 batzen
 und einen francken 8$^{1}/_{2}$ batzen.
Aach [Kr. Konstanz]:
 Alhie gilt ein kron mehe nit als 23 batzen.

Wangen [Kr. Ravensburg]:
  Alhie gilt ein fr.[1] kron 24 batzen,
  sunst andere kronen 23 batzen.
  Einen goltgulden 12 batzen.
  Ein millenese 25 batzen.
Telfs [Tirol]:
  Alhie gilt ein kron 45 stuiver,
  ein philipsthaller 40 stuiver,
  ein italienische ducatt 45 stuiver.
Innsbruck [Tirol]:
  Ein kron oder ein ducatt gilt alhie 22½ batzen,
  einen philipsthaller 20 batzen.
Bassano del Grappa [Prov. Vicenza]:
  Ein kron gilt alhie 100 quarantainee.
  Die 100 quarantainee machen 7 trongnes.
  Die 5 quarantainee 1[2] trongnes.
  1 paolo 12 quarantainee.
  Ein monssongo ist 16 quarantainee.
Venedig:
  Dass gelt gilt alhie wie nachfolgt:
  Ein kron 7½ lb.,jeder lb. 20 soldi oder
  1 lb. teutsch gelts 6½ stuiver 3 hellr.
  Ein schilling, ein marquet oder ein soldi 3 hellr.
Rovigo [Prov. Rovigo]:
  Ein kron gilt alhie 11½ pauli.
  Ein paulus 44 quatrini.
  Ein venedigsch pfundt 1½ pauli und 4 quatrini.
  Ein paulus ist auch gnant julius.
Ferrara [Prov. Ferrara]:
  Alhie gilt ein kron 4 pfundt,
  aber jeder pfundt alhie ist 2 venedigsch pfundt.

---

[1] Wohl *fransosche* = französische.
[2] In der Vorlage undeutlich, könnte auch ½ sein.

Rom:

Ein gewigtige gulde kron oder pistolet gilt alhie in golt oder dor, in or wie man ess sagt, 11 julii oder pauli, 8 bajocken, in muntz aber 12 julii, ungewigtige aber nach advenant des gewigts.
Ein julius oder paulus ist 10 bajocken.
Ein bajock 4 quatrini.
Ein gemein silbere kron ist 10 julii.

Capua:

Ein kron gilt alhie nhur $10^1/_2$ julii.

Neapel:

Ein gewigtige kron $12^1/_2$ carlin.
Ein ducatt 10 carlin.
Ein carlin 10 grani, ist kopffer.
Ein gran 2 tornois, ist kopffer.
Noch hatt man cavalli, dern gehen 120 uff einen carlin.
Die mass antreffendt:
Ein can ist meines erachtens ungfer 3 colnische ellen.
Item ein can ist 8 palmi, jeder palm ist ein grosse span.

Messina:

Ein gewigtige kron von Neapolis 14 tarin,
sunst aber andere kronen alle ichtwass ein wenigh mihn.
Ungewigtige kronen nach advenant ires gewigts.
Ein tarin 20 grani.
Ein carlin 10 grani. Ein neap. carlin alhie 22 grani.
Ein gran 6 dinari oder pitzoli.
Ein ducatt $11^1/_2$ tarin.

Siena:

Ein gulde kron gilt alhie 11 julii 2 kreutzer.
Ein julier 8 kreutzer. Ein kreutzer 5 quatrini.
Ein piastre $10^1/_2$ julii.

Lucca:

Ein gewigtige kron gilt alhie 12 julii oder 20 cavallotti.
Ein cavallotto ist 24 quatrini.

Mailand:

Dass gelt gilt alhie wie folgt.

Ein gulden kron 6 lb 2 julier.

Ein julier 10 soldi.

Ein soldi 4 quatrini. Notandum:

Ein julier ist alhie ein spanischer reall 1 quatrini

Augsburg:

Ein gulde kron gilt alhie 22½ batzen.

Ein batz 2 stuffer schwar gelt oder 4 kreutzer.

Ein pfenningh 2 heller.

Ein philipsthaler 20 batzen.

Ein ducatt 18 batzen.

Ein reichsthaler 18 batzen.

Schaffhausen:

Ein kron gilt alhie 23 batzen.

Ein batz[3] 10 pfenningh.

Ein pfenningh 2 hellr.

Ein francq 8 batzen.

Basel:

Ein gewichtige franse kron gilt alhie 27 batzen.

Ein ander gulden kron 24 batzen

und so nach advenant des gewichts.

Ein franck 9 batzen. Schlieffer 6 batzen.

Ein marzell 3 batzen.

Ein batz 10 pfenningh.

---

[3] So die Vorlage, auch nachfolgend häufig diese Form.

Verzeichnis der Namen

Aufgeführt sind die heute üblichen Bezeichnungen, soweit diese bekannt sind, dahinter in runden Klammern kursiv gegebenenfalls davon abweichende Bezeichnungen des Tagebuches. Bei Ortsnamen ist, ausgenommen bei großen Städten, die heutige politische oder regionale Zugehörigkeit in eckigen Klammern angegeben. Die Ortsnamen des Itinerars (S. 307-333) sind nicht zusätzlich aufgenommen.

Verzeichnet sind auch Benennungen, die die regionale, sprachliche oder religiöse Herkunft von Personen angeben, zum Beispiel Deutsche, Brabanter, Flamen, Florentiner, Franzosen, Genueser, Griechen, Italiener, Juden, Lucceser, Mohren, Morisquen, Neapolitaner, Pisaner, Polen, Sarazenen, Schweizer, Spanier, Türken, Venezianer.

Abkürzungen

Bf.	Bischof	Kg.	König
Dép.	Département	Kr.	Kreis
Frhr.	Freiherr	Prov.	Provinz
Gf., Gfin.	Graf, Gräfin	S.	San, Santa, Santo
Hzg.	Herzog	s.	siehe

A

Breidtbach, Breitt-, Dietherich, Wirt in Neapel 110, 170

Breisgau (*Brisgaw*) 258, 260

Brenner, Paß 41, 235

Brenta (*Brente*), Fluß in der Lombardei 46, 47, 217, 218, 232

Brescia (*Bressa, Brixia*) [Prov. Brescia] 37, 212–214, 295
– Festung 212

Breusch (*Biersch*), Fluß im Elsaß 260

Briatico (*Briade*) [Kalabrien] 133
– Markgf. von 133

Brixen [Prov. Bozen] 44, 234
– Bf. von 234; s. Spohr

Brucqua, la, Schloß an der Küste Siziliens 117

Brügge [Prov. West-Vlaanderen] 297

Bruskofsky, Brusskossky, Pruskowsky, Frhrn. 174, 186
– Johann Christoph, Frhr. von Pruskau 173, 305
– Johann Desiderius, Frhr. von Pruskau 173, 305
– vgl. Pruskau

Brüssel 282

Bucchau, Erenfridus de 80

Buchenbach (*Bauchen-*) [Kr. Oberallgäu] 32

Burgau (*Bourggaw*) [Schwaben], Markgrafschaft 247
– Karl Markgf. von 237, 276

Burgheim (*Burchen*) [Kr. Neuburg-Schrobenhausen] 246

Burgund 36
– Karl Hzg. von 35
– Maria von, ∞ Kaiser Maximilian I. 35

Busalla (*Busolla*) [Prov. Genua] 202

Bylant (*Bilant*), N. 268

Byzanz 224, 225
– Leon VI., Kaiser 224

C

Caligula, Kaiser 60, 103, 104

Calliano (*Callianum*) an der Etsch [Prov. Trento], Schlacht bei 36

Cambrai (*Camerca*) [Nordfrankreich] 35

Capello, Bianca, ∞ Franz I. von Toskana 177

Capitanata (*Capitinata*), Prov. des Königreichs Neapel 110

Caprarola (*Caperola*) [Prov. Viterbo] 151, 159, 290
– Palazzo Farnese 151
– Tiergärten 151

Capri (*Capra*), Insel 85

Capua [Prov. Caserta] 67, 290, 294
– Capua Nova 170
– Capua Vetere (*C. Viege, Viecce*) 67

Caracciolo, Sergianni 83

Caribdas, Sagengestalt zu Messina 115

Carl, Schneider in Rom 156

Carpané (*Carpenao*) bei Valstagna [Prov. Vicenza] 232

Casa Nova (*Casa Nova*), Herberge zwischen Sermoneta und Terracina [Prov. Latina] 65

Cascano bei Sessa Aurunca [Prov. Caserta] 66, 170

Cassano d'Adda (*Cassain*) [Prov. Mailand] 211

Castel Fiorentino [Prov. Florenz] 191

Castelfranco (*Castel Franco*) [Prov. Treviso] 232

Castellace, Festung bei Messina 114

Castello [Prov. Florenz], Villa Medicea 184, 290

Castelnuovo (*Castel Novo*) [Prov. Rom] 60

D

G

M

N

O

Z

Studien und Texte zum Mittelalter und zur frühen Neuzeit

Waxmann

Band 3

Michael Rupp

›Narrenschiff‹ und ›Stultifera navis‹

Deutsche und lateinische Moralsatire von Sebastian Brant und
Jakob Locher in Basel 1494–1498

2002, 264 Seiten, br., 5 Abb., 34,80 €, ISBN 978-3-8309-1114-2

Band 4

Antje Willing

Literatur und Ordensreform im 15. Jahrhundert

Deutsche Abendmahlsschriften im
Nürnberger Katharinenkloster

2004, 308 Seiten, br., 34,90 €, ISBN 978-3-8309-1331-3

Diese Untersuchung zeigt zum einen, dass zur klösterlichen Lectio die
Schriften einer ›gemäßigteren‹ Mystik bevorzugt wurden, die mit der
Forderung einer Laienunterweisung in Einklang gebracht werden konnten. Anhand bislang kaum untersuchter Schriften kann zudem verdeut-
licht werden, wie sich in der deutschsprachigen Abendmahlsliteratur vom
Anfang des 14. bis zum 15. Jahrhundert ein Wandel von der spekulati-
ven zu einer Kontemplationsmystik vollzog.

Band 5

Alwine Slenczka

Mittelhochdeutsche Verserzählungen mit Gästen aus Himmel und Hölle

2004, 198 Seiten, br., 34,80 €, ISBN 978-3-8309-1411-3

Engel und Teufel, Petrus und der Herr treten an überraschenden Punkten in mittelhochdeutschen Verserzählungen auf: Als Gäste inmitten des
vertrauten Personals bilden sie ein besonderes Mittel, den geistlichen
Diskurs mit der Dichtung zu verbinden. Sechs Fallstudien verdeutlichen
das erzählerische Potenzial dieser Konstellation. Geistliche Themen,
Themenkomplexe und Motive und erzählerische Mittel greifen dyna-
misch ineinander, sodass sie miteinander korrespondieren. Sie stehen aber
auch scheinbar unverbunden nebeneinander und geraten in Spannung
zueinander. Für die Rezeption ist dies von entscheidender Bedeutung.

MÜNSTER · NEW YORK · MÜNCHEN · BERLIN

Waxmann

Band 6

Regine Schweers

Albrecht von Bonstetten und die vorländische Historiographie zwischen Burgunder- und Schwabenkriegen

2005, 268 Seiten, br., 34,90 €, ISBN 978-3-8309-1453-2

Albrecht von Bonstetten (ca. 1445–1504) kann als einer der bedeutendsten Historiographen der habsburgischen Vorlande gelten. Als Mönch und Dekan des Klosters Einsiedeln praktizierte er eine eigene Form von Klosterhumanismus, die allerdings kaum von Askese beschwert war. Sein Werk und die an ihn gerichteten Briefe eröffnen eine faszinierende Sicht auf das Schaffen eines Geschichtsschreibers am Ausgang des Mittelalters und auf die politischen Aktivitäten eines Humanisten, der sich in der Grauzone der inoffiziellen Diplomatie bewegte. Diese Studie erfasst erstmals den Autor und sein ganzes Oeuvre. Ein Schwerpunkt liegt dabei auf seinem Hauptwerk, der ›Historia domus Austrie‹, die ihn als einen glühenden Anhänger der Habsburger zeigt.

Band 7

Andreas Mohr

Das Wissen über die Anderen
Zur Darstellung fremder Völker in den fränkischen Quellen der Karolingerzeit

2005, 350 Seiten, br., 34,90 €, ISBN 978-3-8309-1522-5

Die interkulturellen Begegnungen zwischen dem Volk der Franken zur Zeit Karls des Großen sowie dessen Nachfolgern und den benachbarten Zivilisationen der Byzantiner, Araber, Langobarden, Angelsachsen, Sachsen, Slaven und Normannen waren geprägt von ökonomischem Transfer, interreligiösen Auseinandersetzungen und militärischen Konflikten. Am Beispiel fränkischer Quellen des 8. bis 10. Jahrhunderts zeichnet die Studie jene Wissensbestände nach, die während der Karolingerzeit im Frankenreich über diese anderen Völker virulent waren. Zudem bietet sie einen Einblick in Motive und Stereotype der Darstellung Fremder sowie in die sozialen Konzepte, mit welchen im Frühmittelalter Eigenheit und Fremdheit definiert und nicht selten auch konstruiert wurden.

Waxmann

Band 8

Michael Zywietz, Volker Honemann, Christian Bettels (Hrsg.)
**Gattungen und Formen des europäischen Liedes
vom 14. bis zum 16. Jahrhundert**

2005, 309 Seiten, br., zahlr. Notenbeispiele und Abbildungen, 34,90 €,
ISBN 978-3-8309-1549-2

Die Gattung des Liedes wird durch Text und Musik gleichermaßen
konstituiert. Liedformen und -typen im Zeitraum vom 14. bis zum 16.
Jahrhundert sind nahezu unüberschaubar und nur kaum untersucht.
Dabei scheint ein genuin interdisziplinärer Ansatz genauso erfolgverspre-
chend zu sein, wie dieser bisher fehlt. Die in diesem Band versammelten
Erkenntnisse sind diesem Ansatz verpflichtet und versuchen, das Lied als
eine der zentralen Gattungen von künstlerischer Kommunikation zu
begreifen. Dabei wird neben der Gattungs- auch immer zugleich Ideen-
und Institutionengeschichte geschrieben, so dass sich ein weites Panora-
ma des Spätmittelalters und der Frühen Neuzeit öffnet: Das Lied wird
zu jener Gattung, in der sich die Entstehung der Nationen auf der einen
und eines paneuropäischen Kunstraumes auf der anderen Seite deutlich
widerspiegeln.

Band 9

Pamela Kalning
Kriegslehren in deutschsprachigen Texten um 1400
Seffner, Rothe, Wittenwiler

2006, 268 Seiten, br., 34,90 €, ISBN 978-3-8309-1665-9

Kriegslehren spielen in Texten des Mittelalters eine zentrale Rolle. Sie
dienen der Legitimierung des Krieges und Regulierung von Kriegshand-
lungen ebenso wie der Begrenzung des Streitaustrags durch Waffenge-
walt. Diese Arbeit untersucht, wie deutsche Texte des 14. und 15. Jahrhunderts mit Kriegstheorien umgehen. Im Vordergrund stehen neben
den Lehren des Vegetius die auf Augustinus zurückgehende Vorstellung
von der *recta intentio* und die ›vom gerechten Krieg‹. Während die ›Ler
von dem streitten‹ des Wiener Kanonikers Johann Seffner einen Über-
blick über den bestehenden Fundus an Kriegstheorie bietet, konzentriert
sich der ›Ritterspiegel‹ des Eisenacher Stadtschreibers Johannes Rothe
auf die moralische Seite der Kriegführung. In Heinrich Wittenwilers

Waxmann

›Ring‹ schließlich, einem der bedeutendsten Texte des späten Mittelalters, werden Lehre und eine schwankhafte Handlung auf eigentümliche Weise miteinander verwoben.

Band 10

Judith Gut

Renward Cysat, *Dictionarius vel Vocabularius Germanicus diversis Linguis respondens*

Edition und Untersuchungen

2006, 568 Seiten, br., 57,40 €, ISBN 978-3-8309-1298-9

In diesem Band wird erstmals Renward Cysats (1545–1614) Beschäftigung im Bereich der Sprachforschung erschlossen. Er enthält die Erstedition eines handschriftlich überlieferten, über zwanzig europäische und außereuropäische Sprachen dokumentierenden Wörterbuches, das um das Jahr 1600 entstanden ist. Die mit Worterläuterungen und einem Register versehene diplomatische Transkription der Handschrift wird ergänzt durch Teiluntersuchungen zu den Quellen und zu der als Ausgangssprache fungierenden schweizerischen Regionalschreibsprache des 16. Jahrhunderts.

Band 11

Romy Günthart

Deutschsprachige Literatur im frühen Basler Buchdruck (ca. 1470–1510)

2007, 406 Seiten, br., zahlr. s/w Abb., 34,90 €, ISBN 978-3-8309-1712-0

Seit Längerem gilt die Erforschung des frühen Basler Buchdrucks als eines der dringlichsten Desiderate der germanistischen Frühdruckforschung. Diese Lücke wird mit der vorliegenden Studie zu den Produktions- und Rezeptionsbedingungen deutschsprachiger Literatur geschlossen. Erstmals wird die gesamte volkssprachige Druckproduktion einer Stadt von der Einrichtung der ersten Pressen bis zum Einsetzen der reformatorischen Bewegung als eigenes Korpus behandelt und in ihrem medialen, literarischen und soziokulturellen Kontext umfassend dargestellt.

MÜNSTER · NEW YORK · MÜNCHEN · BERLIN